普通高等教育“十二五”规划教材

现代教育技术基础

张春苏　王冬梅　主　编
孙莹莹　陈　瑛　副主编

科 学 出 版 社
北　京

内 容 简 介

本书为高等院校师范专业学生的教育技术公共课教材。全书共分四篇：第一篇是教学理论篇，主要介绍了教育技术基本理论及教学设计与评价的理论知识；第二篇是教学环境篇，主要介绍各种现代教学媒体的使用方法，并对数字化教学环境进行介绍，包括多媒体教室、微格教室及数字校园网络等内容；第三篇是教学资源获取与编辑篇，重点介绍 Premiere 等视音频编辑软件、Photoshop 图像处理软件及 Flash 动画制作软件；第四篇是教学资源开发篇，主要介绍运用 PPT 及 Flash 软件制作教学课件并制作微课等教学资源的方法。

本书可作为高等学校本科和高职学生的现代教育技术课程教材，还可作为教师培训及各类学校在职教师和教育工作者提高教育技术应用能力的学习用书。

图书在版编目（CIP）数据

现代教育技术基础/张春苏，王冬梅主编. —北京：科学出版社，2016
（普通高等教育“十二五”规划教材）

ISBN 978-7-03-046967-0

Ⅰ. ①现… Ⅱ. ①张… ②王… Ⅲ. ①教育技术学-高等学校-教材
Ⅳ. ①G40-057

中国版本图书馆 CIP 数据核字（2016）第 006502 号

责任编辑：朱 敏 戴 薇 王丽丽 / 责任校对：王万红
责任印制：吕春珉 / 封面设计：耕者设计工作室

科学出版社 出版
北京东黄城根北街 16 号
邮政编码：100717
http://www.sciencep.com

北京虎彩文化传播有限公司 印刷

科学出版社发行 各地新华书店经销

*

2016 年 1 月第 一 版 开本：787×1092 1/16
2022 年 1 月第十一次印刷 印张：18 3/4
字数：410 000

定价：45.00 元

（如有印装质量问题，我社负责调换〈虎彩〉）
销售部电话 010-62134988 编辑部电话 010-62135319-2012

前　言

信息化是当今世界发展潮流，提高国民的信息素养、培养信息化人才是国家信息化建设的根本。教师信息化既是教育信息化的重要组成部分，又是推动教育信息化建设的重要力量。因此，教师教育必须加快信息化进程，加大信息化建设力度，为全面提高中小学教师的信息素养奠定坚实的基础。现代教育技术课程是高等师范院校为了培养教师的教育技术能力而开设的教师教育公共基础课程，本书为了促进教师教育能力的提高，加强教育技术基本技能，以教育技术相关理论为基础，重点培养学生的实践技能。本书具有以下几个特点：

1）突出实践技能培养。本教材以教育技术理论为基础，重点介绍教师教育专业的学生在未来的教师岗位上必须掌握的教学媒体的操作方法、教学素材的编辑及教学课件的开发等，对教学中常用的各种媒体及软件进行讲解，并设置相应的实验及上机练习，促进学生实践技能的提高。

2）注重教学资源开发。本书以教学资源开发为主线，从教学设计到素材搜集与编辑，再到教学资源的设计与开发，逐一介绍每个环节需要学生掌握的各种知识与技能，使学生在学完本课程后能够运用所学独立设计教学课件等教学资源。

3）引入微课等新技能。目前，微课等新概念已经走进中小学校，教育技术基础课程也需要跟随信息时代的脚步进行课程内容的更新。本书在教学资源开发中介绍了微课的相关理论知识及制作微课的方法，有助于学生及时掌握信息时代的各种新理念与新技术，从整体上提高教育技术水平。

本书由张春苏、王冬梅担任主编，并负责全书的总体策划与统稿、定稿工作。第 1 章、第 2 章及附录由张春苏编写，第 3 章由王艺潼及陈瑛编写，第 4 章由王艺潼及徐超编写，第 5 章由张峰及李哲编写，第 6 章由李哲及孙莹莹编写，第 7 章由徐超编写，第 8 章由孙莹莹编写，第 9 章由张春苏及陈瑛编写，第 10 章由王冬梅编写。

在本书的编写过程中，编者参阅了大量的文献资料，在此一并向相关作者表示感谢！由于编者经验有限，书中难免有不当之处，恳请广大读者批评指正并提出宝贵意见。

编　者

2015 年 11 月

目　　录

第一篇　教学理论篇

第二篇　教学环境篇

第三篇 教学资源获取与编辑篇

第一篇

教学理论篇

第 1 章　教育技术概述

学习目标

通过对本章的学习，学生应了解和掌握两方面的内容：一是教育技术的定义、研究内容和理论基础；二是教师应具备的专业素质以及当代教师应具备的教育技术能力。

1.1　教 育 技 术

人类社会已经进入了一个信息时代，科学技术的迅速发展给教育领域带来了巨大变化。先进的科学技术为教育提供了有利的技术支持，并且在现代系统科学理论的影响下，逐渐形成了一门独立的教育技术学科。

1.1.1　教育技术的定义

教育，是按照一定的目的要求，对受教育者的德育、智育、体育等诸方面施以影响的一种有计划的活动。技术，是人和自然的中介，是人类在生产活动、社会发展和科学实验过程中，为了达到预期的目的而根据客观规律对自然、社会进行认识、调控和改造的物质工具、方法技能和知识经验等的综合体。它基本上包含了两个方面的核心内容，即有形的物质工具手段和无形的非物质的智能方法。教育技术是技术的子范畴，教育技术就是人类在教育活动中所采用的一切技术手段和方法的总和，它分为有形技术（物化形态）和无形技术（智能形态）两大类。

在教育科学的发展中，有意识地把教育技术作为一个独立的领域开始于 20 世纪初期。这时的世界仍处在第二次产业革命（或工业革命）期间，科学技术和工业化生产的发展影响着教育的进步，首先在美国形成了采用投影、幻灯、电影、广播等新工业技术为手段的，被称为视听教育的一场教育实践运动。从那时起，随着信息技术、新教育媒体的不断涌现和发明创造，心理学、传播学、信息科学、系统科学等人类科学的逐步形成和发展提高，在世界第三次科技浪潮的推动下，教育技术在经历酝酿、徘徊、形成和发展的 80 多年后，已经初步形成了一个较为完整的教育学科领域和理论体系。其间，该领域的定义与内容几经更迭，从初始时的硬件（强调物化技术的应用）发展到软件（媒体硬件和教学软件结合），再进入潜件（方法、方法论）的演变过程，先后形成过五次较为正式的定义。

1994 年由美国人 B. 西尔斯（B. Seels）和 R. 里奇（R. Richey）合著的《教学技术领域的定义和范畴》中提出了一种更新的定义，并绘制了结构图以说明教学技术的框架结构。这个定义既有效地阐明了教育理论和教育实践并重的内核和工作领域，提供了适合非线性教育活动的和便于交流的整体框架，又旗帜鲜明地指出教学技术研究和实践的对象及在教育科学中的位置，更加符合现代的教育理念。在美国教育技术界引起轰动，而且在国际教育技术界产生了深远的影响。自 94 新定义引入国内后，已成为指导我国教育技术领域事业发展的重要理论依据。

AECT'94 定义：教育技术是关于学习资源和学习过程的设计、开发、利用、管理和评价的理论和实践。原文表述：Instructional Technology is the theory and practice of design, development, utilization, management and evaluation of processes and resources for learning.

AECT'94 定义表明：

1）教育技术的研究对象是学习过程和学习资源。学习过程是学习者通过与信息、环境的相互作用获取知识和技能的认知过程，学习资源是学习过程中所要利用的各种信息环境条件。

2）教育技术的研究内容包括关于学习过程和学习资源的设计、开发、利用、管理和评价等五个方面。

3）强调教育技术既是一个实践领域，又是一个理论领域，是理论与实践的统一体。

4）教育技术的目标就是影响并促进学习，强调学习的结果，阐明学习是目的，而教则是促进学习的一种手段。

AECT'94 定义将教育技术的研究对象表述为关于“学习过程”与“学习资源”的一系列理论与实践问题，改变了以往“教学过程”的提法，体现了现代教学观念从以教为中心转向以学为中心，从传授知识转向发展学生学习能力的重大转变。学习过程是学习者通过与信息、环境的相互作用获取知识和技能的认知过程，学习资源是学习过程中所要利用的各种信息和环境条件。新的教学理论要求学生由外部刺激的被动接受者转变为能积极进行信息处理的主动学习者，而教师要提供能帮助和促进学生学习的信息资源和学习环境。从 21 世纪社会发展和人类发展的需求出发，建造一个能支持全面学习、自主学习、协作学习、创造学习、终身学习的社会教育大系统。

2004 年 7 月，由美国 AECT 定义术语委员会主席巴巴拉·西尔斯教授在中国·长春 2004 年教育技术国际论坛会议上首次提出了教育技术新定义（AECT' 04 定义）：教育技术是通过创造、使用、管理适当的技术性的过程和资源，以促进学习和提高绩效的研究与符合伦理道德的实践。原文表述：Educational technology is the study and ethical practice of facilitating learning and improving performance by creating, using and managing appropriate technological processes and resources。由于原文正式发表于 2005 年，因此也称 AECT'05 定义。

AECT'04 定义表明：

1）界定的概念名称是“教育技术”（Educational Technology），而不是“教学技术”（Instructional Technology）。

2）教育技术有两大领域：“研究”和“符合道德规范的实践”。

3）教育技术有双重目的：“促进学习”和“改善绩效”。

4）教育技术有三大范畴：“创造”、“使用”、“管理”。与 AECT'94 定义比较，相当于将 AECT'94 定义中的五大范畴整合为 2004 定义中的三大范畴，其对应关系：将 AECT'94 定义中的“设计”、“开发”两个范畴合为一个范畴“创造”；将 AECT'94 定义中的“利用”范畴改成了一个较简单的词“使用”；将 AECT'94 定义中的“管理”与“评价”两个范畴化为“管理”一个范畴。

5）教育技术有两大对象：“过程”和“资源”。与AECT’94定义中的“学习过程”、“学习资源”有一定区别，AECT’04定义中的“过程”和“资源”之前有一个限定词，即“适当的技术性的”过程与资源。

6）教育技术的主要特征在于其技术性。

教育技术AECT’04定义的主要贡献：

1）将教育技术的研究范围由教学领域扩展到企业绩效领域。

2）首次明确提出教育技术的实践应符合道德规范的要求。

3）首次将“创造”作为教育技术领域的三大范畴之一，强调教育技术创新。

4）从对一般的教学过程和教学资源的研究限定为对“适当的技术过程和资源”的研究，突出了专业特色和工作重点。

该定义也存在一些不足：首先是局限于美国的社会文化背景与行业背景，强调了定义的实用性和规定性，对教育技术本质的认识仍不够深入；其次，在一定范围内强调教育技术实践的道德规范性是必要的，但要注意避免矫枉过正。

我国对教育技术定义的讨论相当丰富，《中国电化教育》和《教育技术研究》杂志发表了几乎国内全部重要学者对教育技术定义理解的论文。其中，黎加厚的定义：教育技术是通过创造、使用、管理适当的技术性的过程和资源，以促进学习和提高绩效的研究与符合伦理道德的实践。焦建利的定义：教育技术是只通过创建、运用和管理适当的技术过程和资源来促进学习和提升绩效的研究和符合职业道德规范的实践。

总之，教育技术就是运用技术来优化教育、教学过程，以提高教育、教学的效果、效率与效益的理论与实践。这里的“技术”既包括有形的“物化形态技术”（物化形态技术中又分硬件技术和软件技术），也包括无形的“智能形态技术”（如绩效技术和教学设计均属智能形态技术）；既包括现代技术，也包括传统技术。效果是指各学科教学质量与学生综合素质的提高；效率是指用较短的时间来达到预期的效果；效益是指用较少的资金投入获取更大的产出，对教育来说，就是要培养出更多的优秀人才。

1.1.2　教育技术的研究内容

根据AECT’94的定义，教育技术的研究范围包括设计、开发、利用、管理和评价五个领域，每个领域都有其具体的研究内容，具体内容如图1-1所示。

（1）设计

设计是详细说明学习条件的过程，其目的是生成策略或产品。设计可分为教学系统设计、信息设计、教学策略和学习者特征四个子领域，既包括宏观水平的设计（整个教学系统的设计），又包括微观水平的设计（每一个教学单元、课程的设计）。

为达到给定的学习目标，要对学习者的特征进行分析，对教学策略进行制定，对教学系统进行设计，对教学信息进行设计等。设计包括教学内容的确定、教学媒体的选择等，以创造最优化的教学模式，使每个学生都成为成功的学习者。

（2）开发

开发是指针对学习资源和学习过程，按照事先设计好的方案予以实施将其转化为物理形式的过程，可分为印刷技术、视听技术、基于计算机的技术和综合技术四个子领域。该领域包括将音像技术、电子出版技术应用于教育与教学过程的开发研究，基于计算机的辅助教学技术（CAI 和 ICAI）的开发研究，以及将多种技术加以综合与集成并应用于教育、教学过程的开发研究。

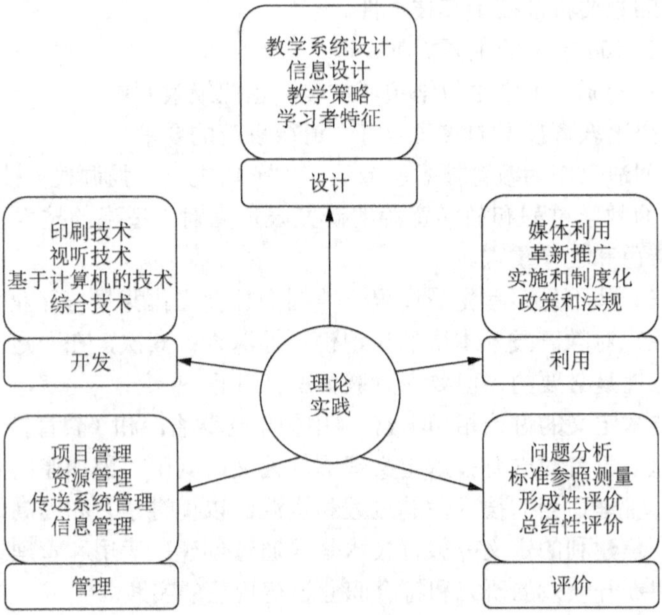

图 1-1　教育技术的研究内容

（3）利用

利用是通过教与学的过程和资源来促进学习者学习活动的过程。利用范畴包括四个子领域：媒体利用、革新推广、实施和制度化、政策和法规。媒体利用是对学习资源的系统使用，是依据教学设计方案进行决策的过程。革新推广是为了使改革的成果能被采纳而通过有计划的策略进行传播的过程。实施是组织中的个人对革新成果的合理使用，制度化的目的是将革新成果整合到整个组织结构中。政策和法规是影响和规范教育技术推广和使用的强制性规则和行为。应强调对新兴技术（包括新型媒体和各种最新的信息技术手段）的利用与传播，并要设法加以制度化和法规化，以保证教育技术手段的不断革新。

（4）管理

管理指的是通过计划、组织、协调和监督来控制教学。管理范畴分为项目管理、资源管理、传送系统管理和信息管理四个子领域。近年来，学习资源的管理、学习过程的管理、项目管理、知识管理等子领域的实践活动构成了当前教育技术管理的主要内容。

（5）评价

评价是对一个事物的价值的确定。在教育技术领域中，它是对计划、产品、项目、过程、目标或课程的质量、有效性或价值的正式确定。评价范畴包括问题分析、标准参照测量、形成性评价和总结性评价。评价既要注重对教育、教学系统的总结性评价，也要注重形成性评价，并以此作为质量监控的主要措施。为此，应及时对教育、教学过程中存在的问题进行分析，并参照规范要求（标准）进行定量的测量与比较。

教育技术的五个范畴，即设计、开发、利用、管理和评价，既相互独立又相互渗透，其中设计、开发、利用是教育技术研究中相对独立的内容或阶段，前者的输出是后者的输入，后者的输入是前者的输出。管理和评价贯穿于上述内容和阶段之中。这五个范畴之间的关系不是一个线性的关系，它们都围绕“理论与实践”开展工作，并通过“理论与实践”相互作用、相互联系。

1.2　教育技术与教师专业素质

1.2.1　教师专业素质

2014 年 9 月 9 日，习近平同志在同北京师范大学师生代表的座谈会中明确指出：“国家繁荣、民族振兴、教育发展，需要我们大力培养造就一支师德高尚、业务精湛、结构合理、充满活力的高素质专业化教师队伍，需要涌现一大批好老师。” 教师是知识的传播者，肩负着传播和传递人类知识文明的重任。当代学校教师的职责和使命比以往任何时代都重要。同时，社会对教师素质的要求也越来越高。高素养的教师队伍是高质量教育的基本条件，也是全面推进素质教育的保证。

教师专业素养，是指能顺利从事教育活动的基本品质或基础条件，是教师在其职业生活中，调节和处理与他人、与社会、与集体、与职业工作关系所应遵守的基本行为规范或行为准则，以及在此基础上所表现出来的观念意识和行为品质。一般来讲，教师专业素养主要包括专业精神、专业知识和专业能力。

1. 教师的专业精神

教师的专业精神是教师应具有的理想追求、道德规范和伦理要求等基本理性价值取向，是教师在追求上充分表现出来的风范与活动，是教师内在素养在教育教学活动中的外化，是指导教师献身于教育工作的精神动力，是教师专业素养的重要内容。教师的专业精神具体包括教育理念、专业态度和专业道德。

（1）教育理念

教育理念是指教师在对教育工作本质的理解和体验的基础上，形成的个人的教育观念和理性信念。教育理念对教师的教育行为具有导向和驱动的作用，只要有教育行为发生，就一定有教育理念在起作用。科学的、先进的教育理念是学校教师从业的基本素质要求，是教师专业化成长的基础性保证。现代教师要树立素质教育理念、全面发展教育理念、以学生为本的教育理念、教学交往性的教育理念、创造性人才的教育理念、发展性教育评价的教育理念、终身学习的教育理念等。

（2）专业态度

专业态度是在一定专业意识支配下形成的对专业活动的特定对象的认识、评价与行为倾向，它能对教师的行为起到重要的指导与调节作用，对学生态度的形成与转化也产生着潜移默化的影响。

具体而言，教师应树立敬业精神和责任感，并将这种专业精神转化为个体生命的组成部分，体现出强烈的生命力；树立服务意识，明确教师不是公共权力的贯彻者，不是道德裁判，也不是真理的代言人，教师应为社会和个人发展提供精神和知识服务；教师还应不断改善和提高工作质量，提高自身的业务能力和专业素质，追求教师价值的最高实现，形成专业与生活相统一的发展取向，促进教师自身个性品质的和谐发展。

（3）专业道德

专业道德又称师德，指教师在职业活动中处理人际关系时必须遵守的道德准则和职业操守。教师专业道德的基本内容包括：

1）爱岗敬业，依法执教。这是教师对待教育事业的道德。学校教师爱岗敬业，是教师爱国、爱人民、爱党的具体体现，也是做好教师工作的根本条件。

2）热爱学生，教书育人。这是学校教师对待学生的道德。热爱学生是爱岗敬业的具体表现，也是学校教师教育好学生的前提条件。

3）为人师表，严谨治学。这是学校教师对待自己的道德。学校教师不仅是用自己的学识影响学生，更重要的是以自己高尚的道德品质和情操潜移默化地影响学生。

4）团结协作，共同努力。这是学校教师对待教师集体和家长的道德。教育人的任务是艰巨而复杂的，不是靠哪个人所能完成的，要依靠学校教师集体的共同努力和家长的积极配合。

师德是教师素质的核心。师德主要从教师的人格特征中显示出来，历代的教育家提出的"为人师表"、"以身作则"、"循循善诱"、"诲人不倦"、"躬行实践"等，既是师德的规范，又是教师良好人格的品格特征的体现。师德，是教师和一切教育工作者在从事教育活动中必须遵守的道德规范和行为准则，以及与之相适应的道德观念、情操和品质。但是教师的道德素质并不是指规范、准则本身，而是教师把这些规范、准则逐步内化，成为教师从事教育事业的准则。在学生心目中，教师是社会的规范、道德的化身、人类的楷模、父母的替身。他们都把师德高尚的教师作为学习的榜样，模仿其态度、情趣、品行乃至行为举止、音容笑貌、板书笔迹等。因此，可以说教师道德素质比教师文化素质更为重要。师德才是教师的灵魂，是教师人格特征的直接体现。

2. 教师的专业知识

教师的专业知识是教师在教师教育和教育实践中获得的、直接作用于教育过程的实用性知识。新世纪将对教师专业知识结构有更高的要求，不再局限于学科知识与教育学知识的简单组合，而应强调多层复合的结构特征。丰富而合理的专业知识是做好教师工作的前提条件。教师的专业知识分为四大类。

（1）通识性知识

通识性知识是指教师所具有的从事教育教学工作的普通文化科学知识，是教师必须具备的文化素养。教师要了解中外历史上的重大事件；了解中外科技发展史上的代表人物及其主要成就；了解一定的科学常识，熟悉常见的科普读物，具有一定的科学素养；了解重要的中国传统文化知识；了解中外文学史上重要的作家作品；了解一定的艺术鉴赏知识；了解艺术鉴赏的一般规律，并能有效地运用于教育教学活动。因此，教师要不断丰富、更新自己的知识，具有广博的文化素养，才能不落后于时代和教育的发展，才能满足学生的精神需要。

（2）本体性知识

本体性知识是指教师所具有的特定的任教学科知识。教师必须要精通所任教学科的基础知识、基本理论和基本技能；了解本学科与邻近学科的交叉关系；了解本学科的历史现状和未来发展趋势；了解本学科方面做出突出贡献的人物及其主要成就；了解本学科的发展动态和最新研究成果。教师具有扎实深厚的专业知识，才能深入地钻研教材、准确地把握教材、透彻地理解教材、深入浅出地讲授教材，使学生易于接受，达到预期的效果。因此，学校教师要在所教的学科里跟上科学发展和教学内容改革的步伐，就要不断汲取新的知识，了解新的研究成果，使自己的本体性知识不断更新和完善。

（3）条件性知识

条件性知识是指教师所具有的教育科学和心理科学知识，如教育学、心理学、发展心理学、学科课程与教学论等。在教学中，条件性知识涉及学校教师“如何教”的问题，它使教师懂得在什么时候、为什么以及在何种条件下才能更好地运用通识性知识和本体性知识，亦即教师依据教育学和心理学方面的知识来思考和揭示通识性知识和本体性知识，并将它们转化为学生可以理解的知识。条件性知识也使教师懂得如何按照教育规律和学生身心发展的特点进行教育教学工作。其实，并不是一个人知什么、会什么就可以教什么，教师之所以为教师，就是他们具有条件性知识，能把自己所知、所会转化为学生知、学生会，并遵循学生身心发展的规律和特点，促进学生全面发展。条件性知识及运用是学校教师教育教学成败的关键。因此，学校教师必须通过系统地学习掌握条件性知识，并在实践中加深理解和领会。当今，教育理论发展迅速，学校教师要及时将新的教育理论和方法运用到教育教学中，以提升自己的教育教学水平和质量。

（4）实践性知识

实践性知识是教师自己在教育教学实践中所形成和运用的知识。教师实践性知识是情境性的、个性化的，不同的教师具有不同的实践性知识，可以被借鉴和模仿，但不可以复制。学校教师实践性知识是缄默的，教师个人的大部分教育教学经验以及在此基础上形成的直觉和感悟，有时候他们并不知道或很少意识到自己为什么这样做而不是那样做的真正原因，也无法用言语进行表达，而是在个人潜意识中积累的缄默知识。学校教师实践性知识因缺乏系统性，也无法传授，所以往往不被人们所重视。但学校教师实践性知识却是教师专业发展和自我成长的核心因素。因此，学校教师在实践中要不断地进行反思，通过反思促进教师实践知识的发展，进而加速教师专业化的进程。

3. 教师的专业能力

教师的专业能力是教师组织教育活动，对学生施加有目的的影响的主体“行动”能力。教师专业能力的发展是在教育活动过程中完成的，它必须与时代和教育发展的要求相适应。教师除了具备基本的逻辑思维能力、阅读理解能力和写作能力等基本职业能力之外，还需具备一些独有的、娴熟的、多方面的专业能力。

（1）语言表达能力

语言是学校教师传播知识和影响学生的主要工具，语言表达能力是对教师教育教学能力的基本要求，教师语言表达能力直接影响着教育教学效果，所以学校教师必须具有较强的语言表达能力。学校教师语言表达能力包括口语表达能力、书面语表达能力和体态语表达能力。学校教师是以口语为媒介进行教学的，因而口语表达能力显得尤为重要。要做到通俗易懂，表达清晰，言简意赅，连贯顺达，富有逻辑性、感染力和启发性，语音正确，语言规范，说普通话。

（2）教学能力

在理解学科课程目标的基础上，教师能够针对教学内容制定教学目的，能够根据学科课程标准选择教育内容、开发课程资源，进行教学设计、编写教案，理解所教学科的特点和教育意义，具有把握教材的基本能力，最终形成教学设计的能力；教师能够依据教学目的合理选择和运用教学方法，能够有效开展教学活动，具备运用教育技术并将教育技术与学科课程内容进行整合的基本能力，最终形成教学实施的能力；能够评价学生的学，评价其他教师的教育行为，并提供相关的建议，能够对自己的教育决策、行为、能力和态度等方面进行评价与反思，具有教与学评价的基本技能与能力，以形成教学评价的能力。

（3）组织管理能力

现代学校教师面对的不是单个学生或少数学生，而是学生集体。在集体中进行共同的活动，教师就必须具有较强的组织管理能力，如班级管理能力、课堂管理能力。在当代的教育改革中，课堂变得更加开放，教学过程充满了变数，学校教师必须具备驾驭动态课堂的组织管理能力，保证课堂教学顺利进行，促进学生全面发展。

（4）教学监控能力

教学监控能力是指学校教师为了保证教学达到预期的目标，在教学的全过程中将教学活动本身作为意识的对象，不断对其进行计划、检查、评价、反馈、控制和调节的能力。该能力包括：“一是教师对自己教学活动的事先计划和安排；教师对自己实际教学活动进行有意识的监察、评价和反馈；三是教师对自己教学活动进行调节、矫正和有意识的自我控制。”

（5）教育研究能力

教师要结合自己的本职工作开展一些教育与教学研究，以使自己的教育教学工作不断向深度和广度扩展。特别是在当代教育改革实施的过程中，新情况、新问题会不断涌现，学校教师要主动研究这些新情况、新问题，以推动教育改革的顺利进行，促进自己教育教学水平的提高。只有把教学和科研紧密结合，将教育理论和教育实践有机结合，才能迅速向专家型教师发展。

1.2.2 教师教育技术能力

教育信息化的发展对教师教育信息化提出了严峻挑战。加快教师教育信息化的发展，提高教师教育水平，对建设一支高素质的、专业化的教师队伍，扎实推进素质教育，具有重大的战略意义。为适应新时期教育教学的发展需要，教育部正式颁布了《教师教育技术能力：标准、培养及评估》，标志着以全面提升教师现代化教育水平为目标的教师教育工作的全面启动，同时也为衡量我国中小学教学人员、管理人员与技术支持人员的教育技术能力水平建立了培训与考核的基本依据。

1. 教师具备教育技术能力的重要性

教育技术能力是任何学科的老师都必须具有的能力，是大、中、小学每一位教师都必须具有的能力，是进行教学的能力，也就是在有合适技术支持的教学环境下进行教学设计并有效地组织与实施教学活动的能力。在教育信息化和课程改革的新形势下，教育技术能力理所当然地成为教师专业能力的重要组成部分。教师具备教育技术能力的重要性主要体现在以下四点。

1）掌握教育技术有助于教师教育观念的更新。我们知道传统的教学观是教师教书本知识，学生学书本知识，教学功能只有一个。而现代教学观则认为，教学具有多方面的功能，也就是说，它既要传授知识，又要发展学生的多种能力，而在发展能力的过程中，效率是一个决定的因素，即怎样使学生在有限的时间内高质量地掌握知识并具备不断更新知识、创造新知识的能力。传统的学生观把学生看成被动接受知识的客体，教师是教学的主体，而现代学生观认为，学生既是教学的对象，又是学习活动的主体，在学习过程中，学生是主客体的统一。另外，传统的学校观认为，只有全日制、面授、进行课堂教学且有围墙的学校才是正规的学校，现代学校观则认为教育无时空、学校无业余的限制，时时处处都可以接受正规的教育。可见，这些现代的教学观、学生观和学校观的形成与教育技术的发展有着极为密切的关系，不掌握教育技术，就不能对其有更加深刻的理解。

2）教育技术的有效应用可以优化教学过程，提高教学质量。教育技术给教师教学带来了新观念、新方法、新技术，在教学的设计、实施、评价与管理中有效利用教育技术，设计开发多元化的学习资源和教学过程，为学生创设丰富有效的学习环境，有利于激发学生的学习动机，有利于学生自主性学习。有效地提高学生解决问题的能力，发展学生的探究能力，培养学生的交流合作能力。同时，教师也可以根据不同的教学内容设计不同的教学方案，利用各种教育技术手段来实现教学目标。从而达到优化教学过程，提高教学质量的作用。

3）提高教师的教育技术能力有利于推动新课程改革。新课程改革的核心是要培养学生的创新精神，让青少年生动、活泼、主动地发展，为此应改变教师的教学方式和学生的学习方式，而应用教育技术正是改变教与学方式的有效途径；另外，信息技术与各学科教学的整合还是新课改成功实施的必要条件，而有关信息技术与课程整合的理论、模式与方法（即如何在各学科教学中进行有效的整合）则是现代教育技术的基本内容。

4）掌握教育技术有助于未来教育目标的实现。教育家们指出，21 世纪的公民需要获得以下一些技能：信息的组织、获取、操作和评价能力；解决问题的能力；批判性思维能力；学习能力；与他人合作或协作的能力等。为了实现上述目标，教育内容就必须做出相应的改革，其总的趋势是教材的难度增加，重视基本理论和强调知识的内在联系。这就要求教材按照高难度、高速度和理论化的原则重新编写，在课程设计上注重学科设置合理，教学内容少而精，着重使学生掌握基本原理、发展认知能力和创造能力等。这样，教育技术也就很自然地成为实现教学目标、改革教育内容和进行教学设计的重要途径和工具。不掌握教育技术，教师就会在实现上述目标的过程中受到阻碍。

实施素质教育是一个长期的过程。就目前来看，主要的问题是要鉴别应试教育所存在的弊端，建立实施我国进行素质教育的方案。这不仅是教育家的任务，同时也是我们广大教师的任务。改善教学方法，优化教育结构，合理配置教育教学资源，从培养能力、发展智力入手，满足社会需求，提高人才培养的质量和数量，是我们每一位教师都要面对并深入研究的课题。依靠教育技术，我们就能从中得到有力的支持并找到满意的答案。

总之，随着信息技术的发展和信息社会的到来，作为从事教育教学工作的广大教师，特别是从事基础教育的广大中小学教师，一定要认清自己的历史使命，认真学习和掌握教育技术的理论、方法和手段，不断进行自我完善，只有这样，才能在教育教学改革中立于不败之地。

2.《中小学教师教育技术能力标准（试行）》

为了提高我国中小学教师教育技术能力水平，促进教师专业能力发展，2004 年 12 月 25 日，教育部正式颁布了《中小学教师教育技术能力标准（试行）》，这是新中国成立以来我国颁布的第一个教师专业能力标准。它的颁布与实施是我国教师教育领域一件里程碑性的大事，将对我国教师教育的改革与发展产生深远影响。2005 年 4 月，教育部为贯彻落实这一标准，又专门启动了“全国中小学教师教育技术能力建设计划项目”，包括培训、考试、认证等三个部分。本标准适用于中小学教学人员、中小学管理人员、中小学技术支持人员。教育技术能力的培训与考核，分为教学人员、管理人员、技术人员三大部分，其中教学人员教育技术能力标准可参考附录。

1.3 教育技术理论基础

现代教育技术是一门新兴的综合性学科，它受到很多学科相关理论的影响。这些学科的相关理论对形成教育技术学理论基础的影响和作用不尽相同，并且这些学科相关理论的发展变化所引发的教育技术学理论基础的每一次发展变化，都会推动教育技术的发展演变。

1.3.1 学习理论

学习理论是研究人类怎样学习的理论，旨在阐明学习如何发生、有哪些规律、是什么样的过程、如何才能进行有效的学习，并揭示学习过程依据心理、生理机制和规律而形成的理论，在教育技术的发展过程中起着关键性的指导作用。

学习是一种十分复杂的心理活动。人们从不同的角度进行研究，产生了各种学习理论的流派。对教育技术影响显著的流派主要有行为主义、认知主义和建构主义学习理论三种。

1. 行为主义学习理论

行为主义理论起源于俄国生物学家巴甫洛夫的经典条件反射学习观，又称刺激-反应（S-R）理论，是当今学习理论的主要流派之一，对早期的教育技术发展有很大影响。

行为主义学习理论的基本观点有以下三种。

（1）巴普洛夫、华生的学习刺激-反应学说

该学说认为学习是刺激和反应的联结，认为行为是学习者对环境刺激所做出的反应。他们把环境看成刺激，把伴而随之的有机体行为看作反应，认为所有行为都是习得的。巴甫洛夫的条件反射学说被公认为是发现了人和动物学习的最基本的机制的理论。他说："显然，我们的一切培育、学习和训练，一切可能的习惯都是很长系列的条件的反射。"华生也是早期行为主义的典型代表，他采用观察法、条件反射法、口头报告法、测验法等不同的实验方法，得出了许多关于人类的感觉、情绪、思维、人格等方面的理论，并提出了学习上的频因律、近因律等学习理论。华生在作为行为主义宣言的《行为主义者心目中的心理学》一文中，开宗明义宣称行为主义的"理论目标就是对行为的预测和控制"。华生所讲的行为首先是一种可观察到的机体反应。这种机体反应的本质是人和动物对于外界环境的适应。华生说过"给我一打健康的儿童和我所选择的特殊环境，那么我想把他们培养成什么人就培养成什么人——医生、艺术家、教师，甚至可以培养成乞丐和盗贼，不管它有什么样的才能和爱好、禀赋。"这段话一直被人们公认为环境决定论的经典表述。

行为主义学习理论应用在学校教育实践上，就是要求教师掌握塑造和矫正学生行为的方法，为学生创设一种环境，尽可能在最大程度上强化学生的合适行为，消除不合适行为。

（2）斯金纳的操作性条件反射说

斯金纳认为，学习过程是塑造行为的过程，即操作条件反射的过程，其中强化起着关键的作用。他认为所有行为都是由反射构成的，而根据强化作用的不同，反射分为刺激性反射和反应性反射，所以行为也分为应答性行为和操作性行为，机体的行为大多是操作性的，人类的行为多数实质上是操作行为，所以学习主要是操作条件作用。斯金纳认为教育的关键就是强化有利的行为。在教学和训练中要想取得成功，重要的是要分析强化的效果，并根据这种分析来设计精密的操纵行为和学习过程的技术。在此基础上，他提出了程序教学的主张。程序教学的基本原则：小步子、积极反应、积极强化、自定步调和低错误率，即要把教学内容分成若干个小步骤，由难到易，逐步解决；要求学生对所学内容做出积极反应；对学生的反应要及时地强化（反馈）；学生可以根据自己的学习进度、学习能力自定步调；在教学过程中，要尽量使学生都做出正确反应，使错误率降到最低。这五项原则对教学设计也有重要的指导意义。

（3）桑代克的学习联结说

桑代克把学习归结为刺激（S）-反应（R）的联结形式。桑代克指出：学习即联结。所谓联结，指的是某种情境仅能引起某种反应，而不能唤起其他反应的倾向。学习的实质在于形成情境与反应之间的联结，二者之间是直接的因果关系，不需要任何中介因素。在猫学习打开疑难笼的过程中，经过多次尝试与失败，在复杂的刺激情境中发现门闩作为打开笼门的刺激（S）与开门反应（R）形成了巩固的联系，这时学习便产生了。在实验中，桑代克发现，动物不断进行尝试，错误反应逐渐减少，正确反应逐渐增加，最终得以在刺激与反应之间形成牢固的联结。由此桑代克认为学习是一种渐近的、盲目的尝试与错误的过程。所以他的学说又称尝试错误说（简称试误说）。

2. 认知主义学习理论

认知主义学习理论起源于20世纪50年代末期。1957年苏联首先发射人造卫星，这一举动震惊了美国教育界。美国教育界随即开始了检讨，检讨的结果认定美国太空科学之所以落后，主要是由中小学科学教育失败所致，直接原因是指导中小学教育实践的行为主义学习理论。通过深深的反省后，研究者一致认为，行为主义学习理论，尤其是斯金纳的操作性条件反射学说，只能教学生在环境的控制下，被动地、机械地学习一些固定的零碎知识，不能让学生学到随机应变、主动思考解决问题的能力。这样，认知主义学习理论才开始被人们所重视。

认知主义学习理论的基本观点：人的认识不是由外界刺激直接给予的，而是外界刺激和认知主体内部心理过程相互作用的结果。重视人在学习活动中的主体价值，充分肯定学生的自觉能动性；强调认知、意义理解、独立思考等意识活动在学习中的重要地位和作用；重视人在学习活动中的准备状态，即一个人学习的效果，不仅取决于外部刺激和个体的主观努力，而且取决于一个人已有的知识水平、认知结构、非认知因素。代表人物及观点主义有以下三个。

1）加涅的信息加工论：加涅认为学习是学生与环境之间相互作用的结果。学习的发生要依赖外部条件和内部条件，学习过程是学习者主动的有选择的信息加工过程。加涅强调，学生的整个学习过程一直受到外部条件的强烈影响。对于教师来说，了解和研究学习过程的目的就是为学习过程提供支持，使外部条件能在学习过程中始终能与学习者的内部活动进行必要的、恰当的和正确的联系，从而给学习者以积极的影响，获得满意的学习结果。

2）布鲁纳的认知结构论：认为学习的实质在于主动地形成认知结构。认知结构是人对外界物质世界进行感知和概括的一般形式，是在过去经验的基础上形成的，并在学习过程中不断变动。个体通过认知表征获得内部信息加工系统，学习是借助于学习者的内部信息加工系统而实现的。布鲁纳强调教学活动应该能最大限度地促进学生主动地形成认知结构，其教学思想最重要的有两点：一是结构教学观；二是发现法教学模式。

3）奥苏伯尔的认知同化论：认为学习变化的实质在于新旧知识在学习者头脑中的相互作用，那些新的有内在逻辑关系的学习材料与学生原有的认知结构发生关系，进行同化和改组，在学习者头脑中产生新的意义，即有意义学习的过程是新的意义被同化的过程。奥苏伯尔对先行组织者、逐渐分化和整合协调等原则的分析，有助于教师设计教学内容、安排教学序列，以适合于学生认知结构的组织特点，从而有助于学生对知识的学习、保持、迁移和运用。

20世纪70年代末至80年代初，认知主义学习理论开始占据统治地位。在计算机辅助教育中，其理论基础也由行为主义学习理论转向认知学习理论。在CAI课件设计中，人们开始注意学习者的内部心理过程，开始研究并强调学习者的心理特征与认知规律；不再把学习看作对外部刺激被动做出的适应性反应，而是把学习看作学习者根据自己的态度、需要、兴趣、爱好，利用自己的原有认知结构，对当前外部刺激所提供的信息主动做出的有选择的信息加工过程。

3. 建构主义学习理论

建构主义学习理论兴起于20世纪80年代末，是行为主义学习理论发展到认知主义学习理论以后的进一步发展，是当代教育心理学的一场革命。瑞士著名心理学家让·皮亚杰（Jean Piaget）因其创立的关于儿童的认知发展理论，被看作当代建构主义理论的最早提出者。当今的建构主义者主张，世界是客观存在的，但是对于世界的理解和赋予的意义却是由每个人自己决定的。我们以自己的经验为基础来建构事实，或者至少说是在解释事实，我们个人的经验世界是用我们个人的头脑创建的，由于我们的经验及对经验的信念不同，于是我们对外部世界的理解便也迥异。所以建构主义者更关注如何以原有的经验、心理结构和信念为基础来建构知识。他们强调学习的主动性、社会性和情境性，对学习和教学提出了许多新的见解。

建构主义认为，学习是学习者与环境交互作用过程中主动地建构内部心理表征的过程。知识不是通过教师传授得到的，而是学习者在一定的情境即社会文化背景下，借助其他人（包括教师和学习伙伴）的帮助，利用必要的学习资料，通过意义建构的方式获得的。情境、协作、会话和意义建构是学习环境中的四大要素或四大属性。

情境：学习环境中的情境必须有利于学生对所学内容的意义建构。重视教学过程对情境的创设，对教学设计提出了新的要求，不仅要考虑教学目标分析，而且要考虑有利于学生建构意义的情境的创设问题，并把情境创设看作教学设计的重要内容之一。

协作：协作发生在学习过程的始终。学习既是个别化行为又是社会性行为，学习需要交流和合作。协作对学习资料的搜集与分析、假设的提出与验证、学习成果的评价直至意义的最终建构均有重要作用。

会话：会话是协作过程中不可缺少的环节。学习小组成员之间必须通过会话商讨如何完成规定的学习任务的计划。此外，协作学习过程也是会话过程，在此过程中，每个学习者的思维成果（智慧）为整个学习群体所共享，因此会话是达到意义建构的重要手段之一。

意义建构：这是整个学习过程的最终目标。在学习过程中帮助学生建构的意义就是要帮助学生对当前学习内容所反映的事物的性质、规律，以及该事物与其他事物之间的内在联系达到较深刻的理解。这种理解在大脑中的长期存储形式就是“图式”，也就是关于当前所学内容的认知结构。

建构主义认为学生是信息加工的主体，是意义的主动建构者，而不是外部刺激的被动接受者和被灌输的对象。学习并不是简单的信息的量的积累，它同时包含由于新旧经验的冲突而引发的观念转变和结构重组。学习过程并不是简单的信息的输入、存储和提取，而是新旧经验的双向的相互作用过程，这个过程是别人无法替代的。因此学习过程应该以学生为中心，学生必须主动地参与到整个学习过程中。

建构主义提倡在教师指导下的、以学习者为中心的学习，也就是说，既强调学习者的认知主体作用，又不忽视教师的指导作用。教师是意义建构的帮助者、促进者，而不是知识的传授者与灌输者。建构主义学习环境下教师地位和角色的转变，并不意味着教师的角色不重要了，教师在教学中的作用降低了，而是意味着教师起作用的方式和方法已不同于传统教师。相反，在建构主义学习理论中，为了促进学生对知识意义的建构，教师课下所做的工作更多，对教师能力的要求更高。教师不仅要精通教学内容，而且要熟悉学生，掌握学生的认知规律，掌握现代化的教育技术，充分利用人类学习资源，设计开发有效的教学资源，善于设计教学环境，能够对学生的学习给予宏观的引导与具体的帮助。

1.3.2 教学理论

运用教育技术的思想解决教育问题，需要对教学过程的性质和规律有清楚的认识。而教学理论主要研究对教学过程性质和规律的认识，以及如何在认识的基础上优化学习环境和教学过程，开发新课程，以达到提高学生学习质量与学习效率的目的。所以说教学理论也是教育技术重要的理论基础。

自从 17 世纪 30 年代捷克的夸美纽斯发表《大教学论》，提出班级授课制度，开创以教师为中心的教学模式，几百年来，古今中外众多教育学家的研究形成了丰富的教学理论内容。这些教学理论的教学模式、教学程序、教学结构等对教育技术的发展产生了直接的影响。

较有影响的教学理论有斯金纳的程序教学理论，布鲁纳的发现教学法，布卢姆的教育目标分类理论、“掌握学习”理论和形成性评价理论，加涅针对学习条件的指导教学模式，克拉夫基的范例教学和巴班斯基的最优化教学，奥苏伯尔的有意义学习观点、“先行组织者”的教学活动程序、“学与教”理论等。

1. 戴尔“经验之塔”理论

1946 年，美国视听教育家戴尔在所著的《教学中的视听方法》一书中提出了著名的“经验之塔”理论，对经验是如何得来的做了系统的研究，认为经验有的是由直接方式（做）得来的，有的是由间接方式得来的。他把学习的经验分为直接（做的）经验、观察（替代）经验和抽象经验三大类，并按抽象程度进行排列，形成如图 1-2 所示的金字塔形状。塔的最底层的内容提供的经验最直观、具体，逐层上升，直接感觉的程度越来越低，趋向抽象的程度越来越高。

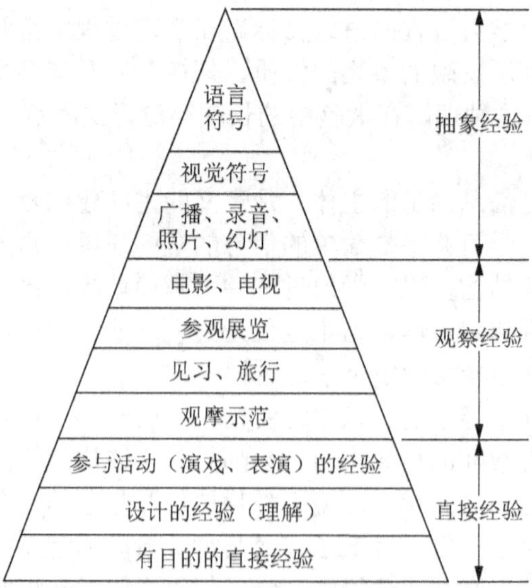

图 1-2 “经验之塔”模型

1）有目的的直接经验，指从看见的、听到的、尝到的、摸到的具体事物中获得的知识，是教育的基础。

2）设计的经验，指通过模型、标本等间接学习材料获得的经验。模型、标本等都是通过人工设计、仿造出来的事物，多与原来的事物大小和复杂程度有所不同，但形象类似。在教学中应用，比真实事物易于领会，因而有相当的价值。

3）参与活动的经验，指通过演戏、表演等，尽量逼近真实和参与重现的经验。

以上三个层次中，都含有亲自参与的“活动”，所以说获得的是直接（做的）经验。

4）观摩示范，是先看别人怎样做，之后自己再动手模仿去做，在教学上用得很广泛。

5）见习、旅行，是指到一定的地方去看真实事物和情景，从而进行学习，增长知识。

6）参观展览。展览布置的东西都具有一定的典型性，参观展览看到的事物要比自然界的真实事物更突出更集中，但真实性差一些。

7）电影与电视。看电影、电视所获得的经验不是直接经验，而是间接经验。电影、电视不受时空限制，将运动的或遥远的事物呈现在眼前，把原来变化太快或太慢的现象，用适当的速度去呈现，使人看得真切、理解深刻，有身临其境之感，因而能取得较好的学习效果。

8）广播、录音、照片、幻灯，可分别提供听觉与视觉经验。

以上五层均含有“观察”的成分，故称为“观察的经验”，依次排列时越往上抽象的程度越高。

9）视觉符号。主要指表格、挂图等抽象的视觉符号。例如，地图上用曲线代表河流，短线代表铁路，圆圈代表城市，细点代表沙漠等。视觉符号比文字语言要直观些。

10）语言符号。语言是交际和思维活动的工具，分口头语言、书面语言（文字）和内部语言（无声语言）。语言的表达是最抽象的东西，因此放在塔的最高层。

2. 布卢姆的教学理论——教育目标分类、掌握学习理论和形成性评价理论

美国芝加哥大学教授布卢姆最早提出将学生的学习行为作为教育目标并对教育目标加以分类研究，提出了认知、情意和技能三个领域的教育目标。其中，关于认知领域的教育目标分为知识、理解、应用、分析、综合、评价六个层次，形成由简到繁的梯度。

掌握学习理论是反映布卢姆的教学观的重要理论。它是建立在“人人都能学习”这一信念基础之上的。掌握学习的原型是卡罗尔的“学校学习模式”。布卢姆经过研究发展了卡罗尔的模式，提出决定教学效果的三个主要变量：第一，认知的前提能力，即学生掌握新的学习任务所必需的基础知识的能力程度；第二，情感的前提特性，即学习者参与学习过程的动机作用的程度；第三，教学的质量，即教师教学适合学生的程度。布卢姆认为这三个变量对学习达成度的影响作用，分别占 50%、25%、25%。

布卢姆从职能的角度把教学评价分为三大类：诊断性评价、形成性评价和总结性评价。关于形成性评价，布卢姆指出有调整学习活动、从外部确认学习成果的“强化”作用、诊断学习中的问题、获到矫正学习的“处方笺”四个职能。

1.3.3 传播理论

传播是人们通过信息的传递、接收与反馈，达到信息共享的互动活动。教育可以说是

一种有目的、有组织的系统的传播行为。一个人的一生，始终都在接受教育：小时候在家里，有家庭教育；进了学校，有学校教育；到了社会，有社会教育。无论哪种教育，都有赖于传播才能实现。当今，传播的教育功能日益显著。

教学过程也就是教学信息的传播过程。传播理论可以帮助我们分析和研究教学传播过程涉及的要素、教学传播的基本阶段及其教学传播的规律，因此传播理论是教育技术的重要理论基础。

1. 传播模式

（1）香农-韦伯模型

1949年，香农（Shannon）和韦伯（Weaver）二人合写的*The Mathematical Theory of Communication*一书中提出了香农-韦伯模型，如图1-3所示。起初用于研究电报通信过程。后来，他们在原来的基础之上加入了反馈因素，并引申其含义，用来解释人类的传播过程。

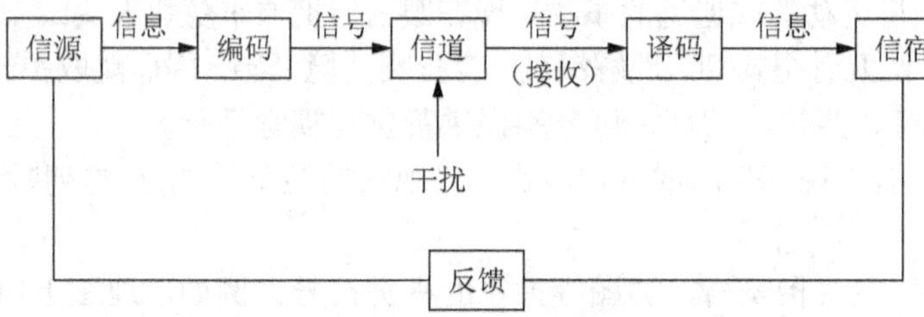

图1-3 香农-韦伯模型

该模式中，信息源从许多可能的信息中确定要传播的信息，发射器将信息转换成适合于通道使用的信号形式。通道即将信号从发射器传递到接收器的媒体。接收器的任务是将信号转换为信息，并发送到传播目的地即信宿。信宿是信息所要到达的人或事。

反馈是指受播者在接受信息后产生心理上、生理上和行为上的反应，这些反应反过来影响传播者，使传播者加以调控；干扰指来自系统之外的因素，影响传播的各个环节。

（2）哈罗德·拉斯威尔直线式传播模型

美国政治学家哈罗德·拉斯威尔（H. D. Lasswell）作为传播学领域的四大先驱之一，在1932年首次提出并于1948年完善了5W模型，如图1-4所示。他认为传播过程由五个要素构成，分别是Who（由谁传递）、Say What（传递什么内容）、In Which Channel（如何传递）、To Whom（向谁传递）和With What Effect（传递效果如何）。由于这五个要素均由英文字母W开头，因此该模型被称为5W模型。

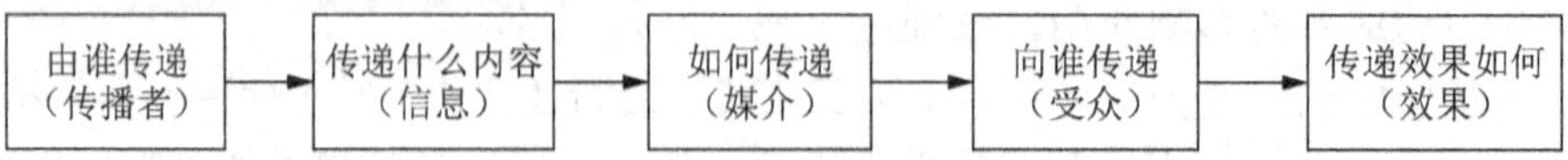

图1-4 5W模型

后来，布雷多克（Braddock）于1958年在此基础上发展了“7W”模型，在传播过程中增加了另外两个要素：Why（为什么）和Where（在什么情况下）。

（3）奥斯古德-施拉姆模型

1954 年，奥斯古德和施拉姆提出了新的传播模型，设计出了传播的双行为和循环模式，如图 1-5 所示。

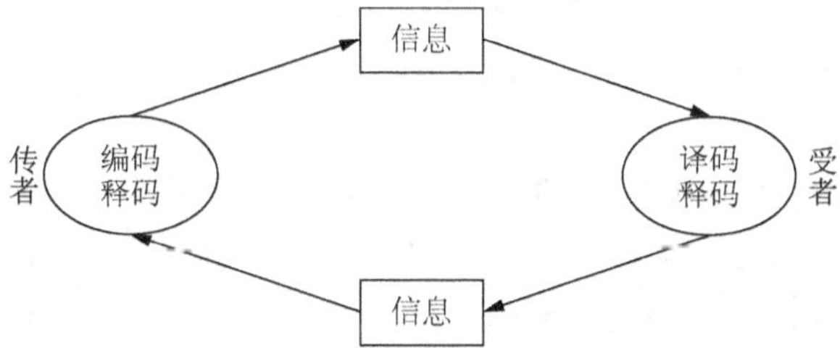

图 1-5　奥斯古德-施拉姆模型

该模式的重点不在于分析传播渠道中的各个环节，而在于强调传者与受者都是积极的主体，受者不仅接受信息、解释信息，而且还对信息做出相应的反应，传播是一种双向的互动过程。参加传播过程的每一方在不同阶段都依次扮演着译码者、释码者和编码者的角色，并相互交替着这些角色。其传播信息、分享信息和反映信息的过程是往复循环、持续不断的。这是其最大的创新之处。

2. 教学传播的概念与特点

教学传播是教育者和受教育者之间的信息交流活动，是由教育者按照一定的目的要求，选定合适的信息内容，通过有效的媒体通道，把知识、技能、思想、观念等传送给特定的教育对象的一种活动。

教学传播的特点如下：

1）明确的目的性。以培养人才为目的。

2）内容的严格规定性。

3）传者与受者的特定性。

4）媒体和通道的多样性。

3. 教学传播过程的基本阶段

教学传播过程是包括六个阶段的连续的动态过程。

（1）确定教学传播信息

教学传播过程的第一步是确定传送的教育信息。传送什么信息，要依据教育目的和课程的教学培养目标。

（2）选择教学传播媒体

选择教学传播媒体去呈现要传送的信息，实质就是编码的过程。选择媒体所依据的原则：一是选择的媒体能准确地呈现信息内容；二是选用的媒体符合学习者的经验与知识水平，容易被接受和理解；三是选用的媒体容易获取，需付出的代价较小，却能取得较好的传播效果。

（3）通道传送

在这一阶段，教育传播通道通过教学媒体传送出信号，也称施教阶段。在这里首先要解决两个问题：一是信号要传递多远、多大范围的问题；二是信息内容的先后传送顺序问题。因此，在通道传送前，教育者必须做好每一次传送的结构设计，在通道传送时，有步骤地按照教学结构方案去传送信号。通道传送应尽量减少各种干扰，确保传送信号的质量。

（4）接收与解释

在这一阶段，受教育者接收信号并将它解释为信息意义，也就是信息译码阶段。受教育者首先通过视、听、触等感觉器官接收传来的信号，信号对感官的刺激通过神经系统传至中枢神经，通过分析将它转换为相应的符号。然后，受教育者依据自身的知识与经验，将符号解释为信息意义，并将它储存在大脑中。

（5）评价与反馈

受教育者接收信号解释信息之后，增加了知识，提高了能力，能否达到预定的教学目标，要进行评价。评价的方式方法很多，可以观察学生的行为变化，也可以通过课堂提问、课堂作业，以及阶段性的考试等来评价。评价的结果是教育传播过程中一种非常重要的反馈信息。

（6）调整再传送

通过掌握的反馈信息与预定的教学目标进行比较，发现教育传播过程中的不足，再次调整教育信息、教育媒体和教育传送通道，进行再次传播。

1.3.4 系统科学理论

目前的系统科学是“老三论”（信息论、控制论、系统论）和“新三论”（耗散结构论、协同论、突变论/超循环理论）的总称。它既是自然、社会、思维科学发展的综合结果，又是现代科学研究共同的一般方法论。教育技术学在其产生、发展、成熟过程中受到了系统科学理论的深刻影响，系统科学理论是教育技术的重要理论基础。

1. 系统科学的基本思想

系统科学理论认为，系统是由若干相互作用、相互依赖的要素组成的具有特定功能的有机整体。系统科学主张把事物、对象看作一个系统，通过整体的研究来分析系统中的成分、结构和功能之间的相互联系，通过信息的传递和反馈来实现某种控制作用，以达到有目的地影响系统的发展并获得最优化的效果的目的。

系统科学促使我们从运动的、整体的、相互联系的观点来考察教育教学过程与现象，运用系统方法来解决教育教学问题。

2. 系统科学理论的特征

（1）整体性

任何系统只有通过相互联系形成整体结构才能发挥整体功能，但整体的功能并不等于各分功能的总和，而应再加上各部分相互联系形成结构产生的功能。

整体性要求人们在研究问题时，要牢固树立全局、整体的观念，不仅要注意发挥系统中各部分的功能，更重要的是注意发挥各部分相互联系形成结构的功能。

例如，一个教学系统是否能够正常运行，关键在于它是否具有整体性，各部分之间能否协同工作。如果教学系统各要素之间不能互相促进，整体的功效就会小于各部分的简单相加。教学系统运用所达到的效果并不完全取决于它所使用的技术，而是在于能否充分发挥这个系统的整体优势和综合优势。

（2）有序性

系统的有序性是系统内部组织程度的反映，是系统结构稳定性的标志。对于任何复杂的系统，充分运用有序性规律能够科学地阐明它的具有目的性的运动。有序是指一个系统的性质、结构、功能，由简单向复杂、由低级向高级的发展。系统要发展，要从无序到有序，第一个必要条件是系统必须是开放的系统；另一个必要条件是系统必须有涨落（动态的稳定）的作用即偏离平衡态。

有序性要求教学系统应该是一个开放的系统，要能从教学系统以外的其他社会系统（如经济的、文化的、家庭的）获取有益的信息，进行调整、优化甚至变革，从无序走向有序，以满足社会发展对教育提出的要求。

（3）反馈性

任何系统只有通过反馈信息，才可能实现有效的控制从而达到目的；一个控制系统既要有控制部分的控制信息输入到受控部分，更要有受控部分的反馈信息回送到控制部分，这样才能形成一个闭合回路。没有反馈信息的非闭合回路，不可能实现控制。反馈分为两种，如果反馈信息能够加强控制信息的作用，则这种反馈称为正反馈；反之，如果反馈信息的作用与控制信息的作用相反，则这种反馈称为负反馈。负反馈能维持系统的稳态，是可控过程。在教学系统中，反馈性具有普遍的指导意义。

（4）动态性

系统论指出现实的系统都是动态系统，其状态是随时间的变化而变化的。当这种变化达到一定的程度时，就会发生旧系统的瓦解和新系统的建立。因此，我们应在系统的变化中把握系统的相对静止，并把静态系统看作动态系统的理想化状态。

（5）最优化

最优化是根据系统结构与功能的辩证关系，为系统定量地确定最优的目标，并运用最新的手段和方法，在动态中协调整体与部分的结构关系，使部分的功能服从系统的总体目标，达到最优的整体功能。

思　考　题

1. 选择题

（1）（　　）学习理论认为学习是学习者与环境交互作用的过程中主动地建构内部心理表征的过程。

A．行为主义　　B．认知主义　　C．建构主义　　D．人本主义

（2）AECT’94 定义明确指出教育技术的研究对象是（　　）。

A．教学过程与教学资源　　B．学习过程与学习资源
C．教学理论与教学方法　　D．教学内容与教学媒体

（3）教育技术发展为一门专业和学科，大约经历了（　　）年。

A．80　　B．70　　C．60　　D．50

2．简答题

（1）阐述教育技术的主要研究内容。

（2）简述教师具备教育技术能力的重要性和必要性。

第 2 章　教学系统设计与评价

学习目标

通过对本章的学习，学生应了解教学设计的含义及基本过程，掌握编写教学目标的方法、教学策略的选择及教学媒体的选择方法；熟悉教学评价的定义及分类方法；掌握课堂教学评价、多媒体课件评价、网络教学资源评价的方法；学生可独立完成课堂教学内容的教学设计及多媒体课件的教学设计。

2.1　教 学 设 计

在教育领域中，教学设计是一个大家都很熟悉的词，无论是学校教育、企业培训，还是教育产品的设计都离不开教学设计。作为学校教师，几乎无时无刻不在做教学计划，这就要求教师具有较高的教学设计水平。教学设计是一项复杂的技术，需要心理学、教育学及其他相关学科的知识做指导，只有掌握了这些基础的理论与技术，才能更有效地组织教学。

2.1.1　教学设计概述

1. 教学设计的定义

教学设计是在20世纪60年代逐渐形成并发展起来的一门新的实践性很强的应用学科，是教育技术学领域中的一个十分重要的分支，它为提高教学效率、实现教学效果最优化提供了有力的保证。教学设计的理论研究与实践吸收了多种学科领域（如心理学、教育学、系统科学等）的优秀研究成果，是以解决教学问题、优化学习为目的的特殊的设计活动，既具有设计学科的一般性质，又必须遵循教学的基本规律。

教学设计这门学科的发展综合了多种理论和技术的研究成果。参与教学系统设计研究与实践的人员由于其背景的不同，往往会从不同的视野来界定和理解教学设计的概念，因此人们在教学设计的定义上尚未取得完全的统一。国内外比较有影响的研究者都对教学设计下过定义，不同的定义反映了人们对教学系统设计内涵理解的不同角度以及各自的侧重点，有的突出教学系统设计的系统特征，如加涅、肯普、乌美娜、何克抗等；有的侧重于学习经验与学习环境的设计与开发，如梅瑞尔；有的则从设计科学的角度出发突出了教学系统设计的设计本质，如帕顿等。

通过对这些定义的分析比较，我们认为教学系统设计主要是以促进学习者的学习为根本目的，运用系统方法，将学习理论与教学理论等的原理转换成对教学目标、教学内容、教学方法和教学策略、教学评价等环节进行具体计划、创设有效的教与学系统的“过程”或“程序”。

2. 教学设计的特征

教学设计具有以下特征：

1）教学系统设计是应用系统方法研究、探索教与学系统中各个要素之间及要素与整体之间的本质联系，并在设计中综合考虑和协调它们的关系，使各要素有机结合起来以完成教学系统的功能。如果不考虑影响解决方案实施的各个要素及其相互之间的关系，那么设计出来的解决方案就无法达到其预期的目标。

2）教学系统设计的研究对象是不同层次的学与教的系统。这一系统中包括了促进学生学习的内容、条件、资源、方法、活动等。教学系统设计的过程就是对这些影响教学效果的各个要素进行具体的计划的过程。

3）教学系统设计的目的是将学习理论和教学理论等基础理论的原理和方法转换成解决教学实际问题的方案。它不是为了发现客观存在的尚不为人知的教学规律，而是运用已知的教学规律去创造性地解决教学中的问题，教学系统设计的成果或产物是经过验证的、能实现预期功能的教学系统实施方案，包括教学目标以及为实现一定教学目标所需的教学活动和实施计划及相关的支撑材料（如教材、学习指导手册、多媒体教学软件、学习者的学习资源、评价手册及测试题等）。

3. 教学设计的意义

学习教学系统设计具有十分重要的意义：

（1）有利于教学理论与教学实践的结合

教学设计为了追求教学效果的最优化，不仅仅关心如何教，更关心学生如何学，因此在系统分析、解决教学问题的过程中，注意把人类对教与学及传播学的研究成果和理论综合应用于教学实践活动，是连接基础理论与实践的桥梁。通过教学设计，可以把已有的教学理论和研究成果运用于实际教学中，指导教学工作的进行，同时也可以将教师的教学经验升华为教学科学，充实和完善教学理论，使理论与实践紧密地结合。

（2）有利于教学工作科学化

传统教学中，虽然设计活动普遍存在于教师的教学工作实践当中，但教师往往把设计看作一门艺术，教师之间往往靠师傅带徒弟的“传、帮、带”的方式传授经验，难以大范围普及成功的设计教学的经验。教学设计从教学的科学规律出发，对教学问题的确定、分析，对解决问题方案的设计、试行乃至评价等一系列教学设计的内容和程序都建立在系统方法的基础上，从而使教学活动的设计摆脱了纯经验主义而纳入科学的轨道，使广大教育工作者容易学、乐于接受并在教学中进行实践。

（3）有利于培养科学的思维习惯

教学设计具有问题解决的一般过程：发现问题、选择和建立解决问题的方案、试行方案及评价与修改方案。在利用教学设计优化学习的过程中，设计人员一方面要善于发现教学中的问题，用科学的方法分析问题，寻求解决问题的方案；另一方面需要在设计、试行过程中不断地反思解决方案。长此以往，有利于培养科学的思维习惯，解决问题的科学的态度，能够用科学的方法解决实际中的教学问题。

（4）有利于满足信息社会对教学的要求

信息传播与技术的发展给生活在信息时代的人们带来了很多的便利。信息社会是一个人才竞争的社会，是追求高效率的社会，因此急需教育领域能多出人才、快出人才和出好人才。以多媒体和网络为核心的信息技术也给教育领域带来了重大的变化，不仅仅是教学手段上的革新，更重要的是对信息时代人才培养观念及人才培养模式的转变，引发了教育观念、教学内容、教学方式上的深刻变革。将先进的教学设计思想融入教学，利用先进的信息技术提高教学效率、效果，促进学习者自身的发展，适应信息社会的要求。

2.1.2 教学设计过程

教学设计过程是一个系统化的过程，又是充满创造性的过程。对于教育工作者来说，首先应该掌握教学设计的基本过程，才有可能在此基础上不拘于基本规范进行创新。完整的教学设计过程一般包括以下部分：教学设计的前期分析、教学目标的阐明、教学策略的制定、教学媒体的选择及教学成果的评价。

1. 教学设计的前期分析

教学设计的前期分析是在教学设计过程的开端分析教学中存在的问题，主要包括学习需要分析、学习内容分析和学习者分析。

学习需要分析是教学设计过程的基础。教学设计是一个问题解决的过程，只有发现了问题、认清问题的本质才能着手对它进行解决。学习需要分析是以系统的方法找出学习者在学习方面的目前状态与所期望达到的状态之间的差距，其核心是了解问题及解决问题的必要性和可行性，据此提出解决方案。

学习内容是为了实现重点能力要求学习者系统学习的知识、技能和行为经验的总和。分析学习内容的工作以前面的学习需要为基础，旨在阐明学习者满足学习需要所需的知识、技能、行为经验，规定学习者需要学习内容的深度和广度。学习内容分析处于教学设计一般模式图的前端，是整个教学设计必不可少的内容，也是教学的核心内容。

学习者分析的目的，是了解学习者的学习准备状态（包括学习者学习起点水平的分析和认知发展水平的分析）及学习风格与学习动机等因素。教学设计的一切活动都是为了学习者的学，因此学习者分析为教学设计的一切活动提供了依据。

2. 教学目标的阐明

教学目标是对学习者通过教学后应该表现出来的可见行为的具体的、明确的表述，它是预先确定的、通过教学可以达到的并且能够用现有技术手段测量的教学结果。教学目标是教学设计活动的出发点和最终归宿，在教学中，教学目标可以提供分析教材和设计教学活动的依据；教学目标通过具体的描述，能为教学评价提供科学依据；教学目标可以激发学习者的学习动机；教学目标可以帮助教师评鉴和修正教学的过程。

（1）教学目标分类理论

在分析和确定教学目标时，一般强调用行为术语来表述学习结果或描述学习者的变化。在教学实践中科学地确定和实施教学目标，需要了解教学目标分类理论。

1）布卢姆的教学目标分类理论。布卢姆的教学目标分类理论是20世纪50年代提出的。在这个理论体系中，布卢姆等人将教学活动所要实现的整体目标分为认知领域、情感领域、动作技能领域。认知领域的目标分成六类：识记、领会、运用、分析、综合、评价。情感领域的目标依据价值内化的程度可分为五类：接受或注意、反应、评价、组织、价值与价值体系的性格化。运动技能领域的目标应用比较广泛的分类体系是由辛普森等人于1972年提出来的，他们将动作技能领域分为感知、准备、有指导的反应、机械动作、复杂的外显反应、适应、创新。

2）加涅的学习结果分类系统。美国当代著名教育心理学家加涅是继布卢姆之后，又一位对目标理论有重大影响的心理学家。加涅在《学习条件》一书中对学习结果进行了分类，提出五种学习结果：智慧技能、认知策略、言语信息、动作技能、态度。

（2）教学目标的编写

以研究行为目标著名的马杰在1962年出版的《程序教学目标的编写》中提出，一个教学目标应包括三个基本要素：行为、条件、标准。在教学实践中，有教育研究者认为有必要在马杰的三要素的基础上，加上对象的描述，这样，一个规范的学习目标就包括四个要素。为了便于记忆，把编写目标的基本要素简称为ABCD模式。

A——对象（Audience）：阐明教学对象。

B——行为（Behavior）：说明通过学习后，学习者能做什么（行为的变化）。

C——条件（Condition）：说明上述行为在什么条件下产生。

D——标准（Degree）：说明达到上述行为的最低标准（即达到所要求行为的程度）。

例如，初中二年级学生在观看各种风的图片时，应能将微风、狂风、台风分别标记出来，准确率达90%。

3. 教学策略的制定

教学策略是在不同的教学条件下，为达到不同的教学结果所采用的方式、方法、媒体的总和，具体体现在教与学的交互活动中。教学策略有很多种，下面从以教为主和以学为主两个方面介绍几种教学策略。

（1）以教为主的教学策略

1）先行组织者教学策略。奥苏伯尔认为，能促进有意义学习的发生和保持的最有效策略，是利用适当的引导性材料对当前所学新内容加以定向与引导。这类引导性材料与当前所学新内容（新概念、新命题、新知识）之间在包容性、概括性和抽象性等方面应符合认知同化理论要求，即便于建立新旧知识之间的联系，从而能对新学习内容起固定、吸收作用。这种引导性材料就称为“组织者”。由于这种组织者通常是在介绍当前学习内容之前，用语言文字表述或用适当媒体呈现出来，目的是通过它们的先行表述或呈现帮助学习者确立有意义学习的心向，所以又被称为“先行组织者”。

2）九段教学策略。加涅认为，教学活动是一种旨在影响学习者内部心理过程的外部刺激，因此教学程序应当与学习活动中学习者的内部心理过程相吻合。根据这种观点，他把学习活动中学习者内部的心理活动分解为九个教学事件，如表2-1所示。

表 2-1　加涅的九个教学事件与学习过程的关系

教学事件	与学习过程的关系
1. 引起注意	接受各种神经冲动
2. 告知学生目标	激活执行控制过程
3. 刺激回忆先前学过的内容	把先前学过的内容提取到短时记忆中
4. 呈现刺激材料	有助于选择性知觉
5. 提供学习指导	语义编码，提取线索，也助于激活执行控制过程
6. 引出行为	激活反应器
7. 提供行为正确性的反馈	建立强化
8. 评价行为	激活提取，使强化成为可能
9. 促进保持和迁移	为提取提供线索和策略

九段教学策略以认知学习理论为基础，其不仅能发挥教师的主导作用，而且能激发学生的学习兴趣，在一定程度上调动学生的学习主动性、积极性，建立起学与教之间的关系，再加上其实施步骤具体明确，可操作性强，因此影响和应用都比较广泛。

由于学生的需求不同，教学目标和教学内容不同，不存在适用于一切教学活动的最优教学策略。教学设计者必须掌握一系列适用于不同目标、内容及对象的教学策略，这样才能在教学设计实际中选取并综合运用各种教学策略，创造出最有效的教学环境，取得最佳的教学效果。

（2）以学为主的教学策略

1）支架式教学（Scaffolding Instruction）策略。支架式教学应当为学习者建构一种对知识理解的概念框架，用于促进学习者对问题的进一步理解。因此，事先要把复杂的学习任务加以分解，以便于把学习者的理解逐步引向深入。这种教学思想来源于苏联著名心理学家维果斯基的“最邻近发展区”理论。维果斯基认为，在儿童智力活动中，所要解决的问题和儿童的能力之间可能存在差异，通过教学，儿童在教师的帮助下可以消除这种差异，这个差异就是“最邻近发展区”。换句话说，儿童独立解决问题时的实际发展水平（第一个发展水平）和教师指导下解决问题时的潜在发展水平（第二个发展水平）之间的距离，就是“最邻近发展区”。建构主义者正是从维果斯基的思想出发，借用建筑行业中使用的“脚手架”作为对上述概念框架的形象化比喻，其实质是利用上述概念框架作为学习过程中的脚手架。通过这种脚手架的支撑作用，不停顿地把学生的智力从一个水平提升到另一个新的更高水平，真正做到使教学走在发展的前面。

2）抛锚式教学策略。抛锚式教学策略也被称为“实例式教学策略”或“基于问题的教学策略”。这种教学策略要求建立在有感染力的真实事件或真实问题的基础上。建构主义者认为，学习者要想完成对所学知识的意义建构，即达到对该知识所反映事物的性质、规律，以及该事物与其他事物之间联系的深刻理解，最好的办法是让学习者到现实世界的真实环境中去感受、去体验（即通过获取直接经验来学习），而不是仅仅聆听别人（如教师）关于这种经验的介绍和讲解。

3）随机进入式教学策略。由于事物的复杂性和问题的多面性，要做到对事物内在性质和事物之间相互联系的全面了解和掌握，即真正达到对所学知识的全面而深刻的意义建构是很困难的。往往从不同的角度考虑可以得出不同的理解。为克服这方面的弊病，在教学中就要注意对同一教学内容，要在不同的时间、不同的情境下，为不同的教学目的、用不同的方式加以呈现。换句话说，学习者可以随意通过不同途径、不同方式进入同样教学内容的学习，从而获得对同一事物或同一问题的多方面的认识与理解，这就是所谓“随机进入教学”。显然，学习者通过多次“进入”同一教学内容将能达到对该知识内容比较全面而深入的掌握。这种多次进入，绝不是像传统教学中那样，只是为巩固一般的知识、技能而实施的简单重复。这里的每次进入都有不同的学习目的，都有不同的问题侧重点。因此，多次进入的结果，绝不仅仅是对同一知识内容的简单重复和巩固，而是使学习者获得对事物全貌的理解与认识上的飞跃。

4. 教学媒体的选择

教学媒体的选择既是教学设计的一个重要环节，也是教学策略的一个重要组成部分。所谓教学媒体是指直接加入教学活动，在教学过程中传输信息的手段。从某种意义上说，有了教学活动，就有了教学手段和工具，只是在不同的时期，各种教学媒体在教学中所起的作用不同而已。传统的书本、黑板以及随后出现的幻灯机、投影仪、电视机等教学媒体在教学中主要是发挥教学手段的作用，辅助教师传递教学的信息，而目前迅速发展的多媒体技术、虚拟现实技术、人工智能技术等不再是单纯的教学手段，它还可以为学生创设多种学习环境，提高学习效率，培养学生的思维能力和解决问题的能力。因此，在现代教学中，媒体发挥着越来越重要的作用。

由于不同教学媒体的特性不同，各种媒体都有自己的优缺点，不存在对任何教学目标都最优的“超级媒体”。换句话说，没有一种媒体能对任何学习目标和任何学习者产生最佳的相互作用。每一种媒体都具有一定的特征和功能，各种媒体在色彩、立体感、表现运动、可控性及反馈机制等方面都是不相同的，因而，呈现教学信息的能力和功能也不尽相同，使得每一种媒体应用在某一特定的教学环境中要比其他媒体更为有效。

任何媒体的功能都是相对于特定的任务而言的，只有适应了教学需要，教学媒体的功能才有教学价值。因此，我们应该根据教学活动的需要及教学活动赖以进行的若干因素来适当地选用常规教学媒体。

（1）教学媒体选择的依据

1）根据教学目标。每个单元、每个课题、每个项目都有一定的教学目标，即具体的教学要求，如要使学生知道某个概念，或明白某种原理，或掌握某项技能等。为达到不同的教学目标常常需要使用不同的教学媒体去传输教学信息。以外语教学为例，让学生知道各种语法规则与使学生能就某个题材进行会话是两种不同的教学目标。前者往往用教师讲解，辅以板书或投影材料，使学生在井井有条的内容安排中形成清晰的语法概念；后者往往用角色扮演并辅以幻灯或影像资料，使学生在情景交融的沟通条件下掌握正确的言语技能。但假如是为了纠正学生的外语发音，则最好采用录音媒体了。

2）依据教学内容。各门学科的性质不同，适用的教学媒体会有所区别。同一学科内各章节内容不同，对教学媒体也有不同要求。例如，在语文学科中讲读那些带有文艺性的文章，最好配合再造形象，所以应通过能提供某些情景的媒体，使学生有身临其境的感受，以唤起他们对课文中的人物、景象和情节的想象，使之加深理解和领会。又如，数学、物理等学科的概念、法则和公式都比较抽象，要经过分析、比较、综合等一系列复杂的思维过程才能理解，所以应使媒体提供的教材辗转变化，这样才能帮助学生理解。对于动作技能性比较强的体育课，电视录像显然最有用了。

3）依据教学对象。不同年龄阶段的学生对事物的接受能力不一样。选用教学媒体必须考虑他们的年龄特征。例如，小学生的认知特点是，直观形象的思维比逻辑抽象的思维发达，注意力不容易持久集中，对他们可以较多地使用幻灯片、电影和录像。幻灯片要生动形象、重点突出、色彩鲜艳，能设置动画的地方力求设置动画，每节课使用的片数不宜过多，解释要细致；使用录像和电影也宜选用短片，动画镜头可以多一些。随着年级的升高，学生的概括和抽象能力发展了，感知经验也逐渐丰富起来，注意力持续集中的时间延长，为他们选用的教学媒体就可以广泛一些，传递的内容则增多了分析、综合、抽象、概括，增加了理性认识的分量，重点应放在揭示事物的内在规律性上，同一种媒体连续使用的时间也可长些。另外，在两种效果接近的媒体中进行选择时也可适当考虑学生的习惯和爱好。

4）依据教学条件。教学中能否选用某种媒体，还要看当时当地的具体条件，其中包括资源状况、经济能力、师生技能、使用环境、管理水平等因素。录像教学具有视听结合、文理皆适的优点，但符合特定课题需要的录像片是不是随手可得呢？语言实验室是一种极其有效的外语教学媒体，但并非每个学校都有能力置备，因陋就简采用录音机代替也是可以的。

综上所述，教学媒体的选择使用必须综合考虑教学内容的可表现性、学生的年龄特征、具体条件限制等方面的因素。

（2）教学媒体选择的程序

1）描述对媒体的要求。在教学目标、教学内容、学习者特征、教学模式与策略、教学条件已经确定的情况下，设计者基本上也已逐步形成了对教学媒体的期望。这里的工作是使我们对媒体的期望具体化，即描述出对教学媒体的要求。

2）采用合适的选择模型。根据列出的对媒体的要求，选择某种媒体模型，从而把选择取向集中到一种或几种教学媒体上去。

3）做出最佳选择。从理论上讲，这些媒体都是适用的，但实际上它们中间还存在着最佳选择。在教学设计实践中，纯粹按照教学目标、教学内容、学习者特征、教学模式与策略诸因素的要求来选择媒体的现象是很少的，人们不得不考虑一些其他的实际因素，如获得的可能性、成本的值得性、使用的便利性、师生的偏爱性等。

4）阐明媒体运用的设想。从媒体选择的依据出发，运用媒体选择的模型和程序，我们最终可以选择一种或一组教学媒体，但选择的媒体在教学中究竟起什么作用，在选择媒体时虽然也有所考虑，但并不十分清晰、全面。因此，最后有必要把各知识点、目标水平与所选媒体在教学中的运用及其之间的相互关系通过表 2-2 清楚地加以描述，为教学实施提供参考。在设想如何运用教学媒体的时候，要考虑各种媒体的优化组合。因为正像人体各部分器官虽然分工明确、各司其职，但它们的功能是通过优化组合才得以充分发挥一样，教学媒体系统功能的充分发挥也是通过多种媒体的组合后形成的优化结构来实现的。一个好的多种教学媒体组合的整体结构应具备以下几个特点：传递的信息量较大，调动多种感官共同参与、相辅相成，各种教学媒体的主要优势都得到充分发挥，各种媒体都唾手可得且使用方便。

表 2-2　教学媒体运用说明一览表

课题名称	知识点	目标水平	拟选媒体	媒体内容要点	使用时间	资料来源	媒体在教学中的作用	媒体使用方式
	1							
	2							
	3							

5. 教学成果的评价

教学设计的目的是使教学更适合每个学生发展的需要，教学方案实施的结果是期望每个学生的学习都能达到预期的教学目标。因而在实施经过设计的教学方案时，需要测定学生的行为和能力是否达到目标，评价教学结果是否成功。教学评价对于学生的学习和整个教学过程都有着极其重要的意义。

2.2　教 学 评 价

在日常教学工作中，教学评价是教学工作中的重要组成部分。在教学活动中，人们无时无刻不处在评价和被评价之中。教学评价的方法和理论对提高教学质量，培养创新精神和实践能力，促进师生发展，推动教学改革起着重要的作用。

2.2.1　教学评价概述

1. 教学评价的含义

传统的教学评价是指通过各种测量，系统地收集证据，从而对学生通过教学发生的行为变化予以确定。随着教育改革的发展及教育观念的转变，人们对教学评价的理解也发生了变化，不仅仅追求对学习结果的价值判断，已将重点转向关注学生的发展过程。教学评价是根据一定的教育目标，运用可行的科学手段，对教育现象及其效果进行价值判断，从而为教育决策提供依据，以改进教育服务的过程。

教学评价具有以下四个功能。

（1）诊断作用

对教学效果进行评价，可以了解教学各方面的情况，从而判断它的质量和水平、成效和缺陷。全面客观的评价工作不仅能估计学生的成绩在多大程度上实现了教学目标，而且能解释成绩不良的原因，并找出主要原因。可见教学评价如同身体检查，是对教学进行一次严谨的科学的诊断。

（2）激励作用

评价对教师和学生具有监督和强化作用。通过评价反映出教师的教学效果和学生的学习成绩。经验和研究都表明，在一定的限度内，经常进行记录成绩的测验对学生的学习动机具有很大的激发作用，可以有效地推动课堂学习。

（3）调节作用

评价发出的信息可以使师生知道自己的教和学的情况，教师和学生可以根据反馈信息修订计划，调整教学的行为，从而有效地工作以达到所规定的目标，这就是评价所发挥的调节作用。

（4）教学作用

评价本身也是一种教学活动。在这个活动中，学生的知识、技能将获得长进，智力和品德也有发展。

2. 教学评价的分类

教学评价的类型很多，依据不同的分类标准，可以对教学评价种类进行不同的划分。下面介绍三种教学评价的类型。

（1）按评价基准分类

按评价基准的不同，教学评价可分为相对评价和绝对评价。

1）相对评价。相对评价是在被评价对象的群体中建立基准（通常以该群体的平均水平作为基准），然后把该群体中的各个对象逐一与基准进行比较，以判断该群体中每一名成员的相对优劣。

为相对评价而进行的测验一般称作“常模参照测验”。它的试题取样范围广泛，测验成绩主要表明学生学业成绩或能力的相对等级。由于“常模”近似学生群体的平均水平，所以这种测验的成绩往往形成正态分布。

利用相对评价可以了解学生之间的差异，便于比较个体学习成绩的优劣，这是其优点；不足之处是，基准会随群体的不同而变化，评价标准不能反映教学目标的要求，因而不能为改进教学提供依据。

2）绝对评价。绝对评价是将教学评价的基准建立在被评价对象的群体之外（通常是以教学大纲规定的教学目标为依据来制定这一基准），再把该群体中每一成员的某方面的知识或能力与基准进行比较，从而判定其优劣。

为绝对评价而进行的测验一般称作“标准参照测验”。它的试题取样范围较窄，就是大纲规定的教学目标所要求的内容，测验成绩则直接反映达到教学目标的程度。

绝对评价的优点是可以直接鉴别各项教学目标的完成情况，使每个被评价者清楚地看到自己与教学目标要求之间的差距，因而可为改进教学指出明确方向；缺点是不易分辨出学生之间在学习方面的真实差异。

（2）按评价功能分类

按照评价的功能不同，教学评价可分为诊断性评价、形成性评价和总结性评价。

1）诊断性评价也称“教学前评价”，一般是指在某项教学活动开始之前对学生的知识、技能及情感等状况进行的预测。通过这种预测了解学生的知识基础和准备状况，以判断他们是否具备实现当前教学目标所要求的条件，为实现因材施教提供依据。教育中的“诊断”是一个范围比较大的概念，除了辨别缺陷和问题，还包括对各种优点和特殊才能禀赋的识别。因此，诊断性评价的目的是设计出可以满足不同起点水平和不同学习风格的学生所需的教学方案，并分别将学生置于最有益的教学程序中。

2）形成性评价是在某项教学活动过程中，为了能更好地达到教学目标的要求，取得更佳的效果而不断进行的评价。它能及时了解阶段教学的结果和学生学习的进展情况、存在的问题，因而可据此及时调整和改进教学工作。形成性评价在教学过程中用得最频繁，一节课或一个知识点之后的小测验就是一种形成性评价。从形成性评价采用的基准上看，它属于绝对评价，即用于判断前一段教学工作是否达到了教学目标的要求。课堂教学过程中和课件脚本开发过程中进行的评价主要是形成性评价。对于提高教学质量来说，重视形成性评价比重视总结性评价更有实际意义。

3）总结性评价又称“事后评价”，一般是在教学活动告一段落后，为了解教学活动的最终效果而进行的评价。学期末或学年末进行的各科考试、考核都属于这种评价，其目的是检验学生的学业是否最终达到了各科教学目标的要求。总结性评价重视的是结果，借以对被评价者做出全面鉴定，区分出等级并对整个教学活动的效果做出评定。

（3）按评价分析方法分类

按评价分析方法的不同，教学评价可分为定性评价与定量评价。

1）定性评价是对评价材料作“质”的分析，运用的是分析、综合、比较、分类、演绎、归纳等逻辑分析方法，分析结果是一种没有量化的描述性资料。

定性评价是不采用数学的方法，而是根据评价者对评价对象平时的表现、现实和状态或文献资料的观察和分析，直接对评价对象做出定性结论的价值判断，如评出等级、写出评语等。定性评价是利用专家的知识、经验和判断通过记名表决进行评审和比较的评标方法。定性评价强调观察、分析、归纳与描述。就应用于教育评价这一领域的现象而言，定性评价更加关注学生在“质”方面的发展，关注教育结果与教育目标之间的一致性；强调对学生的优缺点进行系统的调查，并对个体独特性做出“质”的分析与解释，是具有实质性内容的一种评价机制。因此，定性评价可以关注更广泛的教育目标及学习结果，强调关注现场和专业判断，对学生种种表现试图做出具有教育学、心理学意义的解释与推论。如果说定量评价关注“量”而走向抽象并且侧重定量描述，那么定性评价则关注“质”而走向具体并且侧重定性描述。因而，定性评价是更具有现代人本思想和发展性评价的理念。但是，定性评价有时使评价结果模糊笼统，弹性较大，难以精确把握。

2）定量评价则是对评价材料作“量”的分析，运用的是数理统计、多元分析等数学方法，从繁纷复杂的评价数据中提取出规律性的结论。由于定量评价的方向、范围必须由定性评价来确定，所以定性评价与定量评价二者必须结合起来，互相补充，不可偏废。

定量评价是采用数学的方法收集和处理数据资料，对评价对象做出定量结果的价值判断，如运用教育测量与统计的方法、模糊数学的方法等，对评价对象的特性用数值进行描述和判断。定量评价强调数量计算，以教育测量为基础。它具有客观化、标准化、精确化、量化、简便化等鲜明的特征。它在一定程度上满足了以选拔、甄别为主要目的的教育需求。但定量评价往往只关注可测性的品质与行为，处处、事事都要求量化，强调共性、稳定性和统一性，过分依赖纸笔测验形式，有些内容勉强量化后，只会流于形式，并不能对评价结果做出恰如其分的反映。因而，它忽略了那些难以量化的重要品质与行为，忽视个性发展与多元标准，把丰富的个性心理发展和行为表现简单化为抽象的分数表征与数量计算。

2.2.2　课堂教学评价

课堂教学评价专指对在课堂教学实施过程中出现的客体对象所进行的评价活动，其评价范围包括教与学两个方面，其价值在于课堂教学评价是促进学生成长、教师专业发展和提高课堂教学质量的重要手段。由此，如何科学有效地进行课堂教学评价也成为现代教学的基本组成部分。它不仅是成功教学的基础，而且是进行各种教育决策的基础。

1. 课堂教学评价分类

从不同的角度可以对教师课堂教学的评价进行不同分类。

（1）按评价目的分类

按评价目的不同可以将教师课堂教学的评价分为奖惩性评价和发展性评价。

奖惩性评价的目的是根据评价的结果对教师进行奖惩。它将课堂教学评价的结果与教师的奖惩相结合，并以此作为教师晋级、嘉奖、降级、解聘等的依据。这种评价是目前我国教育领域中运用较多的评价方式，存在一定的弊端，如参评教师过分注重被评课的质量而不是整个教育教学的质量，出现中评不中用的现象，此外还会出现难以调动广大教师积极性等问题。

发展性评价的目的则是期望通过对教师的课堂教学进行点评、讨论、反思，让被评教师的教学技能和水平得到提高，评价结果不与奖惩挂钩，而是为教师之间相互交流、发现各自的优缺点提供机会，为制订教师发展的目标和对策提供依据。

（2）按评价主体分类

按评价主体可以将教师课堂教学的评价分为外部评价和内部评价。这种分类方法以评价者是否参与课堂教学活动为依据。

外部评价是指由教育行政主管部门的人员，如教研员、评价专家、学校领导、教务人员及教师同行等不参与课堂教学活动的评价者对教师的课堂教学进行的评价。

内部评价则是由直接从事课堂教学活动的教师本人和学生群体所进行的评价。

无论是外部评价者还是内部评价者，在评价的过程中都会遵循一定的评价标准，不过不同评价者的评价标准可能会有所不同，如同行更多地会从学科的角度对课堂教学提出要求，学校领导则会从学校管理角度提出要求，教师本人则会从自我教学风格方面进行评述，而学生则可能从教学内容的多寡和教学中的情绪反应等方面进行评价。

（3）按评价资料的收集手段分类

按评价资料的收集手段可以将教师课堂教学的评价分为现场观察评价、监视监听评价、录像评价、量表评价等。

现场观察评价是评价者进入课堂，实时实地地听教师讲课并及时进行评价。这种评价方法在实际运用过程中往往表现为随堂听课、评课。这种评价资料的收集方法具有很强的时效性，而且能够对各种临时发生的情况进行评价，对教师的教学激情和学生的参与积极性有较深的体会。缺点在于会受到评价者注意力分配和记录速度等的限制，而且由于评价者的出现往往会让被评教师和学生在心理和行为上发生一定变化。

监视监听评价则是利用单向玻璃或摄像设备等进行的实时课堂评价。评价者不直接进入课堂，这样可以在很大程度上避免给师生带来压力，使获取的信息更加真实。缺点在于可能会受到观察角度等的影响，无法全面了解整个课堂的情况。

录像评价则是利用录像将教师的教学过程和学生的活动记录下来，进行课后的评价和分析。其优点在于可以多人反复观看和讨论，在评价的过程中也可以让被评教师参与讨论，从而使得整个评价资料更为全面、客观、准确，而且还可以将不同教师的教学录像进行对比，或者将同一个教师的教学录像进行对比，分析教师教学的进步情况。在录像评价中，录像往往只是一种评价资料的收集手段，对录像进行数据的编码、分析和评价会派生出不同的录像评价分析技术。

量表评价则是采用事先编制好的评价量表，由教师和学生根据他们对教学过程和效果的主观印象进行回答。这种评价方法的关键是评价量表的编制，有时也被称为问卷评价法。量表评价是目前进行课堂教学评价最主要的方式，也是实践中应用最广泛的一种方式。

2. 课堂教学评价的意义

课堂教学评价的目的不仅仅是对教师的课堂教学进行评价，相反，它更是激励教师有目的性、有针对性地不断学习、改进、提高的过程。简要地说，开展课堂教学评价具有如下重要作用。

1）课堂教学评价具有导向功能，能够促进课堂教学改革。

课堂教学评价体系的建立和实施，可以充分发挥评价的导向作用，促进教师尽快转变教育思想，在课堂教学中更好地发挥教师的教育创新意识，达到改进课堂教学的目的。评价体系的建立，意味着对课堂教学中与教和学相关的各种因素的选择和侧重点不同，这些不同将促使教师在今后的课堂教学中，更加注重评价所侧重的各种相关因素，并将其作为课堂教学中展示和发挥的重点，发挥评价的导向功能。

2）课堂教学评价具有激励功能，可以加强教师之间的相互交流。

课堂教学评价能够有效地评析教师课堂教学的状况和优缺点，只有让教师了解了自己在课堂教学实践中的优点、亮点、特点和弱点，才能找到今后努力发展的基点和方向。课堂教学评价正是教师了解自己教学情况的一条关键途径。同时，课堂教学评价还可以使教师在相互之间的听课、评课活动中增进了解、互相学习，在听课、评课的交流中激发内在的需要和动力。

3）课堂教学评价是促进教师专业发展的重要途径。

对于教师而言，课堂教学水平和能力是教师立足的基点，如何有效提高教师的教学水平与能力是教师教育最重要的课题之一。我们的课堂教学评价正好可以为广大的教师提供一个科学了解自身教学状况的窗口，使其明了自己在教学中存在的不足和今后努力的方向，为教师的专业发展提供一个很好的平台。针对目前新课程改革实施过程中存在的教师的适应性问题而言，课堂教学评价特别是发展性的课堂教学评价，正是保证新课程顺利实施，促进教师专业发展的重要方法。

4）课堂教学评价具有决策和鉴定功能，是学校管理工作的重要组成部分。

课堂教学评价是教师工作评价的重要组成部分，也是学校评价体系的核心内容。通过开展科学有效的课堂教学评价，能够有效地鉴定教师的教学态度、教学质量、工作能力、业务水平等，使学校的管理工作更系统化，决策更科学化。

5）课堂教学评价是对一个教师的肯定，是对学生的责任所在。

课堂教学评价对一名教师来说是对她工作态度及成绩的肯定，所以，课堂教学评价一定要科学、公平。

3. 课堂教学评价的原则

课堂教学评价的原则主要体现在以下六个方面。

（1）发展性原则

发展性原则主要包括两个方面的内容。第一，有利于学生的发展。课堂教学评价的基本目标之一就是通过切实的评价与诊断，帮助教师积极自主地构建和应用新的教学策略，不断调整教学的组织方法与过程，从而促进学生在认知、情感等方面的全面发展。第二，有利于教师的专业发展。课堂教学评价的重点是关注教师的课堂教学过程，而这个过程的效率和师生间的互动交流直接关系着教学目标的完成。因此，评价时需要考虑的是如何通过评价来进一步提高课堂教学的效率，找到课堂教学中尚需改进的地方，而不仅仅是评判教师的教学过程现状。同时现代教学评价强调，课堂教学评价主体之一就是教师自己，课堂教学评价本身也应该是教师对课堂教学过程与行为的批判性的反思，是教师与同行、专家交流与分享的过程。因此，课堂教学评价能有效促进教师的专业发展。

（2）主体性原则

主体性原则是指在课堂教学评价中评价的对象和评价的内容要体现的一个原则。在评价的对象上，主体性原则是指被评价对象对评价活动和过程的参与，包括评价指标的建立、评价方法的采用、评价过程的实施等都要有教师的参与；在评价的内容上主体性原则是指评价中要体现互动和学生的发展，即评价的一个重要内容就是学生是否积极参与师生间的互动。课堂教学中的互动通常表现在：①学生在学习过程中有情感投入，学习成了一种内在的动力和需要，学生在课堂学习中获得成长的体验；②学会合作，通过各种形式的教学活动，学会接纳、赞赏、争辩、互助。

（3）效益性原则

效益性原则是指在单位时间内所取得的教学成果与所付出的物质代价和精神代价的比率。这往往是评价课堂教学中教学活动适宜性的一个重要标准。课堂教学活动本身是为了完成相应的课堂教学目标，每一个教学环节和相应的教学活动都是为了达到这个教学目标而存在的。不同的教学处理，其效果和效率是不一样的。因此，某些教学活动和教学环节是否恰当，效益性原则就成为一个非常重要的判断标准。这既是教师创造性发挥的体现，同时也是通过课堂教学评价提高教学效率的重要方法，它的实现才能真正达到发展性评价的目的。

（4）艺术性原则

“教学是一门技术，更是一门艺术。”这是一句公认的名言，但教学艺术本身也是课堂教学评价最难以把握的一个内容。应该说教学艺术体现出了教学的生命力之所在，它是教师素质的综合体现，不仅体现在教师的各种能力之中，而且体现在课堂教学的各个环节之中。其中，教师的语言表达能力及体态语的表现力尤为重要。语言表达不仅要准确、清晰、简练，而且要具有感染力。就课堂教学的环节而言，教学艺术包括导入艺术、介绍艺术、提问艺术等，每个环节的组织都能体现教师的教学功底。而评价过程中对教学艺术性的评价也主要体现在对教师素质和教学过程的评价上。

（5）过程性原则

过程性原则包括两个方面。第一，评价针对的是课堂教学的过程，即课堂教学评价本身直接针对的是课堂教学活动及其历程，在这个过程中，结合课堂教学的目标来评价课堂教学的效率。从这里我们可以看到，在主流的课堂教学评价中，往往以课堂教学的几个基本结构和环节来进行评价。第二，它是与发展性原则相生相伴的一个原则。评价既要体现教师教学经验的发展过程，又要体现学生学习经验的发展过程，它不是用某一事件评定某一结果，而是要体现个体发展的连续性。为了真正发挥评价的教学作用，我们把教师和学生的个体成长与进步都放在同等重要的位置，教师要不断对自己的教学思想、教学态度和教学行为进行分析和反思，对评价资料进行细心收集、整理与分析。因此，我们应注重评价对教与学的反馈与激励作用，建立校长、教师、学生、家长共同参与的评价制度，给予教师恰当的帮助和指导，鼓励教师与时俱进，教学相长，不断更新知识，提高教学与教育科研能力，提高教学实效。

（6）多元性原则

课堂教学评价的多元性原则，主要指两个方面。一是参与评价者的多元性。传统的课堂教学评价通常是由教育管理者来完成的，主要是通过观察教师的课堂教学过程并对事先制订好的评价表做出勾画，被评价对象——教师往往处于评价活动之外。而现代课堂教学评价中，教师将作为评价活动的重要参与者和受益者，不仅有教育管理者的评价，而且还有教师的自我评价、学生的评价，乃至与教育活动有关的家长、社会的评价等，从而构成评价主体的多元化。二是指评价角度的多元性。在进行评价时，不仅要对教学的基本环节和过程进行评价，而且需要对教师在教学过程中所体现的基本教学能力要素进行评价，需要对教学效果、教学思想和理念等进行评价。

2.2.3 教学资源评价

教学资源是指包含了一定量的教学信息，并具有教学价值的各类信息资源。目前常用的教学资源主要包括媒体素材、题库、试卷素材、单机课件、网络课件、文献资料、网络课程、微课程等。在信息时代，教学资源的质量在很大程度上影响着教学效果，因而教学资源的评价也显得非常重要。对教学资源的评价主要从两方面入手：一方面是教学媒体，另一方面是学习资源。评价的方法必须采取多种方法相结合的原则，在资源的整合中既要注意资源整合过程的评价，也要注意资源在后期试用与使用中的评价。

1. 教学媒体评价

1）该教学媒体的选择是否符合教学程序，是否具有较高的功效比。
2）所选媒体是否适合表现教学内容，能否对教学起到深化作用。
3）所选媒体的使用目标是否明确，使用方式是否有助于学生的学习。
4）媒体设计是否规范、合理，是否能紧密结合学科特点，是否有一定的艺术性。
5）所选媒体是否操作简便，视听效果是否好等。

2. 学习资源评价原则

（1）资源的教育性

编制学习资源的意义在于促进学生主动参与学习，激发学生的学习动机，提高学生的学习兴趣。学习资源的首要评价原则就是考察资源是否能实现基本的教育作用。

（2）资源的科学性

学习资源要客观、科学地阐述知识，要有较强的知识性，为日常教学活动提供参考，不能存在使人产生歧义的科学性错误。

（3）资源的技术性

学习资源的呈现形式要符合内容需求，运行环境优良，操作简便，能够合理运用多媒体技术，整体结构及课件、文本等运行技术来清晰无误地展现资源内容。

（4）资源的艺术性

学习资源的整体设计要风格统一，色彩搭配协调，符合视觉心理要求。

思　考　题

1. 选择题

（1）教学设计是在20世纪（　　）年代逐渐形成并发展起来的一门新的实践性很强的应用学科。

A. 60　　B. 70　　C. 80　　D. 50

（2）先行组织者教学策略是（　　）提出来的。

A. 奥苏伯尔　　B. 加涅　　C. 戴尔　　D. 布鲁纳

（3）（　　）也被称为“实例式教学策略”或“基于问题的教学策略”。

A. 随机进入式教学策略　　B. 抛锚式教学策略

C. 支架式教学策略　　D. 九段教学策略

（4）教学评价按评价基准的不同可分为（ ）。

A．定性评价和定量评价　　B．诊断性评价和形成性评价

C．相对评价和绝对评价　　D．诊断性评价和总结性评价

2．简答题

（1）教学设计具有哪些特征？

（2）举例说明什么是抛锚式教学策略。

（3）教学评价具有哪些功能？

（4）课堂教学评价的原则有哪些？

第二篇

教学环境篇

第3章　教学媒体

学习目标

通过对本章的学习，学生应掌握数码照相机的基础知识，包括构造以及一些构图的基本要素；掌握高清摄像机的基础知识，包括构造及画面的造型要素、技术要求等；掌握视频展台的原理、结构、操作；掌握投影仪的工作流程、分类、简单构造及日常维护；掌握交互式电子白板的组成、软件应用、在教学中的应用和实际优势。

3.1　教学媒体简介

随着信息技术的快速发展，教学媒体的种类层出不穷，所能提供的教学效果也在不断地提高，教学媒体就相当于信息源到接受者之间携带和传递信息的多种物质工具。它既包括以教材、板书、实物、模型、黑板、挂图等为主的传统教学媒体，也包括课堂教学中通常使用的摄影、摄像、投影、视频展台、录音、电子白板等现代教学媒体。

要想了解教学媒体，首先我们来了解一下什么是“媒体”。媒体是指“传播信息的媒介，通俗地说就是宣传的载体和平台，能为信息的传播提供平台的就是媒体。”其实媒体可以被看作一种传播平台。由媒体的概念我们可以得出这样一个结论：当某一媒体被用于教学目的时，就被称为教学媒体。由此，我们可以得出教学媒体的概念：教学媒体是指承载、加工和传递教学信息的介质或工具。例如，我们常用的粉笔和黑板，以它们为平台，可以用来传递文字信息和文字的一些形式，因此粉笔和黑板就可以被称为教学媒体；再如，我们可以用录音机来传递声音形式的教学信息，电视可以传递音视频教学信息，多媒体计算机不但可以传递声音、图像、文本，而且具有交互功能，这些都属于教学媒体。

传递信息是媒体的一项基本功能，教学媒体的基本功能就是用来传递和存储教学信息。在教学过程中使用多种媒体往往比教师直接口述更为直观、形象，也更为生动有趣。下面我们来了解一下教学媒体的分类及特性。

1. 教学媒体的分类

1）按照媒体使用时用“电”与否，可分为传统教学媒体和现代教学媒体两大类。

2）按照媒体的制作方式，可分为印刷和非印刷两大类。

3）按照媒体的物理性能，可分为光学投影媒体、电声媒体、电视媒体和计算机媒体等。

4）按照传递信息的范围，可分为有限接触和无限接触两类。

5）按照能否及时反馈信息，可分为单向和双向两类。

6）按照传递信息与现实事物的关系，可分为实物型、模拟型和符号型三类。

7）按照使用者对媒体的可控性，可分为可控型、基本可控型和不可控型三类。

8）按照使用方式，可分为教学辅助媒体和学生自学媒体。自学媒体是指教师不在的情况下，学生可用于自学的媒体。

9）按照教学媒体作用于人的感官，分为非投影视觉媒体、投影视觉媒体、听觉媒体、视听觉媒体和综合媒体等。

2. 教学媒体的特性

1）极强的传播性。教学媒体可以将各种教学符号信息传播出去，并且扩大其范围，使一些教学资源匮乏的学校得到改善，可以使一些丰富的教学视频和宝贵的知识、技能得到传播。

2）反复性。有一些教学资源可以通过教学媒体的运用进行反复使用，如一些PPT、图片、优秀课的视频，而且它还可以生成许多复制品，都可以在不同地点、不同时间进行循环使用。

3）实用性。随着信息技术的发展，教学媒体发展的速度也日益加快，现代教学媒体层出不穷，越来越贴近于生活，在教学活动中是必不可少的一部分，因此越来越普及。我们要熟练掌握这些教学媒体，灵活运用，它可以使教学课堂丰富多彩。

4）多重性。教学媒体不是指单一的某种内容，而是将许多内容放置在一起，要符合一套教学设计原理，要规划一套最佳方案，合理、多样化地运用教学媒体，才可以使教学活动有条理、不杂乱。

3.2 常规教学媒体的使用

随着科学技术的进步，与以往的教学媒体有很大区别的现代教学媒体相继产生，掌握各种现代教学媒体的使用技术，是教育者适应现代教育条件下教学工作不可缺少的能力，也是现代教师必须具备的基本素质。

3.2.1 数码照相机

数码照相机是数字摄影技术的核心，随着数字处理技术的不断进步，以及网络电子数据交换的发展，数码照相机正被广泛地应用于各个领域。由于影像以数字信号存储，摄取的图片能够更容易、更快捷地用于计算机处理，因此，数码照相机已成为非常好的静态图像获取工具。

1. 数码照相机的结构与工作原理

数码照相机与传统照相机的区别在于它们的内部结构和工作原理。相似点是都要通过光学镜头成像，不同点是传统照相机把影像记录在银盐感光胶片上，而数码照相机是把影像以数字信号的形式存储到存储介质上。数码照相机的成像过程是经过镜头的光线聚焦在光电耦合元件（CCD）上。CCD将光信号转换成电信号，经过译码器加工转换成数字信号，保存在存储器上，最后传送到计算机里。

数码照相机主要由光学镜头、取景框、CCD、译码器、存储器、数据接口和电源等部件构成，其基本结构如图3-1所示。

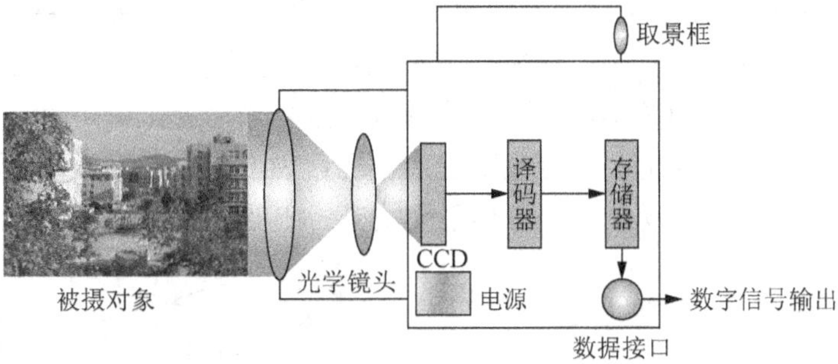

图 3-1　数码照相机的基本结构

数码照相机的光学镜头可将外部景物反射的光线汇聚到 CCD 上。

取景框是数码照相机的必要部件，用于对准拍摄物。

数码照相机内部的 CCD 负责把可见光转换成电信号。CCD 光敏单元（像素）的数量是衡量数码照相机性能优劣的重要指标，数量越大，彩色还原越好，图像质量越好。

译码器是数码照相机中的关键部件，其作用是把 CCD 感应到的电信号转换成数字信号。

存储器又称“图像内存卡”或“压缩闪存卡（Compact Flash Memory Card）”，是可替换的部件，主要用于保存拍摄的数字图像。存储卡的容量越大，存储的数码照片越多，照片分辨率越高。在不更换存储器的情况下，拍摄高分辨率照片，由于数据量大，因而保存的照片数量相应少一些。

数据接口是数码照相机的输出端口，其作用是把拍摄的数字照片传送到计算机主机中。

电源为数码照相机中的 CCD、自动对焦镜头的电动机伺服系统、存储器、LCD 取景器等部件提供能量。

2. 数码照相机的技术指标

（1）CCD 像素数量

CCD 由很多微小的半导体光敏单元构成，一个光敏单元对应一个像素，如图 3-2 所示。每个像素都可把感受到的光线变成电信号。在同一面积的感光面上，像素越多，分辨图像能力越强，获得图像的清晰度也就越高，色彩越丰富。

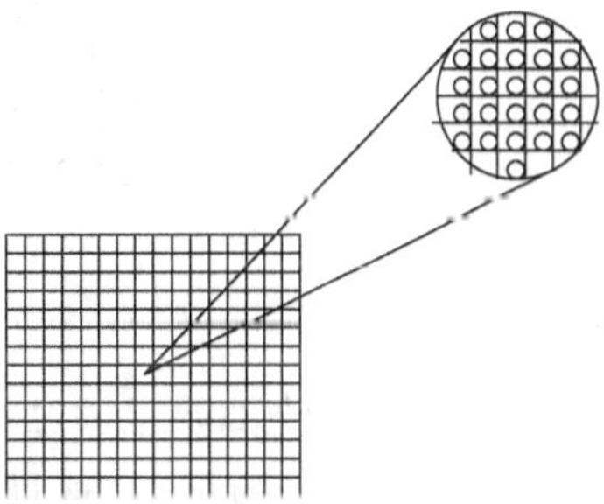

图 3-2　CCD 光电耦合元件

（2）光学镜头的规格和性能

在 CCD 的性能确定以后，光学镜头的规格和性能决定了成像的质量。数码照相机的光学镜头是由若干组透镜组成的，被摄景物通过光学镜头成像在 CCD 上。镜头可分为固定镜头和变焦镜头。固定镜头又可分为标准镜头、长焦镜头和短焦镜头。而变焦镜头则是把这三类镜头组合在一起，并可以在相互之间连续变化。现在广泛使用的是变焦镜头。变焦镜头的最长焦距与最短焦距之比为变焦倍数。

1）镜头的焦距。从技术上讲，焦距是指从镜头的光学中心到镜头中的影像聚焦的那一点的距离，如图 3-3 所示。焦距愈短，水平视角就愈开阔，影像也就愈小。标准镜头拍出的景物的大小、比例、距离感与人眼直接看到的景物最接近。短焦距镜头（广角镜头）拍出的景物比标准镜头小而远，但可视范围广、视角大。长焦距镜头（望远镜头）可以把远处的景物变近、放大，但视角小。三种不同镜头的成像效果如图 3-4 所示。

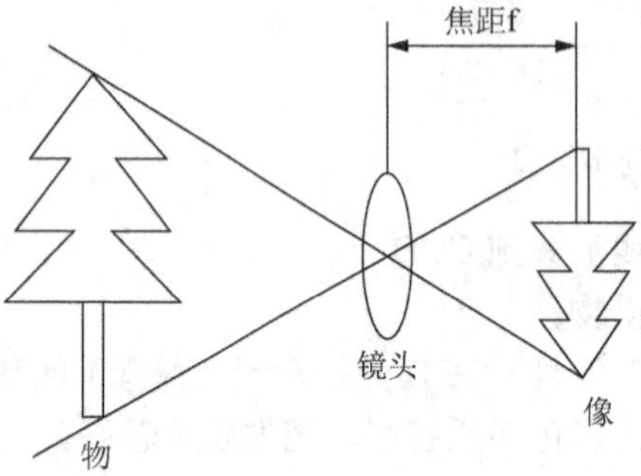

图 3-3　镜头的焦距

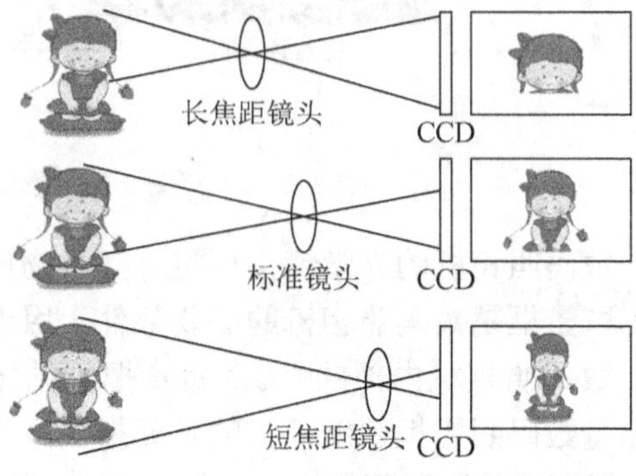

图 3-4　镜头成像效果

就变焦镜头而言，镜头可在其最宽的水平视角到其最窄的水平视角的整个范围内连续变化，拍摄者可从任一焦距开始以任意速度推、拉变焦镜头，以改变被摄体的大小和水平视角的范围。

2）镜头的光圈。光圈的作用是控制进入镜头光线的强弱。当外面光线强时，应缩小光圈，当光线弱时，应增大光圈，使得通过镜头的光线强度保持稳定，从而使得到的图像不致过亮或过暗。光圈的大小用光圈指数 f 表示。f 的标称值通常为这样一组数字：22、16、11、8、5.6、4、2.8、2、1.4、1.2……光圈系数数值越大，所对应的实际光圈孔径越小，进光量越少，相反光圈系数越小，所对应的实际光圈孔径越大，进光量越多，如图 3-5 所示。相邻光圈系数之间的进光量正好相差一倍。

图 3-5　镜头的光圈

镜头里的光圈除了通过控制进光孔的大小从而控制进光量之外，还可对所摄影像的景深进行控制。光圈越小（光圈系数越大），则景深的范围就越大，对景物的描绘就更加真实，其画质比大光圈（小光圈系数）时更加清晰明锐。且因为景深的范围广，所以焦点涵盖的面积更大，可使前景的事物一一清晰展现，如图 3-6 所示。

（a）f/16 景深较大

（b）f/2 景深较小

图 3-6 光圈与景深

（3）快门速度

利用快门的开启时间来控制进光时间，从而控制进光量的大小。快门开启时间的长短通常用快门速度来表示，如 1、2、4、8、15、30、60、125、250、500、1000、2000、4000、8000、10000 等，分别表示 1 秒、1/2 秒、1/4 秒……1/10000 秒。不同数码照相机的快门挡位数不同。有些数码照相机除具有一般的速度挡位外，还有“B”挡，这一挡俗称“B 门”，是供长时间曝光使用的。当使用“B 门”时，按下快门按钮，即开启快门曝光；松开按钮，快门关闭，持续按下快门按钮时间的长短，即为曝光时间。

快门以速度来分可分为高速快门和慢速快门，高速快门能够将移动中的物体“静像”，对静像后的物体的动作细节和质感进行鲜明的描绘，使物体更富有立体感。使用高速快门可以捕捉美妙瞬间。利用慢速快门拍摄景物如流水或流动的车流，可使画面显得流畅与细腻，如图 3-7 所示。

（a）高速快门

（b）慢速快门

图 3-7 快门速度

曝光时进光量与光圈大小和快门开启时间成正比，因此二者配合使用才可完成摄影曝光这一关键环节，如图 3-8 所示。

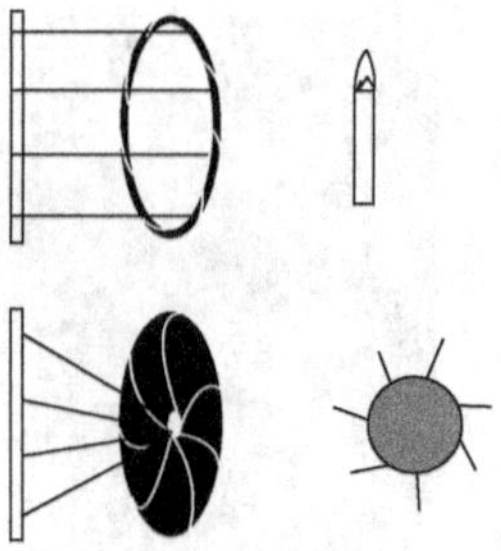

图 3-8　曝光组合

（4）显示屏的类型

大多数数码照相机除了光学取景框以外，还配备彩色 LCD，供预览照片内容和构图。不同型号的数码照相机，其彩色 LCD 的尺寸和像素数量各有不同。大尺寸的 LCD 虽然观看方便，但耗电量也大。

（5）存储卡的类型和容量

存储卡的作用是保存拍摄的数码照片，一般数码照相机可使用不同容量的存储卡。存储卡的容量和文件保存格式决定了保存照片数量的多少和照片分辨率的高低。大容量的存储卡存储照片多，但价格较贵。

存储卡主要有三种：一种以通用存储格式保存图像，属于半导体动态随机存储器；第二种以压缩格式保存图像，称为“压缩闪存卡”，以压缩格式保存图像，因此可容纳更多的照片，但在读取数据时，要进行解压缩；第三种是磁介质存储器，如磁盘、小型硬盘等。

（6）接口形式

早期的数码照相机采用串行通信接口完成数据的传送，速度较慢。目前几乎所有数码照相机都采用支持热插拔的 USB 接口。另外，还有采用 NTSC 制式和 PAL 制式视频输出接口的数码照相机，这些数码照相机通常具有连续拍摄能力，可利用它拍摄一小段录像。目前，最新的数码照相机开始采用 IEEE 1394 高速数字通信接口。

（7）电源

数码照相机的电源类型：普通电池、Ni-MH 可充电电池、NP-80 可充电锂电池和交流电源适配器等。电源类型对数码照相机的使用影响很大，由于数码照相机电力消耗大，采用容量小的电池固然体积小巧，但拍摄几张照片后，电池就消耗殆尽。一般情况下，使用可充电锂电池的数码照相机拍摄照片多，使用时间长。

3. 数码摄影基础知识

在了解了数码照相机的结构功能后，还要掌握一些取景构图的基本知识，这样才能较好地学会摄影。那么什么是摄影构图呢？

摄影构图借鉴了美术构图的概念及原理，它的主要目的是获得理想的画面形式以达到主题思想的最佳表达。从广义上说，摄影构图包括拍摄题材的选择、拍摄主题的确定、表现画面形式的手段及造型技巧的运用等一系列的问题，也就是对摄影创作的整体把握与安排。狭义上摄影构图是指在拍摄的过程中，具体对拍摄画面效果的把握，即将点、线、面和光、影、色通过一定的技术、技巧构成有机结合的画面效果。在实际拍摄中，通过构思，选择拍摄对象，寻找拍摄角度，运用光线、线条、影调、色彩、明暗、对比、虚实等手段，以最有表现力的画面，反映作品的内容。摄影构图的目的有两个：一是获得最佳的画面形式，二是最好地表现主题思想。

（1）数码摄影构图的基本要素

组成一幅画面的形象可以有很多，但在它们当中总会有主次之分，它们对于表现主题的作用也是不一样的。一般将构图诸元素分成主体、陪体、前景、背景和空白五个最主要也是最基本的要素。

1）主体。主体是摄影画面的主要表现对象，是主题思想的重要体现者，是控制画面全局的焦点。主体对象通常情况下是一个单一的对象，或者是一组对象。突出主体形象，可以形成一呼百应的引领效果，如图 3-9 所示。

（a）　　（b）

图 3-9　突出主体形象

2）陪体。陪体是在画面当中陪衬、渲染主体，并同主体构成特定情节的被摄对象，它是画面当中与主体联系最紧密、最直接的次要对象。陪体是与主体息息相关的事物，在画面中起烘托、陪衬主体的作用，适当地运用陪体，还可以对主体起到限定、阐释和美化的作用，如图 3-10 所示。

（a）　　（b）

图 3-10　陪体的限定作用

3）前景。前景是指在画面当中位于主体之前，距离拍摄者最近的景物。前景一般位于画面前缘的四边、四角，成像较大，容易引人注意。运用前景是为了增加画面的内容，以使构图更加丰富。前景的使用能够起到增加空间感、表现环境特征及渲染气氛等作用，如图 3-11 所示。

(a)

(b)

图 3-11 前景

4）背景。背景是在画面中位于主体后面的景物。背景的作用主要是烘托主体，同时指明主体所处的客观环境，帮助叙事及表情达意的作用。背景不同，所表现的主体事物也会随之发生一定的改变，如图 3-12 所示。

(a)

(b)

图 3-12 背景

5）空白。画面中起到衬托实体作用的留白部分就是空白。但是空白并不是真正意义上的纯白或纯黑的空位。在摄影中的留白，可以是天空、地面、水面等色调相近且影调单一的拍摄部分。摄影中“空白”的概念是借鉴了中国画的绘画技法，能够起到装饰画面、渲染气氛及引导方向的作用，如图 3-13 所示。

(a)

(b)

图 3-13 空白

（2）数码摄影构图的造型要素

1）线条。线条无处不在，每一种事物都具有它自身鲜明的线条特征，如河流、桥梁、树木等。在摄影中，善于发现并提炼这些线条去组织画面，可以有助于产生不同的画面效果，对主题起到深化作用。线条可以分为水平线条、垂直线条、斜线、曲线等形式。在摄影构图中，应用线条时应该根据不同线条的不同作用加以选择利用，如图 3-14 所示。

（a）

（b）

图 3-14 水平直线

2）形状。形状是指物体的边界线。选择具有代表性的物体的形状，真实地反应、表现物体的形状，对摄影创作十分重要。不同的形状具有不同的审美和象征意义，也会给人以不同的心理感受。例如，正方形、长方形、三角形、圆形、菱形、梯形等几何形状，均显得画面均衡、稳定、完美、集中，是较单纯、较优美的形状，如图 3-15 所示。

（a）

（b）

图 3-15 形状

3）影调。影调是指画面的明暗层次和虚实对比及色彩的明暗关系。在黑白画面中，影调体现在它由白到黑的过渡层次和等级；在彩色画面中，影调则体现在一种颜色中光向影的过渡、明向暗的过渡。光影的明暗变化层次会使画面具有一种音乐般的视觉节奏和韵律。画面的影调一般分低调画面、高调画面和中间调画面。如画面整体影调偏重深灰和黑色，或大面积的深色调与小面积的浅色调对比形成低调画面；如画面整体影调偏重于浅色，或大面积的浅色调与小面积的深色调对比形成高调画面，如图 3-16 所示。如果黑白影调相间，以柔和细腻的灰色为主时，就形成了中间调画面，如图 3-17 所示。

4）色彩。在摄影画面中，线条、形状构成画面的骨架，准确可靠地再现物体形象，线条和形状的组合能够产生大量的互不相同的构图样式。色彩在造型上不如线条和形状有效，但在表情表现的力量上要有力得多。色彩作用于人的情感快捷而富有冲击力。色彩在摄影作品中的作用是写实和抒情。写实是指反映自然界和环境的真实色彩及其变化规律，抒情是指反映审美个体的个人感觉和内心体会。

（a）低调画面

（b）高调画面

图 3-16　低调画面与高调画面

（a）

（b）

图 3-17　中间调画面

5）光线。光线是摄影存在的基础，也是摄影创作的重要手段。一般把光线分为自然光和人工光。无论是哪种光线，根据光源光线的投射方向不同，一般分为顺光、前侧光、侧光、侧逆光、逆光五种形式，如图 3-18 所示。

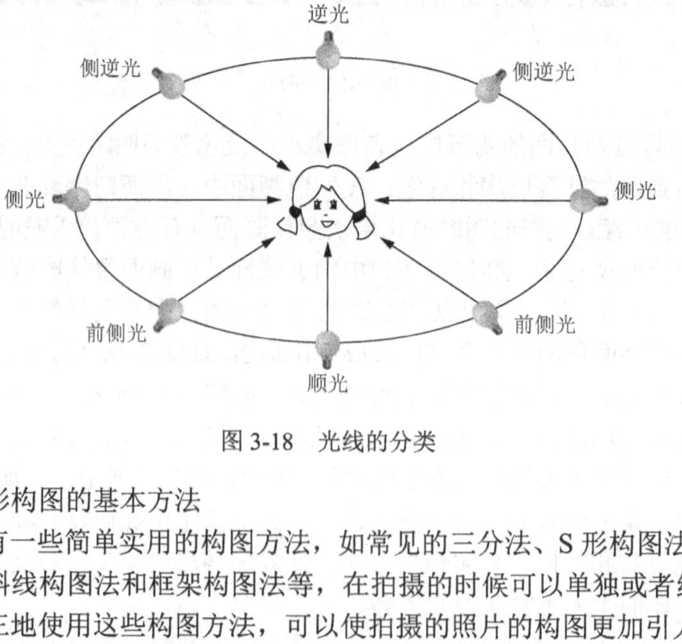

图 3-18　光线的分类

（3）数码摄影构图的基本方法

在构图中，有一些简单实用的构图方法，如常见的三分法、S 形构图法、圆形构图法、三角形构图法、斜线构图法和框架构图法等，在拍摄的时候可以单独或者组合使用这些构图方法。举一反三地使用这些构图方法，可以使拍摄的照片的构图更加引人入胜。

1）三分法与黄金分割。三分法构图又称“井”字构图法，是指在取景时将画面上下左右三等分，这样在画面上形成一个虚拟的“井”字，画面上就会由于等分画面的横竖共四条直线交汇而形成四个交点。在拍摄时，将拍摄主体安排在某一个点上，这样可以发现画面会形成稳定和谐的构图，而将两个相关联的事物分别放在对称的点上，可以形成稳定均衡的画面效果。如图 3-19 所示。

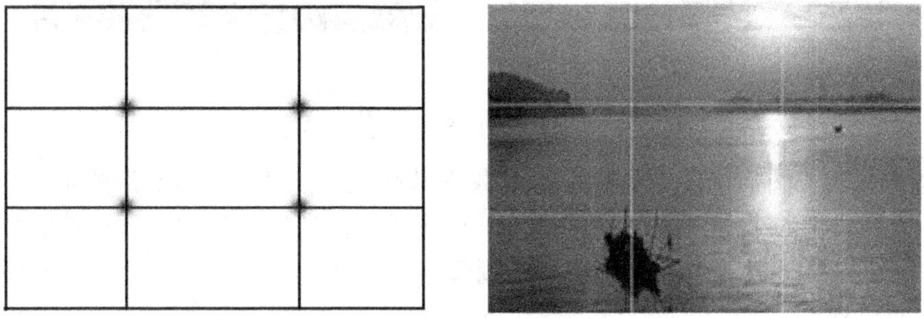

（a）　　（b）

图 3-19　三分法构图

2）三角形构图。所谓三角形构图是指画面上的拍摄对象的形态类似于三角形。由于三角形的形态多样，所以三角形构图也可以分为多种不同的形式，如锐角三角形、直角三角形、等边三角形、倒三角形等。不同的形式给人的视觉感受有很大的差别。

三角形的结构本身是一种稳定的结构，如图 3-20 所示。但是在构图中将三角形倒转，形成倒三角形构图，会给人极其不稳定的感觉，造成一种向下压迫的气势，视觉上形成刺激，并具有一定的动态。

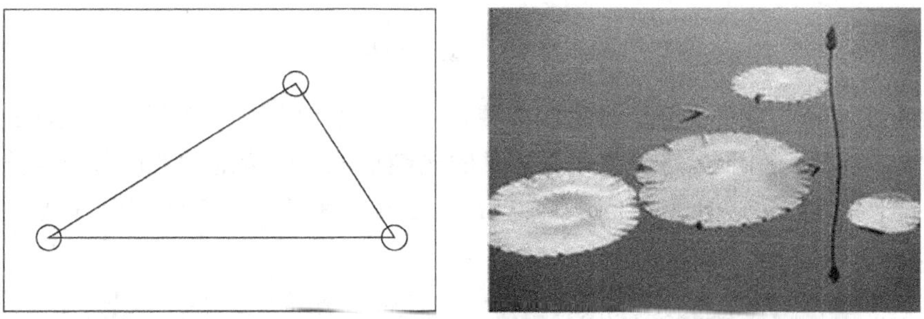

（a）　　（b）

图 3-20　三角形构图

3）曲线构图。曲线构图就是指画面上的拍摄对象在观者视觉上出现明显的曲线构图。曲线构图可以引导观者的视线，使画面产生丰富的变化，构图优美，形式活泼。相对直线而言，曲线虽然没有直线那种明朗的效果，但是在视觉上却占据很大的优势，蜿蜒的形态会因为比直线多了动感而更加耐看。曲线构图最具代表性的就是 S 形构图。S 形曲线是具有美感的一种曲线，它会给人以流动的视觉感受，随着曲折的 S 形线条看过去，画面更具空间感和纵深感，如图 3-21 所示。

(a)　　(b)

图 3-21　S 形构图

4）圆形构图。圆形构图就是将被摄对象安排在一个视觉上形成圆形的范围之内，而圆形的圆心就是视觉的中心。圆形在这里是一种形式的概括，这种构图不仅仅适合具有圆形形态的对象，只要是以一个点为圆心向四周辐射的结构，都可以使用"圆形构图"进行拍摄，如图 3-22 所示。

(a)　　(b)

图 3-22　圆形构图

5）对角线构图与透视关系。对角线构图是指拍摄主体在画面中所呈现的线条占据了对角线的位置。这种构图形式是一种动静兼具的构图形式。因为对角线的基础是直线，直线给人的感觉平稳、静止，但是由于倾斜结构，又使画面具有了延伸的动感，因而形成了静止的流动效果，如图 3-23 所示。

(a)　　(b)

图 3-23　对角线构图

6）框架构图。框架构图是用可以形成框架的事物作为前景，将被摄主体包围在中心，形成从一个窗口看到风景的感觉，这个“窗口”可以是实际的窗、门或者其他的空洞、围栏，也可以是前景的花草形成的类似框架的效果。

框架构图从框架的范围可以分为全框构图和半框构图两种形式。全框构图是指前景是一个将拍摄主体的四周包围起来的框架，而半框构图是指包围主体的前景有开放的缺口，如图 3-24 所示。

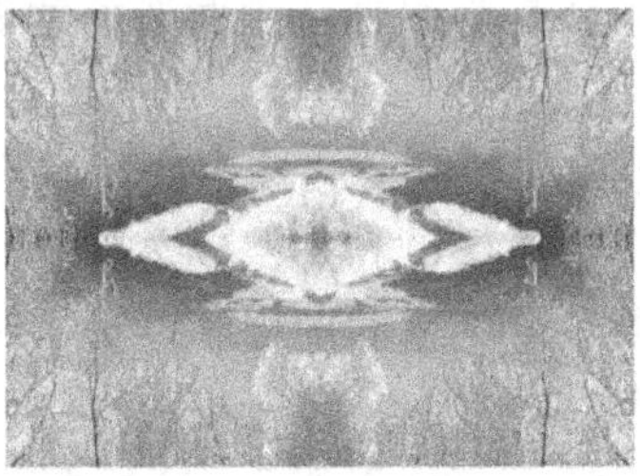

（a）全框构图

（b）半框构图

图 3-24 框架构图

框架构图包围的是拍摄主体，同时也将观者的视线锁定在主体的范围内，集中了观者的注意力。框架构图需要注意的问题是，框架内拍摄主体的大小与形态。主体过大，会使画面显得拥挤；主体过小，又会使主体显得不明确。形态上太过平淡会让画面缺少情趣变化而显得生硬死板，具有一定形态特征的拍摄主体会让画面更加鲜活生动。

3.2.2 数码摄像机

随着数码技术的飞速发展，数码摄像技术近年来也取得了长足进步，数码摄像机在长时间动态拍摄上的突出优势，使得数码摄像机得到迅速普及。

1. 数码摄像机的结构与工作原理

摄像机一般由镜头、主机（包括摄像单元和录像单元）、录像器、话筒、附件五个部分组成，其内部结构如图 3-25 所示。所有的摄像机都以同样的基本原理工作：把光学图像转化为电子信号。具体过程：景物通过透镜组聚焦在摄像器件的“靶面”上，透镜组可进行聚焦、变焦及光圈调整。“靶面”是一种光电导材料，它能按照像的明暗程度将光学像变成电信号，并经过电路处理后，送至录像单元，记录在磁带（或磁盘）上。话筒拾取声音信号并将其变成电信号，与图像信号同时记录在磁带（或磁盘）上。

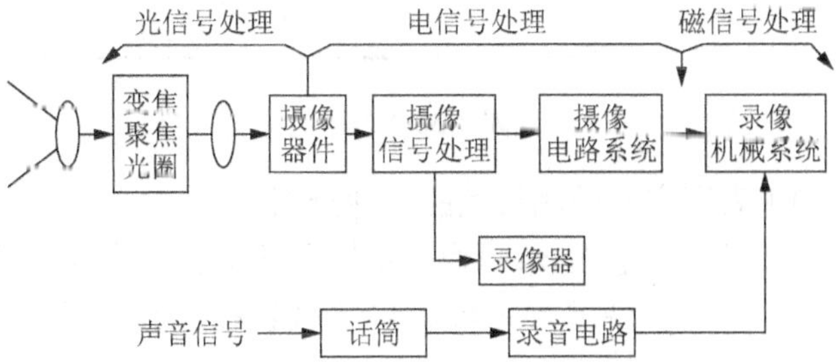

图 3-25 数码摄像机的基本结构

2. 数码摄像基础知识

（1）数码摄像的造型要素

作为一名初学者，怎样才能从镜头中记录下源于生活而又高于生活的生动、新颖、感人的画面；怎样运用数码摄像的技术优势和表现特长，去获取既有独特形式又能表现主题的画面是值得认真思索的课题。其中很重要的一条就是必须具备画面造型意识。电视画面的基本造型要素主要包括景别、拍摄角度和构图。

1）景别。景别是指被摄主体和画面形象在电视屏幕框架结构中所呈现出的大小和范围。决定一个画面景别大小的因素有两个方面：一是摄像机和被摄体之间的实际距离，二是摄像机所使用镜头的焦距长短。一方面，在拍摄角度不变的前提下，拍摄距离的改变可使画面形象的大小发生改变，距离缩近则图像变大、景别变小，距离拉远则图像缩小、景别变大。另一方面，在摄像机与被摄主体之间距离不变的情况下，变换摄像机镜头焦距也可以实现画面景别的变化，通常是镜头焦距越长，画面景别越小；镜头焦距越短，画面景别越大。这种由画面上景物大小的变化所引起的不同取景范围即构成景别的变化。图 3-26 表现的是一个人物在不同景别中所呈现的形象范围。景别不同，表现内容和功用均不相同。

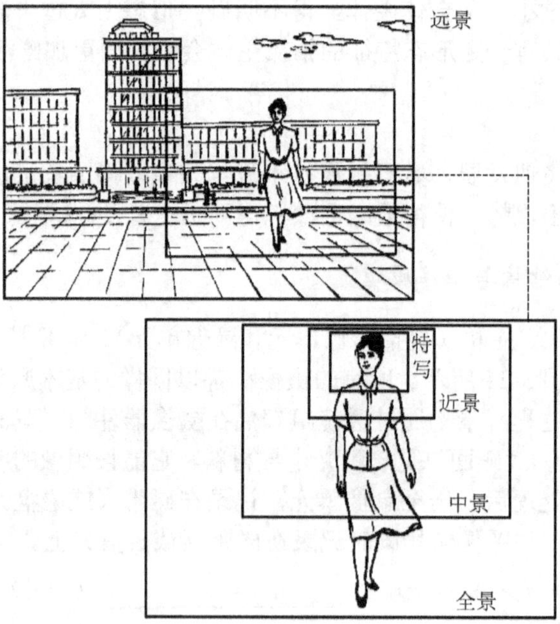

图 3-26 景别

① 远景——景别中表现空间范围最大的一种景别。

如果以成年人为尺度，由于人在画面中所占面积很小，基本上呈现为一个点状体。远景视野深远、宽阔，主要表现地理环境、自然风貌和开阔的场景和场面，如图 3-27 所示。

（a）松花江畔

（b）城市一角

图 3-27 远景

② 全景——表现人物全身形象或某一具体场景全貌的画面。

全景画面将被摄事物或场景的全貌收进画框，使观众对所表现的事物、场景有一个完整的观看。观众对整体形象的感知和把握是直接的、无间隔的，其表现效果真实、客观。同时，全景画面能够完整地表现人物的形体动作，可以通过对人物形体动作的表现来反映人物内心情感和心理状态。全景将被摄主体人物及其所处的环境空间，在一个画面中同时进行表现，可以通过典型环境和特定场景表现特定的人物，如图 3-28 所示。

（a）

（b）

图 3-28 全景

③ 中景——表现成年人膝盖以上部分或场景局部的画面。

中景画面对于人的手臂活动，可以实现一种较完美的表现。作为人物上半身动势最为活跃和明显的手臂活动，中景画面可以将其完整而突出地呈现出来。中景使被摄体外沿轮廓局部出画，分切、破坏了该物体完整形态，而其内部结构线则相对清晰起来，成为画面结构的主要线条。例如，表现一棵参天巨树，当画面以全景推向中景，树木的外形逐渐被“排挤”出画外，树木内部那苍劲挺秀的枝干，则逐渐成为富有力度和变化的结构主线。可见，中景画面削弱了外沿轮廓线的表现因素，加强和突出了物体局部结构线的表现因素，如图 3-29 所示。

④ 近景——表现成年人胸部以上部分或物体局部的画面。

与中景相比，近景画面表现的空间范围进一步缩小，画面内容更趋单一，环境和背景的作用进一步降低，吸引观众注意力的是画面中占主导地位的人物形象或被摄主体。近景常被用来细致地表现人物的面部神态和情绪，因此，近景是将人物或被摄主体推向观众眼前的一种景别，如图 3-30 所示。

（a）（b）

图 3-29　中景

（a）（b）

图 3-30　近景

⑤ 特写——表现成年人肩部以上的头像或某些被摄对象细部的画面。

特写画面的画框较近景进一步接近被摄体，常用来从细微之处揭示被摄对象的内部特征及本质内容。特写画面内容单一，可起到放大形象、强化内容、突出细节等作用。

特写画面通过描绘事物最有价值的细部，排除一切多余形象，从而强化了观众对所表现的形象的认识，并达到透视事物深层内涵、揭示事物本质的目的，如图 3-31 所示。

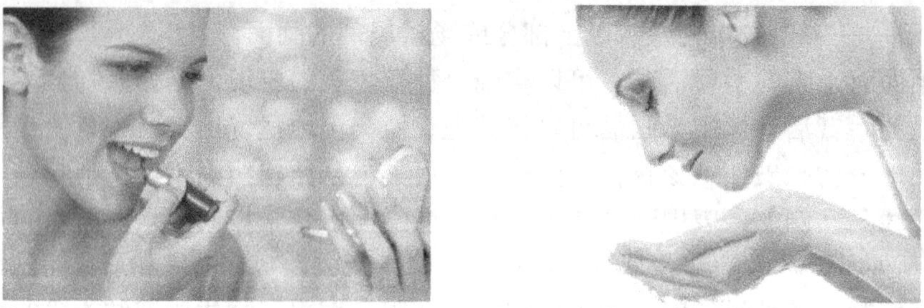

（a）（b）

图 3-31　特写

2）拍摄角度。在摄像艺术中，拍摄角度是十分独特而又非常重要的造型元素。摄像者对他所面对的大千世界不断做着选择的工作。他所选择的画面，反映了其主观意图和创作风格。其中，摄像机拍摄角度的选择起着至关重要的作用。摄像机活跃的拍摄角度，创造了十分丰富多变的画面形式。

拍摄角度包括拍摄高度和拍摄方向两个方面。

① 拍摄高度。拍摄高度是指摄像机镜头与被摄主体在垂直平面上的相对位置或相对高度。这种高度的相对变化形成了三种不同的情况：如图 3-32 所示，当摄像机镜头与被摄主体高度持平时，称为平摄；当摄像机高于被摄主体向下拍摄时，称为俯摄；当镜头低于被摄对象向上拍摄时，称为仰摄。这三种拍摄高度具有各自不同的造型效果和感情色彩。

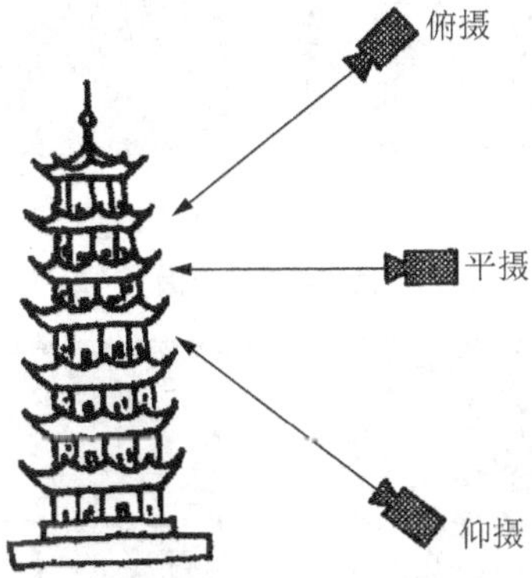

图 3-32　拍摄高度

平摄时由于镜头与被摄对象在同一水平线上，其视觉效果与日常生活中人们观察事物的正常情况相似，被摄对象不易变形，使人感到平等、客观、公正、冷静、亲切。平摄的不偏不倚，使得画面结构稳固、安定，形象主体平凡、和谐，是摄像时通常选用的拍摄高度，如图 3-33 所示。

（a）　（b）

图 3-33　平摄

俯摄是一种自上往下、由高向低的俯视效果。这时摄像机镜头高于被摄主体视平线。俯摄有利于表现地平面的层次、数量、地理位置及盛大的场面，给人以深远辽阔的感受。一般来说，俯摄具有如实交代环境位置、数量分布、远近距离的特点，画面往往严谨、实在，如图 3-34 所示。

仰摄是摄像机低于被摄主体的视平线、向上进行的拍摄。仰摄由于镜头低于对象，产生从下往上、由低向高的仰视效果。仰摄常出现以天空或某种特定物体为背景的画面，可以净化背景，达到突出主体的目的。仰摄能将垂直方向伸展的被摄对象在画面上展开，有利于强调其高度和气势，如耸立的建筑、高大的树木等，如图 3-35 所示。

（a）　　（b）

图 3-34　俯摄

（a）　　（b）

图 3-35　仰摄

② 拍摄方向。拍摄方向是指摄像机镜头与被摄主体，在同一水平面上一周 360° 的相对位置，即通常所说的正面、背面或侧面。摄像方向发生变化，画面中的形象特征和意境等也会随之发生明显的改变，如图 3-36 所示。

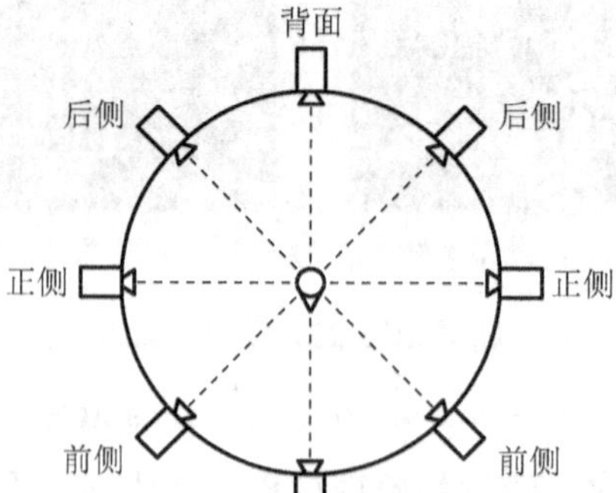

图 3-36　拍摄方向俯视图

3）构图。构图在绘画、摄影等造型艺术中有着举足轻重的地位，但是在电视画面构图的学习过程中，应该清楚地意识到电视构图与绘画构图和摄影构图的不同之处。由于电视画面造型具有表现运动的突出特性，因此电视构图除了继承和借鉴绘画、摄影的静态性构图技法外，还形成和发展了一些与运动密切相关的特点和规律。

无论构图形式怎样变幻多姿，有一些基本的构图要求和正确的造型观念是必须了解和理解的。从一般的意义上讲，电视画面构图有下面一些基本要求。

① 画面要简洁：当扛起摄像机面对大千世界时，会发现被摄对象并不自然成画，它必须要求用取景框进行选择、提炼以至抽象、概括，才能从自然的、零乱的物像中“提取”出一个优美动人的画面来。可以说，电视画面的构图，既需要摄像者一方面牢牢地盯住主体，另一方面也要尽量避开妨碍主体的多余形象。删繁就简，是获取优美画面构图的第一步。

② 主体要突出：画面所要表现的主体对象是否突出，是衡量构图的主要标准之一。构图造型的功夫怎么样，关键要看主体表现得如何。作为小屏幕，“一次过”的电视画面，必须正确处理好主体、陪体及环境等的关系，做到主次分明、相互照应、轮廓清晰、条理和层次井然有序。要做到画面主体的突出和鲜明，构图时可以把主体安排在画面视觉中心的位置上，占据一定的面积，还要协调配置主体与陪体的相互关系等。

③ 立意要明确：构图是为主题思想和创作意图创造结构形式的过程，要想出色地“构图”，必须深刻地“构思”。也就是说，每个镜头所要传达、表现的思想内容和艺术内涵必须是非常明确而集中的，切忌模棱两可，而应以鲜明的构图形式反映出凝练的主题和立意。

④ 画面应具有表现力和造型美感：构图要“美”，要想真正构造出“美”的画面，必须根据所拍摄内容的要求和现实条件的可能性，通过画面的空间配置、光线的运用、拍摄角度的选择，以及调动影调、色彩、线形等造型元素，创造出丰富多彩、优美生动的构图形式。

⑤ 在处理运动构图时的两种情况：如果是没有人物的画面，作环境介绍和背景交代时，无论是起幅还是落幅，都应找出能够表现环境特色的主要对象作为构图的依据和画面运动的依据；如果是有人物（或其他运动主体）的画面，则应以人物为画面构图和画面运动的依据，摄像机的运动或者是跟随人物运动，或者是做出复杂的场面调度等，都应根据内容或环境的特色，抓住主要因素的变化来构图。在运动构图中，自始至终要注意运动方向、运动速度和运动节奏等因素的起伏变化。

（2）数码摄像的基本方式

数码摄像的基本方式有两种：固定拍摄和运动摄像。

1）固定拍摄。固定画面是指数码摄像机在机位不动、镜头光轴不变、镜头焦距固定的情况下拍摄的画面。机位不动，则摄像机不做移、跟、升、降等运动；光轴不动，则摄像机无摇摄；焦距不动，则摄像机无推、拉运动。机位、光轴、焦距“三不变”是拍摄固定画面的前提条件。

固定画面有利于表现静态环境，可以通过静态造型引发趋向于“静”的心理反应，同时又可以利用框架因素突出和强化动感。

2）运动摄像。所谓运动摄像，就是在一个镜头中，通过移动摄像机机位，变动镜头光轴或者变化镜头焦距所进行的拍摄。通过这种拍摄方式所拍到的画面，即称为运动画面。例如，由推摄、拉摄、摇摄、移摄、跟摄和综合运动摄像形成的推镜头、拉镜头、摇镜头、移镜头、跟镜头和综合运动镜头等。

推摄是摄像机向被摄主体的方向推进，或者变动镜头焦距，使画面框架由远而近向被摄主体不断接近的拍摄方法。用这种方式拍摄的运动画面，称为推镜头。

拉摄是摄像机逐渐远离被摄主体，或变动镜头焦距（从长焦调至广角），使画面框架由近至远与主体拉开距离的拍摄方法。用这种方法拍摄的画面叫拉镜头。

摇摄是指当摄像机机位不动，借助于三脚架上的活动底盘（云台）或拍摄者自身的人体，变动摄像机光学镜头轴线的拍摄方法。用摇摄的方式拍摄的画面叫摇镜头。

移摄是将摄像机架在活动物体上随之运动而进行的拍摄。用移动摄像的方法拍摄的画面称为移动镜头，简称移镜头。

跟摄是摄像机始终跟随运动的被摄主体一起运动而进行的拍摄。用这种方式拍摄的画面称跟镜头。跟镜头大致可以分为前跟、后跟（背跟）、侧跟三种情况。前跟是从被摄主体的正面拍摄，也就是摄像者倒退拍摄。背跟和侧跟是摄像者在人物背后或旁侧跟随拍摄的方式。

综合运动摄像是指摄像机在一个镜头中把推、拉、摇、移、跟等各种运动摄像方式不同程度地有机结合起来的拍摄。用这种方式拍摄的画面称为综合运动镜头。

综合运动摄像呈现出多种形式，可以大致分为三种情况：第一种是先后方式，诸如推摇镜头（先推后摇）、拉摇镜头（先拉后摇）等；第二种是包容方式，即多种运动摄像方式同时进行的，如移中带推、边移边摇等；第三种是前两种情况的混合运用。

3.2.3 视频展台

视频展台又称实物演示仪、实物展示台、文字视频展示台，是一种通过自带摄像头摄取所要演示文字、图片、透明投影胶片、幻灯片、实物等的教学媒体资源。它可以任意放大和缩小所要展示的内容，因此被广泛应用于教学中，并且完全替代了传统的实物投影仪、胶片投影仪、幻灯机，是被应用较多的教学媒体。

1. 视频展台的工作原理

视频展台的工作原理是自带摄像头将需要展示的内容进行光电变换，输出相应的视频信号，通过投影仪等显示设备展现内容。实际上，它是将设置、信号处理、切换与分配集于一身的多功能设备，其组成如图 3-37 所示。

2. 视频展台的结构

视频展台一般由摄像头、照明光源、实物放置台、控制面板、信号连接端口五个部分组成，其结构如图 3-38 所示。

1）摄像头是视频展台最重要、最核心的部分。它的作用是将实物放置台上物体的影像转换成电信号，通过输出端口送到显示设备中，如投影电视。

2）照明光源通常有两种：一种是在机箱外的侧光源，主要用于照亮非透明的物体，如书刊、照片、实物等；另一种是在机箱内部也就是在载物台下方的透射光源，用于照射透明材料，如投影片、幻灯片、玻璃器皿等。两种光源不能同时使用。

3）实物放置台也称载物台，用来放置文字图片和胶片等。

4）通过调节控制面板上的按键可以调节图像的大小、焦距的远近，以及亮度、色调等。

5）信号连接端口分输入、输出两部分。信号输出端有一组视频输出，输入端会因型号不同有所区别，有时还可以接入外部视频。

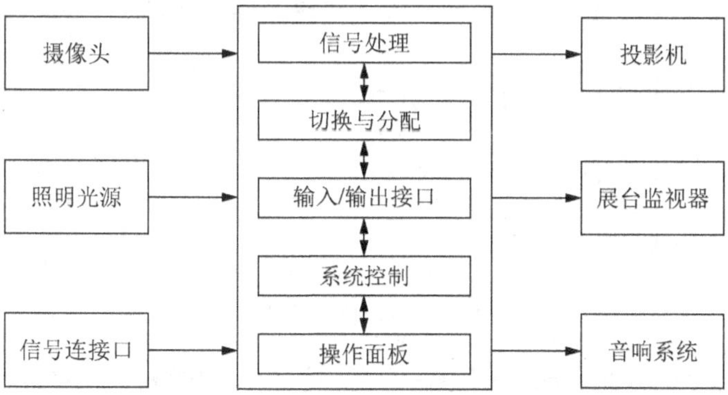

图 3-37 视频展台的系统框图

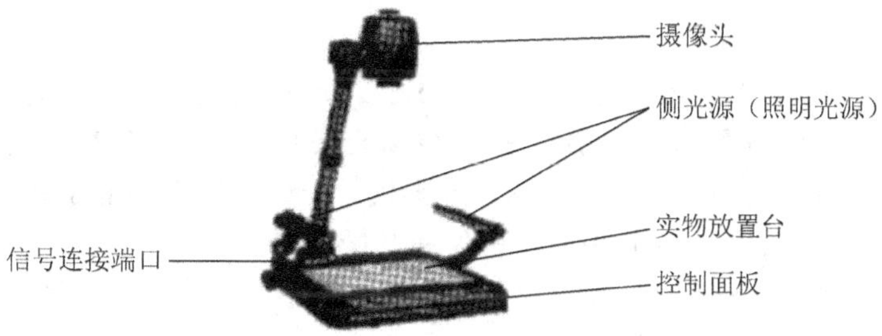

图 3-38 视频展台的结构

3. 视频展台的一般操作步骤

1）开启电源前，首先连接好视频展台与电视机（或投影仪等其他配套使用的设备）的连线。

2）打开电视机（投影仪）与展台电源。把电视机或投影仪切换为视频模式。

3）把被投影对象放置于载物台上，根据不同的投影物，选择展示台上不同的光。

4）利用控制面板调节图片或胶片的大小，以达到最佳效果。

5）如果使用时需把外接信号转换到电视机或投影仪上，只要把外接信号接到展示台的输入端口，按下输入键，选择相应的 AV 端子（与其相对应的灯亮）即可。

6）接入计算机时，可以通过视频捕捉卡连接展示台，但需要安装一些程序软件，通过这些软件可将视频展示台输出的视频信号输入计算机进行各种处理。

3.2.4 投影仪

伴随科学技术的迅速发展、教学方式的不断进步，多媒体教学设备已成为教学过程中必不可少的教学手段。担任图像还原输出的投影仪状态的好坏直接影响教学是否能够顺利进行。为了使投影仪处在最佳工作状态，如何正确操作、维护、保养至关重要。

1. 投影仪的基本工作流程

虽然不同类型投影仪的成像器件和各自的技术方案不同，但它们都有相同的技术特点：将电信号变成光信号，并通过投影镜头输出光图像，如图 3-39 所示。

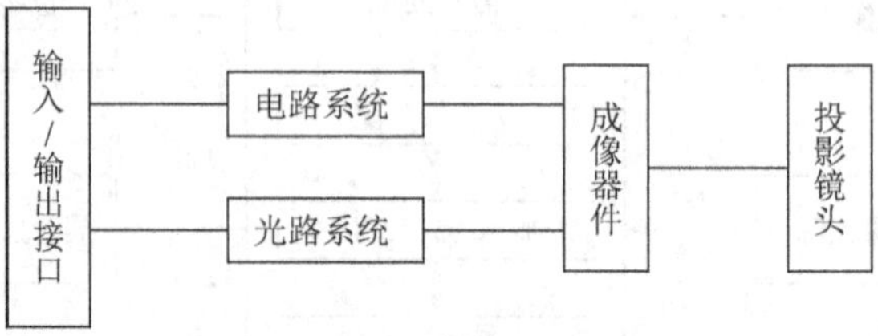

图 3-39　投影仪的组成构图

其实信号源送来的只是代表一些原始的视频信号，如图表、文字等。通过电路系统的相应处理，实现对光信号的调制。这些光信号通过投影镜头在屏幕上形成光图像。

2. 投影仪的分类

1）按所用成像器件，投影仪可分为透射式 LCD 投影仪、反射式数字光学处理器（Digital Light Processor，DLP）投影仪、阴极射线管（Cathode Ray Tube，CRT）投影仪、反射式硅上液晶（Liquid Crystal on Silicon，LCOS）投影仪。一般我们常用的是前两种投影仪。

2）按投影方式，投影仪可分为前投影仪和背投影仪。

① 前投影仪（Front Screen Projector）又称为正投影仪，投影屏幕是光反射式的，图像从观众后面一侧投出，如图 3-40 所示。

② 背投影仪（Rear Screen Projector）的投影方式是图像通过投射屏到达观众一侧，如图 3-41 所示。

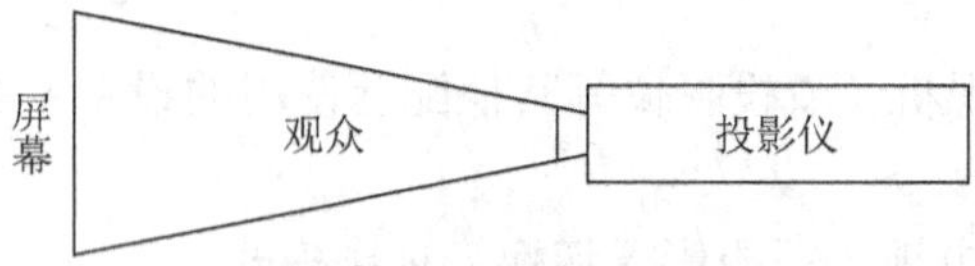

图 3-40　前投影方式

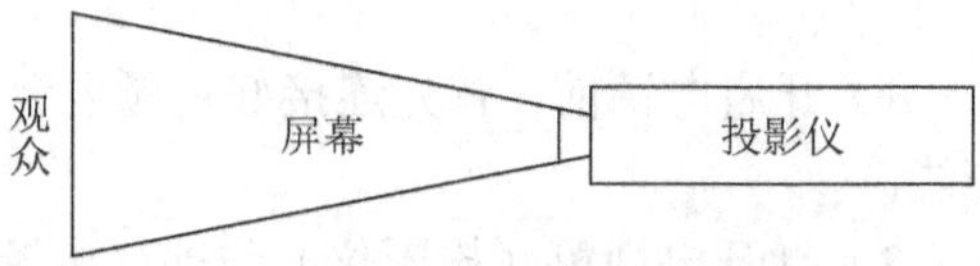

图 3-41　背投影方式

3. 常用投影仪简介

（1）三片式 LCD 投影仪

它是光学系统把投影灯发出的强光通过分光镜形成 RGB 三束光，分别透射过 RGB 三色液晶板；信号源经过 AD 转换，调制加到液晶板上，通过控制液晶单元的开启、闭合控制光路的通断。RGB 光最后在棱镜中汇聚，由投影镜头投射在屏幕上形成彩色图像。目前，三片式投影仪是 LCD 投影仪的主要机种。原理如图 3-42 所示。

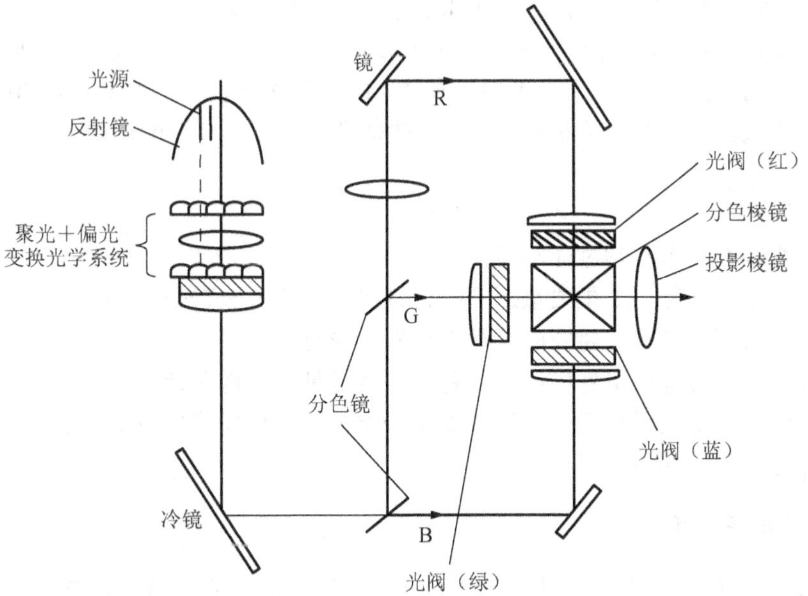

图 3-42　三片式 LCD 投影仪光路系统原理图

（2）DLP 投影仪

DLP 投影仪的技术是一种全数字反射式投影技术。其特点首先是数字优势。数字技术的采用使图像灰度等级提高、图像噪声消失、画面质量稳定，数字图像非常精确。其次是反射优势。反射式 DMD 器件的应用使成像器件的总光效率大大提高，对比度、亮度均匀性都非常出色。DLP 投影仪清晰度高，画面均匀，色彩锐利，三片机可达到很高的亮度，且可随意变焦，调整十分方便。

4. 投影仪的光源

目前，市面上的投影仪灯泡主要有超高压汞灯泡和金属卤素灯泡两大类。金属卤素灯成本低、价格便宜；缺陷是容易造成温度过高，而且在使用 1000 小时左右亮度就会降低到原来的一半，非常不耐用，现在基本已经被淘汰了。

人们通常见到的 UHE 灯、UHP 灯和 UM PRD 灯基本是超高压汞灯按不同品牌划分的。例如，UHE 就是爱普生（EPSON）的投影仪灯泡型号；UHP 就是飞利浦（PHILIPS）的投影仪灯泡；UM-PRD/UMVRD/NSH 则是日本优志旺的灯泡型号。在众多的灯泡类型中，使用最多的是 UHE 灯和 UHP 灯这两种。

由于采用超高压汞填充技术的 UHE 灯和 UHP 灯具有功耗低、发热量小的特点，通常被称为冷光源灯泡。目前主流的灯泡类型是冷光源灯泡。冷光源灯泡的优势非常明显，因为其功耗较低、发热量较小，投影仪的温升也相对较低，因此适合投影仪长时间工作，而且这种灯泡的性能曲线平滑，即使长时间使用，亮度下降也没有这么明显。

UHE 灯是目前中档投影仪中广泛采用的光源，它的优点是价格适中、种类丰富、寿命较长，一般能达到 2000 小时以上，而且在使用 1500 小时之前亮度几乎不衰减。

UHP灯也是目前一种主流的投影仪灯泡类型，也属于冷光源类型的灯泡。它的使用时间比UHE更长，一般可以正常使用4000～5000小时，最长的甚至可达到1200小时，并且亮度衰减很小，但它的专利技术被飞利浦垄断，因此价格比较高，大体在4000元以上，一般用在高档投影仪上。UHP灯有一个特点，就是当衰竭时，灯泡即刻熄灭。

5. 投影仪的维护

1）投影仪每次工作不超过4小时。
2）在关闭投影仪后，如果要重新开机，则必须再等5分钟以上。
3）防尘，学生进出教室要安静，教室内严禁吸烟。
4）上课时用窗帘遮挡室外光线，屏幕上方或近处光源应关闭。
5）投影仪的寿命受用户操作方法的直接影响。正确使用投影仪并且做好日常的维护，能有效提高投影仪的使用寿命。

3.2.5 交互式电子白板

众所周知，传统黑板已经被使用了上百年了，即使在多媒体技术高度发达的今天，传统黑板依然起着重要作用，但有时也暴露了它的不足。信息技术的不断发展也带动了黑板的不断变化，例如出现了复印式白板、交互式电子白板等。下面详细介绍交互式电子白板。

所谓“交互式电子白板”，实质上就是“交互白板系统”，是指包含了交互白板、计算机系统和投影设备等基本组件，以计算机软硬件为核心，以大尺寸交互显示界面为特色的媒体组合。其实交互式电子白板从某种意义上讲就是一块“数字化黑板”。

1. 交互式电子白板的系统组成

下面以常见的、采用“投影仪—白板”作为显示设备的正投式交互白板系统为例来说明。交互白板系统由交互白板（包含鼠标笔）、投影系统和配有白板软件的计算机系统三部分组成，如图3-43所示。

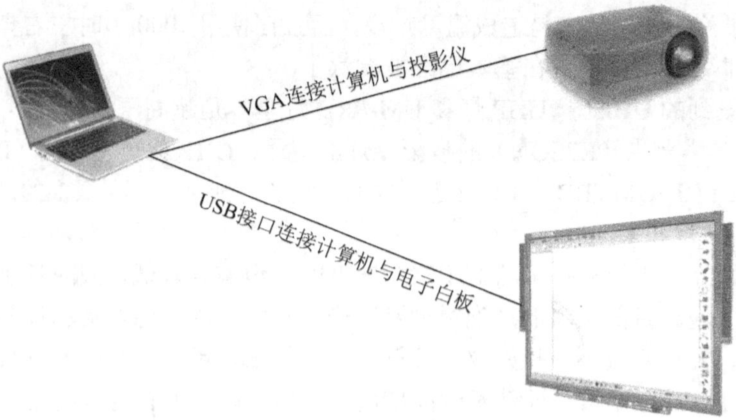

图3-43 交互式电子白板系统

其中，交互白板是系统的主体，它是鼠标笔书写与操作的界面，并不断收集着鼠标笔的位置与运动信息，通过电缆传送至计算机，同时它还充当了投影仪的屏幕。而安装了白板软件的计算机系统负责对传入的电子笔位置与运动信号进行运算处理，转化成对计算机程序和内部对象的操作，并将运算结果转化成计算机图形界面，将视频信号送至投影仪。最后，由投影仪将计算机图形界面投射在交互白板上，以供更多人共享。

交互式电子白板显示信息有多种形式，如文字、声音、视频、动画等。利用这些内容进行知识的传授，可以将单一的刺激变为多种感官的综合刺激，比传统黑板更加生动、形象、富有吸引力，可以提高学生的学习兴趣。

2. 交互式电子白板的软件应用

白板软件是交互式电子白板系统极重要的组成部分，相当大程度上，白板软件是否强大决定了整个交互式电子白板产品的优劣。以英国生产的针对课堂教学开发的 ACTIVboard 交互白板产品为例，在它的配套软件 ACTIV studi 支持下，白板可以在三种能方便相互切换的模式下工作。这三种模式是计算机界面工作模式、计算机界面注释模式、活动挂图模式。

（1）计算机界面工作模式

在该模式下，可以实现一切通常需要在计算机前才能进行的操作，如打开一个文字处理文件或单击浏览器上网。此时，教师可以用手中的感应笔（在笔杆上段设有鼠标左右键）直接对投射在交互白板上的计算机界面中的对象进行单击、双击、拖曳等操作。远离计算机的教师依然可以通过操作交互白板上的虚拟键盘向计算机中输入字符、文字。

（2）计算机界面注释模式

在该模式下，操作者可以使用感应笔对计算机界面中的任何对象（如窗体、图标等）自由进行书写标注或在其上绘制图形。此外，白板软件还提供许多工具：抓图工具，能将计算机模式下的界面抓取到活动挂图或图像库中；揭示工具和聚光灯工具，能逐区域地显示挂图内容；办公软件包文件标注工具，能将标注以图形方式写入办公软件包文件中保存下来。

（3）活动挂图模式

该模式环境提供了一个可板书的空白区域，类似于黑板，但此区域内不仅能如黑板般书写，还能插入、编辑多媒体元素，建立超链接等。教师可以用感应笔在工作区自由地书写和绘图，可以通过单击工具箱中的按钮改变画笔的粗细、颜色，可以从白板软件自带的资源库（图片库、挂图库、页面库、链接库、注释库等）中调入色彩缤纷的图形、照片等，与文字进行图文混排，也可以通过超链接访问原始的图片、视频、音频文件或制作好的计算机课件等。当用尽了一页时，轻点翻页按钮就可以跳转到新的空白页继续书写和编辑。在该模式下，任何图形、文字都是可以移动的，可以反复回放重现。这对小学教学中“词语与词语”或“词语与图形”的卡片排序等教学活动特别有用，免去了教师制作纸质卡片的麻烦。最后，教师也可以随时将板书内容保存成挂图文件存储在计算机硬盘里，也可以将其导出成网页或幻灯讲稿，供以后查阅、重用或分发给他人。

3. 交互式电子白板在课堂教学中的应用

1）它等同于已有的传统课堂教学功能。其应用主要表现在：替代黑板的功能，而且可以与黑板一样进行书写及绘画，这些功能完全可以替代黑板的使用。同时它还可以展示图片、演示PPT或其他软件和工具设计好的课件。

2）教师可以在较熟练地使用白板的各种功能基础上，更多运用注释库、资源库和链接等功能，这是交互白板充分整合已有资源的优势体现。但这一应用不仅仅是对这些资源的演示。例如，在一堂物理课中，教师不是简单应用了图片、视频和课件的演示，而是利用它特有的功能随意连接、拖动、旋转和摆放各种实验器件，对其进行标注说明，并由于其方便快捷的特点，整个过程是和学生的演示实验、语言交流反馈等同步进行的。

3）体现了以学生为中心的特点，鼓励学生参与课堂教学，成为课堂中的主人，不只是被动地听和看的教学理念。交互式电子白板面对的受众人群非常广泛，包括大中小教学课堂，甚至还有幼儿教育和远程教育。它操作简便，便于教学资源的利用与回放，有利于师生更好地互动。

4. 交互式电子白板在教学中的突出优势

1）交互白板使得在展示材料的过程中控制更容易，教师可以离开主控台，同样可以控制演示材料的播放，这样可以保证课堂教学过程中教师的身体语言得到充分应用，而且也不会出现教师频繁往返主控台的情况，让学生无法将注意力集中到课堂听讲。

2）交互白板技术可以使数字化信息资源的引入更为灵活方便和多样化，而且可以在此基础上任意进行多媒体材料的编辑、展示及控制，随心所欲地展示数字化资源，使得以往多媒体投影教学时采用的课件和幻灯讲稿教学材料过度固化的问题得到解决。

3）储存板书的内容。教师在白板上进行的各种写、画及插入的图片等都会被直接储存到硬盘或者各种移动储存设备中去，这样就可以作为教学资源另作他用，还可以以电子格式或者直接打印成纸质版发放给学生，帮助学生进行课后的复习。

4）交互白板技术的诞生，抛弃了以往单调色彩、只能通过手写和手绘来展示材料的黑板，整个教学变得五彩纷呈，在保证像黑板一样自由板书的基础上，还可以对数字化的图片和视频进行展示和编辑，这样可以更好地吸引学生的注意力，确保抓住学生的学习兴趣。

5）交互白板的出现，让教师对于计算机的操作更为透明，学生可以借助交互白板清楚地看到教师对于软件的操作过程，这样的教学方式对于计算机软件应用教学有着相当好的效果。可以在计算机房建立交互白板系统，加强对于计算机的教学。

6）交互白板的存在，使得计算机在教学过程中的地位更加重要，白板系统与其他计算机应用程序以及网络之间互补，引导师生逐渐开始借助计算机来对未来进行认知和探索，这样可以帮助学生构建全新的知识认知方式和问题解决的思维方式。

7）由于使用交互白板仍然可以像传统黑板一样自由板书，部分对计算机掌握不够熟练的教师稍加尝试就可应用白板的基本功能进行教学，可以解除恐惧心理。

思　考　题

1．选择题

（1）焦距越短，水平视角就越开阔，影像也就（　　）。

A．越小　　B．越大　　C．适中　　D．不变

（2）光圈越小（光圈系数越大），则景深的范围就（　　），对景物的描绘就更加真实。

A．越小　　B．越大　　C．适中　　D．不变

（3）曝光时进光量与光圈大小和快门开启时间成（　　）关系，因此二者配合使用，才可完成摄影曝光这一关键环节。

A．正交　　B．反比　　C．正比　　D．固定

（4）通常是镜头焦距越长，画面景别（　　）。

A．不变　　B．越大　　C．适中　　D．越小

（5）根据使用方式不同，教学媒体可分为（　　）。

A．教学辅助媒体和学生自学媒体　　B．实物型、模拟型和符号型

C．传统教学媒体和现代教学媒体　　D．听觉媒体和视听觉媒体

（6）以下不属于教学媒体特性的有（　　）。

A．传播性　　B．反复性　　C．多重性　　D．重要性

（7）视频展台的组成不包括（　　）。

A．摄像头　　B．实物放置台　　C．金属卤素灯　　D．信号连接端口

（8）视频展台的机箱外侧光源用于照亮（　　）。

A．非透明的物体　　B．透明物体

C．外部视频　　D．优盘

（9）按投影方式不同，投影仪可分为（　　）。

A．透射式液晶投影仪、反射式数码投影仪

B．前投影仪和背投影仪

C．阴极摄像管投影仪、反射式硅上液晶投影仪

D．LCD 投影仪、DLP 投影仪

（10）投影仪中金属卤素灯在（　　）小时后亮度就会降低为原先的一半左右。

A．1000　　B．2000　　C．3000　　D．4000

（11）交互式电子白板由（　　）组成。

A．摄像头、照明光源、实物放置台

B．微型无线麦克、微型发射器和接收器

C．交互白板（包含鼠标笔）、投影系统和配有白板软件的计算机系统

D．计算机、视频展台、投影仪

2．简答题

（1）简述摄影构图的基本要素。

（2）简述运动摄像的造型要素和基本要求。

（3）简述教学媒体的特性。

（4）简述视频展台的操作步骤。

（5）简述交互式电子白板在教学中的突出优势。

第 4 章　数字化教学环境

学习目标

通过对本章的学习，学生应了解多功能教室的系统结构，掌握多功能教室的功能；了解网络机房的结构，熟练应用网络机房的功能；了解微格教学系统的组成及微格教室的使用方法；了解数字校园网络的结构，理解数字校园网络的功能。

4.1　多功能教室

多功能教室是根据现代教育教学的需要，将多媒体计算机、投影、录音、录像等现代教学媒体结合在一起而建立起来的综合教学系统。它能使教师方便、灵活地应用多种媒体实施多媒体组合教学，可使教学过程更加符合学生的认知、理解和记忆规律，从而提高教学效果和效率。

4.1.1　多功能教室的结构

多功能教室应该营造具有现代气息、和谐舒适的教学氛围。学生课桌和教师讲台力求样式新颖、结构简洁、色彩明快，并与教室窗帘、墙面、天花板的装饰形成一个和谐的整体，使教师和学生在教室里能够以轻松愉悦的心情开展教学活动。多功能教室还需要重视照明环境和声学环境的建设。多功能教室一般用大屏幕投影显示，所以教室照明系统既要保证学生所坐位置的采光，使学生拥有良好的阅读书写条件，又要避免灯光直射投影屏幕。良好的声学环境能够确保声音准确无误地传递给每一位学生。可以通过调节教室混响结构和运用电声技术进行人工混响处理。

多功能教室系统的结构框图如图 4-1 所示。不同类型的教学资源通过媒体传输到中央控制系统，通过中央控制系统操作面板完成各种信号键的切换，从而控制各种音视频设备的播放。在多功能教室，教师可以通过多功能控制系统调用各种教学资源。

1. 中央控制系统

中央控制系统是指对声、光、电等各种设备进行集中控制的设备。它应用于多媒体教室、多功能会议厅、指挥控制中心、智能化家庭等，用户可用按钮式控制面板、计算机显示器、触摸屏和无线遥控等设备，通过计算机和中央控制系统软件控制投影仪、展台、影碟机、录像机等设备。中央控制系统是多媒体教室的核心部分，整个多媒体教室中的全部媒体设备都由中央控制系统集中管理控制。中央控制系统用系统集成的方法，把整个多媒体演示教室的设备操作集成在一个平台上，所有设备的操作均可在这个平台上完成。中央控制系统可实现资源共享、影音互传和相互监控，并能协同控制计算机、影碟机、录像机、视频展台等现代视听设备，并集中控制电动窗帘、灯光、幕布等设备，通过大屏幕投影，营造出一个高清晰、高保真、受控声光背景的现代化多媒体视听教学环境。

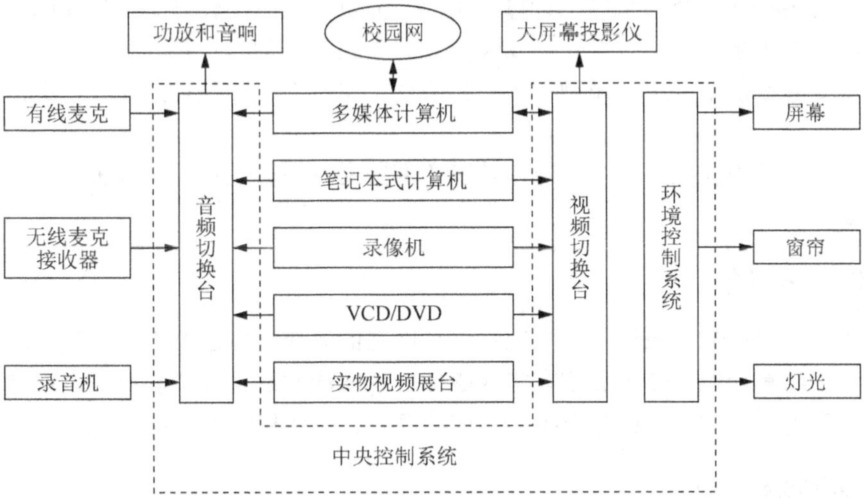

图 4-1　多功能教室系统的结构框图

对多媒体教室的各种设备进行操作控制的界面，可以是计算机软件界面，也可以是按键式面板或集成遥控器。利用智能化技术的计算机软件界面形式，将多种设备的操作全部集中到同一个操作界面上，以简单明了的菜单方式提供给使用者，授课教师只需在一个界面上就能轻松自如地完成对各种教学设备的操作控制。

2. 计算机信息处理系统

在课堂教学中，计算机信息资源的应用日益增加，多媒体教室中的计算机信息处理系统成为必不可少的一个重要组成部分，主要包括多媒体计算机和网络传输设施。在多媒体教室里，多媒体计算机既是教学媒体，又是网络连接设备的枢纽，而且多数时间处于多任务工作状态，所以应尽量选配运行速度快、内存大、工作稳定可靠的机器，同时还应该考虑安装还原保护卡，以防由于误操作等而引起的故障。

为了共享各种教学资源，多媒体教室的计算机信息处理系统应该能够与校园计算机网络、闭路电视网络连接，以利于教师在教学过程中随时调用各种丰富的网络资源。

3. 视频图像处理系统

多媒体教室的视频图像处理系统包括电子投影仪、录像机、影碟机、视频展台和电动屏幕等。电子投影仪是多媒体教室中单件价格最高的设备，通常有 CRT 投影仪、LCD 投影仪和 DLP 投影仪几种。CRT 投影仪显示的图像色彩丰富，还原性好，有较强的调整几何失真能力；缺点是亮度低，操作复杂，体积庞大，对安装环境要求较高，价格昂贵，目前已很少选用。LCD 投影仪色彩还原较好，分辨率高，且体积小，质量小，价格低廉；缺点是需要良好的散热条件。DLP 投影仪图像灰度等级高，色彩锐利，体积小巧，对散热要求不高，可以长时间连续工作，缺点是色彩不够丰富。

多媒体教室投影仪的选用，一般考虑输入信号源、分辨率、亮度及安装方式。投影仪的输入源应有多路视频及两个以上计算机接口；分辨率高的比较好。投影仪的亮度需要根据教室面积的大小来确定；投影仪的安装方式有桌式、吊顶、正投、背投等，一般多媒体教室投影仪是固定使用，选择吊顶形式；如果选用背投方式，整体效果好，但需要有足够的空间。

为了提供更多的视频信号，多媒体教室还需要配备视频展台、录像机、影碟机等视频图像处理设备。

4. 音响处理系统

多媒体教室中的音响应选择频响宽、保真度高的系统，以适合多媒体教学的需要，同时应具有话筒混响功能，便于教室在播放媒体内容的同时进行评论和讲解。音响处理系统通常包括录音机、功放和音箱等设备，工作功率视教室面积的大小选用。

4.1.2 多功能教室的功能

多功能教室应该具备以下教学功能：

1）连接校园网络和 Internet，便于教师调用丰富的网络资源，实现网络联机教学。

2）连接闭路电视系统，发挥电视媒体在教学中的作用。

3）演示各类多媒体教学课件，实现计算机辅助教学。

4）播放录像、VCD、DVD 等视频教学节目。

5）可以展示实物、模型、图片、文字等资料。

6）使用清晰度高的大屏幕投影仪显示计算机信息和各种视频信号。

7）使用高保真音响系统播放各种声音信号。

4.2 网 络 机 房

网络机房也称网络教室，是目前国内各类学校，尤其是中小学校应用较为普遍的一种网络教学系统。它集普通的计算机机房、语音室、视听室、多媒体演示室等功能于一体，利用网络和多媒体技术将多台计算机及相关网络设备互联而成，是一个小型教学网络，为实现建构协作化学习创造了良好的技术基础。

4.2.1 网络机房的结构

网络机房通常由计算机网络和网络教学系统两部分构成。前者是一个小型局域网，该网络可以通过代理服务器与校园网或 Internet 连接。

系统硬件的基本配置包括教师机、学生机、集线器或交换机和服务器等设备，并通过网线连接。机房中的服务器可用高性能的个人计算机（PC）承担，也可以用普通的 PC 服务器承担。学生机除常规 PC 的配置外还需配置网卡、耳机和话筒。由于教师机经常处于多任务工作状态，因此教师机在 CPU、内存等方面的配置应高些。有条件的机房还可以配置功放、投影仪等多媒体演示设备。

学生机和教师机的操作系统一般配置 Windows 操作系统，服务器的操作系统可以根据机器配置选用，它除存放本地的一些教学资源外，还应提供简单的 WWW、FTP、E-mail 等常见的 Internet 应用服务。此外，服务器还应安装代理软件，使学生机可以通过服务器访问校园网或 Internet，增强网络的安全性能，同时可以实现数据流监控、过滤、记录和报告等网络管理职能。

在网络机房中，学生机、教师机等网络设备的布局，通常有普通教室型、U 字型、小组协作型、综合型等，如图 4-2 所示。具体实施时，可以依据教室空间结构、学生群体的特征及教学活动类型等因素设计摆放格局，以满足实际教学需要。

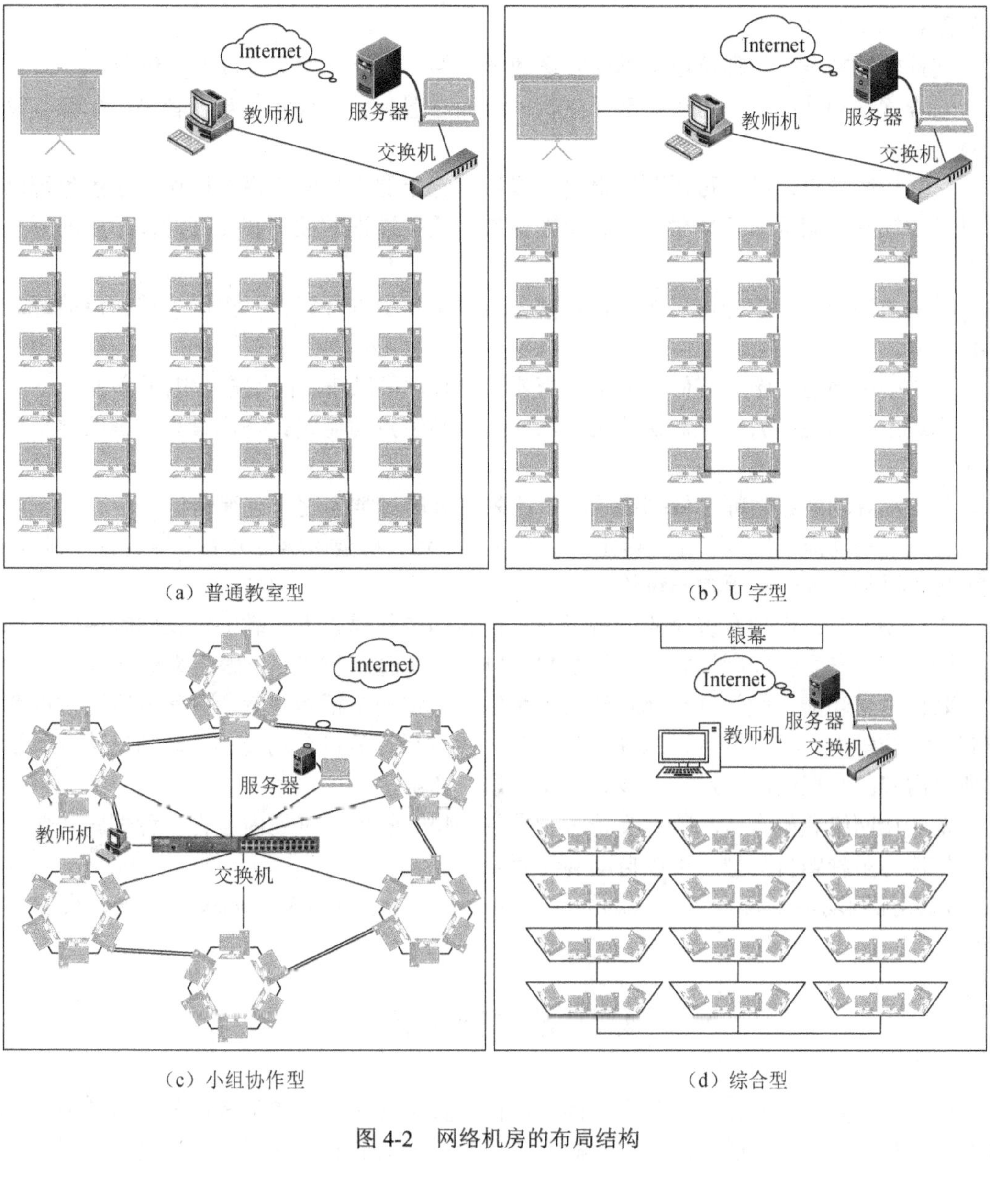

（a）普通教室型　（b）U 字型　（c）小组协作型　（d）综合型

图 4-2　网络机房的布局结构

4.2.2 网络机房的功能

通过网络教学系统，网络机房可以支持多种不同类型的教学活动，通常包含以下功能：

教学功能：可以充分利用教师视频、教师音频、外部视频、外部音频、多媒体课件等多种信息，对全部、部分或个别学生广播教学。

示范功能：教师可选定学生的屏幕、语音及声音广播给全体、部分或个别学生进行示范，鼓励学生参与教学，提高学生学习积极性。

监视功能：教师可实时监视每个学生的计算机屏幕，观察学生的学习情况，这样教师不用离开座位便可在机上观看学生对计算机的操作情况。可对单一、群组或全体学生进行多画面和单一循环监视。

文件传输功能：教师可以给学生发送教学课件、资料；学生可以上交作业。

远程管理功能：教师可以修改学生机的桌面布置、屏幕尺寸、声卡音量、配音方案等设置。

交互控制功能：教师可以利用键盘、鼠标对选定的学生进行遥控操作；学生也可以利用键盘和鼠标对老师或其他学生进行遥控操作。遥控过程的控制和交互通过相应的开关来设定。

学生控制功能：教师可以对全体、部分或个别学生进行锁键、黑屏、重新启动等控制操作。

电子举手功能：学生有问题提出或需要帮助时，可以按功能键进行电子举手。

快速抢答功能：教师开启快速抢答功能后，学生按功能键抢答，最先按键的学生会被显示。

自动辅导功能：教师可依据电子举手的先后顺序对学生逐一进行辅导。

分组讨论功能：教师可任意指定 2～16 人为一组，将全体学生分为多组进行分组讨论，教师也可以加入任一小组参与讨论。

语音聊天室：内部有多个语音聊天室，在教师控制模式下，教师可指定哪些学生加入哪个聊天室；在学生控制模式下，每个学生自己有权选择参加哪个聊天室进行讨论。

联机考试功能：教师选定此功能后，可以先制定一个正确答案，再将试题通过屏幕或声音发送给学生，学生按 A、B、C、D 作答，收卷后计算机自动批卷，教师迅速获取学生对所学内容的掌握情况，对下一步教学安排颇有裨益。

专业化网络联机考试功能：支持统一发卷和统一收卷，试卷内包含多种试题，包括单选、多选等多种题目类型；可以自动阅卷评分。

媒体控制功能：可直接在控制界面或控制台对录像机、VCD/DVD 等媒体设备进行控制。

4.3 数字微格教室

微格教室是指在有效的空间和时间里，借助数字化的录像和录音设备，帮助被培训者训练某一技能技巧的教学方法。这一概念源于 Micro Teaching 的翻译，微格教室属于一种电化辅助教学手段，起源于美国，更多用于师范生毕业实习与试讲。也就是将试讲内容用摄像机录制下来，根据录制的视频资料与试讲人共同分析试讲内容，找出其错误及不良习惯，从而提高试讲人的授课水平，克服心理恐惧感。

4.3.1　微格教室的构成

微格教室一般由主控室、微型教室、示范观摩室三部分组成，如图 4-3 所示。

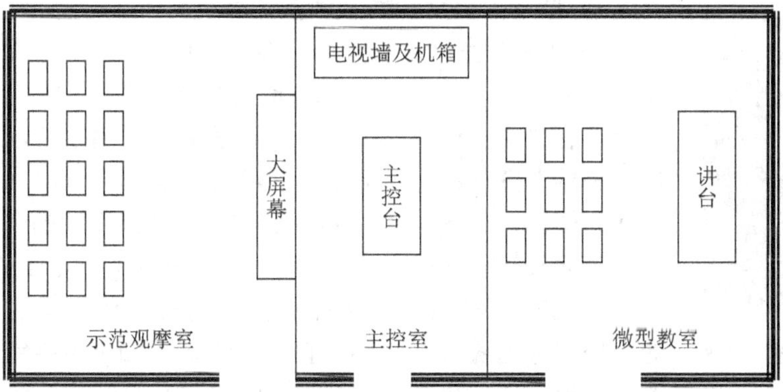

图 4-3　微格教室的结构布局

1. 主控室

主控室控制微格教室中的摄像云台和镜头，可以监视和监听微格教室的图像和声音；可以录制微格教室的教学实况供课后讲评；可以随时与微型教室进行通话，还可以将当前微型教室的视频资料转加给其他微型教室，进行观摩学习。在主控室可以操控多个微型教室的视频录制，看到多个微型教室的画面，但在微型教室只能对本教室进行视频录制，也只能看见本教室的视频画面。

主控室的主要设备包括主控计算机、硬盘录像机、视音频处理器、同步监视电视墙、云台控制器、视频服务器、稳压电源。

2. 微型教室

微型教室可以是多个，也可以为一个，这是由学校自身决定的。微型教室中的设备一般包括摄像机、云台、功放、计算机、拾音器、讲台、投影仪等教学设备。在微型教室中可以呼叫主控室，与主控室取得联系。在微型教室中可以对本教室的录播系统进行自我控制，可以设定录播时间，设定录播镜头，还可以进行自我回放，及时地进行反馈，同时可以任意选择图像输出到主控室的路径。

3. 示范观摩室

示范观摩室内装有大型显示设备，通过网络接收其他微型教室的实时教学网络直播，即可实时同步播放教学实习的实况，实现多方位、多角度的教学观摩，供指导教师现场评述，让更多的学生观摩分析。

4.3.2 微格教室系统的操作

微格教室是以一整套录播系统为核心的特殊的教学系统，它是由录播软件进行控制的，下面对这一软件进行详细介绍。

1. 打开录播系统

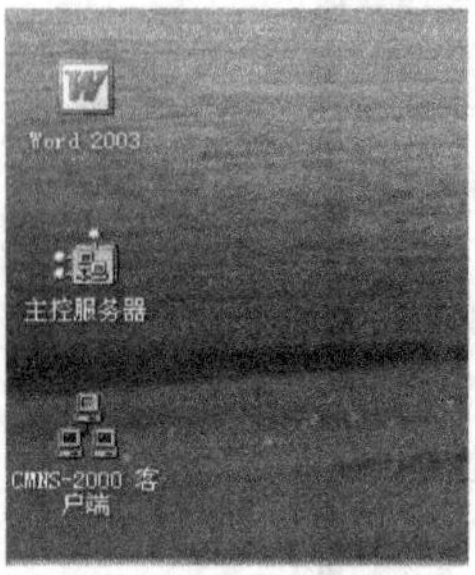

图 4-4　计算机桌面图标

1）打开主控室和微型教室计算机。

2）在主控室计算机桌面上会出现两个图标，一个是“主控服务器”图标，一个是“CMNS-2000 客户端”图标。只有主控室的计算机上才有“主控服务器”图标。要想激活录播系统，首先双击“主控服务器”图标，然后双击“CMNS-2000 客户端”（多媒体宽带校园网）图标，如图 4-4 所示，这样整个录播系统的激活就完成了。图 4-5 所示为录播系统界面，通过下拉菜单可以看到多个教室。

3）在微型教室的计算机上操作录播系统时，首先要确保主控室的主控服务器被打开，然后打开客户端。如果主控室中的主控服务器没有被打开，那么在微型教室中无法开启录播系统。

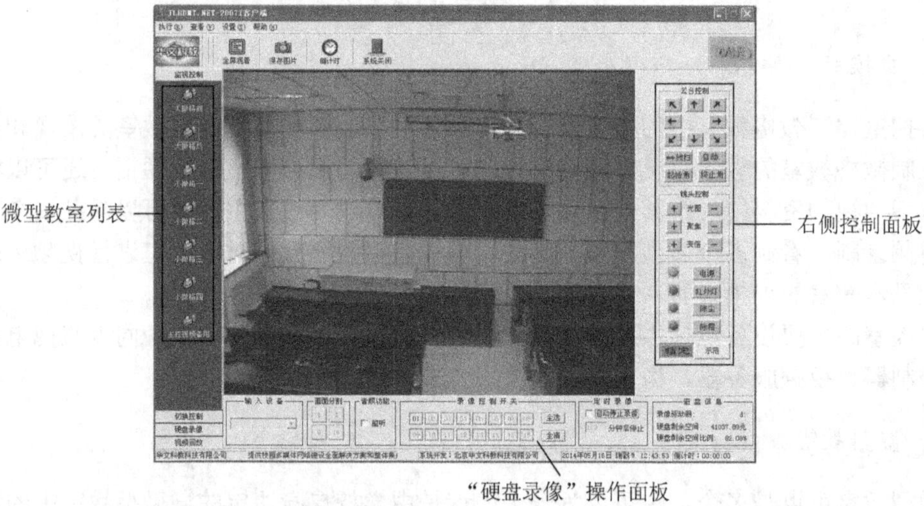

图 4-5　录播系统界面

2. 录播系统操作界面

录播系统控制面板左侧有四个按钮，分别是监视控制、切换控制、硬盘录像、视频回放，如图 4-6 所示。根据左侧四个按钮的不同，相对应的右侧控制面板显示的内容也不同。

（1）“监视控制”按钮

通过“监视控制”按钮可以实现对每个微格教室的云台控制和画面调节。单击“监视控制”按钮，在弹出的下拉菜单中会显示已经连接到主控机上的所有微型教室，可以在其中任意切换微型教室的镜头。相对应的右侧控制面板如图 4-7 所示，右侧控制面板包含丰富的功能，用来操控画面。

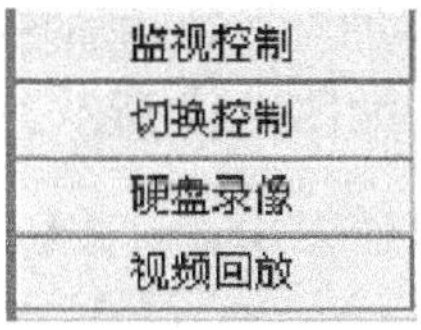

图 4-6　左侧控制面板

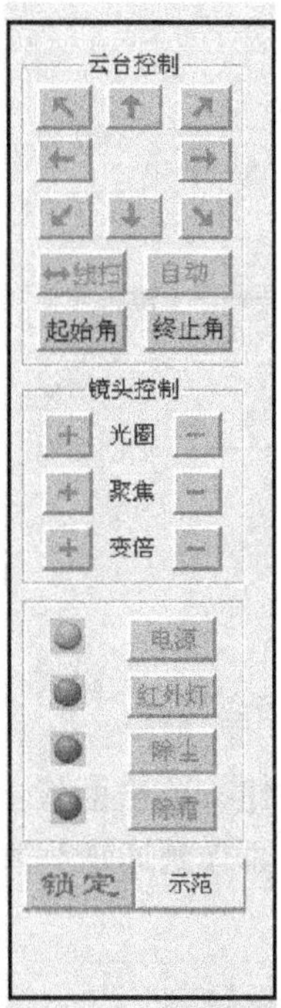

图 4-7　与“监视控制”按钮相对应的右侧控制面板

激活面板：使面板由灰色度变为黑色度，可单击面板下方的“锁定”按钮，在打开的图 4-8 所示的客户端提示对话框中单击“是”按钮完成激活。

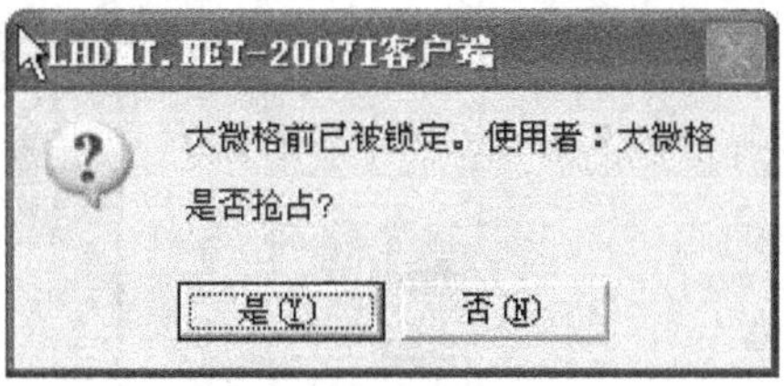

图 4-8　客户端提示对话框

完成激活后，右侧面板由灰色度变为黑色度。通过云台控制，可调节录像画面的方位；通过镜头控制，可调节画面的大小。同时还有一些辅助功能，如除尘、除霜等，如图 4-9 所示。

（2）“切换控制”按钮

可以通过电视墙上的电视机或主控机显示屏实现对各个教室的监视和巡视。单击“切换控制”按钮后相应的右侧控制面板如图 4-10 所示。控制面板上方的“监视”和“巡视”按钮作用如下。

1）“监视”按钮：单击面板上端的“监视”按钮，然后在监视通道的下拉列表中选择观看哪一个微型教室，如图 4-11 所示。

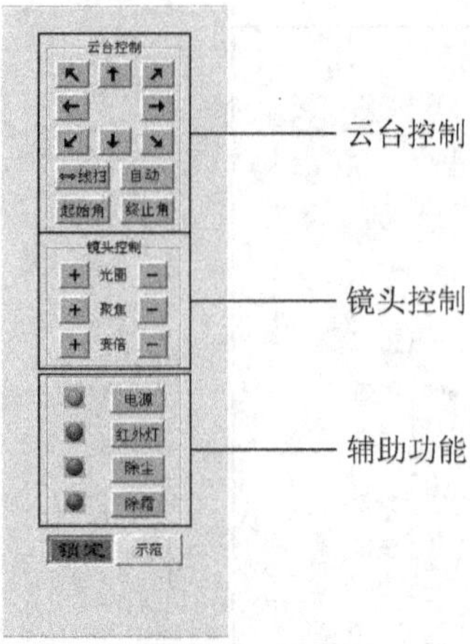

图 4-9 激活面板

图 4-10 与“切换控制”按钮相对应的右侧控制面板

2）“巡视”按钮：单击面板上端的“巡视”按钮，通过“添加”按钮添加扫描通道，将需要巡视的教室添加到通道列表中，单击“确定”按钮即可，如图 4-12 所示。

图 4-11 监视通道

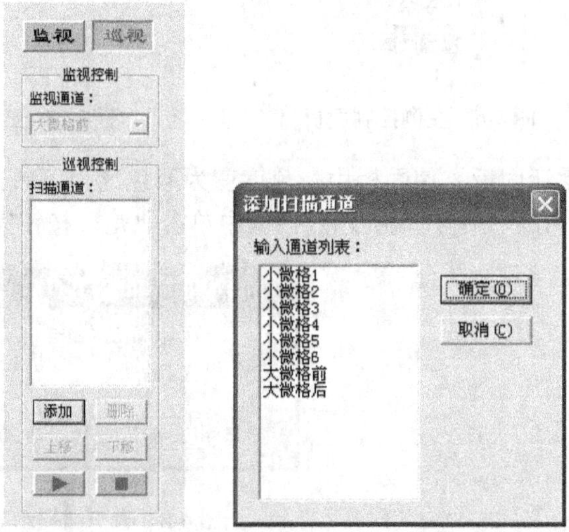

（a） （b）

图 4-12 添加扫描通道

（3）“硬盘录像”按钮

“硬盘录像”功能可以实现对微型教室的录播操作，单击“硬盘录像”按钮后，其操作面板位于录播软件的下方“录像控制开关”处，如图 4-5 所示。

1）开始录播动作：在“录像控制开关”区域有许多数字按钮，其中有灰色度和黑色度的，显示黑色度的是当前正连接的微型教室，显示灰色度的是还没有连接的微型教室。进行录播操作时只操控已连接的黑色度数字按钮即可。当按钮呈现凹状时，表示录制已经开始，如图 4-13 所示。

图 4-13　录像控制开关

2）停止录播动作：当一段视频录制完毕时要停止录播动作，可以选择手动停止，单击呈凹状的数字按钮，使它呈凸状，视频停止录制，如图 4-14 所示；也可以设置为自动停止，自动停止的时间相当精准，通过设定时间长度来停止录像，所以要求授课人对授课时间的把握相当严格，以防视频录制不完整，如图 4-15 所示。

图 4-14　停止录制

图 4-15　定时录像

（4）“视频回放”按钮

通过对日期、录像通道、文件等方式进行选择，回放录制的视频，达到及时反馈的目的。“日期”回放是指选择某一天录制的视频资料；“录像通道”是指选择某一个微型教室录制的视频；“文件”是指指定文件夹中的视频资料，有时文件夹是系统早已设定好的，无须进行文件夹的新建。单击录播系统的“视频回放”按钮后，相对应的右侧面板会出现用于选择回放视频的选项，同时可以通过下端的面板按钮对视频进行相应的调节，使视频回放更加详尽、具体、清晰，方便教师点评，如图 4-16 所示。

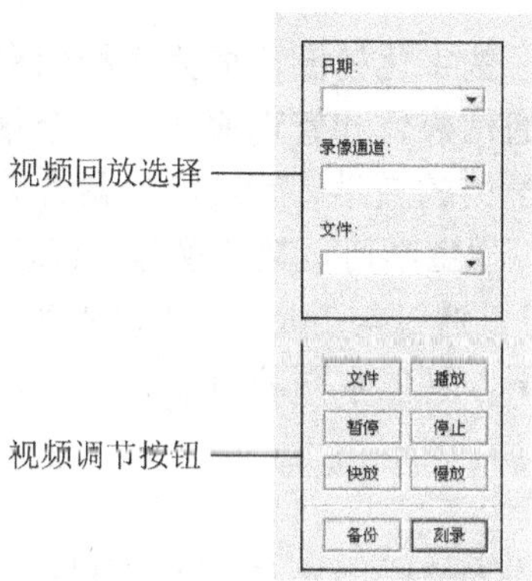

图 4-16　“视频回放”控制面板

3. 使用微格教室的注意事项及优点

（1）使用微格教室的注意事项

1）开始录制视频前一定要确保主控服务器是打开状态，否则录播动作无效。

2）开始录制前一定要将镜头调节到需要的位置，否则画面会不完整或多录制一些不需要的画面内容。

3）在使用自动停止录像时，要把握好时间，以防视频录制不完整。

4）录制开始之后，在主控室不要使用系统面板中“监视控制”按钮随意切换微型教室，否则在一段视频中会出现多个微型教室画面，破坏视频的完整性。

5）在进行视频回放时，只要记住录制时间，打开录制地点和输出视频的文件夹就可以对视频进行回放。

6）在录制视频时，不需要新建文件夹，文件夹为系统自动生成；也不需要重新命名文件夹名称，系统会自动以录制当天的日期作为名称。

（2）使用微格教室的优点

1）教师可在主控室与各间微型教室进行实时视音频沟通，及时更正学生讲课时的错误姿态、板书及语言表达。

2）教师可通过任一计算机进入信息管理平台，通过专属权限，一边观看视频录像，一边在线评分。

3）教学活动可以进行实时直播，通过网络可以使多个教室共同观看，有一种面对面的感觉。教学资源少、规模小的学校可以通过网络进行在线观看。

4）控制人员可对教室内教师的教态、语态、板书以及学生活动进行全方位拍摄和录像；并可通过网络对摄像机云台、多倍变焦镜头进行操作，对教师动作、学生回答、板书内容拍摄特写镜头，拍摄内容真实、准确，可以得到更加详尽的反馈，有利于教师和学生的进步。

5）除了注重教学活动的实时直播外，还可以侧重于对学生信息化教学的培养。

4.4 数字校园网络

随着网络技术的飞速发展，数字化校园已成为学校信息化建设的必要任务。所谓数字校园网络，指利用网络媒介、通信媒体和管理服务的一个集成应用系统。在数字校园网络里，可以通过现代化手段，为学校的教学、管理、日常办公、内外交流等方面提供全面的支持；具备辅助教师备课教学、学生学习、教务管理、行政管理、图书馆管理、资源存储、信息发布、内外交流等功能，可以通过与 Internet 的接入实现远程信息交流和资源共享，从而达到提高教学质量、科研水平、管理水平的目的。

4.4.1 数字校园网络的结构

数字化校园网络以信息中心为核心，分为内网和外网。内网即校园 Internet，网络覆盖区域包括多媒体教室、教研室、实验室、办公室、图书馆、会议室及宿舍楼等，服务于学校的教学、科研和管理；外网包括与 Internet 的连接，提供对外信息的交流与服务，由学校信息中心负责整个网络的管理和安全工作。数字校园网络的结构如图 4-17 所示。

目前，校园网一般采用高速网络技术构建整个校园主干网，由一个或多个出口连接外部网或 Internet，学校各部分的局域网或计算机终端通过交换机等设备连接到学校的主干网上。其中，学校的网络信息中心是整个校园网的服务和管理中心，负责整个校园网内的信息交换以及网络系统的正常运行，同时负责与广域网的信息交流。网络信息中心一般设置中心交换机、服务器群组和网管机以及边界路由器等设备。服务器用来提供各种校园网络服务功能，如 DNS 服务、E-mail 服务、FTP 服务等。网管机则专门管理服务器，网管人员可以通过网管机在服务器上进行各种操作。服务器群和网管机等设备都以中心交换机为中心，构成星形拓扑结构。网络信息中心的拓扑结构如图 4-18 所示。

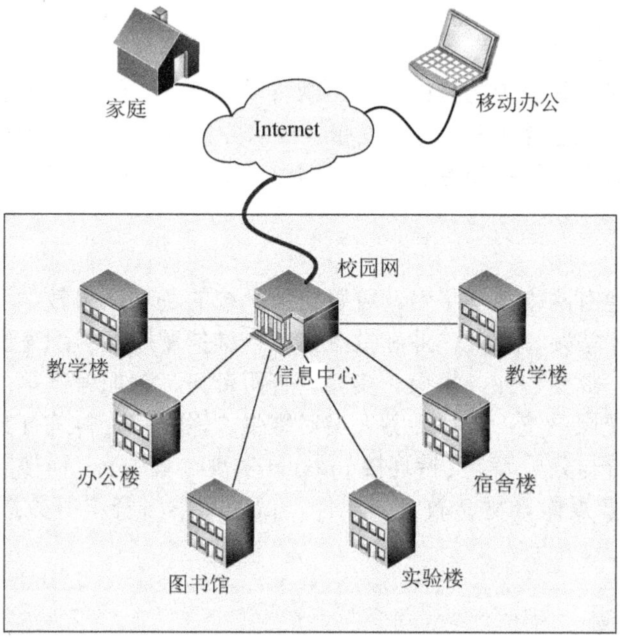

图 4-17　数字校园网络的结构

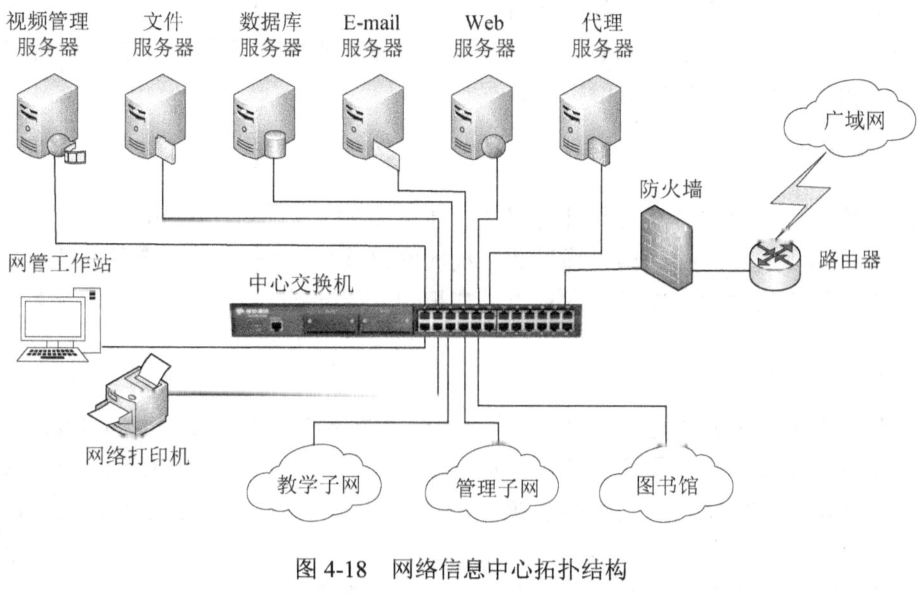

图 4-18　网络信息中心拓扑结构

数字校园网络从组成方面来看，主要包括网络传输媒介、交换设备、服务器、工作站和网络软件等部分，而交换设备又包括交换机、路由器、集线器等。

4.4.2 数字校园网络的功能

建设数字校园网络的主要目的在于为学校师生提供教学、科研和综合信息服务的高速多媒体网络。主要功能包括如下方面：

1. 信息发布

学校一般都有对外和对内的校园网站，既可以对外展示学校的形象，也便于校内师生的学习和工作。学校通过网站主页可以发布学校的各种重大事件、会议通知、各种公文等，也可以介绍学校的历史、院系和专业设置、部门介绍、招生就业信息、教学科研信息等。

2. 教学应用

校园网一般都建有网络教学平台，可以支持学校的各项网络教学活动的开展，包括支持教师备课、授课、答疑、布置作业和批改作业、维护题库、组织考试、试卷分析等；支持学生选课、学习、提交作业、提问、实验、查阅资料、参加考试等；支持基于流媒体的网络实时与非实时授课系统；支持教务人员对学生、课程、资料进行数字化管理和对教师的教学质量进行评价与分析等；支持连接 Internet 实现远程教育。而校园网的教学信息资源库则为师生提供了多媒体素材、教案、课件、试题和学科资料等数据库的检索和下载等功能。

3. 管理应用

学校的管理信息系统为学校在人事、教务、财务、日程安排、后勤管理等管理工作提供了先进的分布式管理系统，系统采用现代的、多通道的、网络状的复杂模式，能及时地收集、统计、分析学校的各种信息，并通过网络共享数据库和软硬件资源，使系统的可靠性加强，学校的办公效率也能有所提升。

4. 科研应用

校园网络可以使用户共享各类计算机软、硬件资源及学术信息资源，既提高了科研效率，又降低了科研成本。师生均可通过数字校园网络连接 Internet，查询最新的科研资料，也可以利用网络论坛与他人探讨学术观点、交换论文资料等。

5. 数字图书馆

美国数字图书馆创始工程在 1992 年首次提出“数字图书馆”（Digital Library）这一概念，它的出现帮助用户提供了更多机会去访问各种信息资源。数字图书馆是一个以数字校园网络为基础的开放式平台，将各种多媒体信息数字化，并对这些信息资源进行有效的组织与存取，从而为学校师生提供有效、便捷的信息服务。数字图书馆既便于读者查询、借阅书籍，也便于学校的图书管理工作的开展。最为重要的是，用户既可以查询校内图书馆的书籍、文献资料的馆藏信息，也可以通过联机数据库查阅电子期刊和书籍等资料。

思　考　题

1．选择题

（1）在多功能教室中，（　　）可以控制声、光、电等多种设备。

A．功放　　B．计算机　　C．中央控制系统　　D．AV 设备

（2）多功能教室显示所有视频信号的设备是（　　）。

A．大屏幕投影仪　　B．录音卡座

C．UPS　　D．视频展台

（3）网络机房中教师机、学生机等网络设备的布局类型包括（　　）等。

A．国字型、拐角型、左右框架型和上下框架型

B．普通教室型、U 字型、小组协作型、综合型

C．厂字型、框架型、封面型和 Flash 型

D．V 字型、S 字型、M 字型、普通教室型

（4）微格教室是以（　　）为基础，装配多倍可变镜头、高灵敏度拾音器组成的操作方便、实用性很强的摄录系统。

A．大型黑板　　B．教师

C．电动云台控制的彩色摄像机　　D．高像素照相机

（5）微格教学研究的核心问题是（　　）。

A．导入技能　　B．教学技能　　C．评价技能　　D．反馈技能

（6）一般来说，组成微格教室的三部分包括（　　）。

A．主控室、微型教室、示范观摩室

B．现场评估、监控、录像

C．硬盘录像机、视音频处理器、同步监视电视墙

D．计算机、拾音器、讲台

（7）学校的（　　）是整个校园网的服务和管理中心。

A．教学楼　　B．办公楼　　C．图书馆　　D．网络信息中心

（8）数字校园网络的交换设备包括（　　）。

A．工作站、服务器、传输媒介　　B．交换机、路由器、集线器

C．双绞线、同轴电缆、光纤　　D．网桥、令牌环、帧中继

2．简答题

（1）简述多功能教室的教学功能。

（2）简述打开录播系统的步骤。

（3）简述使用微格教室的优点。

（4）简述数字校园网络的教学应用功能。

第二篇

教学资源获取与编辑篇

第 5 章　音频文件的录制与编辑

学习目标

通过对本章的学习，学生应了解声音的基本概念和声音的数字化过程，了解常见声音文件的保存类型，理解声音数字化过程中不同参数设置对声音信号质量的影响，能够运用计算机及相关软件录制不同来源的声音信号，掌握声音编辑软件 Adobe Audition CS6 在声音编辑、合成过程中的基本使用方法。

5.1　音频文件类型

声音是携带信息的重要媒体，多媒体声音的编辑是多媒体技术处理的主要内容之一，在多媒体系统中，声音的记录、编辑和重放是通过计算机的硬件声卡和相关的软件来实现的。本章在介绍数字化声音的基本概念基础上，结合常见的声音编辑方法，就 Adobe Audition CS6 的基本功能作简单的介绍。

5.1.1　数字音频基础

1. 声音的基本概念

声音是人类进行交流和认识自然的主要媒体形式，语音、音乐和自然声构成了声音的丰富内涵，人类一直被包围在丰富多彩的声音世界中。

声音是通过一定介质（如空气、水等）传播的连续的波形，在物理学中称之为声波，用于表示这种声波的参数有振幅、周期和频率。在描述声音时，通常采用音强、音调和音色来表示。音强是指声音信号的强度，即音量的大小，音调是由构成声音的基本频率决定的，音色是由构成声音基本频率的泛频决定的，正是因为不同乐器发音的泛频不同，才构成了该乐器特有的音色。

声音按频率可分为三种：次声波、可听声波和超声波。人类听觉的声音频率范围通常为 20Hz～20kHz，低于 20Hz 的为次声波，高于 20kHz 的为超声波。人类发音的声音信号频率通常为 300Hz～3kHz。

声音的质量是用声音信号的频率范围来衡量的，频率范围又称“频域”或“频带”，不同种类的声音其频带也不同，一般而言，声音的频带越宽，其表现力越好，层次越丰富。例如，调频广播的声音比调幅广播好，宽带音响设备的重放声音质量（10～40000Hz）比高级音响设备好，尽管宽带音响设备的频率已经超过人对声音的接收范围，但其特有的表现力能把人们的感觉和听觉充分调动起来，产生优质的声音效果。

现在较为公认的声音质量分为四级，如表 5-1 所示。

表 5-1 声音质量的频率范围

声音质量	频率范围/Hz
电话质量	200～3400
调幅广播	50～7000
调频广播	20～15000
数字激光唱盘	10～20000

2. 声音的数字化

声音是具有一定的振幅和频率且随着时间的变化而变化的声波，通过话筒等转换装置可以将其转换为电信号，同样这种电信号随着时间的变化，其强弱和频率也在不断变化。我们把这种在时间和空间上连续变化的信号称为模拟信号。

计算机只能处理数字信号，记录数字信息只能用 0 和 1 编码描述。因此模拟信号只有转化为数字信号后，才能被计算机编辑、存储。

将模拟信号转化为数字信号的过程称为模/数（A/D）转换。同理，在计算机重放声音信号时，需要将数字信号转换为模拟信号，该过程称为数/模（D/A）转换。

将模拟信号转化为数字信号主要包括采样、量化、编码三个过程。采样是把时间上连续的模拟信号转化为时间上离散、幅度连续的采样信号；量化是将时间上离散、幅度上连续的采样信号转换为时间上离散、幅度上离散的数字信号；编码是将量化后的信号按照相应的标准进行调制、压缩，形成符合相应标准文件的过程。

在忽略设备质量、环境噪声等因素的前提下，仅从数字化的角度考虑，影响声音数字化质量的主要因素包括以下四个方面：

（1）采样频率

采样频率又称取样频率，是指将模拟声音波形信号转化为数字音频时，每秒所抽取声音幅度样本的次数。根据奈奎斯特采样理论：如果对某一模拟信号进行采样，则采样后可以还原的最高信号频率只有采样频率的一半，或者说只要采样频率高于输入信号最高频率的 2 倍，就能运用系列采样信号重构原始声音信号。因此，采样频率越高，经过离散数字化的声音波形越接近其原始波形，也就意味着声音的保真度越高，声音的质量越好，当然所需要的信息存储量也越多，文件的数据量也要变大。目前通常采用的采样频率有三个，即 11.025 kHz、22.05 kHz 和 44.1 kHz。

（2）量化位数

量化位数又称取样大小，是指每个能够表示的数据范围。量化位数的大小决定了声音的动态范围，即被记录和重放的声音最高与最低之间的差值。当然量化位数越高，声音还原的层次就越丰富，表现力越强，音质越好，但数据量越大。常采用的量化位数有 8 位（bit）和 16 位（bit）。

（3）声道数

声道数是指所使用的声音通道的个数，它表示记录声音时产生的波形数量，只产生一个波形信号的称为单声道；产生两个波形信号的称为双声道或立体声。当然立体声效果要比单声道更丰满优美，但需要两倍于单声道的存储空间。也可以记录如 5.1 环绕立体声等高质量的声音信号，当然需要的存储空间会更大。

通过对上述三个影响声音数字化质量因素的分析，在对声音文件未压缩的情况下，可以得出声音数字化数据量的计算方法为

声音数字化数据量=采样频率（kHz）×量化位数（bit）×声道数/8（B/s）×时间（s）

（4）编码

对数字化后的声音信号进行压缩编码，使其符合具有一定字长的二进制数字序列，并以这种方式在计算机内传输和存储。数字化声音的编码方法很多，主要分为无损压缩编码和有损压缩编码两大类。无损压缩编码包括不引入任何数据失真的各种熵编码，PCM 是常见的编码方式，它采用无损压缩编码，保真度高，解码速度快，但编码后的数据量较大，对数据的存储、传输不利。有损压缩编码又分为波形编码、参数编码和混合编码，有损压缩编码是根据人的听觉特性，对不易感知和感知较弱的声音信号进行选择性的丢弃；对声音信号中存在的大量冗余信息处理，减低冗余度，从而达到降低数据量的目的。例如，MP3 文件就是采用有损压缩获取大压缩比的声音文件。

由于数字化过程中采用的参数不同，获得的声音信号质量有一定的差别。表 5-2 列出的是三种常见采样参数获取的等效音质及其数据量。

表 5-2 数字化声音的参数与等效音质

采样频率/kHz	量化位数/bit	声道数	每分钟数据量/MB	等效音质
11.025	8	2	1.2	语音
22.05	16	2	5	FM 广播
44.1	16	2	10	CD 唱盘

5.1.2 数字音频文件类型

数字音频数据是以文件的形式在计算机中存储、传输、运用的。由于音频数据文件的编码方式、使用领域的差异，文件的保存格式也比较多，常见的声音文件格式有 WAVE、MP3、WMA、CD、MIDI 等，专业数字音乐工作者一般使用非压缩的 WAVE 格式进行操作，普通用户偏重于压缩率高、文件数据量相对较小的 MP3、WMA 格式。

1. WAVE

WAVE 文件格式是一种由微软（Microsoft）和 IBM 联合开发的用于音频数字存储的标准，由于没有采用压缩算法，所以在编辑、修改过程中不会产生失真，而且处理速度也相对较快。这类文件最典型的代表就是 PC 上的 Windows PCM 格式文件，它是 Windows 操作系统专用的数字音频文件格式，文件的扩展名为 WAVE，即波形文件。

标准的 Windows PCM 格式文件包含 PCM 编码数据，这是一种未经压缩的脉冲编码调制数据，是对波形信号数字化的直接表示形式，主要用于自然声音的保存和重放。其特点是声音层次丰富，还原性好、表现力强，如果使用足够高的采样频率，其音质极佳。文件的兼容性极强，几乎所有的播放器都可以播放 WAVE 格式的声音文件，在电子幻灯片、各

种算法语言、多媒体工具软件中都能直接使用。波形文件的数据量比较大，使得文件的存储、传输受一定影响，波形文件数据量的大小直接与采样频率、量化位数和声道数成正比。

2. MP3

MP3 全称是 MPEG Audio Layer-3，是按 MPEG（Moving Picture Experts Group）标准的音乐压缩技术制作的数字音频文件，它是 MPEG 编码标准中的音频部分，也就是 MPEG 音频层。MP3 音频文件的压缩是一种有损压缩，MPEG3 音频编码具有 10∶1～12∶1 的高压缩率。它通过记录未压缩的数字音频文件的音色、音高和音量信息，在它们变化相对不大时，用同一信息代替，并用一定的算法对原始的声音文件进行代码替换处理，从而提高文件的压缩比。相同长度的音乐文件，用 MP3 格式来储存，一般只有 WAV 文件的 1/10，因而音质要次于 CD 格式或 WAV 格式的声音文件。由于其文件尺寸小、音质好，目前应用甚广。

早期的 MP3 编码采用的是固定编码率（CBR）的方式，常见的是 128kb/s，表示以每秒 128kb 的固定数据速率编码。通过改变采样频率，可以获取不同码率的声音文件，当然声音文件的音色、音质是不一样的。可以用 64kb/s 或更低的采样频率节省空间，也可以用 320kb/s 的标准达到较高的音质。

MP3 Pro 是 MP3 的改进算法，它采用变压缩比的方式，即对音频中的低频成分采用较低的采样频率，有效提高压缩比；而对高频成分提高采样频率，降低压缩比，从而获取更高的音质。MP3 Pro 的出现，改变了传统 MP3 文件高音损失严重的缺陷，在提高压缩率、降低文件存储空间的同时，有效提高声音文件的音质效果，并保证了与 MP3 编码格式的兼容性。

MP3 文件的理想播放器是 Winamp，由于其良好的兼容性，也可以采用其他媒体播放工具播放。

3. WMA

WMA 文件是 Windows Media 格式中的音频子集。Windows Media 格式是由 Microsoft Windows Media 技术使用的格式，包括音频、视频和脚本数据文件，可用于创作、存储、编辑、分发流媒体处理或播放基于时间的内容。WMA 是 Windows Media Audio 的缩写，意为 Windows Media 音频文件。

WMA 格式在保证声音音质的前提下，压缩率一般都可以达到 18∶1 左右，压缩比进一步提高，有效降低文件的数据流量。同时，它可以通过 DRM（Digital Rights Management）方案（如 Windows Media Rights Manager 7）加入防拷贝保护。这种内置的版权保护技术可以限制播放时间和播放次数，甚至限制播放的机器等，有效打击盗版，保护知识产权。另外，WMA 还支持音频流（Stream）技术，支持网络的在线播放，播放时，不需要安装额外的播放器，Windows 操作系统和 Windows Media Player 的无缝捆绑让安装了 Windows 操作系统的计算机可以直接播放 WMA 音乐。Windows Media Player 7.0 以上的版本增加了直接把 CD 光盘转换为 WMA 声音格式的功能，使得文件的播放、存储更加简单、方便。

4. CD

CD 格式的音质是比较高的音频格式。标准 CD 格式是 44.1kHz 的采样频率，16 位量化位数，88KB/s 的速率，CD 音轨的音质可以说是近似无损的。CD 光盘可以在 CD 唱机中播放，也能用计算机里的各种播放软件来重放。

一个 CD 音频文件是一个 CDA 文件，它只是一个索引信息，并不包含真正的声音信息，因此不论 CD 音乐的长短，在计算机上看到的“*.cda 文件”都是 44 字节长。操作时，不能直接复制 CD 格式的“*.cda 文件”到硬盘上播放，需要使用相应的抓音轨软件把 CD 格式的文件转换成 WAV 格式的文件。在转换过程中，如果光盘驱动器质量过关而且抓音轨软件的参数设置得当，获取的 WAV 文件与原 CD 音频音质无差异。

5. MIDI

MIDI 文件不是真正的数字化波形声音，是一组声音或乐器符号的集合，是计算机数字音乐接口生成的数字描述性文件，该文件本身不记录声音本身的波形数据，而是将声音的特征通过声卡中固化的相关信息用数字的方式记录下来，像记录乐谱一样记录下演奏的符号。其特点是文件数据量小，适合对资源占有要求比较苛刻的环境，广泛应用于手机铃声、计算机游戏等对音质要求不高的领域。

MIDI 音乐播放时，是通过对 MIDI 数据文件的解读，调用声卡中相应数据的音色、音质等信息，在声卡中合成声音。因此 MIDI 音乐的播放效果与声卡质量密切相关。MIDI 文件可用 Cakewalk、音乐创作大师等音序器软件进行编辑和修改，也可以运用与声卡 MIDI 接口连接的数字合成器演奏，将乐曲输入计算机，制成*.mid 文件。

5.2 Adobe Audition 软件操作

Windows 环境下用于录制声音的软件通常也包含编辑、特殊效果和文件格式的转换功能，如 Windows 系统下的录音机、网络上常见的绿色版的 GoldWave、专业录音编辑软件 Audition 等，这些声音编辑软件秉承 Windows 操作系统下一般应用软件的操作风格，界面直观友好，入门简单，易于操作。

Adobe Audition 是美国 Adobe 软件公司开发的一款数字音频编辑软件，其前身是由 Syntrillium Software 公司开发的著名的音乐编辑软件 Cool Edit。2003 年 Adobe 公司将 Syntrillium 公司的产品全部收购用于充实其阵容强大的音、视频处理软件系列，将 Cool Edit Pro 2.1 升级为 Adobe Audition 1.0，在此基础上，陆续开发了 1.5、2.0、3.0、CS5、CS6、CC 等版本。其中某些版本还有不同的升级版，如 2013 年开发的 CC 系列已有三个版本，分别是 CC、CC 2014 和 CC 2015。目前 Adobe Audition 的最新版本是 Adobe Audition CC 2015（8.0）。Audition CC 系列安装包都内置了简体中文语言，但简体中文官网不更新。需要注意的是，从 2013 年 Adobe 软件公司推出的 Adobe Audition CC 开始，已不再支持 Windows XP 系统，只支持 64 位的 Windows 7 及以上版本的操作系统。

对于普通用户而言，Adobe Audition 不仅能高质量地完成录音、编辑、合成等多种任务，还能对音频文件进行降噪、扩音、渐变、变调等特殊处理，甚至兼容第三方开发的音频外挂插件实现某些特定功能，在输出方式上，不但能保存为 WAV、VOC 等格式，还可以直接压缩为 MP3、RM 等支持网络的流媒体格式，方便网络传输与运用，同时还可以合成为 XML 语言实现和视频编辑软件 Adobe Premiere 的无缝对接。

5.2.1 Adobe Audition 的操作界面

运行 Adobe Audition CS6，打开如图 5-1 所示的传统操作界面，该界面遵循 Adobe 视频、音频操作界面的一贯作风，由标题栏、菜单栏、资源管理区、工具箱、波形显示区等构成。若对该操作界面的颜色不满意，可通过“Edit→Preferences→Appearance”菜单命令打开如图 5-2 所示的操作界面设置对话框，对波形前景色、波形背景色、选区显示色等进行设置和调整。

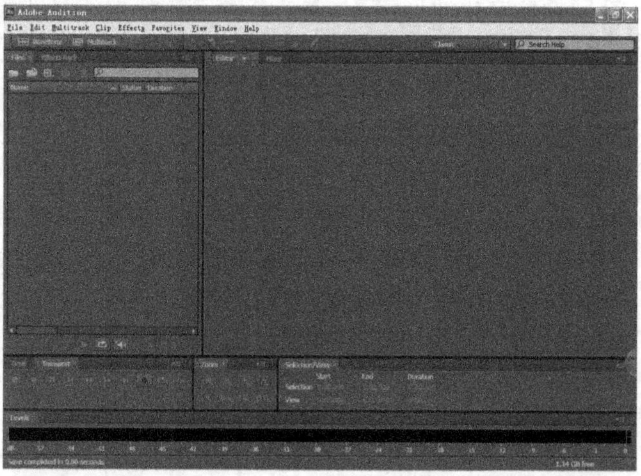

图 5-1　Adobe Audition CS6 操作界面

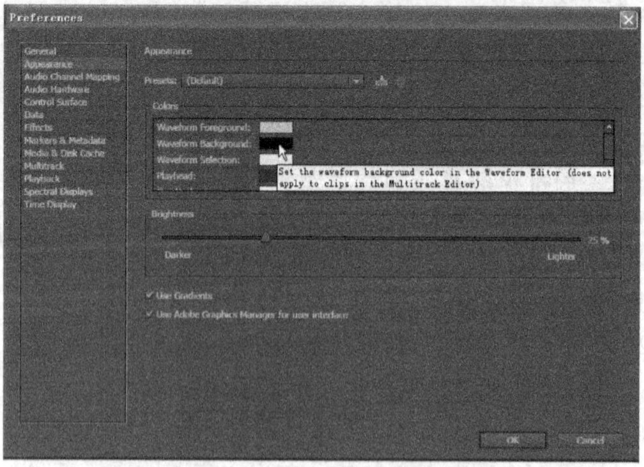

图 5-2　Adobe Audition CS6 操作界面设置对话框

1. 标题栏

标题栏是 Adobe Audition CS6 应用程序窗口最上面的一个矩形条，它显示该应用程序名称（Adobe Audition），标题栏的左端是控制菜单框，包括还原、移动、大小、最小化、最大和关闭菜单命令，右端的三个按钮分别是“最小化”按钮、“最大化/还原”按钮和“关闭”按钮。

2. 菜单栏

菜单栏位于标题栏的下方，其中每个选项都代表一个菜单，而且每个菜单又包含一个命令列表。利用鼠标单击菜单选项或利用键盘按快捷键 Alt+“带下画线字母”，则打开相应的下拉菜单，然后选择并执行菜单命令。对于各二级菜单中显示有快捷键操作的，也可以运用快捷键直接执行相应的编辑功能。

3. 资源管理区

资源管理区位于整个应用软件的左侧，默认条件下，该管理区显示的是目前应用软件打开的文件列表和当前正在编辑的文件。通过资源管理区上部相应管理工具图标可以快速地对文件进行打开、导入、新建、关闭等操作；在管理区文件列表空白处双击也可以快速打开文件。通过资源管理区下部相应管理工具图标可以快速预听音频文件。

4. 工具箱

工具箱中集中了对音频文件编辑的常用工具，如选择工具、分离工具、滚动编辑工具等，可以快速对文件进行编辑。需要注意的是，在单音轨编辑状态下，只有选择工具可用，其他工具多为在多音轨合成状态下有效。

使用时，只要将鼠标指针放置在相应图标上，工具图标通过亮度变化进行提示，稍后在该按钮旁边会出现一个白框的信息提示，提示该图标功能。

5. 波形显示区

波形显示区是软件工作界面的主体，它显示声音文件的波形。其中，竖直的黄线指示当前选择点、播放点或插入点的位置。在工具箱中选择“选择工具”，在波形显示区单击并拖动鼠标可以选定当前工作的区域；右击，在弹出的快捷菜单中可以选择对该选区的常见操作；双击可以选定当前显示在波形显示区内的波形。

单声道声音只有一个波形，双声道声音会在波形显示区中显示上、下两个波形，并在波形显示区右侧上、下两个波形分别有左、右声道的图标。通过该声道显示图标可以分别关闭不同的声道，从而实现左、右声道的单独编辑。

选择“View→Show Spectral Frequency Display”菜单命令，波形显示区就会变成频谱显示区，如图 5-3 所示。这是 Adobe Audition CS6 显示声波的另一种方式，频谱的横坐标是时间，纵坐标是频率。频谱显示的是声波在各个时刻的频率构成。通常情况下，频谱显示方式对普通用户意义不大。

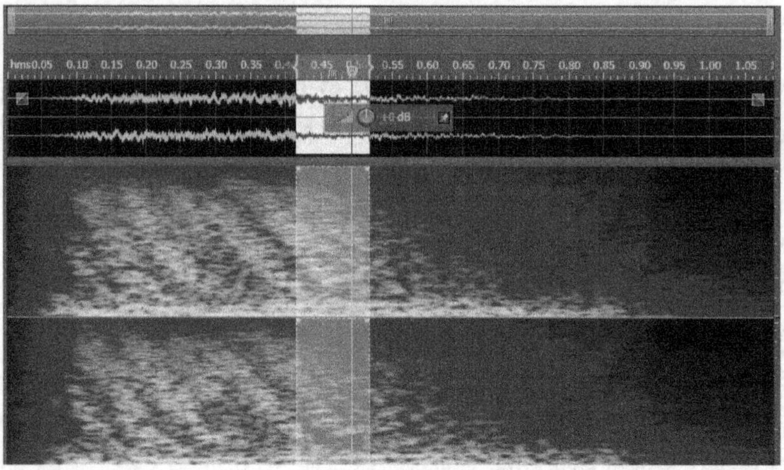

图 5-3　频谱显示图

6. 播放控制工具

声音的播放控制工具共有 10 个，按照从左到右、从上到下的顺序依次为停止、播放、暂停、播放指针移到上一编辑点、快倒、快放、播放指针移到下一编辑点、录音、循环播放、跳过。具体功能略。

7. 播放指针时间

播放指针时间显示当前播放指针在编辑文件的位置。

8. 缩放工具

缩放工具主要是为了便于编辑时观察波形变化，播放中单击“波形缩放”按钮不影响声音效果。缩放工具分为水平缩放工具和垂直缩放工具。缩放工具按照从左到右、从上到下的顺序分别为垂直放大、垂直缩小、水平放大、水平缩小、选区自适应缩放、入点缩放、出点缩放、入出点自适应缩放。

9. 时间显示区

时间显示区用来显示播放指针选择点的时间一级选择区域或波形显示区的起止时间和时间长度。

5.2.2　音频文件的录制

在录制声音之前首先要明确是何种音源，并保证这些相关设备与计算机声卡连接无误，然后调整录音电平到适当位置，保持一个合理的录音电平。

1. 设置声卡

Adobe Audition CS6 安装后，只要声卡的驱动程序正常，Adobe Audition CS6 一般都能

正确地识别计算机的声卡，并能正常工作。因此对普通用户而言，由于计算机声卡比较单一，在运用 Audition 录音时，无须对声卡进行额外设置。若计算机安装多块声卡，则计算机声卡的设置应与 Audition 录音硬件设置一致。具体设置方法如下：

在 Windows XP 操作系统下，通过“开始→控制面板→声音和音频设备→音频”命令查看录音设备，如图 5-4 所示。

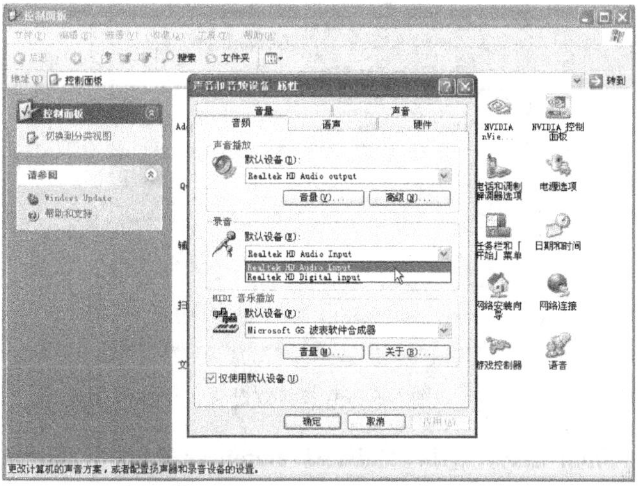

图 5-4　Windows XP 声卡设置实例

在 Windows 8 操作系统下，不但声卡设置要一致，而且声卡的采样频率与软件识别的采样频率也要匹配。当硬件录制的采样频率与软件采样频率不兼容时，软件将无法正确识别到录音。

设置方法：打开控制面板，在“硬件和声音”选项卡中双击“声音”，打开“声音”对话框，在“录制”选项卡下找到“麦克风”（也可以在桌面右下角的声卡音量调整图标“喇叭”上右击，在弹出的快捷菜单中选择“录音设备”命令），如图 5-5 所示。

图 5-5　Windows 8 声卡设置实例

双击“麦克风”进入属性设置，选择“高级”选项卡，对采样频率和量化位数进行设置，如图 5-6 所示。

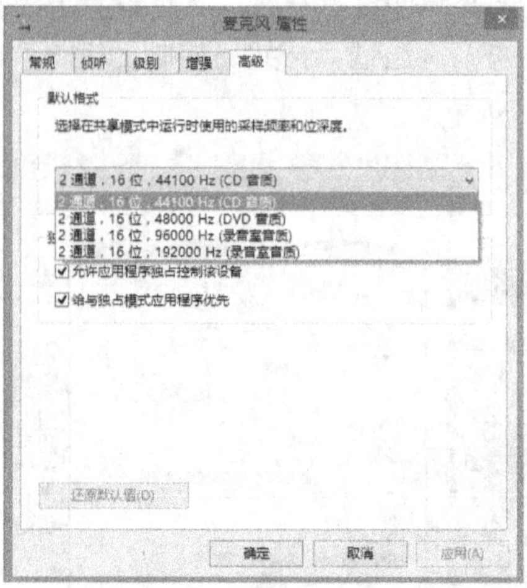

图 5-6　声卡参数设置

打开 Adobe Audition CS6，选择“Edit→Preferences→Audio hardware”菜单命令打开 Audition 的录音硬件设置对话框，如图 5-7 所示，该处的录音参数设置应与操作系统参数设置一致。

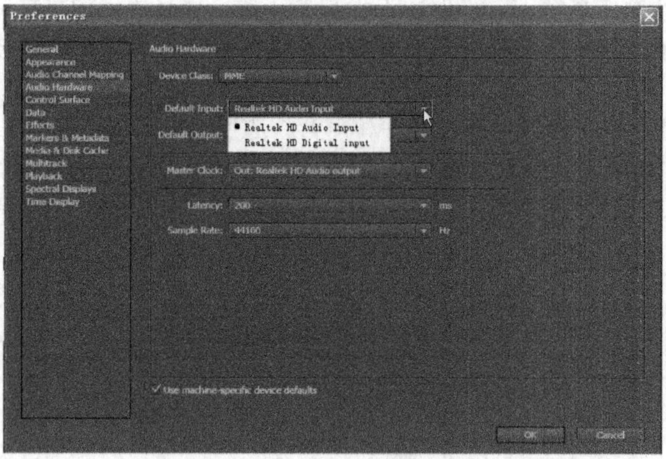

图 5-7　录音硬件设置对话框

2. 录音

Adobe Audition CS6 的常见录音方法是在单音轨编辑环境下进行，具体操作方法如下：

1）运行 Adobe Audition CS6，进入编辑界面。

2）选择“File→New→Audio File”菜单命令，打开新建声音文件对话框，如图 5-8 所示，在新建声音文件对话框内设置声音的采样频率、量化位数、声音类型。

3）单击播放控制工具（中文直译为传送器）调板上的录音按钮就可进行录音，如图 5-9 所示。在录音的过程中可以在波形显示区看到声音的波形，在软件下部的音量电平指示器中可以看到录音电平的高低，如图 5-10 所示。

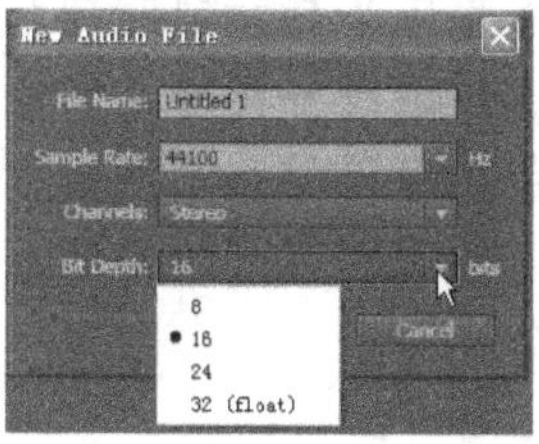

图 5-8　新建声音文件对话框

图 5-9　录音操作

4）录音结束后单击播放控制工具（中文直译为传送器）调板上的停止按钮即可结束录音，如图 5-10 所示。

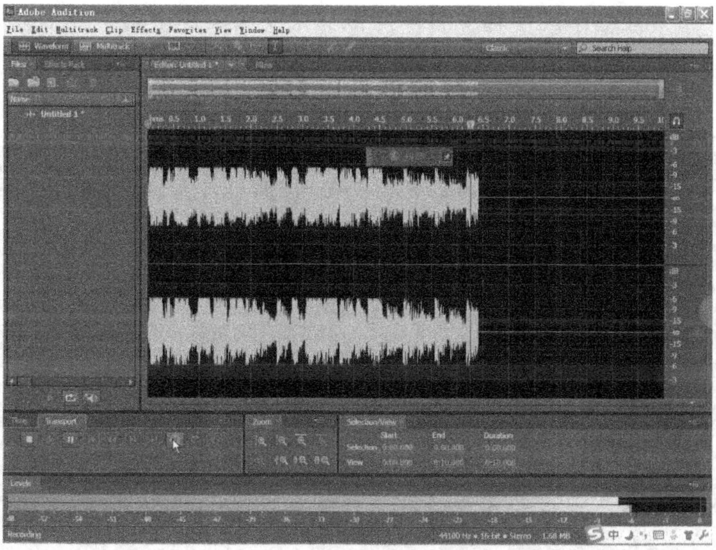

图 5-10　录音及录音电平显示

5）录音结束后，单击播放控制工具调板上的播放按钮即可监听录音效果。如果对录音效果满意，选择“File→Save As”菜单命令，在打开的保存为对话框中设置保存文件的位置、文件名、文件的保存类型之后，单击“保存”按钮即可，如图 5-11 所示。

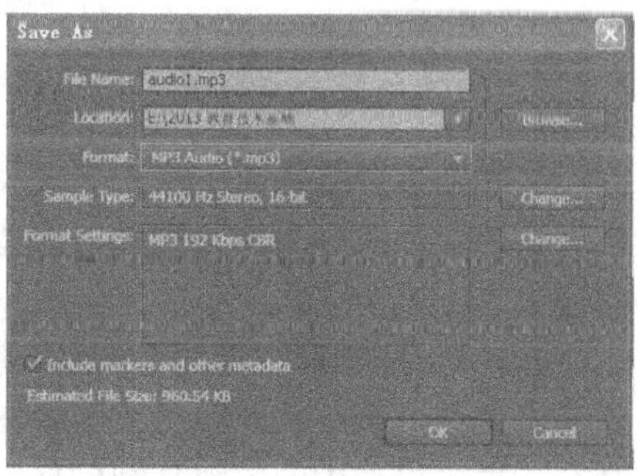

图 5-11　文件的保存

在录音的过程中需要注意以下方面：

1）在开始录音之后，应该先录制 10 秒左右的环境噪声，然后再开始录制有效的声音，这样可以方便后期进行降噪处理。在保存、应用声音文件之前，将录制的多余声音删除。

2）灵活控制好录音时录音电平的高低。录音电平太高或太低都会影响录音效果，虽然Audition 可以对声音电平的高低进行调整，但通过调整得到的声音效果远不如标准录音电平下的录音效果。

在录音之前和在录音过程中，可以通过软件下部的音量电平指示器监视录音电平的高低。从色彩显示方式上，音量电平指示器上音量大小是通过由绿→黄→红渐变的颜色来表示的，一般来说绿色为音量偏低，黄色为音量适中，红色为音量偏高。从音量电平色彩显示上看，将输入音量电平控制在黄色区域比较合理。从音量电平强弱的参数上看，将音量电平控制在-6dB 左右比较合理。

5.2.3 音频效果的添加

用 Audition 编辑声音和用文字处理软件编辑文本类似，一方面都包括复制、剪切和粘贴等操作；另一方面在编辑时，都要选择编辑的对象和范围。对音频文件而言，就是在波形图中选择一个片段或整个波形。具体操作方法：在波形图中双击可以选中波形显示区内的波形内容；运用工具箱中的选择工具在波形显示区内拖动鼠标，波形显示区以反显的方式显示选择区域，对立体声文件、5.1 环绕立体声而言，还可以通过每个声道右侧的“开启/关闭”屏蔽对当前声道的编辑，如图 5-12 所示。

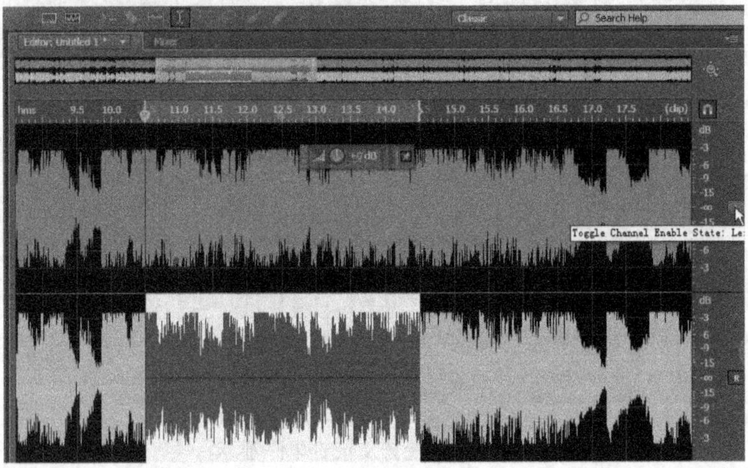

图 5-12　编辑区域的选择

1. 文件的拆分与合并

文件的拆分是指将一个声音文件拆分成若干个声音文件，而文件的合并是指将若干个声音文件合并成一个声音文件，这些操作使用 Audition 编辑的复制、剪切和粘贴功能都能实现。

文件拆分的操作：在打开的声音文件中，选中需要的波形文件内容进行复制，然后新建声音文件，执行粘贴即可；或者在选中需要的部分后，选择“Edit→Copy to New”菜单命令，直接将选中的内容复制到新文件内，保存文件即可。

文件合并的操作：打开需要合并的声音文件，按照文件合并的顺序依次在需要的文件中选取需要的内容进行复制，然后在被合并的文件中，执行粘贴；或者打开需要合并的文件，将播放指针放在文件的结尾，选择“File→Open Append→To Current”菜单命令，在打开的对话框中选中需要合并的文件，可直接将选中的文件内容添加到打开的文件中。

2. 音量大小的调整

在录音过程中，由于受设备、环境等诸多因素的影响，通常会出现录音音量不理想的情况，这时候就需要调整音量大小。

调整音量的操作：选中需要调整音量的部分（如果未做选区，默认对整个文件操作），若对文件内容简单调整，可直接运用波形显示区内浮动的音量调整面板进行调整。将鼠标指针放在浮动的音量调整面板上，左右拖动鼠标即可，如图 5-13 所示。若对文件内容精确调整，则选择“Effects→Amplitude and Compression→Amplify”菜单命令，打开如图 5-14 所示的对话框，可以直接输入调整的数值，也可以拖动鼠标调整需要输入调整的数值，通过该对话框中的播放按钮还可以对调整的声音进行调整前后的监听对比。

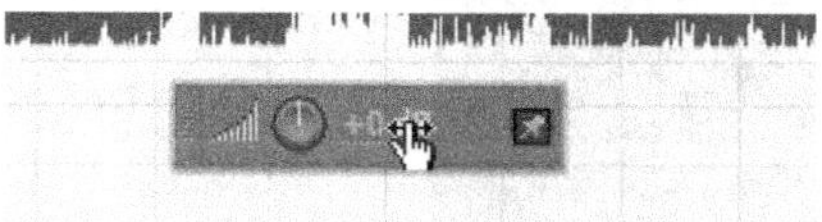

图 5-13 音量的简单调整

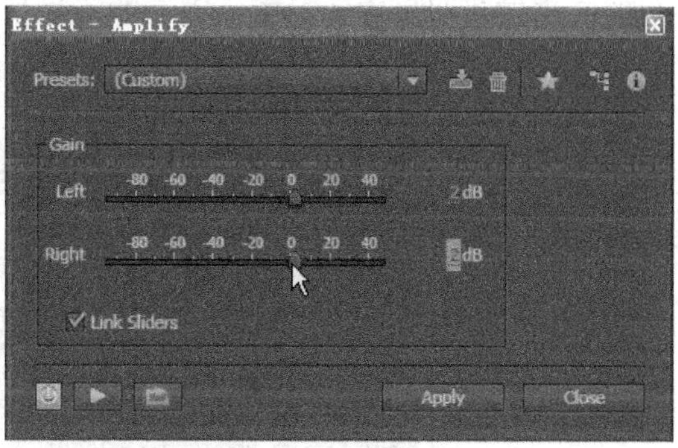

图 5-14 音量大小调整对话框

3. 淡入与淡出

声音文件的初始音量较小甚至无声，音量逐渐变大直至恢复到正常音量，就形成了一种淡入、渐强的效果；反之，如果最初音量较大，结束时音量较小甚至无声，就形成了一种淡出、渐弱的效果。

在单音轨实现音频淡入或淡出效果的方法：可直接运用波形显示区内浮动的淡入或淡出按钮调整。将鼠标指针放在浮动的淡入或淡出按钮上，上下左右拖动鼠标，在波形显示区出现黄色调整曲线。该调整曲线在时间轴上的长短代表淡入、淡出持续时间的长短，曲线的曲率代表音量调整大小的过渡过程，如图 5-15 所示。

4. 消除环境噪声

受录音环境和录音设备等因素的影响，在录音的过程中不可避免地会混入各种噪声，如环境噪声、设备噪声等，这些都会影响声音的质量。

消除环境噪声的方法就是在语音停顿的地方选取一段环境噪声，让系统记录这个噪声

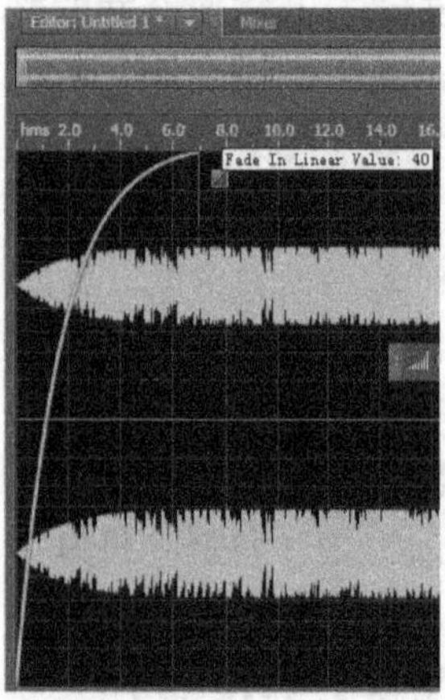

图 5-15　声音的淡入设置

特性，以这个噪声特性为标准，消除所有的环境噪声。噪声特性的选取时间一般在 0.5 秒以上。

操作方法：打开记录的声音文件，在语音停顿处选取一段有代表性的环境噪声，选择“Effects→Noise Reduction/Restoration→Noise Reduction（process）”菜单命令，在打开的对话框中单击左上角的获取噪声特性按钮，在该对话框的噪声显示区内即显示出该声音信号的噪声频率分布特征，如图 5-16 所示。在降噪强度区域设置降噪强度（降噪灵敏度）为 10%，其他设置参数取默认值，降噪效果也可以通过“降噪播放”进行监听和对比。单击左下角的取消按钮关闭该对话框（若单击的是应用按钮则只对当前选取的声音波形降噪）。在波形显示区全部选中波形文件，再次选择“Effects→Noise Reduction/Restoration→Noise Reduction（process）”菜单命令，打开降噪对话框后，可以看到先前设置的参数，单击左下角的应用按钮即可实现对整个声音的降噪处理。

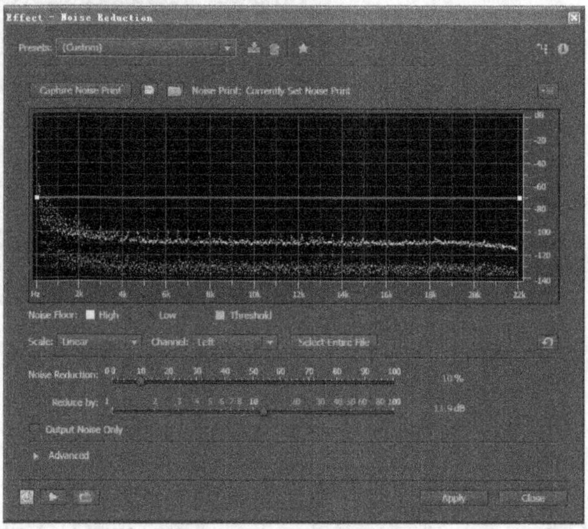

图 5-16　降噪参数设置

第一次降噪完成，可以再次对噪声部分重新进行采样、降噪，多进行几次，每进行一次将降噪强度提高一些，一般经过两三次降噪之后，噪声基本上就可以消除。若降噪后发现语音也发生失真，可通过“Edit→Undo Noise Reduction”菜单命令撤销刚才的降噪操作，将降噪强度降低一些，再进行降噪处理。

噪声的消除最好不要一次性完成，若一次性完成可能使得录音失真。建议第一次降噪将降噪强度设置得低一些，如 10%，整个降噪过程中将降噪强度控制在 10%～20%之间。

5. 常见声音效果

通过对声音添加不同效果，可以模拟声音的不同空间环境，实现不同的特殊效果。常见的声音效果有延时效果、回声效果、空间效果、变调效果、变速效果等。

（1）延时效果

延时效果是指在左右声道各自选择延时时间和混合比例，从而产生左右声道信号在到达时间、声音强弱和回声大小的变化，它不仅可以模拟各种房间效果，而且能模拟空中回声、隧道、从后方发出、立体声远处延时效果。

添加方法：选择“Effects→Delay and Echo→Delay”菜单命令，打开如图 5-17 所示的对话框，对相应参数进行设置，也可以通过预监听播放对调整设置参数后的效果进行监听。

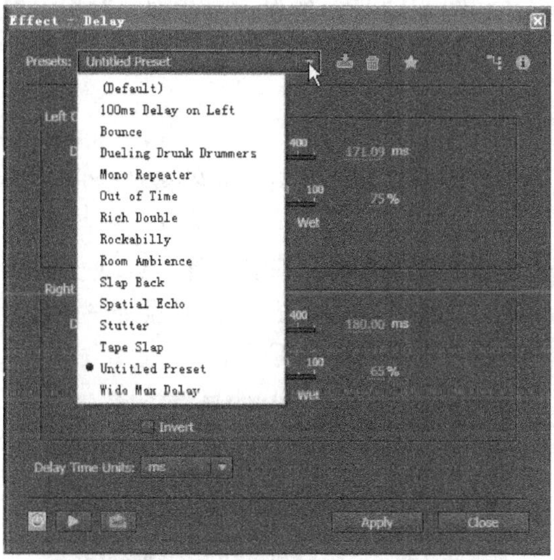

图 5-17 延时参数设置对话框

注意：*声音效果的添加涉及声学相关理论知识的运用，在不具备声学相关理论知识条件下，不建议修改相关参数，运用软件预置的效果就可以。以下其他效果的运用也一样。*

（2）回声效果

声音在传播过程中遇到障碍物会反射回来，因此可以听到比发出的声音稍有延迟的回声，一系列重复衰减的回声所产生的效果就是回声效果。回声效果可以模拟许多声场效果，如礼堂、小房间、峡谷、排水沟、明亮的大厅等，还能模拟老式无线电收音机、机器人声音等。声音具有一定回声效果后，声音听起来更丰满、饱满。回声效果是通过按一定时间间隔将同一声音重复延迟并逐渐衰减而实现的。

添加方法：选择“Effects→Delay and Echo→Echo”菜单命令，打开和图 5-17 对话框相似的回声设置对话框，对相应参数进行设置，也可以通过预监听播放对调整设置参数后的效果进行监听。

（3）空间效果

空间效果又称镶边效果，通过空间感效果的处理，可以模拟科幻、火星人、水下等效果。

添加方法：选择“Effects→Modulation→Flanger”菜单命令，打开空间效果设置对话框，和图 5-17 所示的对话框相似，对相应参数进行设置，也可以通过预监听播放对调整设置参数后的效果进行监听。

（4）变调、变速效果

通过改变声音的某些频率或改变相应频率音频的强弱，可以改善整个声音信号的音质。经过变调器升调的声音显得悦耳，音量相对大些；降调后显得低音丰满，音量相对小些。通过该调整方式可以模拟喜剧、搞笑等效果。通过改变播放速度，可以整体提高或降低声音信号的频率构成，也可以达到类似效果。

添加方法：选择“Effects→Time and Pitch→Stretch and Pitch（process）”菜单命令，打开变调、变速设置对话框，和图 5-17 所示的对话框相似，对相应参数进行设置，也可以通过预监听播放对调整设置参数后的效果进行监听。

5.2.4 音频的合成与保存

若多个音频文件需要进行混合，制作具有一定特效的合成文件，则需要在多音轨编辑模式下操作。

单击常用工具栏上的多音轨编辑图标，或者选择“View→Multitrack”菜单命令，打开新建多音轨工程文件对话框，如图 5-18 所示，设置工程文件参数，新建工程文件。常见参数设置为 CD 音质标准，参数设置如图 5-18 所示。

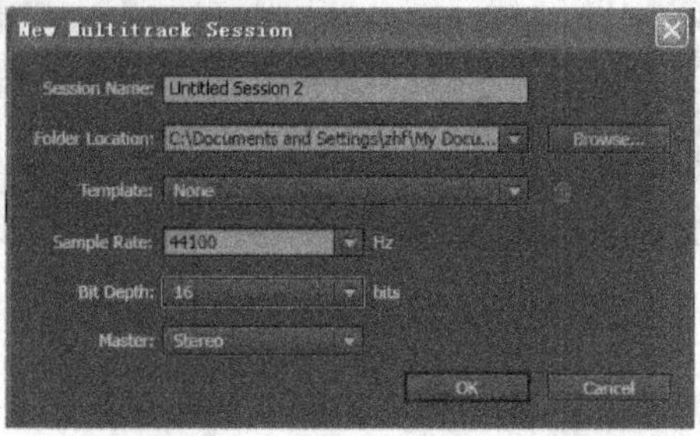

图 5-18　新建多音轨工程文件

1. 音频素材运用

若音频素材文件在文件管理器中打开，则在打开的文件列表中选中相应的音频素材文件拖曳到多音轨显示区域，放置到相应的音频轨道上即可，如图 5-19 所示。

若音频素材文件没打开，可以先打开音频素材文件，再执行上述操作。也可以在多音轨显示区域相应的空轨道中右击，在弹出的快捷菜单中选择“Insert→Files”命令，在打开的导入文件对话框中通过改变文件的存放位置，选择需要合成的音乐素材文件。

2. 位置调整

如果对整个音频素材文件进行位置的调整，在工具箱中选择移动工具，选中相应的音频素材直接拖曳调整位置。若对音频素材文件局部调整位置，需要先运用工具箱中的剪切工具将素材文件分离为若干个片段，再分别调整其位置，如图 5-19 所示。

图 5-19 音频素材的调整

3. 音量调整

混合音量的调整方式比较多，若粗略调整，可以直接运用音量旋钮左右拖曳调整，如图 5-19 中的音量调整旋钮。也可以将鼠标指针放在波形中线上，待出现音量调整标志时，上下拖动鼠标调整音量，如图 5-20 所示。

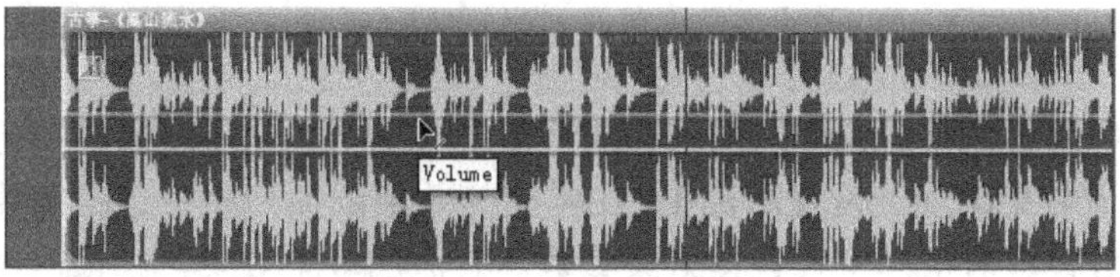

图 5-20 音量调整（一）

若对多个音轨合成音量大小、比例进行调整，可以通过多音轨显示界面的混音器页签或“Windows→Mixer”菜单命令打开混音器，如图 5-21 所示，在播放声音的同时，根据各音轨合成的需要，通过不同音轨中的音量控制滑块分别调整不同音轨的音量大小。

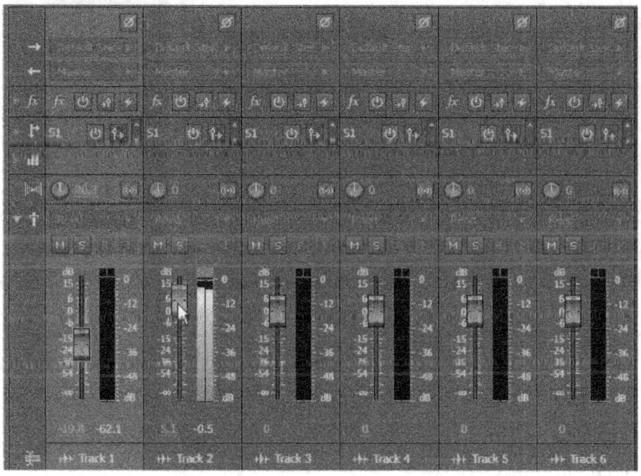

图 5-21 音量调整（二）

4．渐变设置

单击激活相应的音轨，将鼠标指针放置在文件开始的淡入设置图标上，上下左右拖动鼠标就可以控制淡入的时间长短和淡入音量的变化，如图 5-22 所示。若做淡出设置，上下左右拖曳文件结尾的淡出设置图标即可实现淡出时间长短和淡出音量的设置。

图 5-22　渐变设置

5．录音

选择空白音轨并激活该轨道左侧的录制功能，如图 5-23 所示。设置输入的音频设备，单击播放控制面板上的录音按钮，就可以在播放其他音轨音频的同时对当前音轨进行录音。

6．特效运用

首先在需要添加效果的音轨左侧的功能区单击选择添加效果图标，打开效果添加功能，然后选中该轨道效果添加、设置图标 1，在弹出的效果添加列表中选择需要的效果，并在打开的效果参数设置对话框中设置该效果参数。若添加多个效果，则依次在相应的效果添加、设置图标 2、3 中添加效果，如图 5-24 所示。

图 5-23　多音轨录音设置

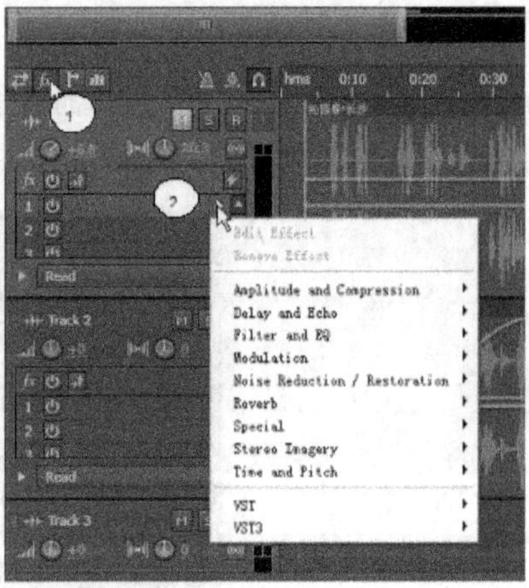

图 5-24　多音轨效果添加

7．合成文件

多音轨合成文件的常用方法有两种：

1）若合成的文件不需要任何编辑，直接存盘运用，则在多音轨编辑界面的多音轨区域选择任一音轨，右击，在弹出的快捷菜单中选择“Export Mixdown→Entire Session”命令，如图 5-25 所示，在打开的输出多音轨合成文件对话框中设置文件的文件名称、保存位置、保存格式、保存类型等信息，单击确定按钮即可保存文件，如图 5-26 所示。

图 5-25　文件合成

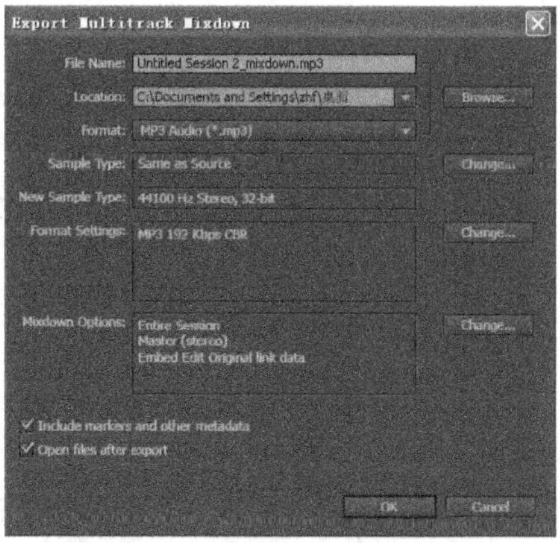

图 5-26　文件合成参数设置

2）若合成的文件需要继续编辑，则在多音轨编辑界面的多音轨区域选择空白音轨，右击，在弹出的快捷菜单中选择“Mixdown Session to New File→Entire Session”命令，则将相应音轨的文件直接合成为新文件，并在单音轨编辑界面中打开该合成文件，方便继续编辑。

8. 保存

文件的保存通过“File→Save”或“File→Save As”菜单命令，两者区别不再累述。

需要注意的是，单音轨编辑界面下的保存是保存编辑完的声音文件，而多音轨合成界面下的保存是保存多个音轨文件的合成、编辑信息，并不会将合成效果的声音保存为声音文件。若需要合成文件，则需要在多音轨合成界面下对文件进行合成，单独保存。

5.3　综合设计——《再别康桥》配乐诗朗诵制作

通过《再别康桥》配乐诗朗诵的制作，掌握音乐素材的获取过程，熟练掌握 Adobe Audition CS6 的基本运用，并对配乐诗朗诵、音乐电视的音频制作有初步理解。

具体制作过程如下：

1. 熟练朗诵诗文

通过相应途径，获取《再别康桥》全文，熟悉全文内容，了解作者的创作背景，理解作者表达的情感状态、思想内容，做到能够声情并茂的朗读全文。

全文如下：

再别康桥

徐志摩

轻轻的我走了，正如我轻轻的来；
我轻轻的招手，作别西天的云彩。
那河畔的金柳，是夕阳中的新娘；
波光里的艳影，在我的心头荡漾。
软泥上的青荇，油油的在水底招摇；
在康河的柔波里，甘心做一条水草！
那榆荫下的一潭，不是清泉，是天上虹；
揉碎在浮藻间，沉淀着彩虹似的梦。
寻梦？撑一支长篙，向青草更青处漫溯；
满载一船星辉，在星辉斑斓里放歌。
但我不能放歌，悄悄是别离的笙箫；
夏虫也为我沉默，沉默是今晚的康桥！
悄悄的我走了，正如我悄悄的来；
我挥一挥衣袖，不带走一片云彩。

2. 选择合理的背景音乐素材

结合作者表达的对康桥的惜别之情和无奈离愁的情感，通过网络获取适合本文的背景音乐，对于能够下载的可直接下载，对于不提供下载的音乐素材，也可以通过网络在线录音的方式，运用 Audition 的录音功能将网络播放的声音录制下来。

如 http://my.tv.sohu.com/us/201841642/67743240.shtml 提供的是无朗诵声音的音乐 MV，完全可以通过在线播放视频的方式录制背景音乐。

1）设置声卡录音参数。在 Windows XP 操作系统下，通过“开始→控制面板→声音和音频设备→音频”菜单命令查看录音设备。在图 5-4 所示的对话框中单击录音部分的“音量”按钮，打开如图 5-27 所示的对话框，将其他设备静音，只保留“立体声混音”。

在 Windows 8 操作系统下，通过“控制面板→硬件和声音→声音→录制”菜单命令，打开如图 5-5 所示的对话框，启用“立体声混音”，双击“立体声混音”进入属性设置对话框，如图 5-28 所示，在“级别”选项卡中设置录音音量大小，在“高级”选项卡中设置录音参数（需要注意的是由于 Windows 8 系统下声卡驱动的差异，该界面略有差异，尤其在笔记本式计算机中常见）。

2）在浏览器中输入上述网址，打开对应的网页，在网页播放窗口单击“暂停”按钮，使网页播放视频处于暂停状态。

3）运行 Adobe Audition CS6，通过选择“File→New→Audio File”菜单命令，打开如图 5-8 所示的新建声音文件对话框，设置参数，新建声音文件。

4）单击播放控制工具（中文直译为传送器）调板上的录音按钮就可进行录音，如图 5-9 所示。在录音过程中注意控制好录音电平。

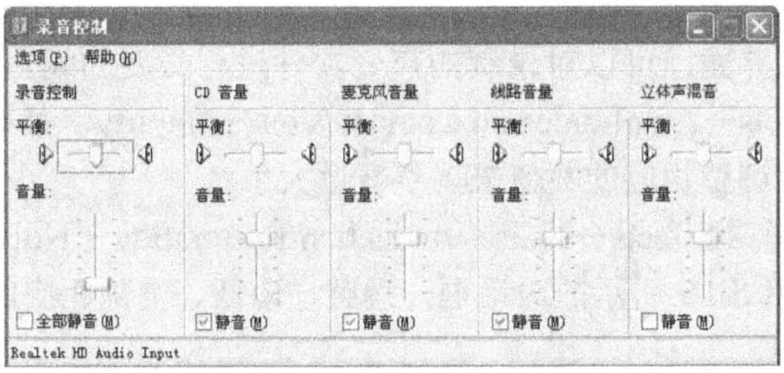

图 5-27　Windows XP 声卡参数设置

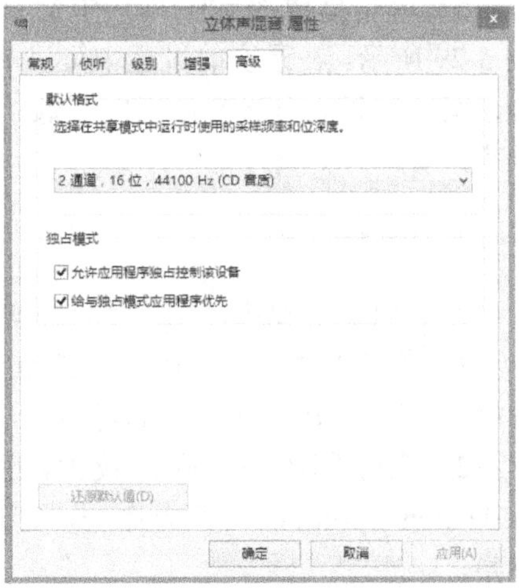

图 5-28　Windows 8 声卡参数设置

5）切换到相应的视频网页，播放网络视频。

6）视频播放结束，在 Audition 中停止录音。

7）在 Audition 中通过播放监听，删掉多余的录音内容（如视频播放前的静音、广告等），存盘为“再别康桥背景音乐.MP3”。

3. 朗诵录音

1）连接好录音所需的麦克，在计算机上设置好录音属性。

2）在 Audition 中通过“View→Multitrack”菜单命令或“多音轨编辑”图标切换到多音轨编辑界面并打开新建多音轨工程文件对话框，如图 5-18 所示，设置新建工程文件参数，新建工程文件。

3）在文件管理器中选中“再别康桥背景音乐.MP3”文件，将它拖曳到多音轨显示区域，放置到相应的音频轨道 1 上，如图 5-29 所示。

4）在音轨 2 中打开录音设置，如图 5-29 所示。

图 5-29　背景音乐的运用与录音设置

5）单击播放控制工具（中文直译为传送器）调板上的录音按钮就可进行录音，如图 5-29 所示。在录音的过程中可以从波形显示区看到声音的波形，在软件下部的音量电平指示器中可以看到录音电平的高低。录音结束后单击播放控制工具调板上的停止按钮即可结束录音。

4. 编辑

在音轨 2 上双击，切换到单音轨编辑界面，可以对录制的声音文件进行必要的编辑。

1）若音量大小不合适，可选择“Effects→Amplitude and Compression→Amplify”菜单命令，打开如图 5-14 所示的对话框，通过调整相应的数值来调整音量大小。

2）若录制的声音噪声较大，可选择“Effects→Noise Reduction/Restoration→Noise Reduction（process）”菜单命令，打开如图 5-16 所示的对话框，调整、降低、消除相应的噪声。

若需其他编辑也可以参照 5.2.3 节关于音频效果添加的相关知识进行调整。

5. 合成

通过“View→Multitrack”菜单命令或“多音轨编辑”图标切换到多音轨编辑界面，此时，音轨 2 中的录音文件以随着在单音轨编辑界面的编辑发生了修改。

（1）混合音量的调整

播放合成的朗诵效果，若两个声道的音量比例合理，混合效果满意，可不做调整；若音量比例不合理，混合效果不满意，通过“Windows→Mixer”菜单命令打开如图 5-21 所示的混音器，边播放边调整两个声道的音量比例，直至满意。

（2）混合位置的调整

以背景音乐为标准，若出现朗诵内容超前或滞后等问题，可以利用工具箱中的剪切工具将音轨 2 中的录音文件根据需要剪切为若干片段，利用工具箱中的选择工具和移动工具做必要的调整，多余的内容、时间停顿比较长的空白部分可以适当进行删除。

若需要其他特殊效果，也可以在多音轨中添加必要的效果。参照多音轨特效运用相关部分内容。

6. 输出、保存文件

（1）输出 MP3 文件

在多音轨编辑界面的多音轨区域选择任一音轨右击，在弹出的快捷菜单中选择“Export Mixdown→Entire Session”命令，如图 5-25 所示，在打开的输出多音轨合成文件对话框中设置文件的保存位置、文件名称、保存类型、保存格式等信息即可保存文件，如图 5-26 所示。

也可以在多音轨编辑界面的多音轨区域选择空白音轨右击，在弹出的快捷菜单中选择“Mixdown Session to New File→Entire Session”命令，则将相应音轨的文件直接合成为新文件并在单音轨编辑界面中打开。若需调整，还可以继续编辑，选择保存文件即可。

（2）保存

通过“File→Save”或“File→Save As”菜单命令，保存相关音频文件和工程文件。

思 考 题

1．选择题

（1）模拟信号转化为数字信号又称（　　）。

A．模/数转换　B．数/模转换　C．格式转换　D．模/数编辑

（2）将模拟信号转化为数字信号的过程是（　　）。

A．采样→编码→量化　B．量化→编码→采样

C．编码→采样→量化　D．采样→量化→编码

（3）以下不是常见的采样频率的是（　　）kHz。

A．11.025　B．22.5　C．44.1　D．88.2

（4）调频广播的等效音质是采用（　　）kHz 采样。

A．11.025　B．22.5　C．44.1　D．48

（5）相同时间长度（　　）的文件数据量最小。

A．WAV　B．MP3　C．MIDI　D．WMA

（6）下面文件类型中，（　　）不是声音文件。

A．WAV　B．MP3　C．WMA　D．AVI

（7）下面文件类型中，（　　）是声音文件。

A．DOC　B．MP3　C．BMP　D．AVI

（8）在 Adobe Audition CS6 中，“Effects→Amplitude and Compression→Amplify”菜单命令的作用是（　　）。

A．放大　B．回响　C．降噪　D．合成

（9）在 Audition 多音轨合成界面下，若需要将混音效果保存为 MP3 文件，需要的操作是（　　）。

A．放大　B．回响　C．降噪　D．合成

（10）关于 Audition，下列说法错误的是（　　）。

A．Audition 是 Adobe 公司开发的用于编辑声音文件的软件

B．Audition 可以直接编辑文本文件

C．Audition 可以实现多个声音文件的合成

D．Audition 可以直接输出流媒体文件

2．简答题

（1）简述在 Adobe Audition CS6 中如何降低环境噪声。

（2）简述在 Adobe Audition CS6 中如何实现多音轨合成。

第 6 章　视频文件的转换与编辑

学习目标

通过对本章的学习，学生应了解视频的基本概念，了解常见视频文件的保存类型，能够运用相应的文件格式转化软件实现不同类型视频文件之间的格式转换，能够运用相应的屏幕录像软件实现计算机桌面内容操作的视频录制，掌握视频编辑的基本方法，能够运用 Windows Movie Maker、Adobe Premiere CC 等视频编辑软件进行简单的视频编辑。

6.1　数字视频文件类型

视频是各种媒体中携带信息最丰富、表现力最强的一种媒体。计算机不仅可以播放视频，而且还可以精确地编辑和处理视频信息，这就为广大用户有效地控制视频并对视频节目进行再创作提供了展现艺术才能的大舞台。

6.1.1　视频的基本概念

1. 视频的含义

人的眼睛具有一种视觉暂留的生物现象，即人们观察的物体消失后，物体映像在眼睛的视网膜上会保留一个非常短暂的时间（大约 0.1 秒）。利用这一现象，将一系列画面移动或形状改变很小的图像，以足够快的速度连续播放，人眼就会感觉画面变成了连续活动的场景。

所谓视频就是指连续地随时间变化的一组图像，有时将视频称为活动图像或运动图像。在视频中，一幅幅单独的图像称为帧（frame），而每秒钟连续播放帧数的多少称为帧率，单位是帧/秒。视频中典型的帧率是 24 帧/秒、25 帧/秒和 30 帧/秒，只有足够高的帧率才能达到顺畅和连续的效果。通常伴随着视频图像的还有一个或多个音频轨，用以提供音效。

常见的视频信号有电影和电视两大类。

2. 电视制式

电视制式是用来实现电视图像信号、伴音信号及其控制信号的采集、编辑、保存、传输、显示的技术标准。不同的电视制式对视频信号的编码方式、解码方式、色彩处理方式和屏幕扫描频率等都有不同的要求，如果计算机系统处理的视频信号和连接的视频设备制式不同，播放时的效果就会明显下降，甚至无法播放。

常见的电视制式如下：

（1）NTSC 制

正交平衡调幅制（National Television Systems Committee，NTSC），1952 年美国国家电

视标准委员会定义的彩色电视广播标准。采用该制式的国家有美国、加拿大、韩国和日本等。

电视标准：帧率为30fps（帧/秒），每帧525行，宽高比为4∶3，标准分辨率为720×480。

（2）PAL制

正交平衡调幅逐行倒相制（Phase Alternative Line，PAL），1962年德国（当时的联邦德国）定义的彩色电视广播标准。采用该制式的国家有德国、英国等西欧国家及中国、朝鲜等。

电视标准：帧速率为25fps，每帧625行，宽高比为4∶3，标准分辨率为720×576。

（3）SECAM制

顺序传送色彩与存储（法文Sequential Coleur Avec Memoire，SECAM），1965年法国定义的彩色电视广播标准。采用该制式的国家有法国、俄罗斯和东欧一些国家。

电视标准：帧速率为25fps，每帧625行，宽高比是4∶3，标准分辨率为720×576。

（4）HDTV

HDTV即High-Definition TV，高清晰数字电视。所谓的“数字”是指电视节目的制作从拍摄、编辑、制作、传输、接收、存储等全过程都使用数字技术的电视系统。所谓“高清晰”，则是相对于“标清”而言的。

一般认为高清晰数字电视标准：每帧1000行以上，宽高比为16∶9，逐行扫描，有较高的扫描频率，传送信号全部数字化。

高清晰数字电视是目前蓬勃发展的电视标准，常见的高清晰数字电视标准有三个：

1）720P：1280×720，逐行扫描，场频24fps、30fps、60fps。

2）1080I：1920×1080，隔行扫描，场频60fps。

3）1080P：1920×1080，逐行扫描，场频24fps、30fps。

6.1.2　视频数字化与编码

1. 视频数字化

普通视频（如NTSC、PAL、SECAM）的视频信号都是模拟信号，在运用计算机显示、处理之前，也要将模拟视频信号转化为数字化视频信号，这个过程涉及视频信号的扫描、采样、量化和编码。简单来说，一段视频内容是由若干帧图像构成，而每一帧图像又是由若干像素点构成的，因此按照一定规律就可以将一段视频转化为一连串的像素点，这个过程称为扫描。对经扫描后形成的模拟数据视频流信号的每帧画面上对应的每一个像素进行采样，并按照颜色或灰度量化，这样每帧图像就形成一幅数字图像。对视频按时间逐帧进行数字化得到的图像序列即数字视频。

目前，由于数字技术在摄像机中的广泛运用，模拟视频信号进行数字化的过程集中在摄像机中完成，获取的图像也都以数字化方式存储，数字摄像机和计算机可以直接进行通信和数据交换，且多数摄像机的存储设备都可以作为计算机的外部存储设备使用，因此运用计算机处理视频得以广泛运用。在稍早期的视频编辑过程中，计算机都需要有与视频编辑有关的硬件卡（如视频采集卡、1393卡等）才可以完成视频编辑，这些硬件卡的主要作用就是将模拟视频信号进行数字化。考虑到视频来源的广泛性，这些硬件卡在广播电视领域还比较常见。

2. 视频压缩

视频压缩就是将模拟信号数字化后的视频流转换为特定格式的数字视频文件。将模拟信号转化为数字化信号后，文件的数据量非常大，因此，在视频编辑、处理过程中，数据压缩和解压缩技术十分重要。视频压缩通常又称视频编码。

视频数据传输中最为重要的编、解码标准有国际电联的 H.261、H.263、H.264，国际标准化组织运动图像专家组的 MPEG 系列标准，此外在互联网上被广泛应用的还有 Real-Networks 的 RealVideo、微软公司的 WMV，以及 Apple 公司的 QuickTime 等。

（1）MPEG 系列

MPEG 是活动图像专家组（Moving Picture Experts Group）的缩写，是为数字视、音频制定压缩标准的专家组织，MPEG 组织制定的各个标准都有不同的目标和应用。MJPEG（Motion JPEG）压缩技术，主要是基于静态视频压缩发展起来的技术，它的主要特点是基本不考虑视频流中不同帧之间的变化，只单独对某一帧进行压缩，以获取清晰度很高的视频图像，可以动态调整帧率、分辨率，单帧视频的占用空间较大。

视频编码方面主要是 MPEG-1（VCD）、MPEG-2（DVD）、MPEG-4（DVDRIP 使用的都是它的变种，如 DivX、XviD 等）、MPEG-4 AVC（HDTV）。

MPEG-1 标准主要针对标准分辨率（NTSC 制为 352×240，PAL 制为 352×288）的图像进行压缩。压缩位率主要目标为 1.5Mb/s。较 MJPEG 技术，MPEG-1 在实时压缩、每帧数据量、处理速度上有显著的提高。但 MPEG-1 也有较多缺点：存储容量过大、清晰度不够高和网络传输困难。

MPEG-2 在 MPEG-1 基础上进行了扩充和提升，和 MPEG-1 向下兼容，主要针对存储媒体、数字电视、高清晰等应用领域，分辨率为低（352×288）、中（720×480）、较高（1440×1080）、高（1920×1080）。MPEG-2 视频相对 MPEG-1 提升了分辨率，满足了用户对高清晰度的要求，但由于压缩性能没有多少提高，使得存储容量还是太大，也不适合网络传输。

MPEG-4 视频压缩算法相对于 MPEG-1/2 在低比特率压缩上有显著提高，在标准化图像格式（352×288）或者更高清晰度（768×576）情况下的视频压缩，无论从清晰度还是从存储量上都比 MPEG-1 具有更大的优势，也更适合网络传输。另外，MPEG-4 可以方便地动态调整帧率、比特率，以降低存储量。应用范围包括实时视听通信、多媒体通信、远地监测/监视、VOD、家庭购物、娱乐等。

（2）H.26×系列

H.26×系列由 ITU（国际电传视讯联盟）主导，侧重网络传输的视频编码标准。H.26×系列包括 H.261、H.262、H.263、H.263+、H.263++、H.264（即 MPEG-4 AVC 合作的结晶）。

H.261 标准是为 ISDN 设计的，主要针对实时编码和解码设计，压缩和解压缩的信号延时不超过 150ms，码率为 64kb/s，主要采用运动补偿的帧间预测、DCT 变换、自适应量化、熵编码等压缩技术。

H.262 是 ITU-T 的一个数字视频编码标准，属于视频编解码器。H.262 在技术内容上和

MPEG-2 视频标准一致。

H.263 标准是甚低码率的图像编码国际标准，它一方面以 H.261 为基础，以混合编码为核心，另一方面，H.263 也吸收了 MPEG 等其他一些国际标准中有效、合理的部分。它的性能优于 H.261。H.263 使用的位率可小于 64kb/s，且传输比特率可不固定（变码率）。H.263 支持多种分辨率。

H.264 由 ITU-T 与 MPEG 联合制定，采用压缩动态图像数据技术，使得压缩性能大大提高，系统更加完善。H.264 采用简洁设计，使它比 MPEG-4 更容易推广，更容易在视频会议、视频电话中实现，更容易实现互连互通，可以简便地和 G.729 等低比特率语音压缩组成一个完整的系统。

（3）RealVideo

RealVideo 文件是 RealNetworks 公司开发的一种新型流式视频文件格式，它包含在 RealNetworks 公司所制定的音频、视频压缩规范 RealMedia 中，主要用来在低速率的广域网上实时传输活动视频影像，可以根据网络数据传输速率的不同而采用不同的压缩比率，从而实现影像数据的实时传送和实时播放。RealVideo 除了可以以普通的视频文件形式播放之外，还可以与 RealServer 服务器相配合，在数据传输过程中边下载边播放视频影像，而不必像大多数视频文件那样，必须先下载然后才能播放。目前，Internet 上已有不少网站利用 RealVideo 技术进行重大事件的实况转播。

（4）MOV

MOV 是 Apple 公司在 Macintosh 机上推出的相应视频格式，即 MOV（Movie digital video technology）的文件格式。MOV 格式的视频文件可以采用不压缩或压缩的方式，该格式编码适合于采集和压缩模拟视频，可从硬盘平台上高质量回放，从光盘平台上回放质量可调。这种算法支持 16 位图像深度的帧内压缩和帧间压缩，帧率可达 10 帧/秒以上。具有跨平台、存储空间要求小等技术特点，画面效果较 AVI 格式要稍微好一些。对非编软件的兼容性也不错，可运用常见的非编软件进行编辑。

6.1.3 视频文件类型

视频文件的压缩方式不同，就会生成不同的视频文件格式，播放该视频文件时所需要的播放软件、视频解码器也有差别。

1. AVI 文件

AVI（Audio Video Interleaved）即音频视频交错格式，是微软公司开发的一种符合 RIFF 文件规范的数字音频与视频文件格式，原用于 Microsoft Video for Windows 环境，现在已被 Windows、OS/2 等多数操作系统直接支持；是一种可以将视频和音频交织在一起进行同步播放的视频文件。图像质量好，可以跨平台使用，但数据量大，压缩标准不统一，兼容性较差。AVI 的分辨率可以随意调。窗口越大，文件的数据量也就越大。降低分辨率可以大幅减小它的体积，但图像质量就必然受损。AVI 文件目前主要应用在多媒体光盘上，用来保存电影、电视等各种视频信息；有时也出现在 Internet 上，供用户下载并欣赏新影片的精彩片断。

2. MPEG 文件

MPEG 文件是一种运动图像压缩算法的国际标准，它采用有损压缩方法减少运动图像中的冗余信息，保证 30 帧/秒的图像动态刷新率。它的平均压缩比为 50∶1，最高可达 200∶1，压缩效率非常高，图像和音响的质量也非常好，有统一的标准格式，兼容性比较好。

3. MOV 文件

MOV 文件是 Apple 公司开发的基于 Macintosh 机的视频格式，随着 Macintosh 计算机上多媒体软件向 Windows 环境移植，Apple 公司也推出了适用于 PC 的视频应用软件 Apple's QuickTime for Windows。因此在 MPC 上也可以播放 MOV 视频文件。MOV 格式的视频文件可以采用不压缩或压缩的方式，具有较高的压缩比率、较完美的视频清晰度，跨平台兼容性好。

4. ASF 文件

微软公司开发的串流多媒体格式，ASF 格式的信息特别适合在 IP 网上传输。在传输时既可以传送事先录制好的节目，也可以传送实时产生的节目。使用 Windows 自带的 Windows Media Player 播放。压缩比和图像的质量都很不错。

5. WMV 文件

WMV（Windows Media Video）是微软公司的视频编解码器家族，包括 WMV 7、WMV 8、WMV 9、WMV 10。这一族的编解码器可以应用在从拨号上网的窄带视频到高清晰度电视（HDTV）的宽带视频。使用 Windows Media Video 还可以将视频文件刻录到 CD、DVD 或者其他一些设备上。WMV 也适用于服务器做视频流媒体播放。

6. FLV/F4V 文件

由 Adobe 公司开发基于 Flash 的网络流媒体视频格式。文件数据量极小、加载速度极快，网络传输更方便，并有效地解决了 Flash 中视频文件的运用。F4V 较 FLV，清晰度更高，数据量更小，FLV 格式采用 H.263 编码，F4V 支持 H.264。

7. RM/RMVB 文件

由 Networks 公司开发的基于网络流媒体的视频格式，使用 RealPlayer 或 RealOnePlayer 播放，它可以根据不同的网络传输速率制定出不同的压缩比率，实现在低速率网络上进行影像数据实时传送和播放或在线播放。

RM 格式采用固定码率压缩，RMVB 格式采用浮动码率压缩，在保证平均压缩比的基础上合理利用带宽资源，在保证静止画面质量的前提下，大大提高运动图像的画面质量，在图像质量和文件大小之间达到微妙的平衡。

8. DV－AVI 文件

DV－AVI 文件：通常用于数字格式捕获和储存视频的设备（如数字摄像机）。DV－AVI

文件有 DV 类型Ⅰ和 DV 类型Ⅱ两种。DV 类型Ⅰ数字视频 AVI 文件包含原始的视频和音频信息，与大多数 A/V 设备兼容。DV 类型Ⅱ文件不但包含原始的视频和音频信息，而且还包含作为 DV 音频副本的单独音轨。DV 类型Ⅱ比 DV 类型Ⅰ数据量大，兼容的软件较多，运用较广泛。

9. MP4 文件

MP4 文件是一种使用 MPEG-4 的压缩技术形成格式，以储存数码音频和视频为主，该视频格式在移动设备上运用较多。MP4 又可理解为 MP4 播放器，MP4 播放器是一种集音频、视频、图片浏览、电子书、收音机等于一体的多功能播放器。

10. DVD

DVD 即数字多用途光盘或数字视频光盘。视频 DVD 利用 MPEG-2 的压缩技术来存储影像。作为其他用途，还可以存储计算机数据和音频。

11. 3GP

3GP 是一种 3G 流媒体的视频编码格式，通过它可以发送大量的数据到移动电话网络，从而在移动数据设备之间方便大型文件的传输。3GP 是 MP4 格式的一种简化版，减少储存空间、降低对频宽需求，让手机能充分运用有限的储存空间和网络资源。

6.2 视频文件转换

视频格式种类繁多，在实际运用过程中，经常会遇到视频文件与应用软件不兼容导致的文件无法运用。因此运用相关软件对视频文件进行必要的格式转换是多媒体操作过程中经常遇到的问题。

目前可以进行格式转换的软件很多，不同转换软件的转换功能、转换速度、视频转换质量也有差异。

6.2.1 狸窝视频转换器

狸窝视频转换器是一款免费使用、功能强大、界面友好的全能型音、视频转换及编辑工具。它几乎支持所有流行的视频格式之间的任意相互转换，如 RM、RMVB、VOB、DAT、VCD、MKV、DVD、SVCD、ASF、MOV、QT、MPEG、WMV、MP4、3GP、DivX、XviD、AVI 等视频文件，同时还支持转换为手机、MP4 等移动设备的音、视频文件格式。狸窝视频转换器（全能视频格式转换器）不但提供多种音、视频格式之间的转换功能，同时也是一款简单易用、功能强大的音、视频编辑器。利用全能视频转换器的视频编辑功能可以对输入的视频文件进行可视化编辑，如裁剪视频、截取部分视频转换、视频合并、调节视频亮度、对比度等。软件注册后，还具备将电子演示文稿、照片转换合成视频，将视频刻录 DVD 等功能。

1. 视频格式转换

运行狸窝视频转换器，打开如图 6-1 所示的操作界面，按照界面上的使用与操作向导，即可轻松实现文件格式的转换。

图 6-1　狸窝视频转换器操作界面

（1）添加视频文件

单击操作界面左上角的“添加视频”按钮，在打开的对话框中添加需要转换格式的视频源文件。

添加视频源文件后，通过右侧的播放窗口可实现文件的播放预览。

（2）设置输出方式

操作界面左下角的“输出目录”是软件默认的文件输出位置，单击后面的“浏览”按钮，可以改变输出文件的保存位置。

“视频质量”、“音频质量”选项可以设置输出视频的质量。

单击“预置方案”下拉按钮，打开如图 6-2 所示的软件预置方案，拖动右侧的滑块，可以在文件格式列表中选择目标文件格式。若单击“预置方案”右侧的“高级设置”按钮，则可以打开如图 6-3 所示的输出文件格式“高级设置”对话框，用户可以根据实际需要，灵活地设置视频标准、视频质量、视频尺寸等详细参数。正常情况下高级参数设置应用较少。

（3）输出方式

单击操作界面右下角的“开始”按钮，则可以实现文件格式的转换。

若多个不同格式的视频文件同时转换为一种格式的文件，可同时添加多个视频文件，实现文件格式转换的批处理操作。

2. 视频编辑

狸窝视频转换器可以实现对视频文件的截取、剪切、效果、水印、图像翻转等编辑效果。

“截取”是指在一段视频中截取特定时间段的内容。

“剪切”是对画面内容的取舍，剪切后的效果相当于对图像内容的放大。

“效果”是指对画面内容亮度、对比度、色彩饱和度、声音音量大小的调整。

“水印”是指对视频的画面内容添加水印，有显示版权、防伪等作用。

图 6-2　软件预置的视频文件格式

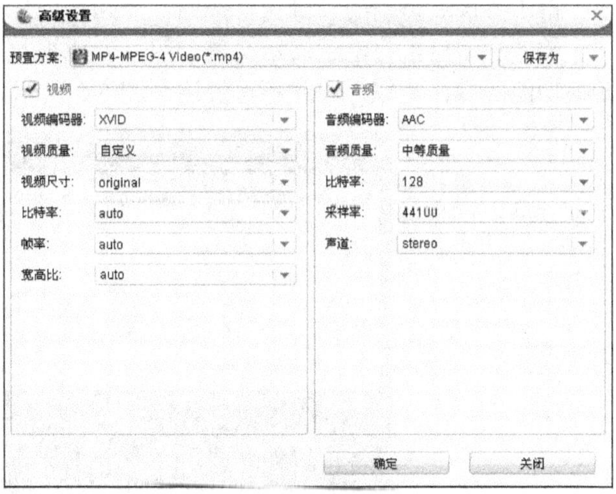

图 6-3　视频格式“高级设置”对话框

（1）添加视频文件

单击操作界面左上角的“添加视频”按钮，在打开的对话框中添加需要转换格式的视频源文件。

（2）视频编辑

单击操作界面左上角的“视频编辑”按钮，进入如图 6-4 所示的视频编辑界面。

图 6-4　视频编辑界面

设置编辑参数：

选择“截取”页签，通过播放设置视频的开始点（00:00:11.147）、结束点（00:00:58.067）。

选择“剪切”页签设置画面大小，具体参数如图 6-4 所示。

选择“效果”页签、“水印”页签可以对视频效果、视频水印做相应设置。

（3）合成视频

单击界面右下角的“确认”按钮，开始合成新的视频。

软件注册后，将电子演示文稿、照片合成视频，将视频刻录 DVD 等功能与视频格式转换功能的操作类似，在此不再赘述。图 6-5 所示为照片合成视频界面。

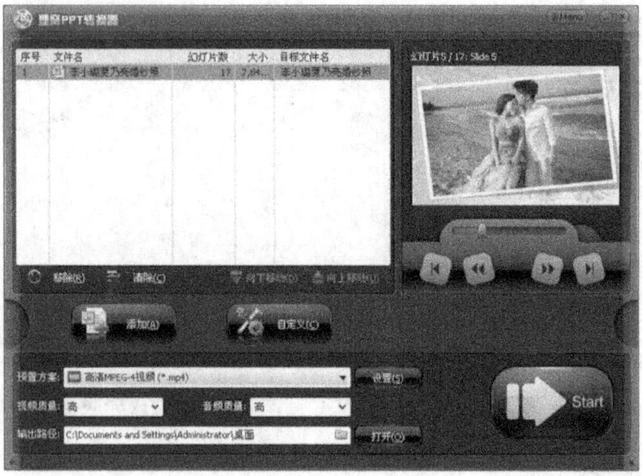

图 6-5　照片合成视频界面

6.2.2　魔影工厂

魔影工厂源自于在全世界享有盛誉的 WinAVI，是一款性能卓越的免费视频格式转换器，中文版本专为国人开发，更加贴近中国用户的使用习惯。

魔影工厂支持几乎所有流行的视频格式，包括 AVI、MPEG-1/2、MP4、RM/RMVB、WMV、DVD/VCD、MOV、MKV、3GP、FLV 等。使用魔影工厂可以随心所欲地在各种视频格式之间互相转换，转换的过程中还可以随意对视频文件进行裁剪、编辑，更可批量转换多个文件。

魔影工厂拥有自主研发的视频转换引擎，在保证转换效果的基础上，最大限度挖掘机器性能，部分格式转换速度比同类产品快三倍以上，让使用者体验真正的极速转换。

魔影工厂是手机、PSP 等移动设备观看手机电影或视频的最佳伴侣。魔影工厂预置了市面上所有主流的手机型号和移动设备操作系统，并可以直接进行转换。

魔影工厂对文件格式的转换随心所欲，下面以 WMV 文件转换为 RMVB 高清文件为例进行介绍。其他格式之间的转换完全相同。

运行魔影工厂，在软件主界面的左侧单击“高清视频文件”按钮，并在高清视频文件下拉列表中选择“RMVB 高清”选项，打开添加文件的对话框。选择需要转换的文件，文件添加完成，打开如图 6-6 所示的界面。也可以单击主界面上的“添加文件”按钮，在打开的对话框中选择需要转换的文件，在新打开的“目标类型”对话框中选择需要转换为的文件格式。

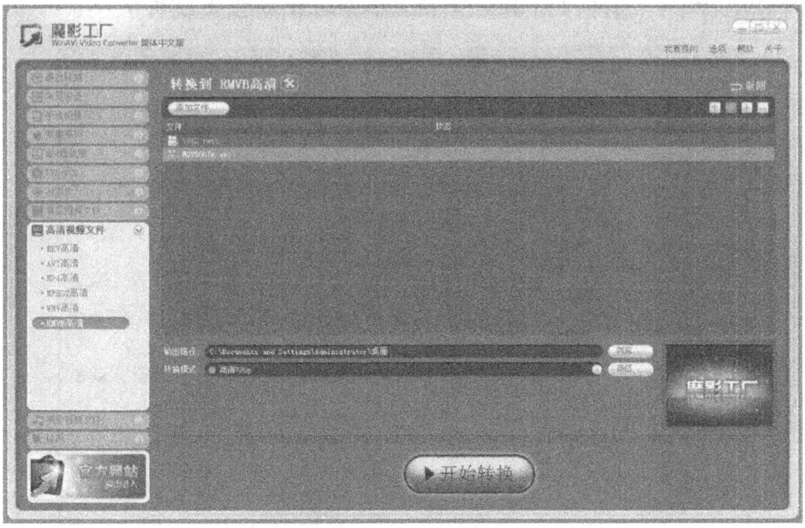

图 6-6　魔影工厂主界面

1. 输入文件

单击图 6-6 中的“添加文件”按钮或者单击“添加…[插入]”按钮继续添加需要转换的文件，也可以在待转换的文件列表中选中不需要转换的文件，单击“移除”按钮删除。

如果需要重新排列转换列表，只需选中相应文件然后单击“上移”、“下移”按钮进行上、下移动，直至将其移动到合适的位置。

进行多选时，可以按住 Shift 键点选两个文件，则该两文件之间的所有文件将被选取；也可以按住 Ctrl 键点选文件，则被点选的文件将被选取。

2. 输出路径

可以单击“输出路径”右面的“浏览”按钮选择、更改输出文件路径，也可以在此空格中直接输入输出文件的路径。

3. 转换模式

这里有两个选项供选择：高清 720p、自定义（不同转换格式，可供选择的默认模式参数的设置也不同）。

可以选择预定义的模式，也可以进入高级参数设置面板进行其他设置。“高清 720p”模式默认“编码器”页面不可用，但可以单击“编辑”按钮跳转至“自定义”模式；也可以选择“自定义”模式后再进入高级面板进行设置。

图 6-7 所示为视频格式高级参数设置面板（不同转换模式，参数设置略有不同），其主要设置内容如下：

1）编码器设置。

比特率模式：自动、自定义码率、自定义输出文件大小。选择“自定义码率”可手动设置输出的视频比特率；选择“自定义文件大小”可手动设置文件大小。

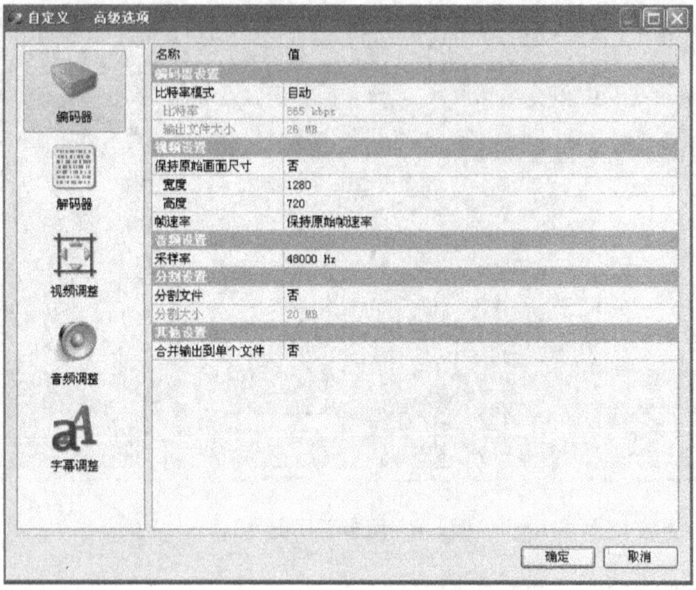

图 6-7　视频格式高级参数设置

2）视频设置。

在视频设置中有“保持原始画面尺寸、“宽度”、“高度”、“帧速率”四个选项供设置。可以单击任意设置，再在其右侧的下拉列表中选择相应的参数，或直接输入相应数值。

保持原始画面尺寸：选择“是”，则下面的宽度、高度不可调整；选择“否”，则可调。

宽度、高度：可以选择保持原始换面尺寸，也可以根据个人的需求设定画面的大小。可以将宽和高设定在 8～2048 之间。在设定宽和高的时候，确保每个参数的设置都是 2 的倍数。

帧速率：根据需求从 15～30 之间选择视频帧速率。选择的视频帧速率越高，输出画面播放时越流畅，同时，输出文件也将越大。默认保持原始帧速率。

3）音频设置。

采样率：音频采样率相当于音频压缩，这里有三个参数供选择，默认值为 44100Hz。

4）分割设置。

分割文件：如果选择了“是”，则输出文件将被分割。

分割大小：当选择要分割文件后，可以在这里设置文件的分割大小。每个分割文件最小为 10MB。

5）其他设置。

合并输出到单个文件：如果选择了“是”，程序会把列表中所有文件合并转换，输出为一个文件；如果选择“否”，文件将如转换前一样分别输出到相应文件。

在所有参数设置完成后，即可进行文件格式的转换。

6.3 Windows Movie Maker 软件操作

Windows Movie Maker（WMM）是 Windows XP 以上版本的操作系统新增加的一个视频编辑应用程序。在 Windows 7 及 Windows 8 操作系统中称为 Movie Maker Live。运用该软件可以将录制的视频素材经过剪辑、配音等编辑加工，制作成富有艺术魅力的个人电影；也可以将大量照片进行巧妙的编排，配上背景音乐，还可以加上解说词和一些精巧特技，加工制作成电影式的电子相册。Windows Movie Maker 操作简单，使用方便，合成后的电影体积小巧，并支持多种码率的输出。

6.3.1 Windows Movie Maker 的操作界面

运行 Windows Movie Maker，打开如图 6-8 所示的操作界面，除了 Windows 操作系统下应用软件常规的标题栏、菜单栏、常用工具栏外，该窗口分为四个区域。

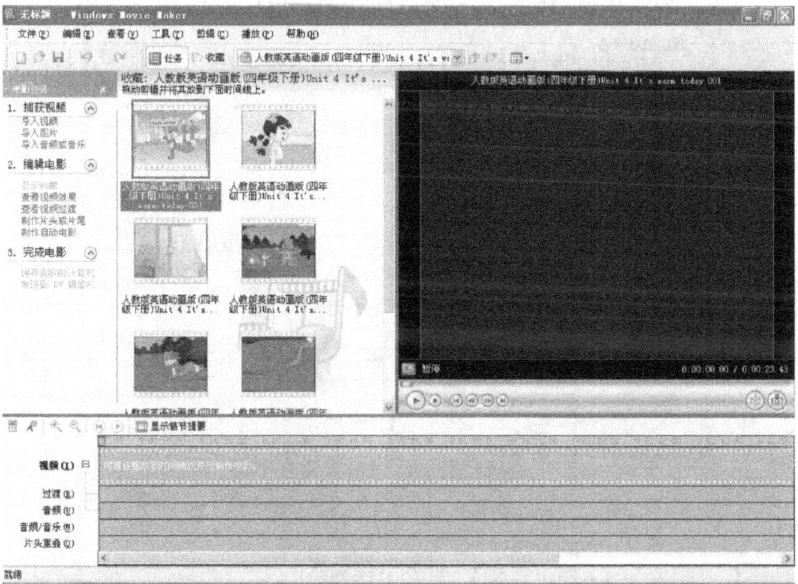

图 6-8 Windows Movie Maker 操作界面

任务区：选择、显示目前软件的工作任务。

收藏目录区：显示在当前任务下的工作内容列表。例如，在显示收藏任务时该区域显示的是导入的素材文件列表，在显示视频过渡任务时该区域显示的是视频过渡效果列表。

媒体显示区：显示目前播放的视频文件、图片文件或视频播放指针当前位置的画面内容，相当于视频编辑的监视器。

编辑操作区：显示剪辑的多媒体文件的剪辑片断或时间表，是视频编辑的主要操作区。有“时间线”和“情节提要”两种显示方式。

显示区内所有的操作方法在菜单栏中都有相对应的菜单命令。

6.3.2 软件操作

1. 导入多媒体文件

选择“文件→导入到收藏”菜单命令，打开“导入文件”对话框，选择要导入的素材文件。若同时导入多个文件，可以按住 Shift 键点选两个文件，则该两文件之间的所有文件将被选取；也可以按住 Ctrl 键点选文件，则被点选的文件将被选取。也可以通过任务区“捕获视频”下的命令分别导入视频文件、图像文件和声音文件。

若计算机有外部数码设备连接，可以运用“从视频设备捕获”功能获取实时视频。具体操作如下：

（1）打开视频录像设置向导

选择“文件→捕获视频”（或“电影任务→捕获视频→从视频设备捕获”）菜单命令，打开视频录像设置向导，如图 6-9 所示。

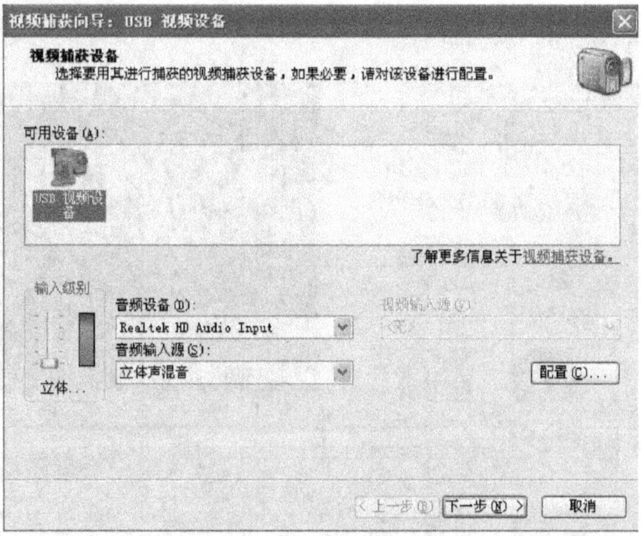

图 6-9 视频录像设置向导

（2）设置录像设备

在“可用设备”列表中选择可用的录像设备，并设置声音的输入设备和音量大小，如图 6-9 所示。接下来设置录像文件的名称和文件的保存位置。

（3）设置视频质量

默认情况下，可以采用软件的默认设置“在我的计算机上播放的最佳质量”，也可以根据实际需要设置录像视频的图像质量。如图 6-10 所示，选择“其他设置”并在其下拉列表中选择视频参数。

（4）视频录像

设置完毕后，打开录像窗口。单击“开始捕获”按钮，即可开始进行录制，在右侧的视频监视窗口中可以监视到录像内容。单击“停止捕获”按钮则停止录像，录像结束后视频文件自动存盘并导入收藏文件列表中。

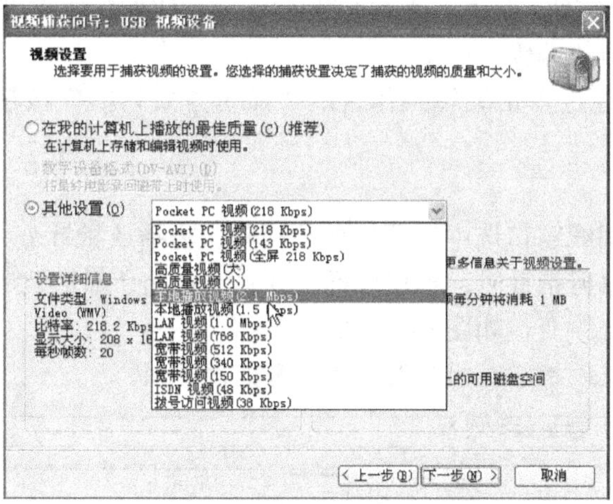

图 6-10　录像视频质量设置

2. 视频编辑

在电影任务窗口选择“编辑电影→显示收藏”命令，选中需要的视频或照片，拖曳到编辑操作区时间线的视频轨道。当前内容的第一帧画面显示在媒体显示区内。默认条件下，照片的显示时间为 5 秒，视频显示素材原有的长度。

注意：每次向操作区加入视频情节时，都可以根据需要任意将它放置在已加入的其他视频情节的前后，分多次拖入编辑操作区的多个视频情节，在编辑操作区会自动形成连续的画面。如果使用的素材是按照预定顺序导入素材区的，可以全部选中，并同时将它们拖入编辑操作区。

编辑操作区窗口有两种显示方式：

第一种是情节视图方式，如图 6-11 所示。在此方式下，视频线中的所有视频情节，不分播放时间的长短，每一情节都占据相同大小的一格，各个情节均匀排列。选中一个情节，可以任意拖曳来改变它的位置及调整在电影中的播放顺序，也可以同时选中多个连续或间断的情节进行快速调整。但该视图方式不方便调整每个视频情节的播放时间，也不能插入音频内容。

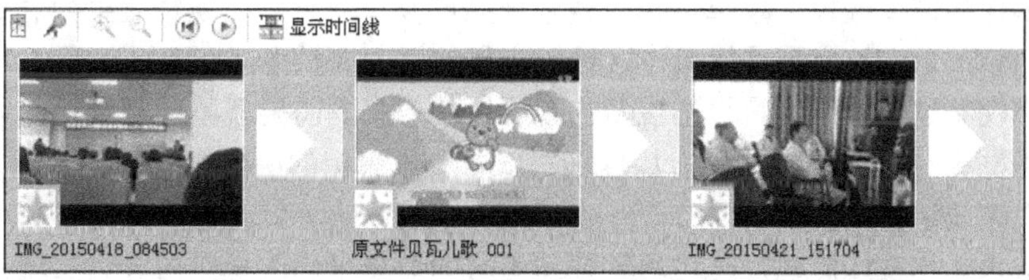

图 6-11　情节视图显示方式

第二种是时间视图方式，如图 6-8 编辑操作区所示。在此方式下，“时间线”上将出现调整整部影片播放时间的剪裁点，可以对素材的播放时间、起始位置等做相应的调整。单击“放大”和“缩小”按钮，即可调整时间刻度的显示比例，便于进行时间上的准确调整。同时也方便对声音素材的编辑。

视图的显示方式通过单击编辑操作区的“显示方式切换”按钮在两种显示方式中循环切换。

（1）视频调整

视频修剪：在时间线窗口选中需要修剪的视频，将播放指针分别置于视频开始或结束位置，待出现红色的修剪指针时，拖曳鼠标指针直至到达所需的“起始点”或“结束点”，视频的播放时间也随之改变，如图 6-12 所示。

注意：修剪后的视频持续时间只能短于修剪前的时间。

图 6-12　视频剪辑的调整

也可以选中要调整的视频，将播放指针置于需要设置“起始点”的位置，选择“剪辑→设置起始剪裁点”菜单命令，则从视频开始到设置“起始点”位置的视频内容即被剪裁掉。同理，设置 “结束点”位置，选择“剪辑→设置终止剪裁点”菜单命令，也可以剪裁视频结尾的内容。

对于视频持续时间比较长，或在编辑中多次运用的视频素材，可以采用上述方法进行修剪，也可以选中待剪辑的素材，根据剪辑需要，把播放指针置于相应位置，选择“剪辑→拆分”菜单命令，将一段素材拆分为若干段内容，然后分别进行编辑。

图片持续时间的调整：在时间线窗口选中需要调整的照片，将播放指针置于照片结束位置，出现尾部，待出现红色的修剪指针时，拖曳调整照片的持续时间，如图 6-12 所示。

（2）视频过渡

视频过渡是在两个相邻剪辑间建立一种自然的过渡效果。常见的编辑一般不需要过渡处理，直接剪裁即可。若两段相邻的视频内容、场景、景别等反差比较大，通过视频过渡可以使视觉效果更自然、顺畅。

在电影任务窗口选择“编辑电影→查看视频过渡”命令，在视频效果列表显示区内选择合理的视频效果，拖曳到编辑操作区置于相邻的两个视频之间即可，如图 6-13 所示。

若更换视频过渡效果，直接拖曳新的视频过渡效果到需要调整的视频过渡效果上。若要删除过渡效果，在图 6-13 所示的过渡效果上右击，在弹出的快捷菜单中选择“删除”命令。

（3）视频效果

视频效果又称视频滤镜，是运用软件预定义的命令来修改视频内容、实现视频显示的特殊效果。

在电影任务窗口选择“编辑电影→查看视频效果”命令，在视频效果列表显示区内选择合理的视频效果，拖曳到编辑操作区置于相应视频即可，参照图 6-13。

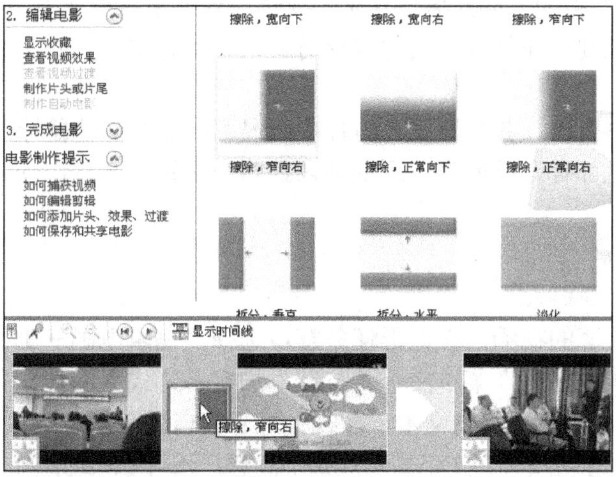

图 6-13　视频过渡效果的运用

也可以在视频剪辑上右击，在弹出的快捷菜单中选择“视频效果”命令，打开如图 6-14 所示的对话框，在该对话框中对视频效果进行添加、删除等操作。

注意：*若添加了多个视频效果，视频效果添加的顺序不同，最后形成的视觉效果也不同。*

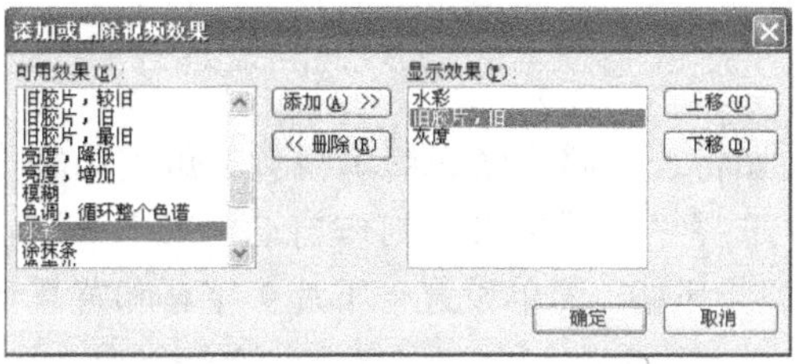

图 6-14　视频效果的添加与管理

3. 音频编辑

音频的编辑需要在时间线视图下进行。

在电影任务窗口选择“编辑电影→显示收藏”命令，选中需要的声音，拖曳到编辑操作区时间线的音频/音乐轨道上。默认条件下，声音全部播放。

注意：*音频轨道是用于放置与视频剪辑同步的音频内容，导入的音频素材、录制的解说词只能放在音频/音乐轨道上。*

（1）音频调整

选中相应的音频，拖动鼠标，即可实现音频位置的调整。右击，在弹出的快捷菜单中选择“音量”命令，在打开的对话框中即可实现音频音量的调整。

音频持续时间的调整与视频类似，参照图 6-12 所示的相关操作。

（2）录制解说

将播放指针置于需要解说的时间位置，选择“工具→旁白时间线”菜单命令，或者单击时间线左上角的“旁白时间线”按钮，打开旁白时间线录制窗口，设置好麦克的输入音量，单击“开始旁白”按钮开始录制解说词，视频内容处于播放状态。解说结束后单击“停止旁白”按钮结束录制，在打开的文件保存对话框中保存文件，解说文件保存后，自动加入音频/音乐轨道。

对于录制的旁白内容，在时间线上的时序位置可以通过拖动鼠标进行适当的调整。

若两个音频轨道都有音频内容，可分别调整两个音轨的音量，使其音量比例合理，混合播放效果自然。

4. 字幕编辑

选中需要添加字幕的视频，在电影任务窗口选择“编辑电影→制作片头或片尾”命令或选择“工具→片头和片尾”菜单命令，打开添加字幕方式界面，设置字幕添加方式，在“输入片头文本”框中输入、编辑文本，在视频显示窗口就可以看到添加字幕的效果。

若对软件默认的运动效果、文字显示效果不满意，还可以通过添加字幕方式对话框中的“更改片头动画效果”、“更改文本字体和颜色”对字幕的动画效果和文本的显示进行设置。字幕编辑结束后，选择“完成，为电影添加片头”，编辑的字幕效果在视频显示区直接可见。

编辑的字幕文件类型为“选定剪辑之上添加片头”，则字幕文件自动添加到“片头重叠”轨道，字幕文件在视频合成的相对位置也可以进行调整。对于其他类型的字幕文件则直接添加到视频轨道中相应的位置。

5. 自动电影制作

若对制作要求简单（如将若干照片做成简单视频）可使用制作自动电影功能。

在导入相应素材后，选择“编辑电影→制作自动电影”命令，打开“选择自动电影编辑样式”界面，选择一种视频风格，简单设置一下片头字幕和背景音乐，即可完成电影编辑。

6. 电影合成

选择“文件→保存电影文件”菜单命令，或者选择“电影任务→完成电影”命令，打开“保存电影向导”对话框，按照向导的提示即可完成合成。

注意：不同的合成用途，需要相关软件、硬件的支持。例如，选择“保存到 CD”需要光盘刻录机的支持；选择“发送到 Web”需要网络及相关网站的支持。

7. 保存文件

Windows Movie Maker 文件保存默认的文件为 MSWMM，它是软件的编辑信息文件，与视频文件格式无关，保存文件不会合成电影。

保存方法：选择“文件→保存项目”或“文件→将项目另存为”菜单命令，设置文件保存路径和文件名即可。

6.4 Adobe Premiere CC 非线性编辑软件

Adobe Premiere 是 Adobe 公司推出的非线性视频编辑软件，在视频编辑领域有很深的影响和基础。这个软件首创了“时间线编辑”和“素材项目管理”等概念和工作方式，现在已被几乎所有非线性编辑系统厂商引入各自的设计思想之中，成为非线性编辑系统的一种主要模式和方法。

Premiere CC 是 Premiere 家族的新版本，它融视音频编辑处理于一体，功能强大。其核心技术是将视频文件逐帧展开，以帧为精度进行编辑，编辑精度高。采用多轨视频、多轨音频的编辑方式，方便实现编辑、字幕叠加、转换效果、滤镜特技效果、运动处理、声音合成等多种编辑功能，并且在多轨编辑过程中，精确实现画面合成、声音合成的同步。

Premiere CC 具有广泛的兼容性，支持众多的多媒体文件格式，像 TGA、JPG、TIF、FLC、WAV、PSD、BMP 等，可与许多软件配合使用，使视频、音频编辑得心应手。

Premiere CC 还具有很强的扩展性，支持第三方插入，支持众多第三方的视频采集设备。

Premiere CC 广泛应用于与视频编辑相关的各领域，通过与相应视频采集、输出设备的无缝对接，使得电视节目的采集（数字化记录）、编辑、输出（成品节目的回放）等工作更便捷。

注意：Premiere CC 只能运行于 64 位操作系统下，如 Windows 8 操作系统，Windows XP 版本以下的操作系统不支持 Premiere CC 的运行。

6.4.1　Adobe Premiere CC 的操作界面

1. 项目加载设置对话框

运行 Adobe Premiere CC，打开如图 6-15 所示的界面，可以快速新建、打开最近编辑的文件、Adobe Premiere CC 使用指南，也可以同步 Adobe 云数据。

单击“打开项目”图标或“打开最近项目”下列出的文件，可以继续对已保存过的项目或最近编辑过的项目进行重新编辑。

单击“新建项目”图标，打开创建新项目对话框，设置新建项目的存储路径和文件名即可新建编辑文件。

2. Adobe Premiere CC 软件操作界面

新建编辑文件后，默认条件下打开如图 6-16 所示的视频编辑界面。

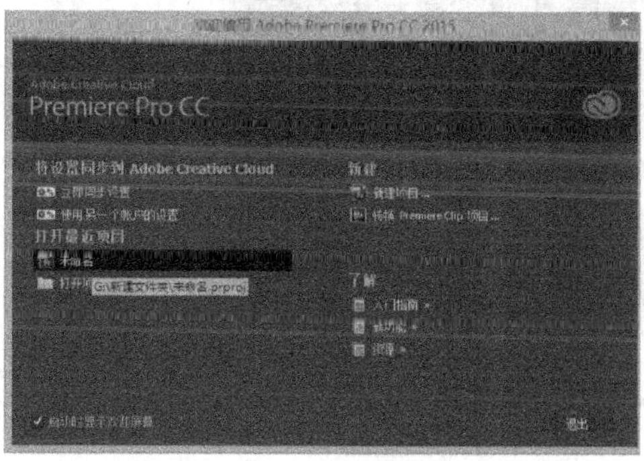

图 6-15　Adobe Premiere CC 项目加载设置对话框

图 6-16　Adobe Premiere CC 视频编辑界面

Premiere CC 操作界面由标题栏、菜单栏、项目（Project）窗口、时间线（Timeline）窗口、监视器（Monitor）窗口及各功能面板构成。

（1）标题栏

标题栏是 Adobe Premiere CC 应用程序窗口最上面的一个矩形条，它显示该应用程序的名称，标题栏的左端是控制菜单图标，包括还原、移动、大小、最小化、最大化和关闭菜单命令，右端的三个按钮分别是“最小化”按钮、“最大化/还原”按钮和“关闭”按钮。

（2）菜单栏

菜单栏位于标题栏的下方，其中每个选项都代表一个菜单，而且每个菜单又包含一个命令列表。单击菜单选项或利用键盘按快捷键 Alt+“带下画线字母”，则打开相应的下拉菜单，然后选择并执行菜单命令。对于各二级菜单中显示有快捷键操作的，也可以运用快捷键直接执行相应的编辑功能。

（3）项目管理窗口

项目管理窗口位于整个应用软件的左下侧，默认条件下，该管理窗口显示的是目前应用软件导入的素材文件列表和项目序列列表。通过项目管理窗口下部相应管理工具图标可以快速地对素材进行导入、新建、删除、显示方式设置、素材运用信息等操作；在管理窗口文件列表空白处双击也可以快速导入素材文件。

（4）工具箱

工具箱中集中了对视频、音频文件编辑的常用工具，如选择工具、分离工具、滚动编辑工具等，可以快速对文件进行编辑。使用时，只要将鼠标指针放置在相应图标上，工具图标通过亮度变化进行提示，稍后在该按钮旁边会出现一个白框的信息提示，提示该图标功能。

（5）时间线窗口

时间线窗口是 Adobe Premiere CC 工作界面的核心部分。如图 6-17 所示，通过它可以实现素材的剪辑、复制与粘贴、插入、调整等编辑操作，并完成影片的组接、特技效果的应用。时间线窗口由视频轨道、音频轨道、时间标尺构成。视频轨道是用来编辑视频素材的。音频轨道是用来编辑音频素材的。标尺栏的作用是在编辑过程中改变时间线的显示单位。画面的显示精度不同，时间线的长度不同，在视频编辑过程中，可根据需要运用工具箱中的缩放工具随时改变显示精度。

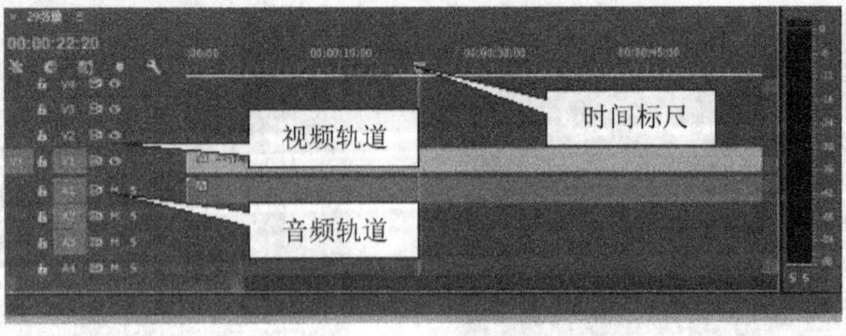

图 6-17　Adobe Premiere CC 时间线

（6）监视器窗口

监视器窗口用来对素材或正在编辑的项目进行实时预览。软件默认为双监视器窗口，如图 6-18 所示。左侧窗口为素材源窗口，可以对导入素材进行预览，通过该预览窗口下的工具可以实现对素材的播放控制、编辑入点、出点的设置和编辑模式（插入编辑、组合编辑）的设置。右边是节目（Program）监视器窗口，用于对整个节目进行编辑、合成效果预览、控制，也可以在三点编辑、四点编辑中设置时间线的出入点，并对监视器窗口的显示方式、监视器窗口的常用控制工具做必要的设置。对于该窗口中每一个工具图标的作用，只要将鼠标指针放置在相应图标上，工具图标通过亮度变化进行提示，稍后在该按钮旁边会出现一个白框的信息提示，提示该图标功能。

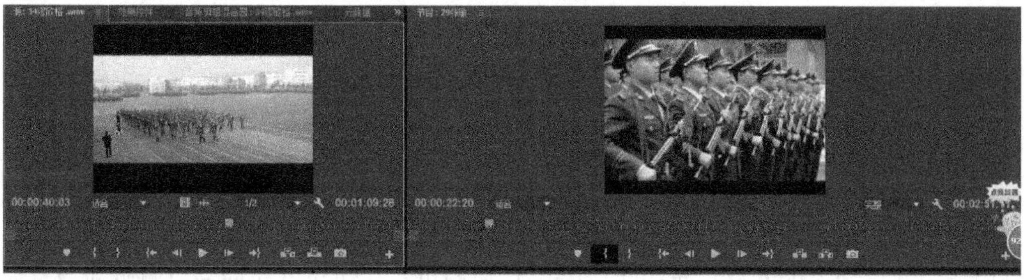

图 6-18　Adobe Premiere CC 监视器窗口

（7）其他常用功能面板

1）效果面板。在后期编辑过程中，不是简单地把素材组接起来就行的，通常要根据创作需要合理使用视频切换、视频特效、音频特效等技术，增强作品的表现力。效果面板提供了可以应用的各种特效功能。通过“窗口→效果”菜单命令或者选择项目管理窗口的“效果”页签，在打开的效果面板中按类别分别设置“音频效果”、“音频过渡”、“视频效果”、“视频过渡”、“预置设置”等内容，可分别对视频、音频的特效和过渡效果做必要的设置，如图 6-19 所示。

2）特效控制面板。特效控制面板的作用是对运用的各种特效进行必要的参数设置，以便达到最佳的特技效果。选中运用效果的素材，通过“窗口→特效控制”菜单命令或者选择监视器窗口的“效果控件”页签，打开效果控件面板（图 6-20），即可以对相关素材的特技效果参数做必要的设置。不同的特效，其特效参数设置各不相同。

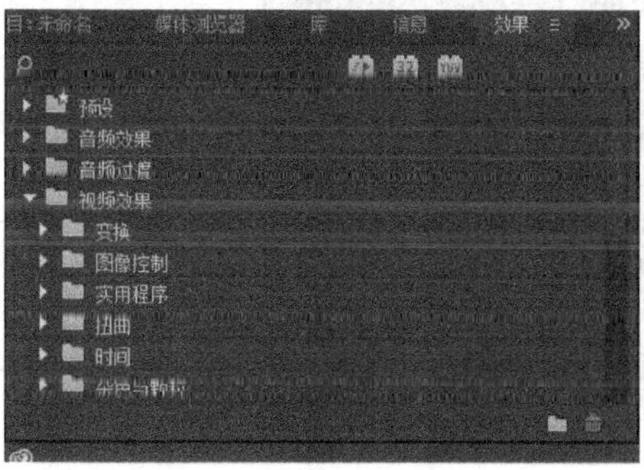

图 6-19　效果面板

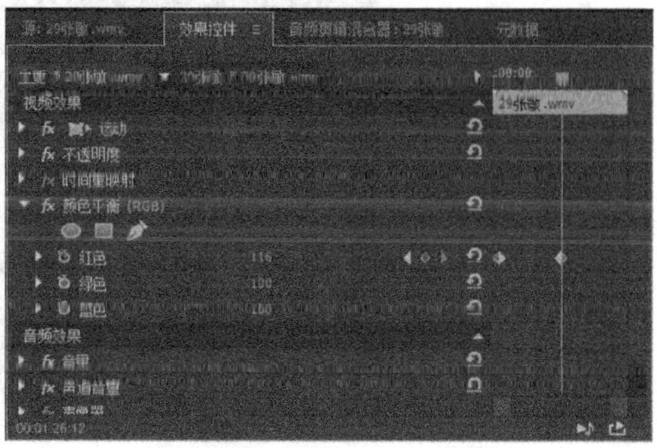

图 6-20　效果控件面板

3）音频混合器（调音台）面板。音频混合器（调音台）可以实现多个声音混合、调整增益控制、轨道录音等多种针对音频素材的编辑操作。

6.4.2 Adobe Premiere CC 快速入门

1. 新建项目

运行 Premiere CC，在项目加载设置对话框中单击“新建项目”图标，打开创建新项目对话框，选择相应的文件保存位置和文件名称即可创建一个新项目；也可以通过“文件→新建→项目”菜单命令创建新项目。

2. 导入素材

导入素材的方法比较多，既可以通过“文件→导入”菜单命令将计算机中的多媒体素材导入项目窗口，也可以通过快捷菜单将素材导入：将鼠标指针置于项目管理器窗口素材列表框的空白区域，右击，在弹出的快捷菜单中选择“导入”命令，在打开的“导入”对话框中选中需要导入的素材，单击“打开”按钮即可；还可以在该空白区域双击直接打开“导入”对话框。

3. 采集素材

采集素材需要相关视频编辑硬件的支持。视频相关硬件与计算机连接正常并正确驱动后，视频编辑硬件即可正常工作。

选择“文件→捕捉”菜单命令，打开如图 6-21 所示的采集窗口，选择“设置”页签，对采集文件的保存位置做必要的设置，其他参数保持默认设置即可。

通过采集相关按键设置既可以定义采集范围实现批处理采集，也可以手动采集。

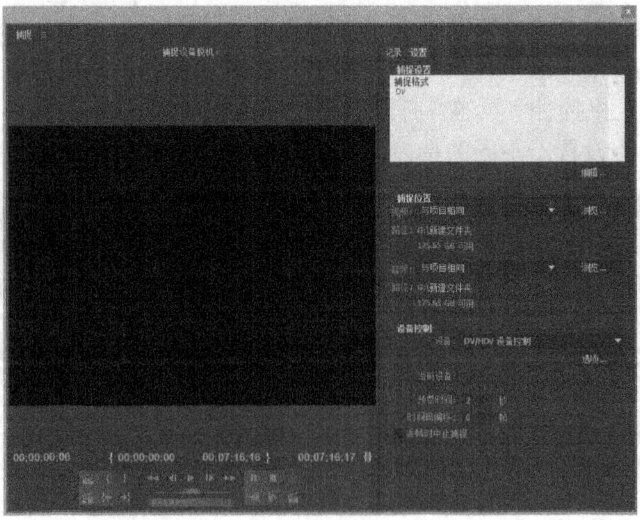

图 6-21 视频采集窗口功能

4. 视频快速编辑

视频编辑都是围绕时间线窗口的操作完成的，视频素材首先要调入时间线窗口才可以进一步编辑。

（1）时间线窗口中素材的调入

在时间线窗口中调入素材片断的方法较多，操作也很方便。常见的操作方法如下：

1）在项目管理窗口中选中需要的素材片断拖曳到时间线窗口相应位置（视频素材置入视频轨道，音频素材置入音频轨道）即可。

2）把鼠标指针放在源监视器窗口，将源监视器窗口显示的素材拖曳到时间线相应位置。

3）在项目管理窗口中选中相应素材，右击，在弹出的快捷菜单中选择“插入”命令，可以将素材插入到时间线播放指针所在位置。时间线播放指针所在位置若有内容，则原有内容依次后串。

4）在项目管理窗口中选中相应素材，右击，在弹出的快捷菜单中选择“覆盖”命令，可以将素材插入到时间线播放指针所在位置。时间线播放指针所在位置若有内容，则运用当前素材内容覆盖原有内容直至当前素材结束。

若素材是视、音频混合内容，默认情况下，视、音频处于绑定状态，视频素材若置于视频轨道 1，则音频素材置于音频轨道 1。若要对处于绑定状态的视、音频素材单独编辑，可在时间线窗口中选中相应绑定的素材，右击，在弹出的快捷菜单中选择“取消链接”命令，视、音频素材即可单独编辑。同理，如需要锁定声画同步，则可以选中对应的视频、音频素材，进行“链接”操作。

（2）时间线上素材的移动与删除

若要在时间线上移动素材的相对位置，可以选择工具箱中的移动工具，直接拖曳相应素材。

删除时间线上素材的常用方法如下：

1）若删除素材，但保留该素材的时间，则利用工具箱中的选择工具选中相应素材，按键盘上的 Delete 键进行删除，也可以右击，在弹出的快捷菜单中选择“删除”命令。

2）若删除素材，且不保留该素材的时间，则右击，在弹出的快捷菜单中选择“波纹删除”命令即可。

（3）时间线上素材出入点的调整

时间线上素材出入点的调整常用方法如下：

1）鼠标指针移到素材的一端，指针形状变成状时，拖动鼠标，可延长或缩短素材。对于图片素材可任意延长或缩短，但对于视频素材，只能缩短，缩短再延长时，只能延长到原始长度。

2）选择工具箱中的剃刀工具，在时间线素材需要调整的位置单击，将一个素材分割成若干个素材片段，多余不需要的内容直接删除，运用拖曳功能也可将删除内容恢复。

也可以在素材调入时间线之前，先将项目管理器中的素材拖曳到源监视器窗口，在源监视器窗口准确定义素材的出、入点，然后再拖曳到时间线相应位置。

（4）素材播放速度的调整

选择工具箱中的移动工具，在时间线上选中需要调整的素材，右击，在弹出的快捷菜单中选择“速度/持续时间”命令，在打开的对话框中对播放速度和相关参数做准确调整。

若对播放速度做粗略调整，也可以选择工具箱中的比率拉伸工具。选中相应素材，在结尾处直接拖动鼠标，即可实现速度/持续时间的粗略调整。

5. 视频过渡效果的应用

视频过渡（Video Transitions）是指将两段相邻的素材以某种特定的方式进行画面组接的手段，即从一个镜头的末尾画面到后一个镜头的开始画面之间加上画面过渡效果，使前后两个画面以某种自然的形式过渡。Premiere CC 中视频过渡方式有很多，虽然过渡效果差异很大，但其基本运用方式相同。

（1）视频过渡的创建

导入素材后，将用于切换的两个素材拖到时间线上。可以把两个素材置于同一轨道上，并有一定时间的重合，也可以分别置于两个相邻的视频轨道上，如图 6-22 所示。

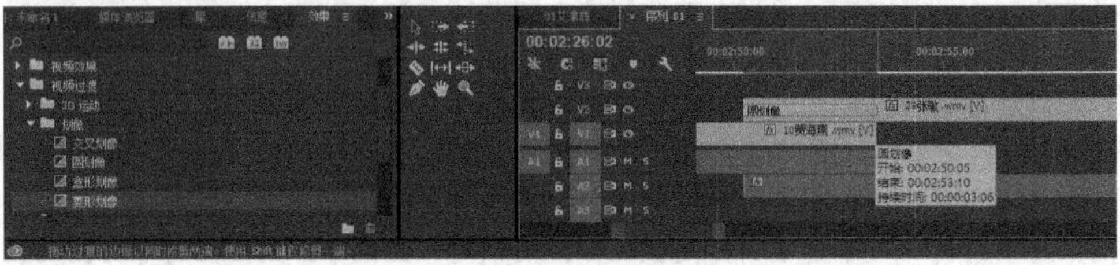

图 6-22　视频过渡效果的创建

单击“效果”面板中视频过渡文件夹前面的展开图标，将会展开一个视频过渡的分类文件夹列表，通过单击某一文件夹左侧的展开图标，即可打开当前文件夹下的所有切换方法，选中所需的过渡效果，拖动鼠标将其移到时间线窗口中两个素材重合的位置，则过渡效果会出现在相应素材上。

若过渡时间长短不合适，还可以将鼠标指针置于过渡效果边缘，拖动鼠标来调整过渡时间长短，如图 6-22 所示。也可以双击该过渡效果，在打开的过渡效果持续时间对话框中设置过渡效果的持续时间。

注意：过渡效果不仅可以在同一轨道上相连的两段素材之间添加，而且可以在不同轨道上相交错的两段素材之间添加，还可以对一段素材的两端添加过渡效果，这时过渡效果的另一个画面默认为黑画面。

（2）过渡效果参数设置

单击选中时间线上的过渡效果，在源监视器窗口中选择“效果控件”页签，可以在其中对持续时间、时间过渡方式、边框显示方式等参数做详细设置，并且在监视器窗口能实时预览该切换效果。拖动开始位置滑块或结束位置滑块，可以调整切换效果的开始效果和结束效果。如果开始位置和结束位置的百分比相同，则切换效果为固定样式不变，如图 6-23 所示。

注意：对于不同的过渡效果，该参数设置内容也不同。

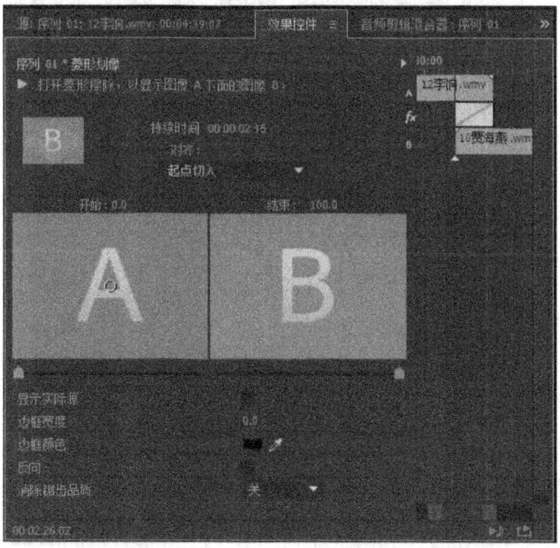

图 6-23 过渡效果参数设置

（3）过渡效果的清除

单击选中过渡效果标记，直接按 Delete 键；或者在过渡效果标记上右击，在弹出的快捷菜单中选择“清除”命令，都可清除过渡效果。

6. 运动效果的应用

视频运动效果在视频编辑中很常见，通过视频运动效果，可以渲染画面效果、烘托画面气氛、突出画面内容等。

运动效果的应用，一般以“视频轨道 1”的内容为画面背景，在“视频轨道 1”以外的轨道上设置画面运动效果。

素材画面的运动实际是给素材画面指定一个回放的位置和轨迹，即在不同的时刻，画面内容的位置（Position）、缩放变形比例（Scale）、旋转角度（Rotation）也不相同，从而实现画面内容运动的目的。在 Premiere CC 中，可以通过“运动”面板设置运动效果，如图 6-24 所示。

常见的运动效果有两种：静态和动态。

（1）“静态”运动效果

“静态”运动效果也就是常见的画中画效果，是指在一个主要画面中开一个或多个画面窗口，不同的画面窗口可以显示相同或不同的内容。

具体参数设置方法：在时间线上选中相应的视频素材，在源监视器窗口中选择“效果控件”页签，单击运动图标前的展开图标▶，可对“位置”、“缩放”、“旋转”、“锚点”等参数分别进行设置。若对参数做细节设置，也可以单击位置、缩放前的展开图标▶，对参数进行详细设置。

图 6-24　运动效果参数设置

（2）“动态”运动效果

“动态”运动效果就是常见的画面运动效果，可以是单画面的运动，也可以是多画面的运动。

具体参数设置方法：在时间线上移动播放指针至需要设置运动的起始点，或者在“效果控件”面板右侧定义设置运动的起始点，按需要单击运动面板中各参数前的关键帧记录器，打开各关键帧记录器，然后分别在不同的时间位置设置相应的运动参数即可实现动态画面的设置，如图 6-24 所示的运动画面设置。

若要删除运动效果，将运动效果参数设置为初始化即可。

7．透明效果的应用

通过画面透明设置可实现多画面的自然融合，具体参数设置方法：在时间线上选中相应的视频素材，在源监视器窗口中选择“效果控件”页签，单击不透明度图标前的展开图标，可对“不透明度”、“混合模式”、“椭圆蒙版”、“矩形蒙版”、“自定义蒙版”等参数分别进行设置。若对参数做细节设置，也可以单击相应设置前的展开图标，对参数进行详细设置。若对不透明度做动态设置，也可以在定义素材播放位置后，打开关键帧记录器，对不同播放位置进行相应不透明度的设置，如图 6-25 所示。

若要删除透明效果，将不透明度效果参数设置为初始化即可。

8．视频特效的应用

视频特效常用于修补影像素材的某些缺陷，或者根据编辑需要加入特殊效果，从而使画面达到某种特殊的效果，如修补画面的色彩、增加扭曲、营造特定的视觉效果等。

（1）创建视频特效

将素材拖到时间线的视频轨道上，单击“效果”面板中视频效果文件夹前面的展开图标，展开一个视频效果的分类文件夹列表，通过单击某一文件夹左侧的展开图标，即可打开当前文件夹下的所有视频效果方法，选中所需的视频效果，拖动鼠标将其拖放到时间线窗口中相应的素材上即可。

注意：对于一段视频素材可以运用多个视频效果，视频效果的添加顺序不同、不同视频效果的参数设置不同，最终合成的画面效果差别很大。

（2）视频效果参数设置

单击选中时间线上的素材，在源监视器窗口中选择“效果控件”页签，打开视频效果参数设置面板，可以看到当前选中的视频素材运用的视频效果，选择相应的视频效果，即可进行参数设置。具体的参数设置方法和运动参数设置方法基本相同，如图 6-26 所示。

若要删除视频特效，在效果控件窗口中选中相应的视频特效，右击，在弹出的快捷菜单中选择“清除”命令即可。

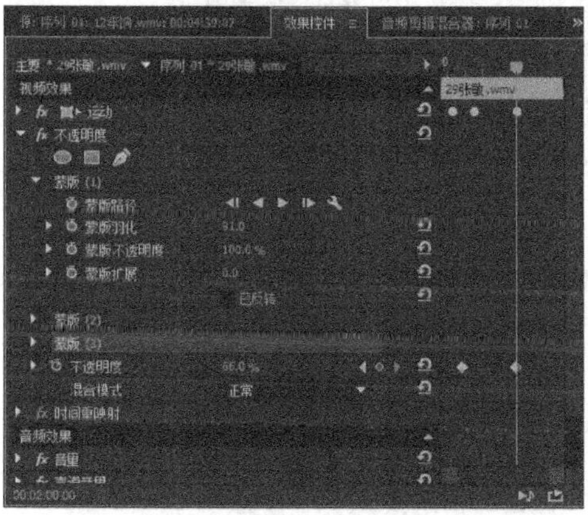

图 6-25　不透明效果参数设置

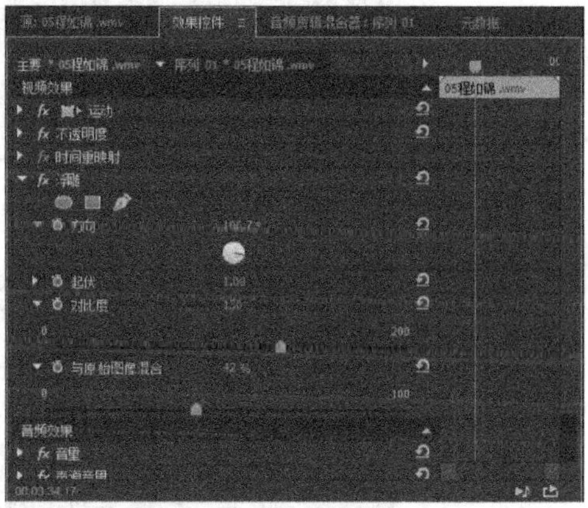

图 6-26　视频效果参数设置

9. 键控特效的应用

键控特效是 Premiere 视频效果中的一大类，与其他特效不同，键控类特效提供的是在时间线的多个轨道上，相同位置画面重叠时透明的设置方法，即视频编辑常说的抠像技术。

在 Premiere CC 中提供了九种键控特效，可分别通过“透明度”、“亮度”、“色度差值遮罩”等方式实现画面的透明合成技术。

常用的键控方法如下：

（1）亮度键

亮度键是根据画面的亮度不同控制素材画面中的内容透明的键控方式，即根据画面内容亮度的不同，将画面中高于一定亮度的内容正常显示，而低于该亮度的内容进行透明设置，从而形成亮度高的内容不透明，亮度低的内容透明，实现画面内容的叠加。亮度键参数设置、效果图样例如图 6-27 所示。

（2）颜色键

颜色键是根据画面内容颜色的不同控制素材画面中的内容透明的键控方式，即根据画面内容颜色的不同，将画面中某一特定颜色进行透明设置，从而形成特定颜色的内容透明，而其他颜色正常显示的效果，实现画面内容的叠加。对于图 6-27 上部显示的素材，若采用颜色键控显示方式，则颜色键参数设置、效果图样例如图 6-28 所示。

图 6-27　亮度键控参数设置、效果

图 6-28　颜色键控参数设置、效果

若要删除键控效果，在效果控件窗口中选中相应的键控效果，右击，在弹出的快捷菜单中选择“清除”命令即可。

10. 声音的编辑

（1）音频的基本运用

首先将需要运用的音频素材导入到项目管理器，然后将相应的音频素材拖曳至时间线窗口相应音频轨道的预定位置即可。

音频素材的位置调整、延续时间调整、删除操作与视频编辑类似。

若要单独调整音、视频锁定状态的音频素材，必须对锁定的音、视频进行解除链接操作，之后方可单独操作。

（2）音频音量调整

在时间线窗口中选中需要调整的音频素材，右击，在弹出的快捷菜单中选择“音频增益”命令，在打开的“音频增益”对话框中可以对音量大小做相应调整。

（3）音频效果运用

音频效果运用与视频效果运用相似，可参照视频效果运用方法。

淡入和淡出是对音频信号最常用的处理手段，在 Premiere CC 中对音频信号进行淡入和淡出的处理方法很简单，具体的操作方法如下：选中需要调整的音频素材，打开“效果控件”窗口，在该窗口中可以分别对“音量”、“声道音量”、“声像器”等参数做必要的设置。若需要对关键帧操作，也可以打开“音量”、“声道音量”等参数左侧的关键帧记录器，在音频播放的不同位置通过控制音频设置参数的不同，改变声音的播放效果。详细参数设置如图 6-29 所示。

（4）多音轨合成

在音频编辑过程中，若多个声音轨道同时都有声音效果，则要对每个声音轨道的音量做 相应设置，使得在多个声音在合成过程中保持相对合理的音量，即保证主音量大小的合理，又要兼顾其他音量的合成效果。

具体设置方法：在源监视器窗口中选择音频剪辑混合器页签，在时间线窗口中播放剪辑序列，通过监听音箱即可监听到声音合成效果。如需调整，则分别调整各音轨音量大小直至混合音量合理，如图 6-30 所示。

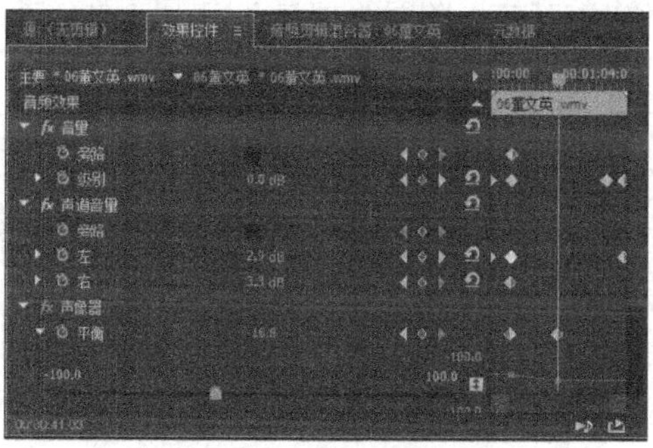

图 6-29　音频参数设置

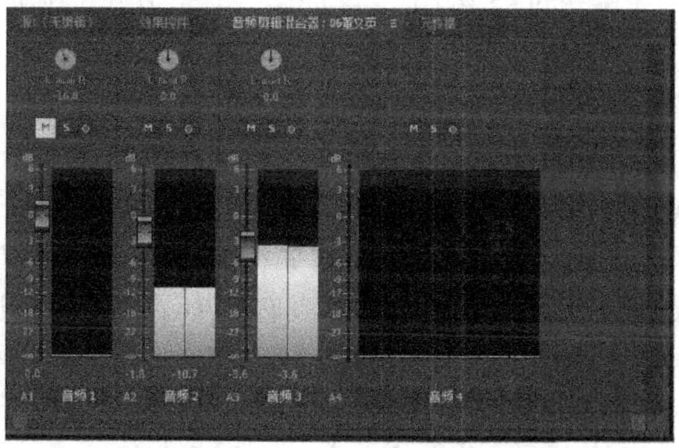

图 6-30　音量混合设置

11. 字幕的运用

字幕是影视创作时十分重要的素材，除了用于片头片尾字幕外，也常用于影片内容的解释说明等，因此设计精美、制作精良的字幕，也会增加影片的表现力和艺术效果。

（1）Adobe Premiere CC 字幕窗口简介

选择“文件→新建→标题”菜单命令，打开字幕属性设置对话框，定义字幕文件的大小、名称等相关参数后就可以打开如图 6-31 所示的字幕设计窗口。

1）编辑工具区域。编辑工具区域是字幕编辑过程中经常使用的工具，它提供字幕编辑过程中需要的文本编辑、基本图形编辑、路径编辑等工具。

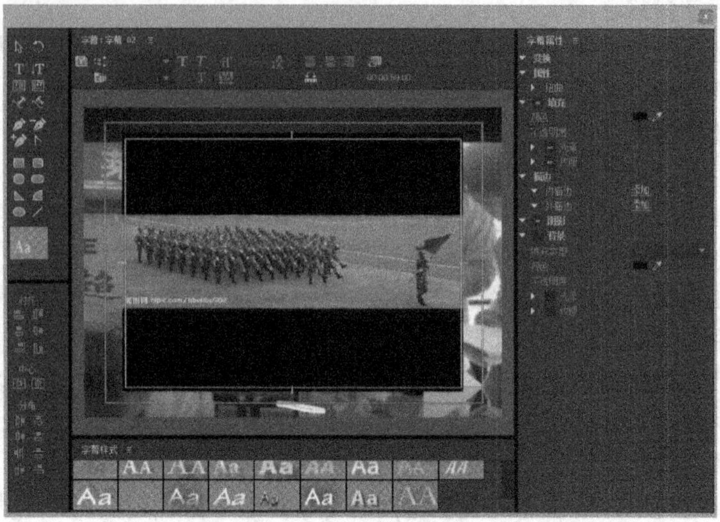

图 6-31　Adobe Premiere CC 字幕窗口结构

2）常用工具区域。常用工具区域主要针对多段文本、多个图形及图文混排时的规范化排版，主要提供对齐方式、等距排列等工具，方便排版，提高编辑效率。

3）文字属性设置。字幕属性设置区域是针对文本编辑的快速设置，主要提供字幕类型，文本编辑过程中字体、字间距、显示方式、排列方式等方案，可以提供快速的文本编辑方案。

4）字幕显示安全边界。字幕显示安全边界区域内的文本、图案等信息在电视画面合成、播出过程可以全部显示。

5）字幕显示警示边界。介于字幕显示警示边界和安全边界之间的文本、图案等信息在电视画面合成、播出过程可能出现不能全部显示的风险。

6）对象样式设置。对象样式设置区域集中了对文本内容定义的详细信息，是字幕编辑过程中重点设置的参数区，它集中了文本编辑过程中需要定义的字体、字号、位置、变形、填充、阴影等诸多参数。

7）对象样式预置。对象样式预置区域是针对对象样式设置内容复杂、效果设计困难而预置的诸多对象样式方案，方便用户操作。

（2）字幕编辑

1）设置字幕类型。启动 Adobe Premiere CC 字幕编辑窗口即默认建立一个字幕文件，单击文字属性设置区域左侧的字幕类型图标，打开字幕类型设置对话框，选择合理的字幕文件类型。若选择动态字幕，也可以对动态字幕的运动效果做简单的设置。

也可以通过“字幕→新建字幕→默认静态字幕（默认滚动字幕/默认游动字幕）”菜单命令直接打开新建字幕文件对话框，在其中设置字幕文件大小、文件名称即可。

2）文字编辑。选择编辑工具区域的文字编辑工具，在文字编辑区域内单击，定义文本的位置，即可输入文本。若运用的是路径文字工具，则需要先定义相应的路径，然后才可以输入文本。

如果需要简单图案，也可以运用相应的工具编辑绘制、编辑图案。

3）设置文字样式。对于编辑完的文字，若采用软件预置的样式效果，则在选中当前文本的条件下，在对象样式预置列表中，选择合理的样式效果，单击，即可将选中的对象样式效果直接运用于编辑的文本上。若对文本位置进行调整，也可以运用移动工具进行拖曳调整。

若要手动设置文字样式效果，在选中当前文本的条件下，通过设置对象样式的相关参数即可实现相应的文字显示效果。具体参数类型含义如下：

变换：主要用于调整文字的位置、长度、宽度、不透明度、文本的旋转等参数。

属性：主要用于调整文字的字体、字号、行间距、字间距、字符长宽比、文本大小写、文字下画线、扭曲等参数。

填充：用于调整文字的字体颜色及文字填充颜色的修饰。

描边：用于调整文字的轮廓线，通过对文本内容的内、外描边，强化、突出文本内容。

阴影：用于控制文字的阴影效果。描边、阴影组合设计，可以将平面文本模拟为简单的立体效果。

背景：给文字添加必要的背景颜色、图案。

这六类调整参数从不同的角度分别定义、修饰文本内容，虽然其作用不同，但参数设置方法基本相同。详细参数设置如图 6-32 所示。

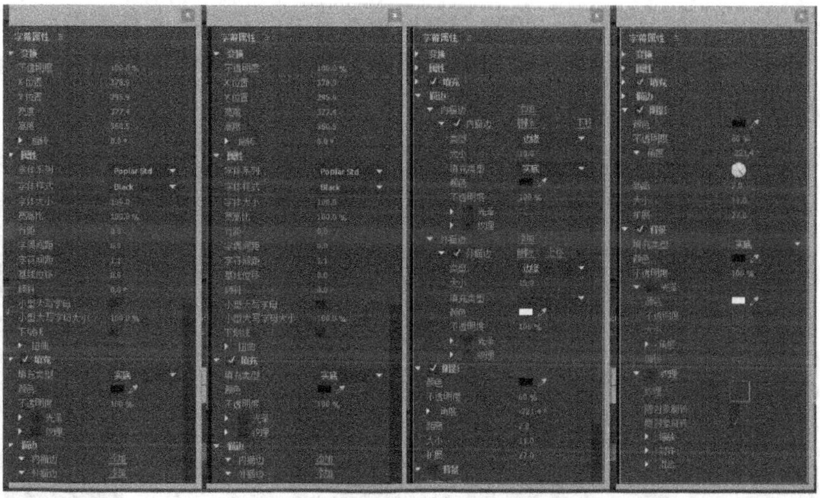

图 6-32　文本对象样式设置内容

若在字幕文件中涉及绘制的图案，对图案对象样式的设置也围绕变换、属性、填充、描边、阴影、背景这六个方面，参数设置方法相同。

4）字幕运用。字幕文件编辑完成后，单击字幕编辑窗口右上角的“关闭”按钮关闭字幕编辑窗口，软件自动保存字幕文件，并将字幕文件导入项目管理器窗口中。

将字幕文件从项目管理器窗口拖曳到时间线窗口，置于视频轨道 1 以外的轨道，字幕文件自动设置透明方式，将字幕内容与当前下一级别的视频轨道内容叠加，合成视频效果。

对于静态字幕文件也可以设置字幕的运动方式，形成动态效果。对于动态字幕，建议采用默认的动态效果即可。

12. 轨道管理

Adobe Premiere CC 在默认条件下设置为三个视频编辑轨道、三个音频编辑轨道和一个主音频输出轨道。在视频编辑过程中，若默认的编辑轨道不能满足编辑的需要，可以灵活地添加视频、音频编辑轨道；对于不需要的编辑轨道也可以删除。

添加轨道：在时间线窗口左侧轨道管理区的视频轨道上右击，在弹出的快捷菜单中选择“添加单个轨道”命令，即可添加一个视频轨道；在音频轨道上操作可添加一个音频轨道。若同时添加多个轨道，在轨道管理区上右击，在弹出的快捷菜单中选择“添加轨道”命令，在弹出的轨道添加窗口中选择要添加的轨道的数量、类别，单击“确定”按钮即可。

删除轨道的操作方法与添加轨道类似，只需在快捷菜单中选择“删除单个轨道”或“删除轨道”命令即可。

需要注意的是“视频轨道 1”、“音频轨道 1”、“主音频输出轨道”不能删除。

13. 输出影片

视频编辑完成后，调整时间线上的输出工作区的标尺，设置输出工作区的起始点和结束点，选择“文件→导出→媒体”菜单命令，打开如图 6-33 所示的输出影片窗口，选择视频输出格式，可根据需要选择 Windows Media 格式或 AVI 格式，其他参数一般采用默认设置，单击“导出”按钮即可合成、输出视频文件。所需的合成时间与视频合成的长短、编辑的复杂程度、计算机硬件配置的高低有关。

图 6-33 影片输出参数设置

6.5 屏幕录像软件

在制作多媒体教学过程动画文件时，有时需要将操作步骤和鼠标的移动轨迹、点击抓取下来，制作成多媒体教学课件，这样学生自己观看课件就能学会在计算机上如何操作，便于进行操作性教学知识的讲解和学习。屏幕录像软件可帮助我们完成此项工作。

6.5.1 屏幕录像专家软件

屏幕录像专家是一款专业级别的屏幕录像工具，它的操作界面并不复杂，任何用户都可以轻松地通过软件所设置的快捷按键录制自己想要的 WMV、AVI 等多种格式的视频。这款专业的软件最大的特点是能够具有长时间录像并保证声音完全同步的能力，功能可算是非常强大，是很多制作教学动画和录制视频节目的首选软件。

1. 运行屏幕录像专家软件

运行屏幕录像专家软件，打开“向导”窗口，根据需要选择录制视频的方法，如图 6-34 所示。

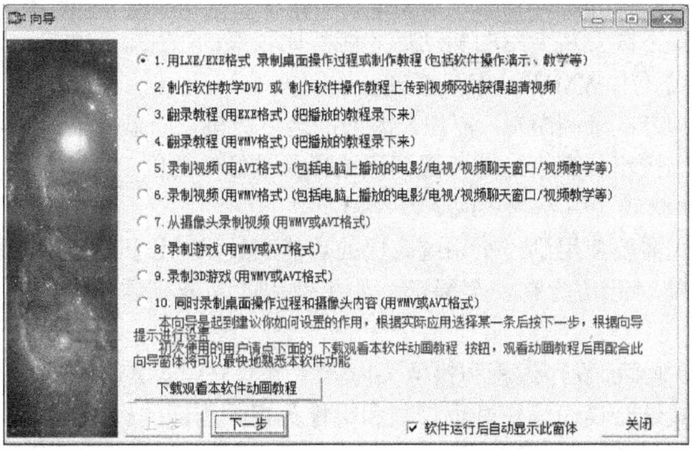

图 6-34 屏幕录像专家“向导”窗口

（1）用 LXE/EXE 格式录制桌面操作过程或制作教程

LXE/EXE 格式是使用独特的算法对动画进行无损压缩，得到文件较小的动画文件，适合于录制桌面操作过程或制作教程这种非 WMV 或 AVI 格式视频录制，制作好的文件较小且图像质量较好。EXE 和 LXE 格式相近，在软件内的操作方式相同。区别是 EXE 复制到其他计算机上可以直接播放，LXE 需要播放器播放。

EXE 的优点是复制到其他计算机上可以直接播放，不需要其他播放器支持；缺点是 EXE 格式文件容易感染病毒，从而造成教程无法播放。LXE 格式就没有 EXE 的缺点，但是需要使用软件自带的播放器或在网站上下载安装 LXE 播放器进行播放。

（2）制作软件教学 DVD 或制作软件操作教程上传到视频网站获得超清视频

使用该项录制视频选项，需使用该软件独特的“防止刻录成 DVD 后在 DVD 机上播放时画面闪动”和“部分画面自动跟随”功能，录制得到 LXE/EXE 教程可使用“编辑”菜单栏中格式转换功能进行其他视频格式转换。

（3）翻录教程（用 EXE 格式）

这里说的教程是指软件操作的教程等，如果是视频，不要使用此方式，用此方式录后如果发现文件太大，建议换成 WMV 格式录。

（4）翻录教程（用 WMV 格式）

这里说的教程是指软件操作的教程等，如果是视频，不要使用此方式。

（5）录制视频（用 AVI 格式）

打开本软件，勾选“基本设置”面板中的“录制视频”复选框，再打开被录的软件即可进行视频录制。要录的内容一定要以原大小播放，不要在全屏播放时进行录像，否则录到的视频画面会模糊且不连续。录制视频的视频格式为 AVI 格式。

（6）录制视频（用 WMV 格式）

录制方法和（5）一致，录制视频的视频格式为 WMV 格式。

（7）从摄像头录制视频（用 WMV 或 AVI 格式）

使用摄像头进行视频画面捕捉，进行视频录制。一些免驱动的摄像头如果录制效果始终不理想的话需要下载安装专用的驱动后才能有比较好的效果。

（8）录制游戏（用 WMV 或 AVI 格式）

使用该项录制方式录制游戏，需注意游戏的选中范围。如果要录的游戏不是全屏方式，选中“范围”单选按钮，直接拖动范围标记选择要录像的范围。

（9）录制 3D 游戏（用 WMV 或 AVI 格式）

该项录制方式需要使用到一些系统底层的功能和技术。出于对计算机系统的安全考虑，有些安全软件可能对此功能有安全提示，如果使用此功能则需选择信任，否则此功能将无法使用。

（10）同时录制桌面操作过程和摄像头内容（用 WMV 或 AVI 格式）

该项录制方式结合桌面操作过程录制和摄像头视频画面捕捉于一体，需注意录制内容之间的转换和实际需要是否一致。

2. 基本参数设置

进入基本设置面板，进行基本参数设置，如图 6-35 所示。

1）文件名选项。在该选项中可输入录制视频文件的名称。

2）临时文件夹选项。单击“选择”按钮，在该项中可设定录制视频文件的保存路径。

3）录制设置选项。该选项中有四个设置选项，分别如下：

① “同时录制声音”选项。勾选该复选框，录制视频文件的同时，录制设定声音，不勾选则不录制声音。

② “同时录制光标”选项。勾选该复选框，录制视频文件的同时，录制光标在计算机屏幕上的运动轨迹，不勾选则不显示光标运动轨迹。

③ “录制视频”选项。勾选该复选框，将录制视频内容，不勾选则不录制视频内容。

④ “录制透明窗体”选项。勾选该复选框，可以正常显示如任务栏、窗口标题栏等透明窗体，不勾选则无透明效果。勾选此复选框录像时会占用更多的系统资源，录制时光标可能会闪（录好后的文件播放时不会），建议确实有需要时再勾选，不要一直都勾选。

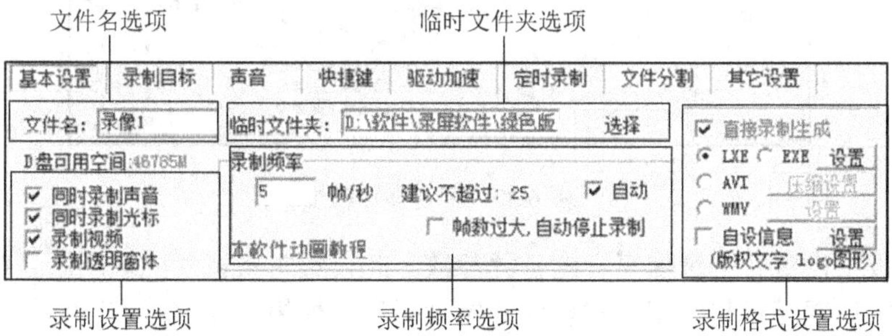

图 6-35　基本参数设置

4）录制频率选项。在该选项中，可以设定录制视频文件的频率。如果选中“自动”，那么软件会根据计算机系统性能产生一个比较合适的录制频率。勾选“帧数过大，自动停止录制”复选框，当视频录制帧数过大时，录制工作自动停止。

5）录制格式设置选项。在该选项中，可以设定录制视频文件的保存格式。

3. 录制目标设置

进入“录制目标”面板，进行相关参数设置，如图 6-36 所示。

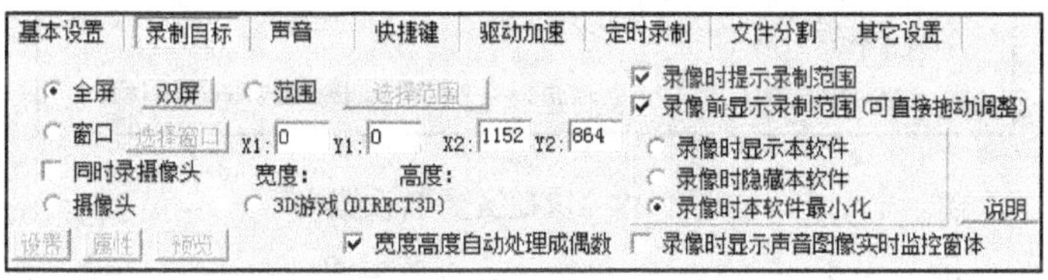

图 6-36　录制参数设置

录制目标有三种方式：全屏、窗口、范围。

如果要使用全屏方式，直接选中“全屏”单选按钮即可。

如果要使用窗口方式，选中“窗口”单选按钮，然后移动鼠标，当前被选中的窗口就会显示出来，选定窗口后，单击就可以了，被选定的窗口会在“帧浏览器”中显示出来。

如果要使用范围方式，选中“范围”单选按钮，然后可以直接修改范围坐标；也可以进行框选，只要单击“选择范围”按钮，然后在要选定范围的左上角单击，移动到要选定范围的右下角单击，被选定的范围的图像就会在“帧浏览器”中显示出来，坐标也会显示在范围坐标框内。录制完成后如果不再需要显示范围标记，只要取消勾选“录像前显示录制范围（可直接拖动调整）”复选框即可。

4. 声音设置

进入“声音”面板，进行相关参数设置，如图 6-37 所示。

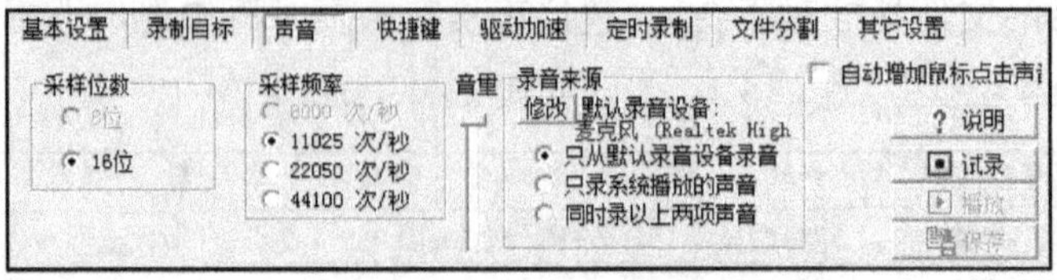

图 6-37　声音参数设置

在此面板中设置有关录像声音的各种参数。此设置对录像时的现场录音起作用，同时也对生成时的后期配音起作用。本软件开始录制后，如果有在屏幕右下角的系统托盘中显示录像状态图标，则可以从图标中看出录音的一些情况。

图标表示当前没有录到声音或录到声音的音量很小。

图标表示当前有录制到声音。

采样位数和采样频率，如果没有特殊需要，建议使用默认的参数。

5. 快捷键设置

进入“快捷键”面板，进行相关参数设置，如图 6-38 所示。

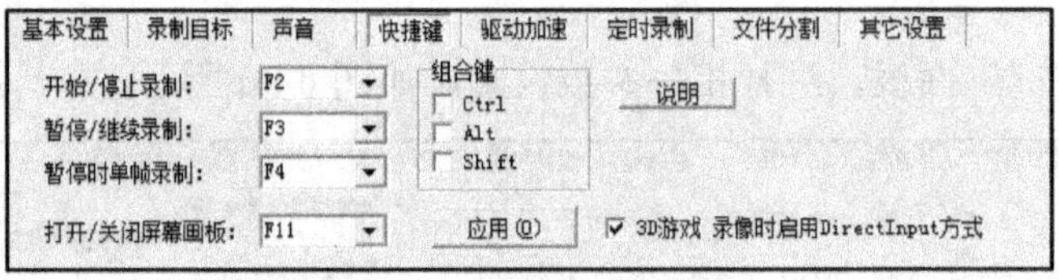

图 6-38　快捷键参数设置

在此面板中可以设置录像的有关快捷键，解决在录制时误按 F2 键或 F3 键，造成停止录像或暂停录像的情况。

6. 驱动加速设置

进入“驱动加速”面板，进行相关参数设置，如图 6-39 所示。

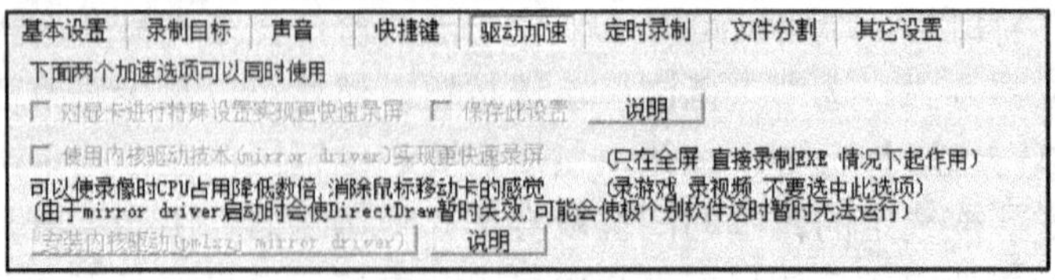

图 6-39　驱动加速面板设置

1）“对显卡进行特殊设置实现更快速录屏”选项。如果此选项处于无效状态，表示计算机录屏速度已经足够快，不需要使用此设置，或者表示计算机因为一些特殊原因而无法使用此设置。如果此选项处于有效状态，那么用户就可以通过勾选此复选框来实现录屏加速。

2）“使用内核驱动技术（mirror driver）可以实现更快速录屏”选项。使用该选项可以使录像时 CPU 占用率降低数倍，消除鼠标移动卡的感觉，并且可以设置使用比较高的录像频率，在一些硬件配制比较低的计算机上使用此功能效果更加明显。

7. 定时录制设置

进入“定时录制”面板，进行相关参数设置，如图 6-40 所示。

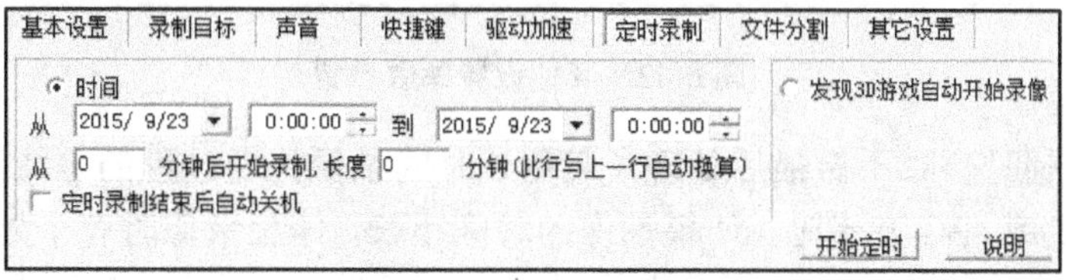

图 6-40　定时录制参数设置

设置开始时间和停止时间，设置好后单击“开始定时”按钮，此按钮变为“取消定时”，进行定时等待状态，在定时等待过程中不能对软件进行操作，到设置的开始录制时间后，软件会自动按设置开始录制，到停止时间时自动停止录像。

8. 文件分割设置

进入“文件分割”面板，进行相关参数设置，如图 6-41 所示。

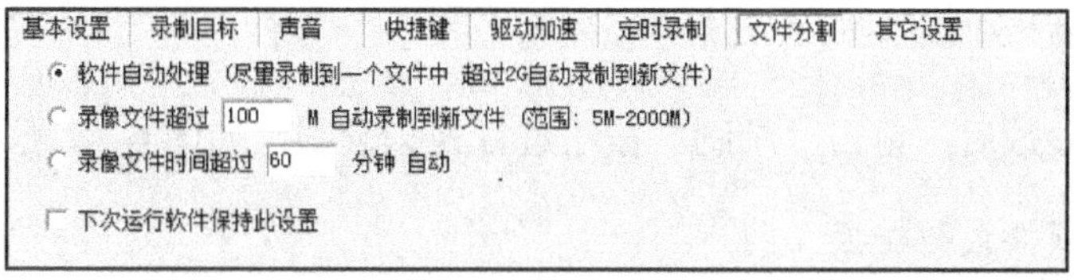

图 6-41　文件分割参数设置

文件分割功能选项是为了避免因为录制视频文件过大，在实际使用过程中出现问题而设置的。

1）软件自动处理选项。勾选该复选框，软件在录制视频过程中尽量将视频录制到一个文件中，但如果视频超过 2GB 将自动录制到新文件中，即以 2GB 大小为分割节点录制、分割视频文件。

2）以文件大小为节点设置分割选项。勾选该复选框，用户可以在选框中输入自动分割文件大小，软件在录制视频过程中将以用户提前设定的好的文件大小为节点，超过该节点大小自动将视频录制到新文件中。

3）以文件时间为节点设置分割选项。勾选该复选框，用户可以在选框中输入自动分割时间长度，软件在录制视频过程中将以用户提前设定的好的时间长度为节点，超过该节点时间长度自动将视频录制到新文件中。

9. 其他设置

进入其他设置面板，进行相关参数设置，如图 6-42 所示。

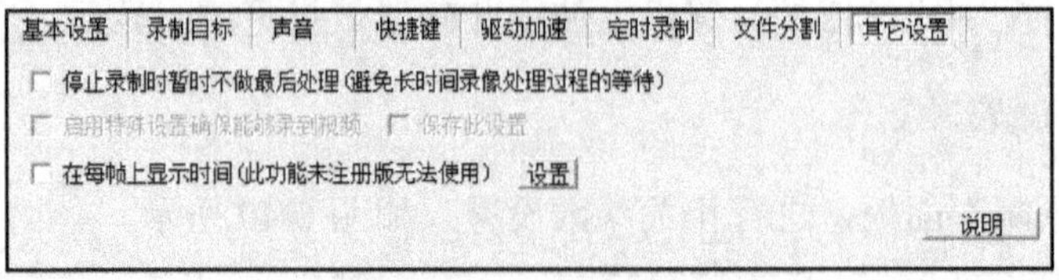

图 6-42 其他设置参数设置

1）“停止录制时暂时不做最后处理（避免长时间录像处理过程的等待）”选项。使用直接录制生成 EXE 或 AVI 方式时，如果录像的时间很长，停止录像时有个处理的过程，这个处理的时间可能会比较长。勾选“停止录制时暂时不做最后处理”复选框，在停止录像时就不需要等待处理过程。但停止后文件是未最后完成的，不能直接播放。需要在录像文件列表中点击此文件确定继续进行文件处理，使软件自动完成此文件。

2）“启用特殊设置确保能够录到视频”选项。如果出现按照软件操作顺序打开软件但录不到视频的情况，请选中该选项可以确保能够录到视频。但在视频录制过程中会牺牲一些性能，或可能会造成一些程序无法运行。

3）“在每帧上显示时间”选项。勾选“在每帧上显示时间”复选框后，录制得到的文件每帧上都会显示当时时间。显示的字体、位置等可以单击“设置”按钮进行设置。

10. 录制视频

设置好录制参数后，单击“录制”按钮进行视频录制，如图 6-43 所示。

11. 录制视频格式的转换

视频录制结束后，选中需要进行格式转换的视频，选择“工具→EXE/LXE 转成 WMV”菜单命令，可将视频转换为需要的格式，如图 6-44 所示。

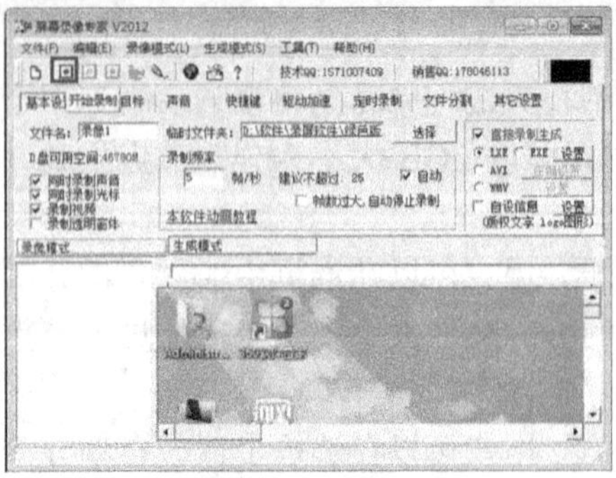

图 6-43 视频录制

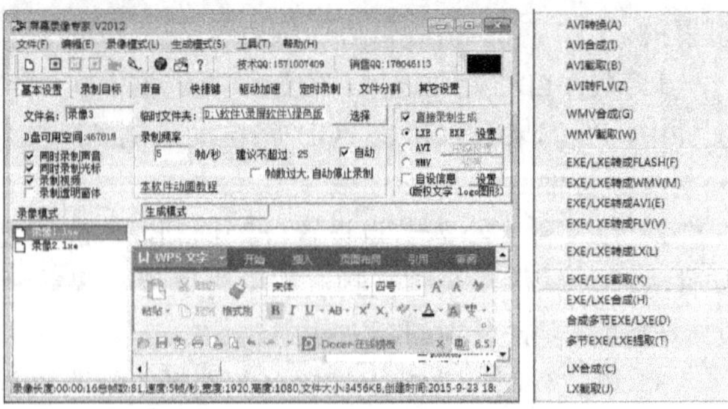

图 6-44 视频格式转换设置

12. 录制视频的截取

1）视频录制结束后，选中需要进行截取的视频，选择“工具→EXE/LXE 截取”菜单命令，可将视频截取到指定长度，如图 6-45 所示。

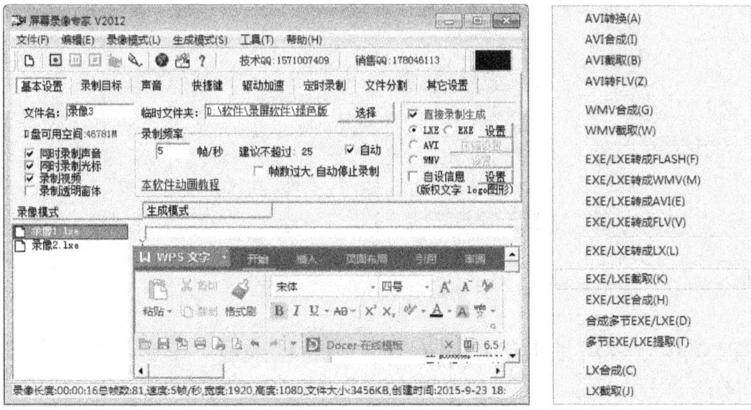

图 6-45　视频截取设置

2）在截取视频编辑界面中，拖动鼠标选择视频截取的起始位置单击“定义开始”按钮，设定视频截取起始点；选择视频截取的结束位置单击“定义结尾”按钮，设定视频截取结束点。如果设定不精确，可使用“前一帧”和“后一帧”按钮进行精确选择。可使用“播放”按钮进行截取视频播放。

3）设定完成后，单击“截取”按钮进行截取视频，如图 6-46 所示。

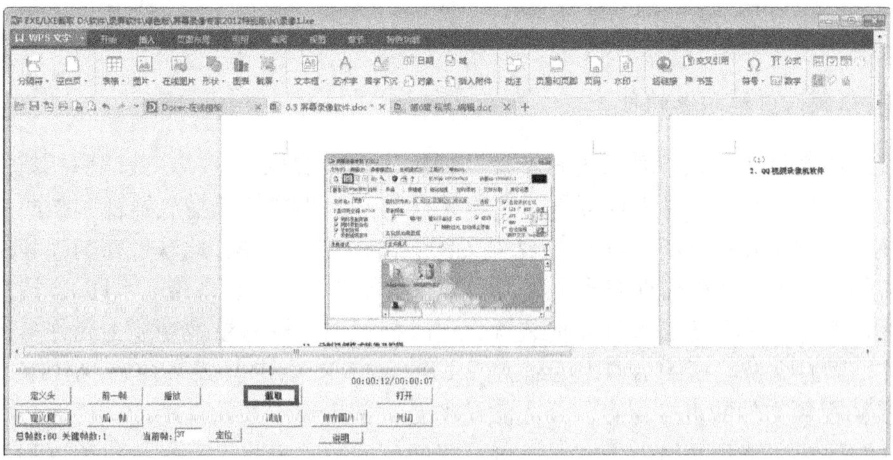

图 6-46　视频截取设置

13. 录制视频的合成

1）视频录制结束后，选择“工具→EXE/LXE 合成”菜单命令，可将几段视频合成到一起，如图 6-47 所示。

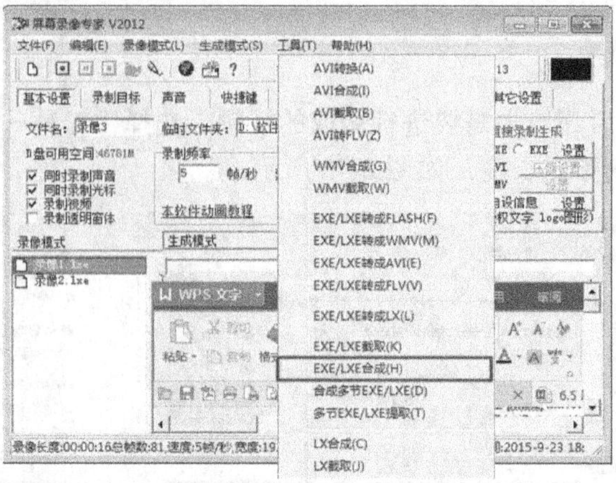

图 6-47 视频合成选项

2）在打开的视频合成对话框中添加需要合成的视频后，单击“合成”按钮进行视频合成，如图 6-48 所示。

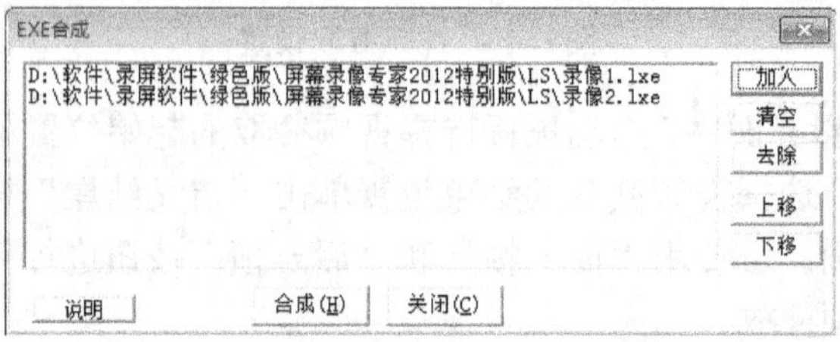

图 6-48 视频合成设置

6.5.2 其他屏幕录像软件

1. 超级捕快屏幕录像软件

超级捕快屏幕录像软件是国内首个拥有捕捉家庭摄像机（DV）、数码照相机（DC）、摄像头、TV 电视卡、计算机屏幕画面、聊天视频、游戏视频或播放器视频画面并保存为 AVI、WMV、MPEG、SWF、FLV 等视频文件的优秀录像软件。此软件在捕捉和录制细节上表现出色，例如允许在捕捉视频上添加日期、叠加文字、叠加图像（水印）、捕捉的各种喜好设置、兼容一个系统的多种捕捉装置、定时捕捉以及屏幕录像功能上允许多种局部捕捉方案等，同时支持非压缩 AVI、压缩 AVI（包括 DivX/XviD）或 WMV、MPEG、SWF、FLV 等多种视频文件的直接保存。令人激动的是，其内置广播软件功能，可以将硬件实时动态录到的视频广播到网络，人们通过浏览器即可同时共享收看，当然也可以利用这个功能作为远程监控软件使用。此外，它还具备 DJ 广播功能，可以将计算机上的视频、音频文件广播到网络供使用者收看或收听，并支持节目列表编辑，这些设计都堪称前卫，该软件主界面如图 6-49 所示。

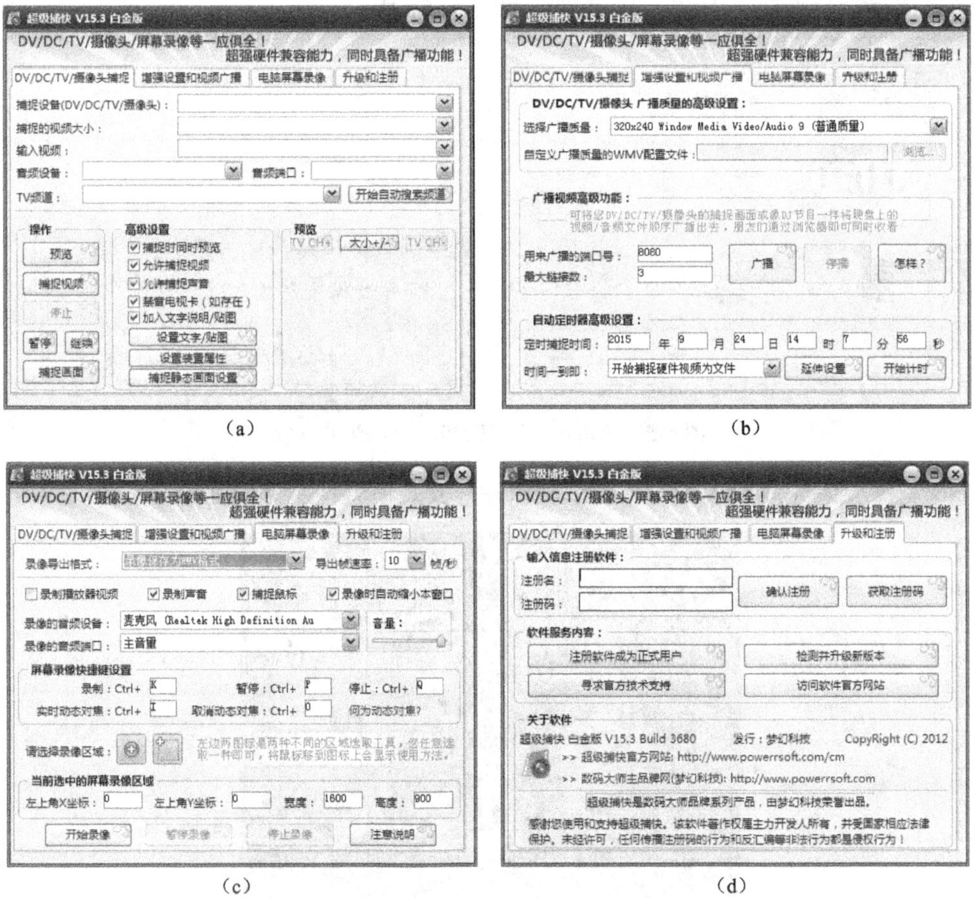

图 6-49　超级捕快界面效果

2. QQ 视频录像机软件

QQ 视频录像机软件可进行免费录制 QQ 聊天视频、MSN 聊天视频、UC 聊天视频、ICQ 聊天视频、泡泡聊天视频、雅虎通聊天视频、网络视频聊天室、网络电视、电影片断、MTV 录像、卡拉 OK 录像、个人视频、可视邮件、教程和课件及帮助手册使用的动画演示。由于该软件是由微软公司的最新编程语言 .Net 编写的，因此在安装该录屏软件时，会打开如图 6-50 所示的安装提示对话框。

图 6-50　Microsoft .NET framework 安装提示对话框

单击“确认”按钮，安装 .Net 框架，如图 6-51 所示。

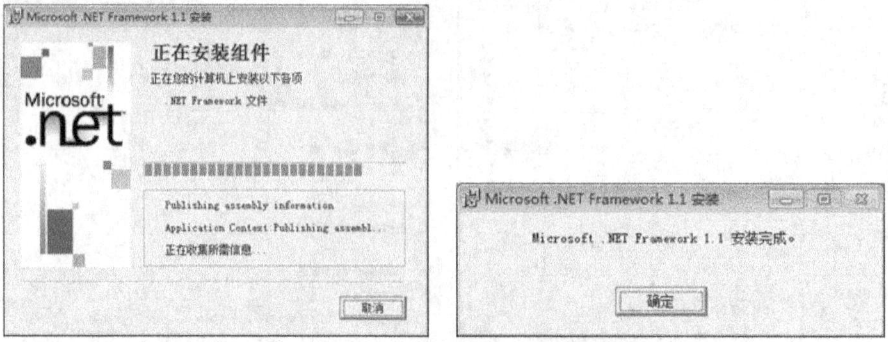

图 6-51　Microsoft .NET framework 的安装

.Net 框架安装完成后才可安装该录屏软件，安装后软件主界面如图 6-52 所示。

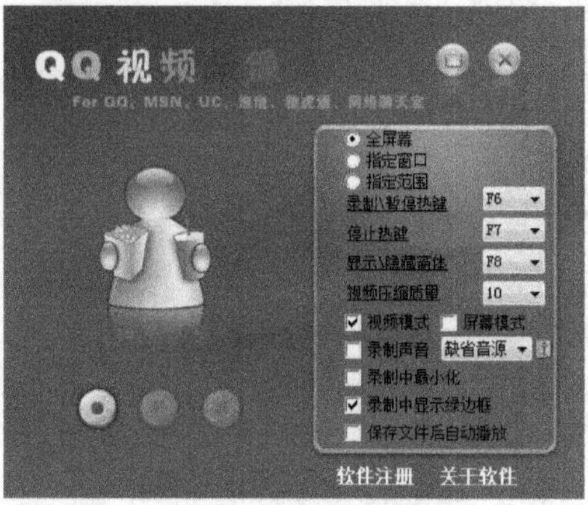

图 6-52　QQ 视频录像机主界面

在主界面上设置好相应参数后，单击“录制”按钮即可开始视频录制。

6.6　综合设计——《Windows Movie Maker 教学》视频短片制作

通过《Windows Movie Maker 教学》视频短片的制作，了解视频格式的转换方法，掌握音、视频素材的获取过程，熟练掌握 Windows Movie Maker 基本运用，并通过对教学视频的制作了解视频编辑的全部流程。

操作步骤如下。

1. 节目策划

（1）教学内容的选择

本视频编辑以 Windows Movie Maker 教学过程演示为例，简单介绍 Windows Movie

Maker 视频编辑过程。

（2）教学方式

教学内容的表达方式以软件操作演示为主，配合软件操作，做必要的文字、解说等内容。

（3）教学内容

教学视频内容：在简单介绍视频编辑软件前提下，重点介绍视频编辑（包括镜头编辑、视频转换，视频滤镜）、声音编辑（包括声音编辑、音量调整、旁白录制）、片头和片尾字幕运用、视频合成等内容。

结合上述内容，熟悉 Windows Movie Maker 软件操作，掌握素材的获取方法。并根据教学内容的表达，结合软件的操作步骤写出教学短片的脚本。

2. 素材获取

（1）通过网络获取（下载、屏幕录像）素材

下载：通过网络找到需要下载的相应内容，通过下载工具下载即可，如图 6-53 所示。

屏幕录像：通过网络查询打开相应的频教学网页。运行屏幕录像软件（本样例以屏幕录像专家为例演示），对录像参数做必要的设置，如“录制频率”设置为 25，保存类型为 AVI。录像区域设置如图 6-54 所示。播放网页内容即可进行屏幕录像。

（2）软件演示过程中自行获取相关素材

在熟悉运用 Windows Movie Maker 软件的基础上，运用屏幕录像软件将 Windows Movie Maker 的操作过程进行录像，并可以根据实际需要做相应截图。录像参数设置可以参考图 6-54 所示。

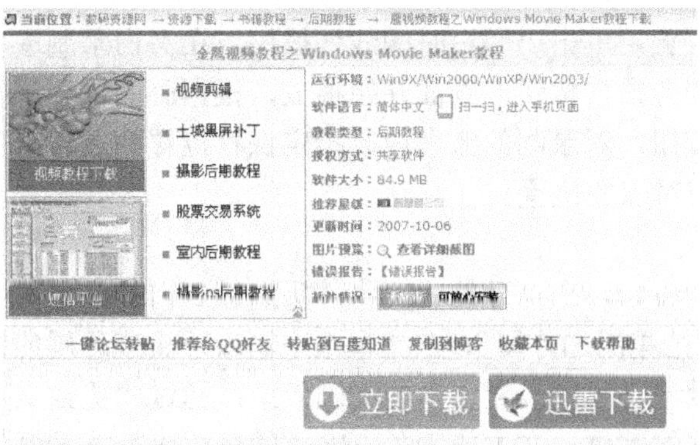

图 6-53　视频下载

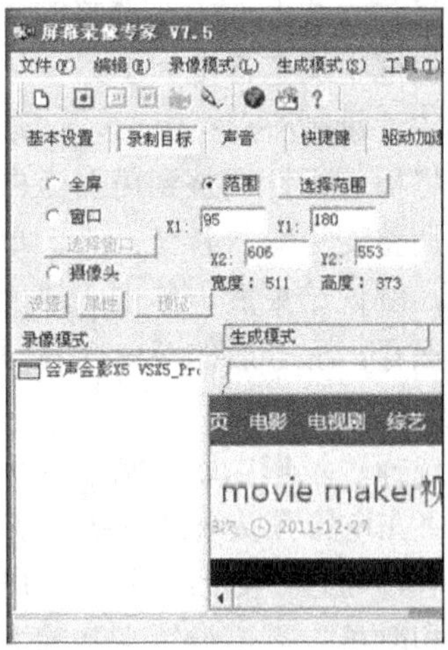

图 6-54　屏幕录像区域设置

（3）素材格式转换

对于网络下载的视频素材根据 Windows Movie Maker 兼容性的需要，运用相应的视频格式转换软件做必要的格式转换。对于运用屏幕录像专家录制的 AVI 或 WMV 文件无须格式转换。

3. 编辑

运行 Windows Movie Maker。

（1）导入素材

通过“捕获视频→导入视频/图片/音频或音乐”命令将已获取的素材导入收藏夹中。

（2）编辑视频

按照节目策划的需要，将相应的视频素材依次拖曳到时间线上，根据需要，运用“剪裁剪辑”工具或“将剪辑拆分为二个剪辑”工具调整视频素材的出点、入点，视频素材的持续时间，如图 6-12 所示。

（3）视频切换

选择“编辑电影→查看视频过渡”命令，打开视频过渡收藏夹，选择合理的视频过渡效果拖曳到两个视频剪辑之间，参见图 6-13。

（4）视频特效

选择“编辑电影→查看视频效果”命令，打开视频效果收藏夹，选择合理的视频效果拖曳到相应的视频剪辑上。或参见图 6-14 所示添加视频特效。

（5）编辑声音

按照节目策划的需要，将相应的音频素材依次拖曳到时间线上，根据需要，运用“剪裁剪辑”工具或“将剪辑拆分为二个剪辑”工具调整音频素材的出点、入点，视频素材的持续时间。

（6）调整音量

在时间线上选中要调整的声音文件，右击，在弹出的快捷方式中选择“音量”命令，在调整框中调整音量大小。

（7）录制旁白

将播放指针调整到需要旁白的时间位置，单击“旁白时间线”按钮，在旁白录制窗口适当调整麦克输入音量大小，单击“开始旁白”按钮，画面开始播放，根据画面内容进行解说，解说结束后，单击“停止旁白”按钮，对录制的旁白内容指定保存位置和文件名后进行保存，保存后的旁白内容即添加到相对应的位置。

（8）添加字幕

选择“编辑电影→制作片头或片尾”命令，在打开的“要将片头添加到何处”界面中选择“在电影开头添加片头”或“在电影结尾添加片尾”，在文本框中输入片头或片尾的文本内容，通过“更改片头（片尾）动画效果”可以设置文本的动画效果；通过“更改文本字体和颜色”可以设置文本的大小、文本的字体、文本的颜色、文本的透明度、背景颜色等内容。

若在任意剪辑之上添加字幕，在时间线上选中相应的剪辑，选择“编辑电影→制作片头或片尾”命令，在打开的“要将片头添加到何处”界面中选择“在时间线中的选定剪辑之上添加片头”，在文本框中输入文本内容。设置方式同上。

若在任意剪辑之前添加字幕，在时间线上选中相应的剪辑，选择“编辑电影→制作片头或片尾”命令，选择“在时间线中的选定剪辑之前添加片头”，在文本框中输入文本内容。

设置方式同上。

4. 合成电影

（1）自动合成

对于简单的编辑适合自动合成电影，选择合适的电影类型，如果需要添加片头字幕、背景音乐等内容，也可以通过“输入电影的片头文本”、“添加音频或背景音乐”等内容然后再合成。

（2）合成电影

选择“完成电影→保存到我的计算机”命令，打开“保存电影向导”对话框，选择文件的保存位置和文件名，默认操作即可。若要设置文件的压缩比，则在设置好文件的保存位置和文件名后不用默认的“在我的计算机上播放的最佳质量（推荐）”，而选择“显示更多选项→其他设置”命令，在“其他设置”下拉列表中选择合理的选项。合成时间根据编辑内容长短、编辑的复杂程度不同而不同。

思　考　题

1．选择题

（1）以下不属于电视信号标准的是（　　）。

A．PAL　　B．NTSC　　C．BMP　　D．HDTV

（2）以下文件类型中，（　　）不是视频文件。

A．FLV　　B．RMVB　　C．TIF　　D．MOV

（3）以下关于视频信号的叙述中不准确的是（　　）。

A．视频信号也需要进行模数转换，才能运用计算机编辑

B．数字化视频信号无需压缩可以直接编辑

C．数字化视频信号不同格式之间可以进行转换

D．不同格式的视频信号兼容性也不同

（4）以下关于狸窝视频转换器的说法中不正确的是（　　）。

A．可以兼容大多数视频格式之间的转换

B．可以实现简单的视频编辑

C．可以将 WMV 转换为 TXT

D．可以将 WMV 转换为 RMVB

（5）以下关于 Windows Movie Maker 的说法中不正确的是（　　）。

A．与相关硬件配合可以直接录制视频

B．视频效果添加后不能修改

C．视频效果可以添加多个

D．视频转换效果只能用一个

（6）在 Windows Movie Maker 中默认合成输出的文件类型为（　　）。

A．WAV　　B．MP3　　C．WMA　　D．AVI

（7）以下关于魔影工厂视频转换软件的说法中不正确的是（　　）。

A．可以将 AVI 转换为 MP4　　B．可以将 AVI 转换为 RMVB

C．可以将 AVI 转换为 WMV　　D．可以将 AVI 转换为 WMA

（8）以下关于屏幕录像专家的说法中不正确的是（　　）。

A．屏幕录像区域可以根据需要自由调整

B．录像视频只能保存为 WMV 格式

C．可以进行定时录像设置

D．录像时可以同步录制解说

（9）以下关于 Premiere 视频编辑的说法中不正确的是（　　）。

A．Premiere 视频编辑默认有三个视频轨道

B．同一视频轨道中的两段素材可以添加视频转换效果

C．两个相邻轨道中的两段素材不能添加视频转换效果

D．视频效果添加的先后顺序不同，最终呈现的视频效果也不同

（10）以下关于 Premiere 视频编辑的说法中正确的是（　　）。

A．Premiere 视频编辑只有三个视频轨道

B．通过视频效果的运用可以实现视频素材的局部透明

C．通过视频转换的运用可以实现多个视频素材的叠加

D．通过视频转换的运用可以实现视频素材的局部透明

2．简答题

（1）简述利用狸窝视频转换器转换文件格式的方法。

（2）简述利用 Windows Movie Maker 编辑视频的过程。

（3）简述利用 Adobe Premiere CC 快速编辑视频的方法。

（4）简述屏幕录像专家的使用方法。

第 7 章　图像编辑软件——Adobe Photoshop CC

学习目标

通过对本章的学习，学生应了解多媒体图像方面的基础知识，包括图像分辨率、图像格式和颜色模式等；熟练应用 Photoshop CC 进行图像处理和平面设计，包括图像的绘制与修饰、图像的颜色与色调的调整、图层的操作、蒙版、滤镜的应用等。

7.1　图像文件相关概念

7.1.1　图像分辨率

在 Photoshop 中，像素和分辨率是常用的两个概念，对它们的设置决定了图像的尺寸和清晰度。

像素是用来计算数码影像的一种单位，实际上只是屏幕上的一个光点。在计算机显示器、电视机、数码照相机等的屏幕上都使用像素作为它们的基本度量单位，屏幕的分辨率越高，像素则越小。

分辨率是数码影像中的一个重要概念，是指在单位长度中所表达或获取像素数量的多少。图像分辨率使用的单位是 PPI（Pixel Per Inch），即每英寸所表达的像素数目，用于屏幕的显示领域。打印分辨率使用的单位是 DPI（Dot Per Inch），即每英寸所表达的打印点数，用于打印或印刷领域。

7.1.2　位图与矢量图

位图与矢量图，是根据运用软件及最终存储方式的不同而生成的两种不同的文件类型。

1. 位图

位图又被称为“栅格图像”或者“点阵图像”，是由很多个小方块一样的颜色网格组成的图像。位图中的像素由其位置值与颜色值表示，也就是将不同位置的像素设置成不同的颜色，即组成了一幅图像。位图的特点是文件所占的空间大、会产生锯齿。

位图图像在表现色彩、色调方面的效果比矢量图优越。

2. 矢量图

矢量图又称为“矢量形状”或“矢量对象”，是由图形的集合特性来表述组成的图像，其特点如下：

1）文件小。矢量图中保存的是线条和图块的信息，所以矢量图形与分辨率和图像大小无关，只与图像的复杂程度有关。

2）图像大小可以无极缩放。对图形进行缩放、旋转或变形操作时，图形仍具有很高的显示和印刷质量，且不会产生锯齿模糊效果。

3）可采取高分辨率印刷。矢量图像在设计中应用得较为广泛，如 Flash 动画、广告设计。

7.1.3 图像格式

图像压缩存储的方式多样，常见的文件格式的特点和适用软件也有差异。常见的图像格式有 PSD 格式、JPEG 格式、GIF 格式、PNG 格式、BMP 格式、TIFF 格式、EPS 格式和 AI 格式等。

PSD 格式：是 PS 的专用格式，它能保存图像数据的每一个细节，可以存储为 RGB 或 CMYK 颜色模式，还可以保存图像中各图层的效果和相互关系，各图层之间相互独立，便于对单独的图层进行修改和制作各种特效。唯一的缺点是存储的图像文件特别大。

JPEG 格式：最卓越的有损压缩格式。在文件压缩前，可选择所需图像的最终质量，能有效控制 JPEG 在压缩时的数据损失量。该格式支持 CMYK、RGB 和灰度颜色模式的图像，不支持 Alpha 通道 PSD 格式。

GIF 格式：几乎所有软件都支持该格式，主要用于网络传输。它能存储背景透明化的图像形式，并且可以将多张图像存储成一个档案，形成动画效果。最大的不足是只能处理 256 种色彩的文件。

PNG 格式：可以使用无损压缩文件，支持带一个 Alpha 通道的位图、索引颜色模式。PNG 格式与 GIF 格式的不同是，PNG 格式支持 24 位图像并产生无锯齿状的透明背景。

BMP 格式：也是 Photoshop 最常用的点阵图格式之一，支持多种 Windows 和 OS/2 应用程序软件，支持 RGB、索引颜色、灰度和位图颜色模式的图像，但不支持 Alpha 通道。

TIFF 格式：最常用的图像文件格式，它既应用于 MAC，也应用于 PC。该格式文件以 RGB 全彩模式存储，在 Photoshop 自身格式外，唯一能存储多个通道的文件格式。

EPS 格式：是 Adobe 公司专门为存储矢量图形而设计的，用于在 PostScript 输出设备上打印，它可以使文件在各个软件之间进行转换。

AI 格式：是一种矢量图形格式，在 Illustrator 中经常用到，它可以把 PS 中的路径转化为“.AI”格式，然后在 Illustrator 或 CoreDRAW 中将文件打开，并对其进行颜色和形状的调整。

7.1.4 颜色模式

图像的颜色模式是指图像在显示及打印时定义颜色的不同方式。计算机软件系统为用户提供的颜色模式主要有 RGB 颜色模式、CMYK 颜色模式、Lab 颜色模式、位图颜色模式、灰度颜色模式和索引颜色模式等。每一种颜色都有自己的使用范围和优缺点，并且各模式之间可以根据处理图像的需要进行模式转换。

1. RGB 颜色模式

RGB 颜色模式是屏幕显示的最佳模式，该模式下的图像是由红（R）、绿（G）、蓝（B）三种基本颜色组成的，这种模式下图像中的每个像素颜色用 3 个字节（24 位）来表示，每一种颜色又可以有 0～255 种的亮度变化，所以能够反映出 1670 多万种颜色。

RGB 颜色模式又称加色模式，因为每叠加一次具有红、绿、蓝亮度的颜色，其亮度都有所增加，红、绿、蓝三色相加为白色。显示器、扫描仪、投影仪、电视等的屏幕都采用这种模式。

2. CMYK 颜色模式

CMYK 颜色模式又称“减光”模式，是一种印刷模式。该模式中 CMY 代表三种印刷油墨，Cyan（青色）、Magenta（洋红）和 Yellow（黄色），K 代表 Black（黑色）。与 RGB 颜色模式相比，CMYK 颜色模式包含的颜色总数较少，所以印刷的图像没有显示器上看到的图像亮丽。

3. Lab 颜色模式

Lab 颜色模式是最接近真实世界颜色的一种色彩模式，它同时包括 RGB 颜色模式和 CMYK 颜色模式中的所有颜色信息。Lab 颜色模式由照度（Luminosity）和 a 分量、b 分量三个部分组成。在 Adobe 的颜色调板中，Lab 颜色模式的亮度分量（L）范围是 0～100，a 分量（绿色—红色轴）和 b 分量（蓝色—黄色轴）的范围是 127～128。

4. 位图颜色模式

位图颜色模式是指使用两种颜色值（黑色或白色）中的一个来表示图像中的像素。如将图像转换为位图颜色模式，图像颜色会减少到只有黑白两种颜色，随着图像颜色信息的减少，图像文件也随之变小。

5. 灰度颜色模式

灰度颜色模式是用单一色调来表现图像，不同的图像的灰度级数范围也各不相同。在 8 位图像中，最多有 256 级灰度，每个像素拥有一个介于 0（黑色）～255（白色）中的亮度值。而在 16 位和 32 位灰度图像中，图像的灰度级数范围就比 8 位图像大多了。

6. 索引颜色模式

索引颜色模式是对采用 RGB、CMYK 等更为基本的颜色编码方法编码的位图图像，通过限制图像中的颜色总数，实现有损压缩的一种编码方法。索引颜色模式可以生成最多 256 种颜色的 8 位图像文件。如需将图像转换为索引颜色模式，则图像必须是 8 位/通道的图像、灰度图像或者 RGB 颜色模式的图像。

7.2 Adobe Photoshop CC 软件操作

7.2.1 Adobe Photoshop CC 的操作界面

1. 认识 Adobe Photoshop CC 操作界面

选择“开始→所有程序→Adobe→Photoshop CC”菜单命令，或者双击桌面上的快捷方式图标，启动后就可以看到 Photoshop CC 的工作界面，如图 7-1 所示。

图 7-1 Photoshop CC 的工作界面

（1）菜单栏

在 Photoshop CC 的菜单栏中，包括文件、编辑、图像、图层、类型、选择、滤镜、3D、视图、窗口和帮助，共 11 组主菜单。单击主菜单，可以查看该主菜单下的子菜单命令。

（2）标题栏

在 Photoshop CC 中，打开文件后，会自动创建一个标题栏。标题栏会显示该文件的名称、格式、窗口缩放比例以及颜色模式等信息。

（3）文档窗口

在 Photoshop CC 中，打开一张图像后，会显示在文档窗口中。如果在 Photoshop 中打开多张图像，文档窗口会以选项卡的方式显示。如需选择图像进行编辑，单击该图像的文档窗口的标题栏，即可将其设置为当前工作窗口。

（4）工具箱

“工具箱”的工具共分为 8 组，包括选择工具、裁剪工具、吸管工具、修饰工具、路径与矢量工具、文字工具、导航工具和设置前/背景色的工具。此外，还有“以快速蒙版模式编辑”的工具。

选择工具时，使用鼠标左键单击该工具，如果发现该工具右下角带有三角形图标，表示该工具属于工具组，使用鼠标右键单击该工具，弹出工具组中隐藏的工具。图 7-2 所示是工具箱中所有隐藏的工具。

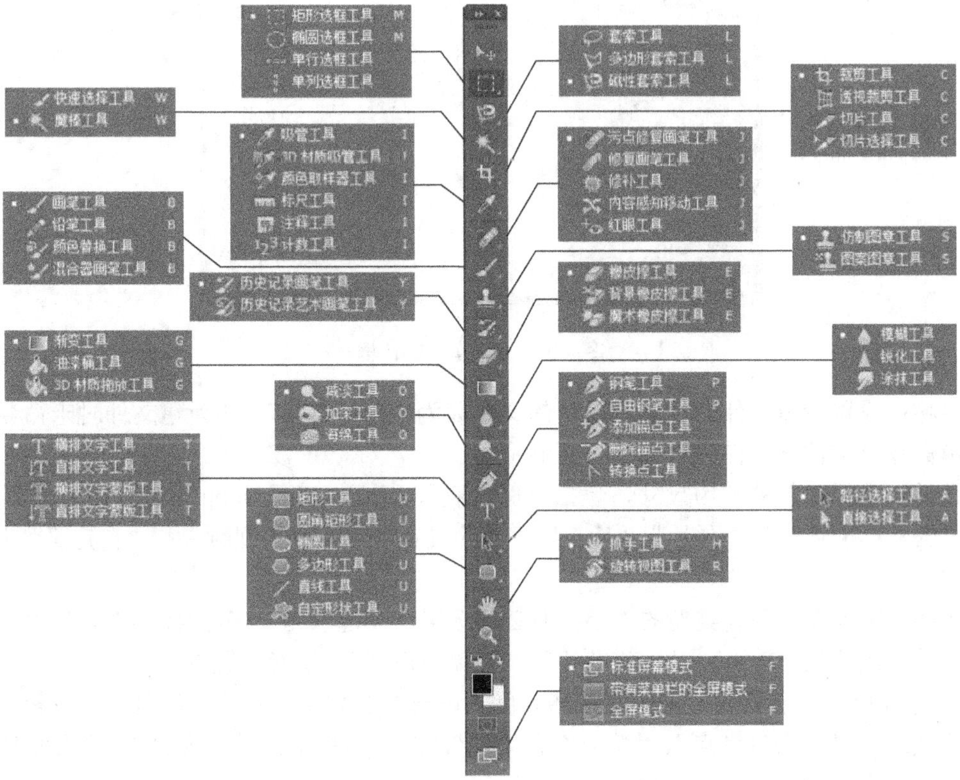

图 7-2 Photoshop CC 的工具箱

（5）选项栏

不同的工具的设置选项不尽相同，选项栏的主要功能是设置选中工具的参数选项。

（6）状态栏

状态栏主要显示当前文档的大小、文档尺寸、当前工具和窗口缩放比例等信息。

（7）面板

Photoshop CC 共有 26 个面板，通过修改面板的设置参数，可以对图像进行编辑或对操作进行控制。在操作中，如果无意中关闭某个面板，如“图层”面板，通过“窗口→图层”菜单命令就可以再次在工作界面中显示出来。

2. 文件的基本操作方法

在 Photoshop CC 中，最基本的操作包括文件的创建、打开、置入、导入/导出、保存、关闭、复制等，掌握这些基本的操作方法，是灵活应用 Photoshop 的基础。

（1）新建文件

如果要新建文件，可以选择“文件→新建”菜单命令或按快捷键 Ctrl+N，打开“新建”

对话框，设置新建文件的名称、尺寸、分辨率、颜色模式等。“新建”对话框如图 7-3 所示。

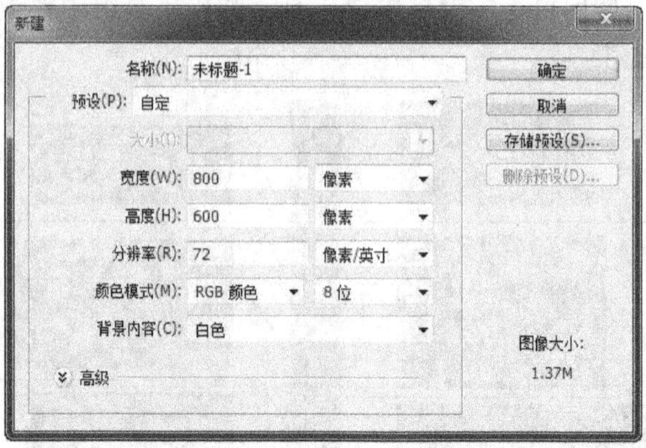

图 7-3　“新建”对话框

名称：设置新建文件的名称，默认的文件名为“未标题-1”。如新建文件时未命名，通过菜单命令“文件→存储为”对文件重新命名。

预设：选择内置的常用尺寸，包括“剪贴板”、“默认 Photoshop 大小”、“美国标准纸张”、“国际标准纸张”、“照片”、“Web”、“移动设备”、“胶片和视频”和“自定义”共计 9 个选项。

大小：用于设置预设类型的大小，但必须选用预设选项为 “美国标准纸张”、“国际标准纸张”、“照片”、“Web”、“移动设备”、“胶片和视频”，才能设置大小。

宽度/高度：用于设置文件的宽度和高度。可选择的文件尺寸的单位包括“像素”、“英寸”、“厘米”、“毫米”、“点”、“派卡”和“列”，最常用的单位是“像素”。设置时须先选择单位，再设置数值。

分辨率：用于设置文件的分辨率的大小，分辨率的单位包括“像素/英寸”和“像素/厘米”。一般来说，图像分辨率越高，印刷质量越好。

颜色模式：用于设置文件的颜色模式和相应的颜色深度。

背景内容：用于文件的背景内容，包括“白色”、“背景色”和“透明”。

（2）打开文件

如果需要处理已经准备好的图片，可以选择“文件→打开”菜单命令或按快捷键 Ctrl+O，打开“打开”对话框，根据文件存储的路径选择要打开的文件，单击“打开”按钮或双击文件，即可在 Photoshop 中打开该文件。“打开”对话框和图像文档窗口如图 7-4 和图 7-5 所示。

如果最近打开过该文件，则通过“文件→最近打开为”菜单命令选择最近使用过的文件，单击相应文件名即可打开。如需同时打开多个文件，在“打开”对话框中，按住 Shift 键点选文件，可选中多个连续的文件；按住 Ctrl 键点选文件，可选中多个不连续的被点选文件。

（3）置入文件

置入文件是将图片、照片或 Photoshop 支持的文件作为智能对象添加到当前操作的文档中。新建文档后，通过“文件→置入”菜单命令，在打开的对话框中选择文件置入到 Photoshop 中。

在置入文件时，置入的文件将自动放置在画布的中间，并保持其原始宽高比例。如置入的文件比当前正在编辑的图像大，会将文件重新调整到与画布相同尺寸。置入后，可以对智能对象进行缩放、定位、斜切等操作，且不会降低图像质量。

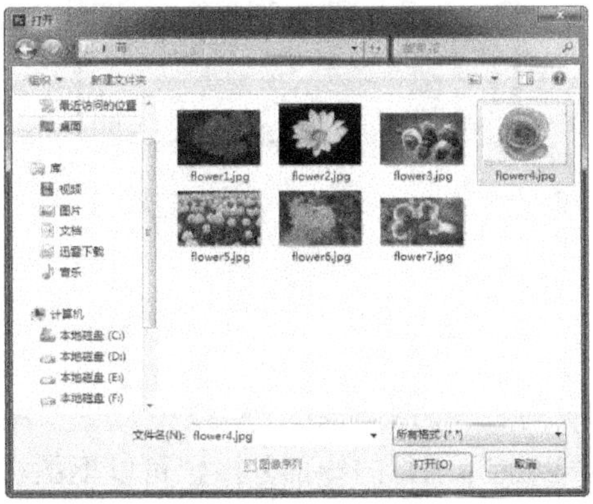

图 7-4　“打开”对话框

图 7-5　文档窗口

（4）导入与导出文件

Photoshop 可以编辑变量数据组、视频帧到图层、注释和 WIA 支持等。新建或者打开图像文件后，通过“文件→导入”菜单命令中的子菜单命令，将文件导入 Photoshop 中进行编辑。“导入”菜单和“导出”菜单如图 7-6 和图 7-7 所示。

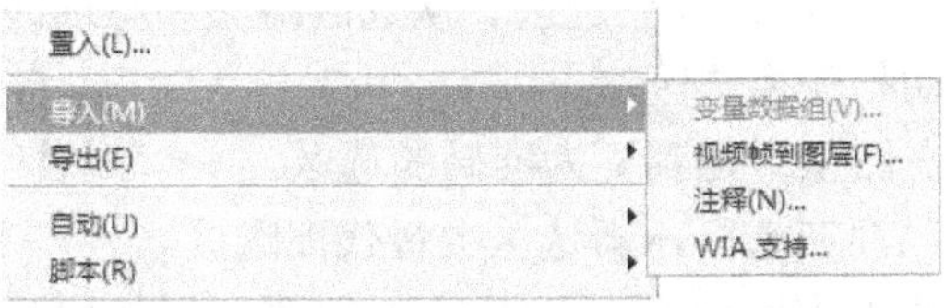

图 7-6　“导入”菜单

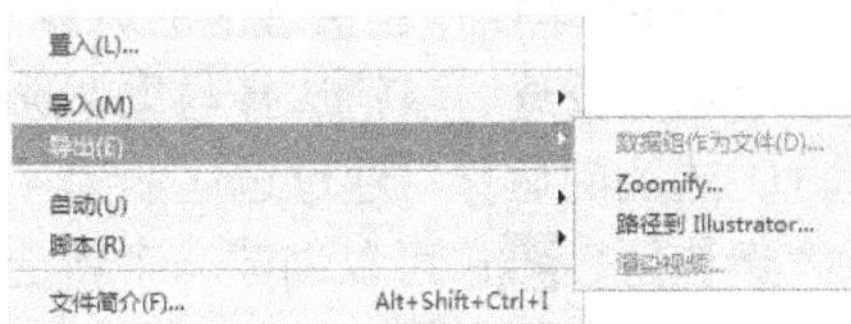

图 7-7　“导出”菜单

在 Photoshop 中创建或编辑图像后，可将其导出到 Illustrator 或视频设备中，通过“文件→导出”菜单命令中的子菜单命令，选择导出文件类型，即可将文件导出。

（5）保存文件

对图像进行编辑后，需及时对图像进行保存。如不及时保存，因 Photoshop 软件运行出现故障、计算机程序故障或者临时断电等情况发生，之前对图像进行的所有操作均会无效。为了避免这种情况发生，在编辑过程中，要养成边操作边保存的好习惯。

对图像进行编辑后，可以选择“文件→存储”菜单命令或按快捷键 Ctrl+S 进行保存。如编辑后的文件需要另外存储，则可以执行“文件→存储为”或按快捷键 Shift+Ctrl+S，并在“另存为”对话框中设置文件的保存路径和文件名，并为其选择保存类型。“存储为”菜单和“另存为”对话框如图 7-8 和图 7-9 所示。

图 7-8 “存储为”菜单

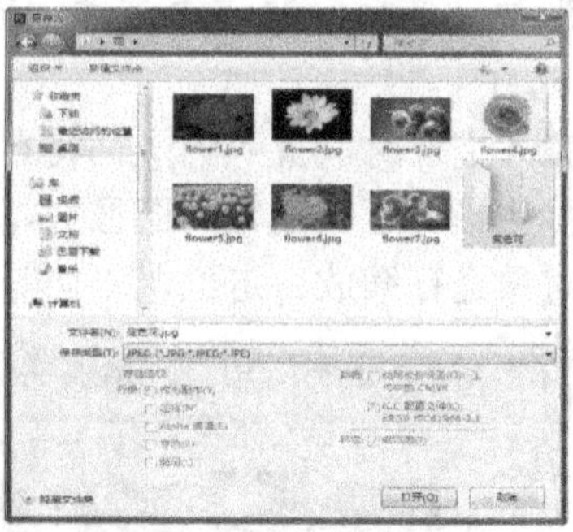

图 7-9 “另存为”对话框

7.2.2 Adobe Photoshop CC 工具的使用

1. 选区工具

选区是 Photoshop 中最重要的功能之一，既可以选择图像的一部分，也可以抠图、填充颜色、图案和描边等。

（1）选区的基本功能

如果要在 Photoshop 中处理图像的局部效果，需要选择有效的编辑区域，这个区域就是选区。而使用选区的优点在于，在对选区图像进行编辑时，不会影响选区外部图像效果。另外，使用选区可以将对象从一张图像中分离出来。

（2）选区的基本操作

选区的基本操作包括选区的运算（创建新选区、添加到选区、从选区减去和与选区交叉），全选与反选、取消选择与重新选择、移动与变换选区。

① 选区的运算：通过选区的运算，可以在图像中得到更为准确的选区。

“新选区”：可以创建一个新选区。如已存在选区，新选区会替代旧选区。

“添加到选区”：可以将新增加的选区添加到旧选区。按住 Shift 键也可以实现相同效果。

“从选区减去”：可以从旧选区减去新选区。按住 Alt 键可实现相同效果。

“与选区交叉”：可以将新选区和旧选区的相交部分创建为一个新的选区。按住快捷键 Alt+Shift 也可以实现相同效果。

② 全选与反选：选择“选择→全部”菜单命令，或者按快捷键 Ctrl+A，可以将当前文档边界内所有图像作为选区。创建选区后，选择“选择→反向选择”菜单命令，或者按快捷键 Shift+Ctrl+I，可以反选选区，即选中原图像中未被选择的部分。

③ 取消选择与重新选择：创建选区后，选择“选择→取消选择”菜单命令，或按快捷键 Ctrl+D，可以取消选择。如需恢复被取消选区，选择“选择→重新选择”菜单命令就可以恢复选区。

④ 隐藏与显示选区：创建选区后，选择“选择→显示→选区边缘”菜单命令，或按快捷键 Ctrl+H，可以隐藏选区；如需显示被隐藏的选区，再次选择菜单命令“选择→显示→

选区边缘”，或按快捷键 Ctrl+H。

⑤ 移动选区：创建选区过程中，在松开鼠标左键之前，按住空格键拖拽光标，或者按键盘上的↑、↓、←、→键移动；如创建选区后，将光标移到选区内部，拖曳光标亦可以移到选区。移动选区前后对比图如图 7-10 所示。

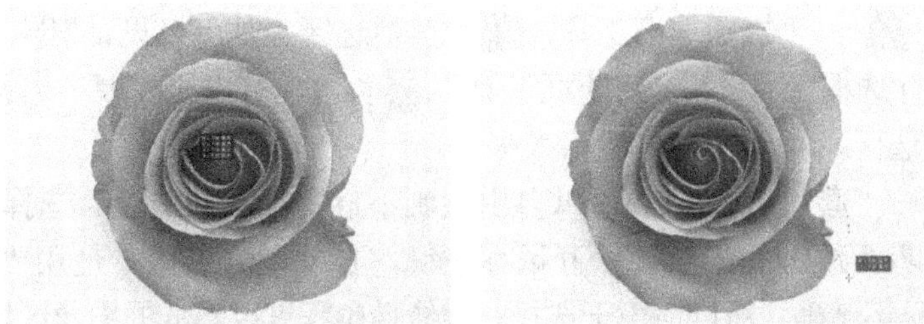

图 7-10　按空格键移动选区前后对比

⑥ 变换选区：创建选区后，选择“选择→变换选区”菜单命令，或按快捷键 Alt+S+T，可以对选区执行移动、旋转和缩放等操作。缩放选区时，可以按 Shift 键进行等比例缩放，也可以按快捷键 Shift+Alt 以选区中心为基准进行等比例缩放。

（3）基本选择工具

基本选择工具包括“矩形选框工具”、“椭圆选框工具”、“单列选框工具”、“单行选框工具”、“套索工具”、“多边形套索工具”、“磁性套索工具”、“快速选择工具”和“魔棒工具”。灵活应用基本选择工具，便可以快速获取所需选区。

1）矩形选框工具。“矩形选框工具”主要用来制作矩形选区和正方形选区。按住 Shift 键可以创建正方形选区。“矩形选框工具”选项栏如图 7-11 所示。

图 7-11　“矩形选框工具”选项栏

羽化：设置选区的羽化范围，如设置的“羽化”值过大，Photoshop 会打开警告对话框，提醒用户羽化后选区将不可见。

消除锯齿：“矩形选框工具”的消除锯齿选项不可用，因为矩形选框不涉及平滑效果。

样式：设置矩形选区的创建方法，包括“正常”、“固定比例”和“固定大小”三个选项。

调整边缘：单击“调整边缘”按钮，打开“调整边缘”对话框。在对话框中，可以对选区的平滑、羽化、对比度和移动边缘等选项进行调整。

2）椭圆选框工具。“椭圆选框工具”主要用来制作椭圆选区和圆形选区，按住 Shift 键可以创建圆形选区。“椭圆选框工具”选项栏如图 7-12 所示。

图 7-12 “椭圆选框工具”选项栏

消除锯齿：通过柔化边缘像素与背景之间的颜色过渡效果，让选区边缘变得平滑。除“矩形选框工具”外，“椭圆选框工具”和其他选区工具可以设置消除锯齿。

3）单列/单行选框工具。“单列选框工具”和“单行选框工具”可以制作高度或宽度为 1 像素的选区，常用来制作网格效果。

4）套索工具。“套索工具”可以自由绘制不规则形状的选区。选择该工具后，拖动鼠标绘制选区边界，绘制完毕后，松开鼠标左键，自动闭合选区。使用“套索工具”绘制的选区很随意而且不精确，所以适用于选择对边缘精确程度要求低的图像区域。

5）多边形套索工具。“多边形套索工具”的使用方法与“套索工具”相似。“多边形套索工具”更适于创建边界为直线的多边形选区。创建选区时，按住 Shift 键，可以在水平方向、垂直方向或 45° 方向绘制直线。如果终点与起点重合，出现小圆圈样子提示，单击就会将起点终点闭合而完成选取；如果终点与起点未重合，可按 Enter 键或直接双击完成选取，这时起点与终点之间会自动以直线连接。

在选取过程中，如按下 Esc 键，将取消本次选取。在“连点成线”过程中，可以按 Delete 键或 BackSpace 撤销前一个点，可一直撤销到最初。

6）磁性套索工具。“磁性套索工具”通过分析色彩边界，能快速找到色彩的分界，并将它们连线形成选区，“磁性套索工具”更适用于对边缘颜色对比度强的图像作选区。“磁性套索工具”选项栏如图 7-13 所示。

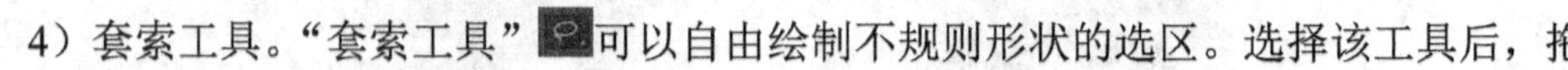

图 7-13 “磁性套索工具”选项栏

宽度：宽度是以光标为中心而设定的检测半径，可设置为 1～256 像素之间任一整数值。如选取对象的边缘较为模糊，设定为小数值；如选取对象的边缘较为清晰，则设定为大数值。

边对比度：用于设置边缘的对比度，决定套索对图像边缘的灵敏度，较高的数值只检测与它们的环境对比鲜明的边缘，而较低的数值则检测低对比度边缘。

频率：选用磁性套索工具制作选区时，Photoshop 会自动创建选区边界线的节点，而频率主要用于设置节点的数量。设置的数值越大，生成的节点越多，捕捉到的图像边缘也越精确。

7）快速选择工具。“快速选择工具”是基于画笔模式的，利用圆形笔尖绘制选区。使用快速选择工具不需涂抹整个选区，随着圆形笔尖的拖拽，选取范围会自动扩大，并沿着图像边缘描绘边界。“快速选择工具”选项栏如图 7-14 所示。

图 7-14 “快速选择工具”选项栏

新选区：可以创建新的选区。

添加到选区：可以在旧选区的基础上添加新选区。

从选区减去：可以从旧选区减去当前绘制的选区。

画笔选择器：可以在“画笔”选择器中设置画笔的大小、硬度、间距、角度和圆度。

对所有图层取样：勾选该选项，在建立选取范围时，Photoshop 会根据所有图层创建选取范围。

自动增强：用于降低选取范围边界的粗糙度。

8）魔棒工具。“魔棒工具”能够依据图像的颜色进行选择。使用魔棒工具单击图像中的某一种颜色，即可将与这种颜色邻近且在容差范围内的颜色都选中。“魔棒工具”选项栏如图 7-15 所示。

图 7-15　“魔棒工具”选项栏

取样大小：用于设置“魔棒工具”的取样范围。

容差：用于设置选取的颜色范围，其取值范围为 0～255。数值越大，选取的颜色范围越大；数值越小，选取的颜色就越接近。

连续：勾选该选项时，只选择颜色连接的区域；不勾选该选项，则选择与所选像素颜色接近的所有区域，包括颜色不连接的区域。

对所有图层取样：如当前文档包括多个图层，勾选该选项时，可以选择所有可见图层颜色相近的区域；不勾选该选项时，仅选择当前图层颜色相近区域。

（4）色彩范围命令

“色彩范围”命令可以根据图像的颜色范围创建选区，与“魔棒工具”工作原理相似。打开素材，选择“选择→色彩范围”菜单命令，在打开的“色彩范围”对话框内设置控制选项，获得选区。“色彩范围”对话框如图 7-16 所示。

选择：设置选区的创建方式。默认情况下该选项为“取样颜色”，将光标移动到画布的图像上取样，光标变为吸管形状，单击取样颜色进行取样；或者在“色彩范围”对话框的预览图像上，单击取样点进行取样。

检测人脸：当选择为“肤色”时，该选项可选，便于更为精确地选择肤色。

本地化颜色簇/范围：勾选该选项，修改“范围”数值可以控制蒙版中的颜色与取样点的最大和最小距离。

颜色容差：用来控制颜色的选择范围。数值越大，选择的颜色范围越大；数值越小，选择的颜色范围越小。

选区预览图：包括“选择范围”和“图像”两个选项。选择“选择范围”时，预览图像呈黑白图片，其中，黑色代表未选择区域，白色代表已选区域，灰色代表部分选择区域（有羽化效果的选区）。选择“图像”时，预览区显示彩色图像。

图 7-16　“色彩范围”对话框

（5）填充和描边选区

利用 Photoshop 处理图像，如果需要修改选区内的填充颜色或图案等，可以使用“填充”命令；如果需要修改选区边缘，可以使用“描边”命令。“填充”和“描边”对话框如图 7-17 所示。

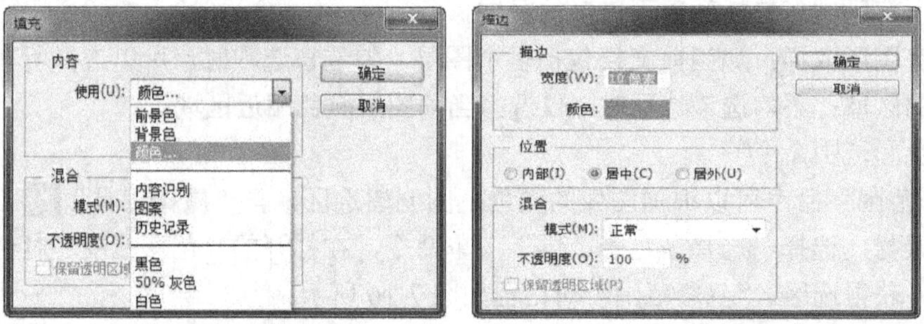

（a）“填充”对话框　　（b）“描边”对话框

图 7-17　“填充”和“描边”对话框

1）填充选区。除可以填充颜色或图案外，填充时还可以设置不透明度和混合模式，但值得注意的是，“填充”命令对文本图层和被隐藏的图层无效。选择“编辑→填充”菜单命令或按快捷键 Shift+F5，在“填充”对话框内进一步设置详细参数。

内容：设置填充的内容，包括前景色、背景色、颜色、内容识别、图案、历史记录、黑色、50%灰色和白色。

模式：设置填充内容的混合模式。

不透明度：设置填充内容的不透明度。

保留透明区域：勾选该复选框，可以只填充图层中包含像素的部分，不填充透明区域。

2）描边选区。使用“描边”命令可以在选区、路径或图层周围创建边框。创建选区，选择“编辑→描边”菜单命令，或者按快捷键 Alt+E+S，打开“描边”对话框进行设置。

描边：设置描边的宽度和颜色。

位置：设置描边相对于选区的位置，包括“内部”、“居中”和“居外”三个选项。

混合：设置描边颜色的混合模式和不透明度。如勾选“保留透明区域”，则只对包括像素的区域描边。

2. 前景色和背景色

在 Photoshop 中，前景色主要用于绘制图像、填充和描边选区等，背景色常用于生成渐变填充和填充图像中已被擦除的区域。在 Photoshop 的工具箱底部有一组前景色和背景色设置按钮。默认情况下，前景色为黑色，背景色为白色，如图 7-18 所示。

图 7-18　前景色与背景色

前景色：用于显示和设置当前绘图工具所使用的颜色。

背景色：用于显示和设置图像的底色。修改背景色后，并不会立即改变图像的背景色，只有在使用与背景色相关的工具时，才会显示出修改后的背景色。比如，使用橡皮擦工具擦除“背景”图层或锁定了透明像素的图层中的图像，擦除的部分会显示背景色。

切换前景色与背景色：用于切换前景色与背景色。操作方法是在该按钮上单击即可。

默认前景色与背景色：用于恢复前景色和背景色为默认颜色设置，即前景色为黑色，背景色为白色。

3. 绘图工具

使用 Photoshop 的绘图工具既可以绘画，也可以对图片进行美化处理，还可以制作各种特效。在 Photoshop 中，最常用的绘图工具是“画笔”和“铅笔”。“画笔”与毛笔较为相似，绘出的线条较为柔和；“铅笔”绘制的线条较为生硬。

（1）画笔工具

可以通过设置画笔的直径、笔尖形状、硬度、模式和不透明度等参数，来获得各种不同属性的画笔，从而绘制出丰富的笔触效果。画笔工具栏如图 7-19 所示。

图 7-19　画笔工具栏

画笔预设选取器：单击图标，可以打开“画笔预设”选取器，选择笔尖，设置画笔的大小和硬度。

切换画笔面板：单击该按钮，可以打开画笔面板，如图 7-20 所示。

模式：用于设置画笔工具对当前图像中像素的作用形式，即当前使用的绘图颜色与原

图 7-20　画笔面板

有底色之间进行混合的模式。

不透明度：用于设置画笔颜色的不透明度，数值越大，不透明度就越高。

流量：用于设置画笔工具的压力大小，百分比越大，则画笔笔触就越浓。

启用喷枪样式的建立效果：激活该选项后，使用画笔工具时会启用喷枪的效果。

始终对大小使用压力：激活该选项后，绘画时会使用压感笔的压力，替代“画笔”面板中不透明度和大小的设置，主要应用于使用画图板绘画。

在“画笔”面板中，单击画笔设置按钮，可以打开“画笔”面板和“画笔预设”面板，进行更详细的设置。“画笔”面板如图 7-21 所示。

画笔预设：单击该按钮，可以切换到“画笔预设”面板。

画笔笔尖形状：设置画笔的形状、大小、硬度和间距等属性。

大小：设置画笔的大小。可以在该选项右侧文本框中输入数值，或者拖动滑动条上的滑块来控制画笔的大小。

硬度：用来设置画笔边缘的晕化程度。数值越小，画笔越柔和；数值越高，画笔越生硬。

间距：控制描边的两个画笔笔迹之间的距离。数值越大，笔迹之间的间距越大；数值越小，笔迹之间的间距越小。

“画笔预设”面板提供多种系统预设的画笔，这些预设画笔包含大小、形状和硬度等属性。“画笔预设”面板及绘制效果图如图 7-22 所示。

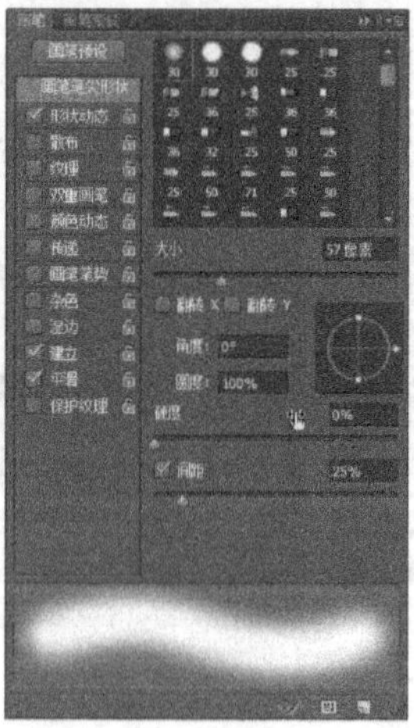

图 7-21　“画笔”面板

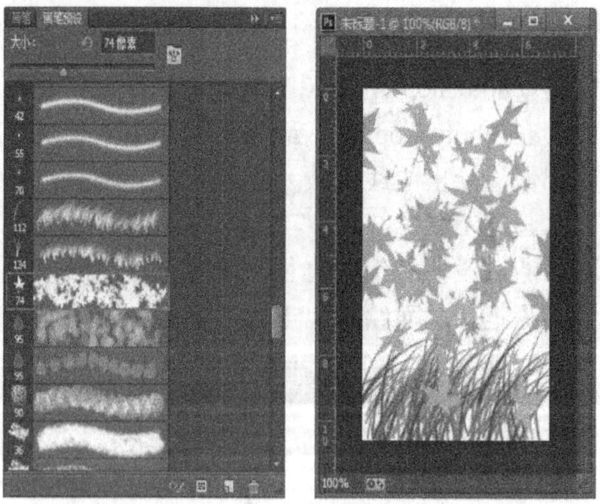

图 7-22　“画笔预设”面板及绘制效果

大小：输入数值或拖拽下方滑块调整画笔大小。

切换画笔面板：单击该按钮，可以切换到“画笔”面板。

切换实时笔尖画笔预览：使用毛刷笔尖时，可以在画布中实时显示笔尖的形状。

（2）铅笔工具

铅笔工具主要用于绘制直线和曲线。选择铅笔工具，在画布中按下鼠标左键并拖动，即可绘制图形。铅笔工具栏如图 7-23 所示。

图 7-23　铅笔工具栏

1）在画布中，按住 Shift 键拖动鼠标，释放后可绘制出单条水平或垂直的直线；在绘制过程中，按住 Shift 键不放，可绘制出折线的效果。

2）在图像窗口中，拖动鼠标，可绘制出任意的曲线。

铅笔工具和画笔工具的选项栏设置基本相同，唯一不同的是“自动抹除”选项。应用该选项后，如果光标中心所在区域包含前景色，会将该区域涂抹成背景色；如果光标中心所在区域不包含前景色，则将该区域涂抹成前景色。

（3）使用形状工具绘制图形

Photoshop 提供了多种矢量形状的绘制工具，包括“矩形工具”、“圆角矩形工具”、“椭圆工具”、“多边形工具”、“直线工具”和“自定义形状工具”。这些工具的使用方法相似，下面以矩形工具为例进行介绍。

“矩形工具”主要用于绘制矩形和正方形。在绘制时，按住 Shift 键可以绘制正方形；按住 Alt 键可以绘制以单击位置为中心的矩形；按住 Shift＋Alt 键可以绘制以光标为中心的正方形。矩形工具栏如图 7-24 所示。

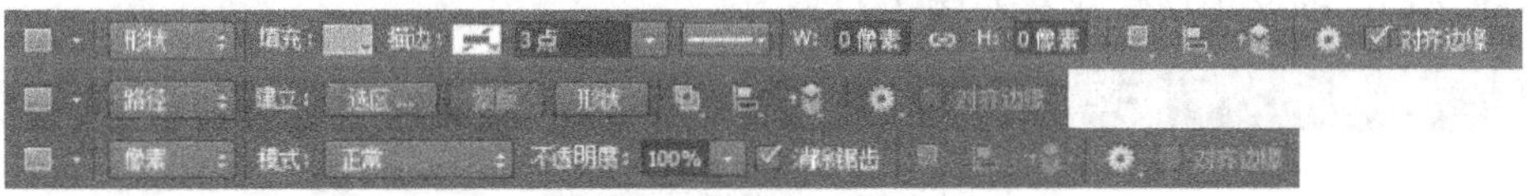

图 7-24　矩形工具栏

选择工具模式：包括形状、路径和像素三种工具模式，绘制时根据需要选择工具模式。

形状：可绘制出形状图像，形状是路径，它出现在“路径”面板中。

路径：可绘制路径。

像素：可绘制出栅格化的图像，其中图像填充的颜色为前景色。

矩形选项：单击此按钮，可以在下拉菜单中设置矩形的创建方法，如图 7-25 所示。

不受约束：选中此单选按钮，绘制的矩形的比例和大小都不受限制。

方形：选中此单选按钮，绘制的图形为正方形。

固定大小：选中此单选按钮，可以绘制固定尺寸的矩形。W（宽度）与 H（高度）文本框用于输入具体的数值。

比例：选中此单选按钮，可以绘制固定比例的矩形。W（宽度）与 H（高度）文本框用于输入高度和宽度的比例值。

图 7-25　矩形选项

从中心：勾选此复选框，绘制矩形时将从图形的中心开始绘制。

4. 图像填充工具

在 Photoshop 中，最常用的图像填充工具是“油漆桶工具”和“渐变工具”。

（1）油漆桶工具

油漆桶工具可以为图像或选区填充前景色或图案。如果创建了选区，油漆桶可以填充当前选区；如果没有创建选区，油漆桶填充与鼠标左键点击位置的颜色相近的区域。

填充颜色前，需在油漆桶工具的选项栏设置相应参数。首先需要设置“填充模式”，可以选择“前景”或“图案”。如果选择“前景”，需要先设置前景色，再以前景色填充图像；如果选择“图案”；右侧的下拉列表会被激活，从已经定义的图案中选择进行填充。油漆桶工具选项栏如图 7-26 所示。

图 7-26　油漆桶工具选项栏

（2）渐变工具

使用渐变工具可以为整个文档或者选区内填充渐变色，而且可以创建多种颜色的混合效果。渐变工具既可以用来填充图像，也可以用来填充图层蒙版、快速蒙版和通道。

选取渐变色工具后，在选项栏中设置渐变类型，在渐变编辑器中设置颜色，然后将鼠标指针移动到图像上，按住鼠标左键从起点拖拽到终点后，释放鼠标，即可在图像或选区内填入渐变色。渐变选项栏设置如图 7-27 所示。

图 7-27　渐变工具选项栏

1）点按可编辑渐变：显示当前的渐变色。如果单击右侧，打开“渐变拾色器”，可以选择系统提供的渐变色；如果单击“点按可编辑渐变”，打开“渐变编辑器”对话框，可以编辑颜色。渐变编辑器主要用来创建新的渐变，或者修改原有渐变。“渐变编辑器”如图 7-28 所示。

预设：用于显示 Photoshop CC 中预设的渐变样式。

名称：用于显示或修改当前渐变效果的名称。

渐变类型：用于设置渐变的类型，包括“实底”和“杂色”两个选项。

平滑度：用于调整渐变效果的平滑度。

渐变颜色条：用于显示渐变的颜色效果。

不透明度：用于设置渐变颜色的不透明度。

色标：用于设置色标的颜色和位置。可以拖拽色标以便移动它的位置。

删除：用于删除选定的“色标”和“不透明度色标”。

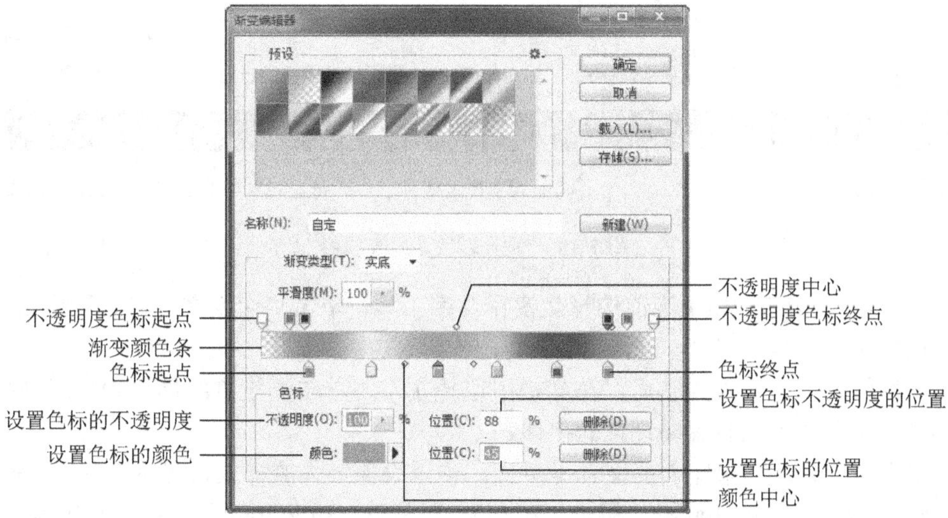

图 7-28　“渐变编辑器”对话框

2）渐变类型：渐变工具栏提供了五种渐变类型，包括线性渐变、径向渐变、角度渐变、对称渐变和菱形渐变，应用效果如图 7-29 所示。

图 7-29　五种渐变的效果

3）模式：用于设置渐变时的混合模式。

4）不透明度：用于设置渐变时填充颜色的不透明度。

5）反向：勾选此复选框后，将产生反向的渐变效果。

6）仿色：在进行渐变颜色填充时，勾选此复选框，将增加渐变色的中间色调，使渐变效果更加平缓。

7）透明区域：用于关闭或打开渐变图案的透明度设置。

5．文字

文字是一幅作品中最能传达主题思想的部分，同时也美化着整幅画面。在 Photoshop 中，文字是由基于矢量的文字轮廓组成，所以，编辑文字时，随意缩放大小都不会出现锯齿。

在 Photoshop CC 中，创建文字的工具包括四种：“横排文字工具”、“直排文字工具”、“横排文字蒙版工具”和“直排文字蒙版工具”。其中，“横排文字工具”和“直排文字工具”主要用来输入点文字、段落文字和路径文字。在“横排文字工具”的选项栏中，可以设置字体、样式、大小、颜色和对齐方式等，如图 7-30 所示。

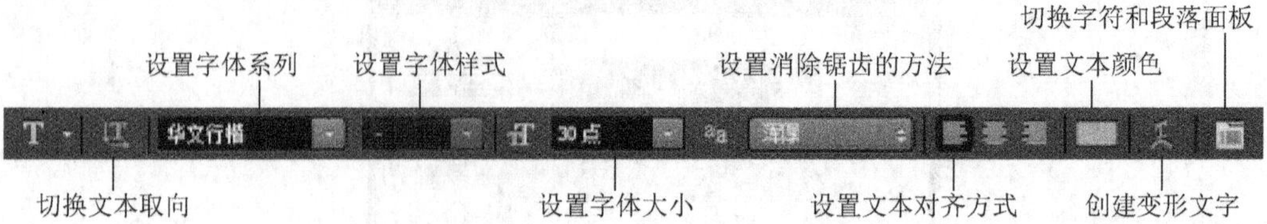

图 7-30　横排文字工具选项栏

切换文本取向：如果当前选择是横排文字工具，单击“切换文本取向”按钮，可以切换为直排文字工具。

设置字体系列：输入文字后，在文档中选择文本，单击“设置字体系列”下拉按钮，在弹出的下拉列表中选择想要设置的字体。

设置字体样式：如果输入的文本是英文，可以设置字体的样式，包括细瘦（Narrow）、规则（Regular）、斜体（Italic）、粗体（Bold）、粗斜体（Bold Italic）、黑体（Black）。

设置字体大小：更改字体的大小，可以直接输入数值，或在下拉列表中选择预设的数值。

设置消除锯齿的方法：输入文字后，可以设置消除锯齿的方式，包括“无”、“锐利”、“犀利”、“浑厚”、“平滑”。

设置文本对齐方式：设置文本段落对齐方式的按钮，包括“左对齐文本”、“居中对齐文本”和“右对齐文本”。

设置文本颜色：默认的文本颜色为前景色。如需修改文字颜色，选择文本后，在选项栏中单击“设置文本颜色”，打开“拾色器”对话框，设置需要的颜色。

创建变形文字：单击该按钮可以打开“变形文字”对话框，选择文字变形的方式。

切换字符和段落面板：可以单击该按钮，切换“字符”面板和“段落”面板，如图 7-31 所示。

创建文字时，可以根据输入文字的多少选择点文字或段落文字，创建后也可以对文字设置变形效果，或栅格化文字制作其他效果。

（1）点文字

点文字是水平文本行或垂直文本行，行的文字随着文字输入而不断增加，但不会换行。

（2）段落文字

段落文字是在文本框内输入文字，可以自动换行，也可以调整文本区域大小等。

（3）变形文字

输入文字后，可以单击“创建变形文字”按钮，打开“变形文字”对话框，选择变形文字的变形方式，修改参数调整变形效果。

通过实例“二十四节气”标题文字的制作，介绍文字变形的设置。选择文字，右击，在弹出的快捷菜单中选择“文字变形”命令，在打开的“文字变形”对话框中，单击“样式”下拉按钮，在弹出的下拉菜单中选择“扇形”样式。选择样式后，拖动对话框中的滑块能设置文字的变形效果，如图 7-32 所示。

（4）栅格化文字

在 Photoshop 中，文字图层不能直接应用滤镜或进行扭曲、透视等变换操作，如需应用这些变换，需将其栅格化，使文字变为像素图像。栅格化文字图层的方法有三种：

第 1 种：在“图层”面板中选择文字图层，右击，在弹出的快捷菜单中选择“栅格化文字”命令，将文字图层转换为普通图层。

第 2 种：选择“文字→栅格化文字图层”菜单命令。

第 3 种：选择“图层→栅格化→文字”菜单命令。

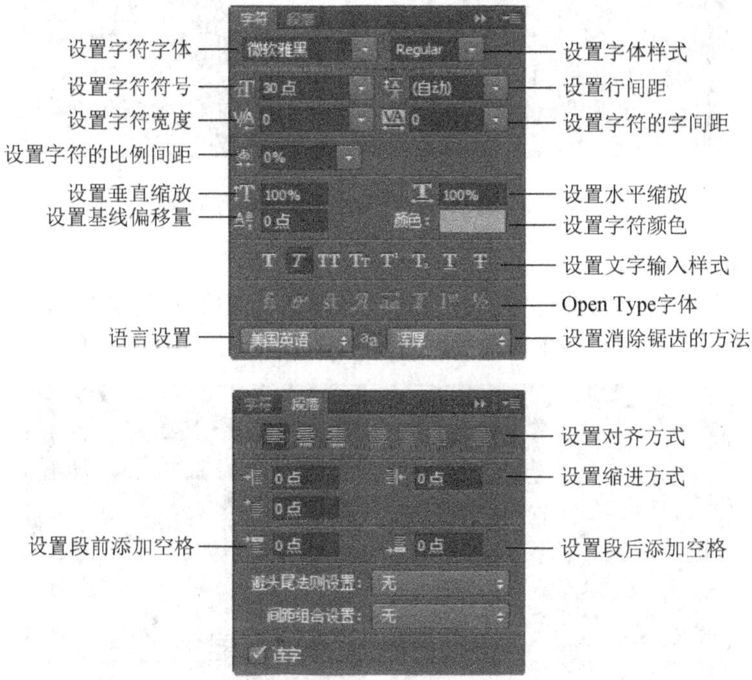

图 7-31 字符和段落面板

图 7-32 “变形文字”对话框和实例

6. 图像擦除工具

图像擦除工具主要擦除多余的图像，有“橡皮擦工具”、“背景橡皮擦工具”和“魔术橡皮擦工具”三种。

（1）橡皮擦工具

“橡皮擦工具”是基本的橡皮擦类工具，主要用于擦除图像中的颜色。如果在背景图层中擦除时，被擦除的部分用背景色填充；如果在普通图层擦除，则被擦除部分变为透明。

设置背景色为黑色，在背景图层和普通图层中的擦除效果不同，如图 7-33 所示。

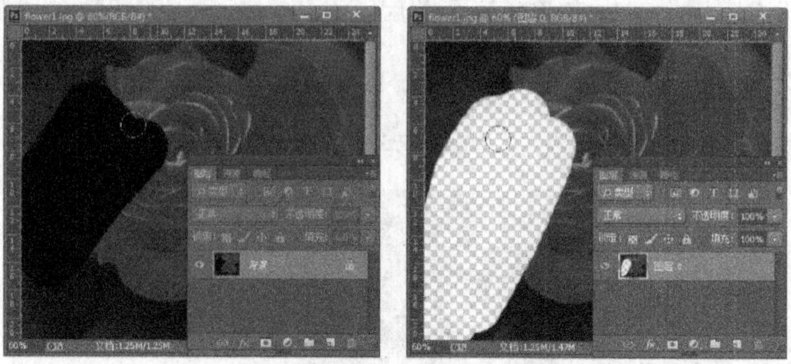

图 7-33　背景图层和普通图层的擦除效果

（2）背景橡皮擦工具

背景橡皮擦工具可以将图像中的特定的颜色擦除。使用该工具时，如果当前操作图层是背景图层，可以将其转换为普通图层，也就是将图像直接擦除到透明，如图 7-34 所示。

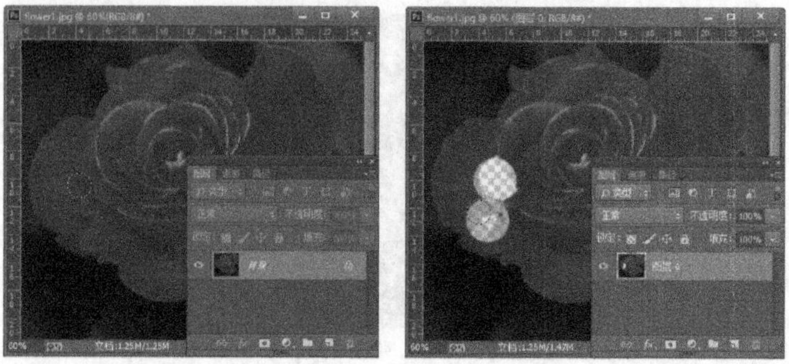

图 7-34　使用“背景橡皮擦工具”擦除背景图层前后对比

（3）魔术橡皮擦工具

“魔术橡皮擦工具”能够擦除设定容差范围内的相邻颜色，图像擦除后得到背景透明效果。使用“魔术橡皮擦工具”时，不需要在图像中拖动鼠标，只需要在图像中单击，就可以擦除图像中所有相近的颜色区域，如图 7-35 所示。

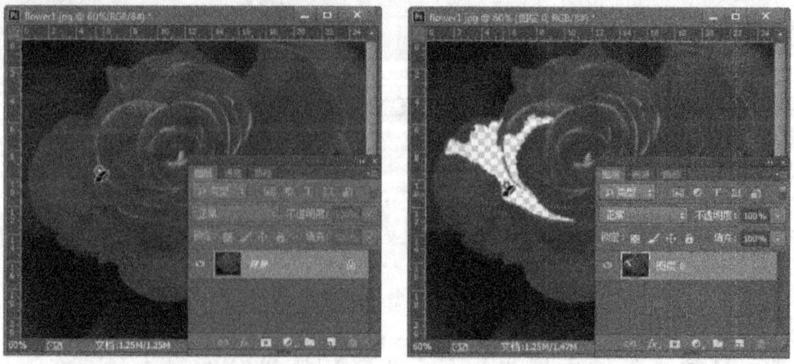

图 7-35　使用“魔术橡皮擦工具”擦除背景图层前后对比

7. 图像修复工具

通常情况下，拍摄出的数码照片经常会出现各种缺陷，使用 Photoshop 的图像修复工具可以轻松地将带有缺陷的照片修复为靓丽照片。修复工具包括“仿制图章工具”、“图案图章工具”、“污点修复画笔工具”、“修复画笔工具”、“修补工具”、“内容感知移动工具”、“红眼工具”、“历史记录画笔工具”、“历史记录艺术画笔工具”。鉴于篇幅，这里仅介绍“仿制图章工具”和“图案图章工具”。

（1）仿制图章工具

使用“仿制图章工具”可以在同一图像中将图像的一部分绘制到另一个位置，也可以将图像的一部分绘制到另一个图层，还可以绘制到具有相同颜色模式的任何打开文档的另一部分。其选项栏如图 7-36 所示。

图 7-36　仿制图章工具选项栏

切换仿制源面板：打开或关闭“仿制源”面板。使用图章工具或图像修复工具时，可以通过“仿制源”面板设置不同的样本源，最多可以设置五个样本源，并可以查看样本源的叠加，以便在特定位置进行仿制。而且，通过“仿制源”面板可以缩放或旋转样本源，以便更好地匹配目标的大小和方向，如图 7-37 所示。

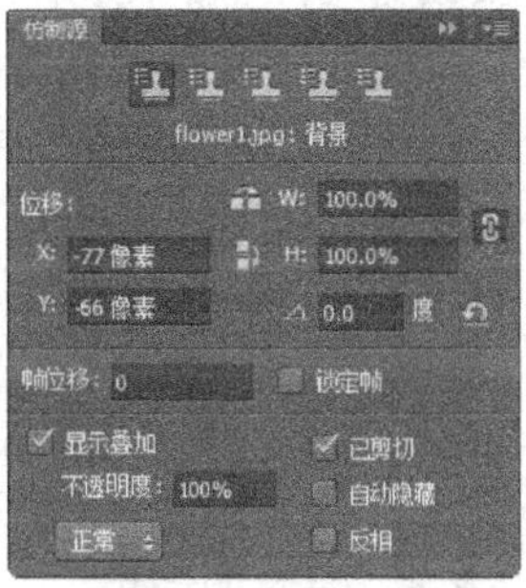

图 7-37　“仿制源”面板

对齐：勾选该选项后，可以连续对像素进行取样，即使释放鼠标，也不会丢失当前的采样点。如果取消该选项，每次停止重新开始绘制时，会则使用初始取样点中的样本像素。

样本：从指定的图层中进行数据取样。

（2）图案图章工具

“图案图章工具”可以使用预设图案或载入的图案进行绘画，其选项栏如图 7-38 所示。

图 7-38　图案图章工具选项栏

对齐：勾选该复选框后，可以保持图案与原始起点的连续性，即使多次单击也不例外；取消勾选时，每次单击都重新应用图案。

印象派效果：勾选该复选框后，可以模拟出印象派效果的图案。

8. 裁切工具

从网上下载的图片或拍摄的照片，有时需要裁剪掉多余的内容，使画面构图更完美。在 Photoshop 中，主要使用“裁剪工具”、“裁剪”命令和“裁切”命令裁剪图像。

（1）裁剪工具

选择“裁剪工具”后，在画布中会自动出现一个裁剪框，拖拽并调整裁剪框上的控制点，选择需要保留的部分或旋转图像，设置后按 Enter 键或双击即可完成裁剪。如果裁剪失误，可以按快捷键 Ctrl+Z 返回上一步重新确定裁剪框。裁剪工具选项栏如图 7-39 所示。

图 7-39　裁剪工具选项栏

裁剪预设：单击可以打开预设管理器，选择预设选项后，可以在画布中显示出裁剪区域。

比例：在下拉列表中选择一个选项，以一定比例或宽高比对图像进行裁剪。

拉直：激活按钮后，通过在图像上画一条线来拉直图像，

视图：在下拉列表中可以选择裁剪参考线的样式以及叠加方式。裁剪参考线的样式包括“三等分”、“网格”、“对角”、“三角形”、“黄金比例”和“金色螺线”六种。叠加方式包括“自动显示叠加”、“总是显示叠加”和“从不显示叠加”。

设置其他裁剪选项：单击该按钮，可以打开设置其他裁剪选项的设置面板。

删除裁剪的像素：勾选该复选框后，裁剪结束后将删除被裁剪的图像；关闭该选项，被裁剪的图像只隐藏在画布之外。

（2）透视裁剪图像

“透视裁剪图像”是将图像的某个区域裁剪下来作为纹理，或用来校正图像中某个偏斜的区域。该工具最大的优点是通过绘制正确的透视形状校正图像区域。

（3）裁切图像

“裁切”可以基于图像的像素颜色裁剪图像，包括“透明像素”、“左上角像素颜色”和“右上角像素颜色”三个选项。通过“编辑→裁切”菜单命令，打开“裁切”对话框进行设置。

7.2.3　图层的使用

在 Photoshop 中，编辑处理图像是以图层为基础的。图像的各种效果是通过图层的堆叠和混合制作出来的。

1. 图层的原理

图层如同堆叠在一起的透明胶片，在不同图层上绘画，如同将图像的不同元素分别绘制在不同的透明胶片，再按照堆叠顺序叠放完成一幅图像。对某一图层操作如同对其中一张透明胶片进行绘画或调整其叠放的位置。

2. 图层的面板

“图层”面板主要用来创建、编辑和管理图层，添加图层样式。在“图层”面板中，图层名称左侧是图层的缩略图，而缩略图中的棋盘格代表图像的透明区域，如图 7-40 所示。

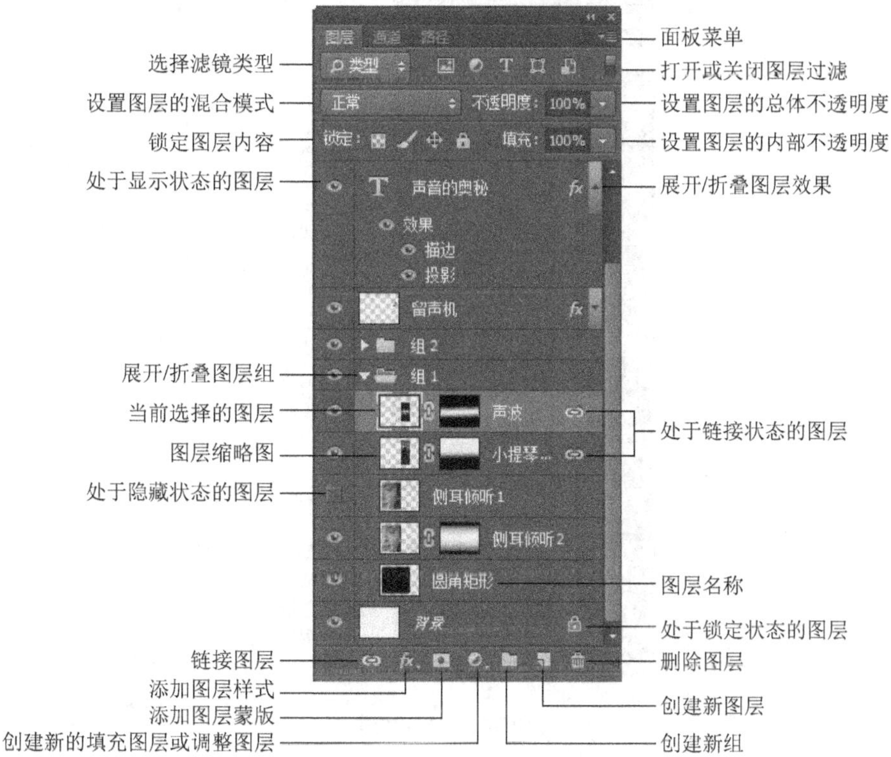

图 7-40　“图层”面板

3. 图层的类型

Photoshop 可以创建多种类型的图层，不同类型的图层具有不同的功能和用途。如图 7-41 所示。

图层组：用于管理图层，可以更为便捷地查找图层。

剪贴蒙版图层：可以通过一个图层中图像控制它上面多个图层图像的显示范围。

中性色图层：填充了中性色的特殊图层，结合特定混合模式可以添加滤镜或绘画。

当前图层：当前所选择的图层。

链接图层：保持链接状态的图层。

智能对象图层：含有智能对象的图层。

填充图层：通过填充颜色或图案创建的具有特殊效果的图层。

调整图层：可以调整图像色调的图层。

矢量蒙版图层：带有矢量形状的蒙版图层。

图层蒙版图层：添加了图层蒙版的图层，可以通过蒙版控制图像的显示范围。

图层样式图层：添加了图层样式的图层。

变形文字图层：使用了文字变形的文字图层。

文字图层：使用文字工具创建的图层。

背景图层：新建文档创建的图层。

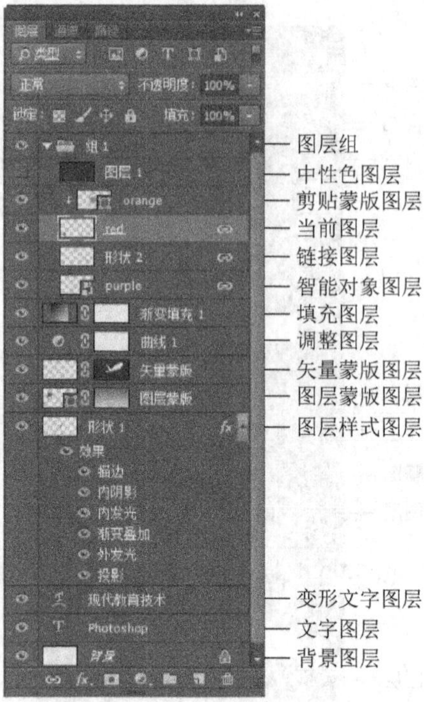

图 7-41　图层类型

4. 图层的基本操作

（1）新建图层

新建图层是指在当前图像文件中创建新的图层，有多种方法可以创建新的图层。

1）在图层面板中，单击“创建新图层”按钮即可，新建的图层将位于当前图层的上方。

2）选择“图层→新建→图层”菜单命令，在打开的“新建图层”对话框中，对图层的名称、颜色、模式和不透明度进行设置，也可保持默认设置，单击“确定”按钮用新建命令创建新图层，如图 7-42 所示。

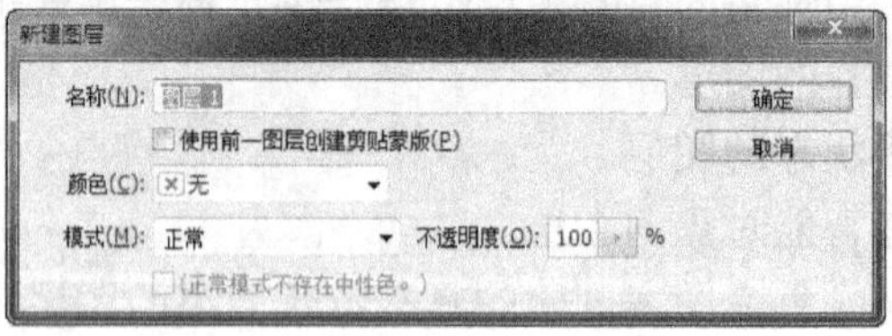

图 7-42　“新建图层”对话框

3）选择图层，选择“图层→新建→通过拷贝的图层”菜单命令或按快捷键 Ctrl+J，可以复制当前图层；如果当前图层已做选区，则将选区中图像复制到新的图层。

4）默认情况下，“背景”图层处于锁定状态，如果想要对其进行编辑，需要将其转换为普通图层，下面介绍四种方法：

① 在“背景”图层上右击，在弹出的快捷菜单中选择“背景图层”命令，打开“新建

图层”对话框，单击“确定”按钮，即可将其转换为普通图层，如图 7-43 所示。

② 双击“背景”图层缩略图，打开“新建图层”对话框，单击“确定”按钮。

③ 按住 Alt 键并双击“背景”图层缩略图。

④ 通过“图层→新建→背景图层”菜单命令，也可以将“背景”图层转换为普通图层。

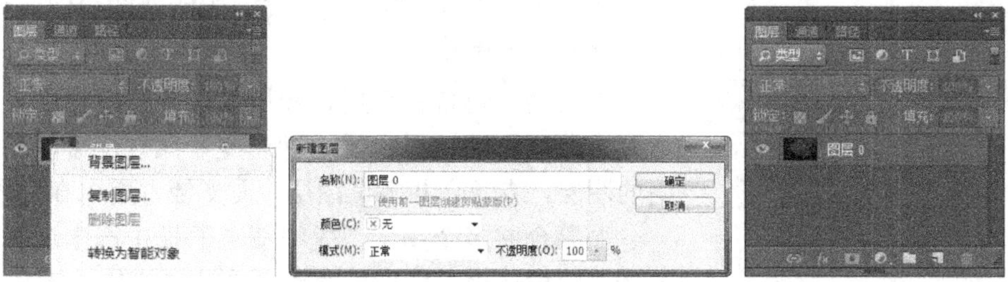

图 7-43　背景图层转换为普通图层

（2）编辑图层

图层的基本操作包括选中图层、复制图层、删除图层、显示与隐藏图层和栅格化图层。

1）选中图层：如果选中一个图层，在图层面板中单击图层；如果选择多个连续的图层，先选中顶端图层，再按住 Shift 键单击底端图层，即可选中连续的多个图层；如果选择多个非连续图层，先选中图层，按 Ctrl 键单击其他图层，即可选中。

2）复制图层：选中图层，选择“图层→复制图层”菜单命令，打开“复制图层”对话框，单击“确定”按钮即可；或在图层上右击，在弹出的快捷菜单中选择“复制图层”命令复制图层；或按快捷键 Ctrl+J 复制图层。

3）删除图层：选中一个或多个图层，选择“图层→删除图层→图层”菜单命令，即可删除图层。

4）显示与隐藏图层：选中图层，单击缩略图右侧的眼睛图标，即可切换图层的显示与隐藏。

5）链接与取消链接图层：选中需同时处理的多个图层，选择“图层→链接图层”菜单命令，或单击“链接图层”按钮，即可将选中的图层链接起来。如需取消链接，选中一个链接图层，单击 “链接图层”按钮。

（3）排列与分布图层

默认情况下，“图层”面板的图层按创建的先后顺序排列。如需重新调整图层的排列顺序，选择要移动的图层，拖动鼠标上下移动即可调整图层顺序；通过“图层→排列”菜单命令的子命令也可以调整图层的排列顺序。如需将多个图层的图像对齐，选中多个图层，再选择“图层→对齐”菜单命令的子命令。如需使多个图层按照一定规律均匀分布，选中多个图层，再选择“图层→分布”菜单命令的子命令。图层的排列、对齐和分布菜单如图 7-44 所示。

（4）用图层组管理图层

在 Photoshop 中，如果所编辑的图像的图层很多，查找需要修改的图层便会很费时。通过图层组管理图层，可以将“图层”面板更有条理，查找起来也更为便捷。

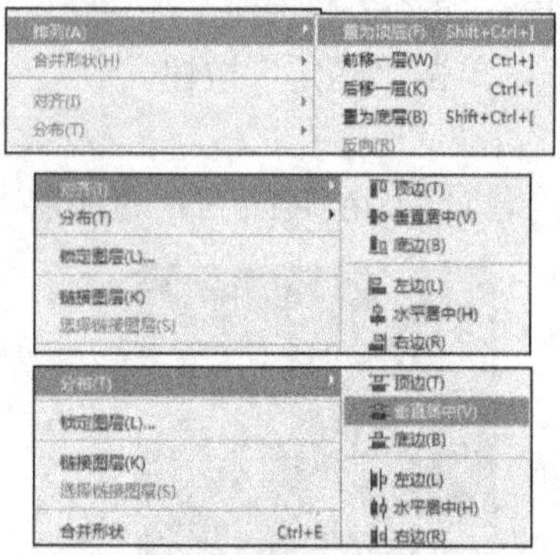

图 7-44 图层的排列、对齐、分布

创建图层组，可以直接在“图层”面板单击“创建新组”按钮；也可以通过“图层→新建→组”菜单命令，在“新建组”对话框中设置组的名称、颜色、混合模式和不透明度；还可以选中一个或多个图层，通过“图层→图层编组”菜单命令或按快捷键 Ctrl+G，为所选图层创建图层组。

（5）合并图层

当文档中包含的图层、图层组过多时，会因占用大量内存资源而影响计算机的运行速度，此时，可以删除不使用的图层，或者合并多个图层，使文档占用内存资源减少。

如果合并多个图层，先在图层面板中选中这些图层，选择“图层→合并图层”菜单命令或者按快捷键 Ctrl+E，即可合并所选图层。

如果需将文档中所有图层合并，选择“图层→拼合图像”菜单命令，即可拼合图像，但拼合前如有隐藏图层，会打开提示对话框，提示用户是否扔掉隐藏的图层。

5. 图层样式

图层样式可以为图层中的图像添加投影、外发光、内发光、斜面和浮雕、颜色和渐变叠加、描边等效果，为图像制作出不同质感和立体感的效果。图层样式可以应用于图像中除背景图层外的任意一个图层。

如果需要为一个图层添加图层样式，选择“图层→图层样式”菜单命令，或单击图层面板下方的“添加图层样式”按钮 fx，或双击该图层的缩略图，打开“图层样式”对话框，选择样式并设置相关参数。

以“丝绸之路”中文字效果的制作为例，介绍添加图层样式的制作方法。先在工具箱中选取直排文字工具，在工具选项栏中，设置字体“书体仿米芾体”，颜色#531210，输入“丝绸之路”。按快捷键 Ctrl+T 调整大小，再用工具箱中的移动工具调整位置，如图 7-45 所示。

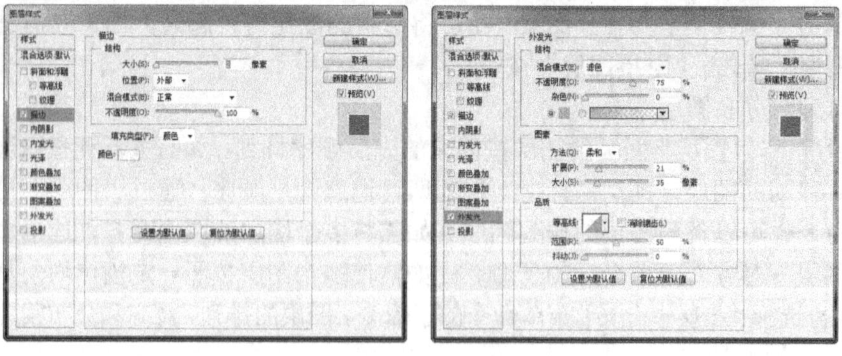

（a） （b）

图 7-45 “丝绸之路”图层样式的设置

选择“丝绸之路”文字层，单击“添加图层样式”按钮，选择“外发光”、和“描边”

选项。设置“外发光”选项参数，颜色为“#fba90a”，扩展为“21%”，大小为“35 像素”。设置“描边”选项参数，大小为“2 像素”，颜色为“白色”。

设置后，“丝绸之路”效果如图 7-46 所示。

6. 图层的混合模式

在 Photoshop 中，通过设置“混合模式”可以调整当前图层图像与下方图层图像的混合方式，此外，“画笔”、“铅笔”、“油漆桶”和“渐变工具”等工具的选项栏中，也有“混合模式”的设置选项。在图层面板中选择图层，在“类型”下拉列表中选择混合模式。

以“触摸春天”的背景制作为例，介绍图层的混合模式的应用。

1）选择“文件→新建”菜单命令，打开“新建”对话框。设置参数：宽度为“800 像素”，高度为“600 像素”，分辨率为“72 像素/英寸”，颜色模式为“RGB 颜色”，背景内容为白色，如图 7-47 所示。

图 7-46　“丝绸之路”效果

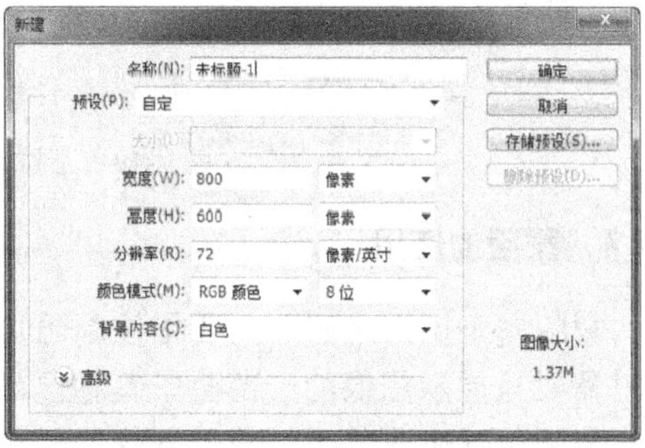

图 7-47　“新建”对话框

2）选择工具箱中的油漆桶工具，调整前景色为“#f6ca23”，将背景图层填充为前景色。

3）选择“文件→打开”菜单命令，选择“蓝天白云.jpg”和“小姑娘.jpg”文件，单击“打开”按钮。选择工具箱中的磁性套索工具，在选项工具栏中设置羽化值“20”，选取“小姑娘”，用移动工具移动到新建文件中。同理，将“蓝天白云”也移动到新建文件中。

4）在图层面板中，分别选择“小姑娘”和“蓝天白云”图层，按快捷键 Ctrl+T 调整大小，用橡皮擦工具的柔化画笔修饰边缘。修饰后效果和图层面板如图 7-48 所示。

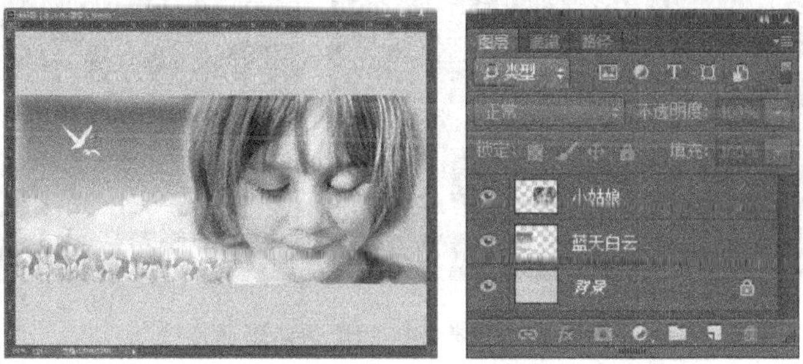

（a）修饰后效果　　（b）图层面板

图 7-48　修饰后的效果和图层面板

5）设置“小姑娘”图层的混合模式为“正片叠底”，设置“蓝天白云”图层的混合模式为“溶解”。下拉列表选项设置和最终效果如图 7-49 所示。

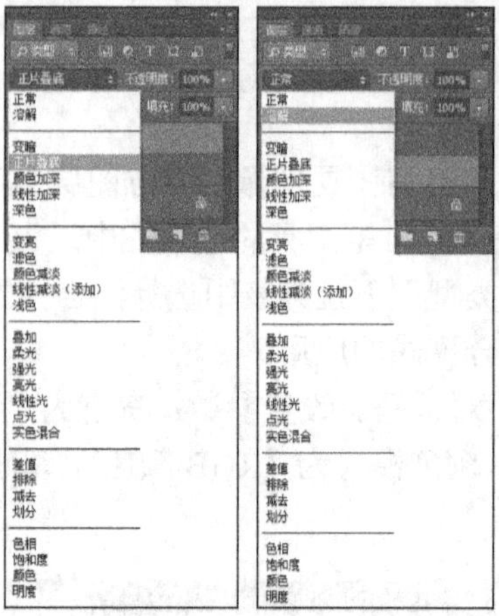

（a）下拉列表选项设置

（b）最终效果

图 7-49　下拉列表选项设置和最终效果

7.2.4　蒙版的使用

蒙版属于摄影术语，主要指控制照片不同区域曝光的传统暗房技术。在 Photoshop 中，有时需要只显示图像的一部分，其他区域被很好地隐藏起来，可以隐藏图像的工具就是蒙版。蒙版包括快速蒙版、剪贴蒙版、矢量蒙版和图层蒙版。

1．快速蒙版

在快速蒙版模式中，可以将图像中的任何选区作为蒙版进行编辑。下面以选取荷花作为选区为例，介绍快速蒙版的使用方法。

打开“荷花”图片，在工具箱中选择并单击“以快速蒙版模式编辑”按钮，进入快速蒙版编辑模式，在“通道”面板中可以看到快速蒙版通道，如图 7-50 所示。

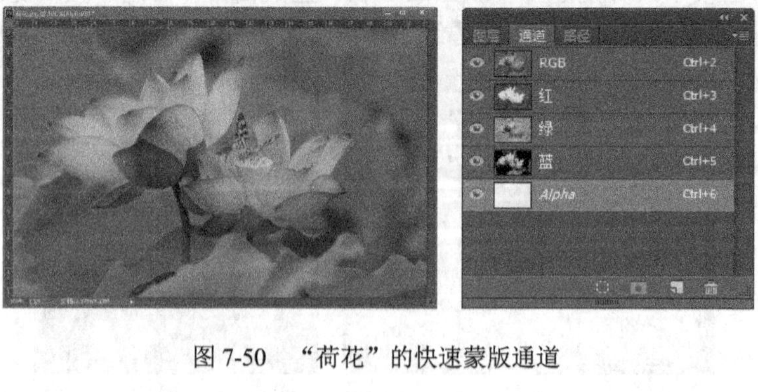

图 7-50　“荷花”的快速蒙版通道

选择画笔工具，在“荷花”的绿色区域绘制，所绘制区域显示为红色，如图 7-51 所示。

在工具箱中单击“以快速蒙版模式编辑”按钮，退出快速蒙版编辑模式，即可将“荷花”作为选区，如图 7-52 所示。

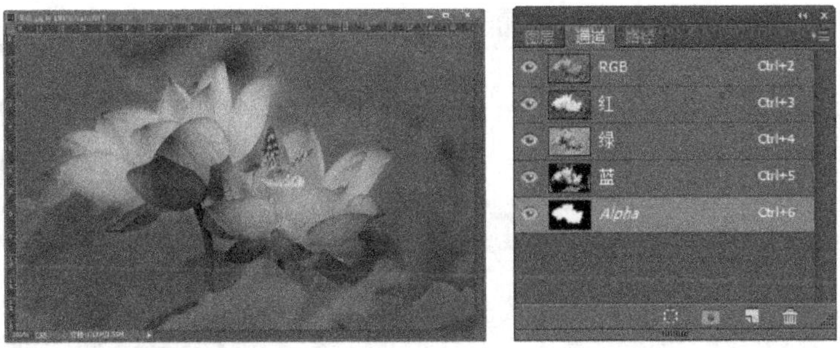

图 7-51　“荷花”的快速蒙版通道绘制效果图

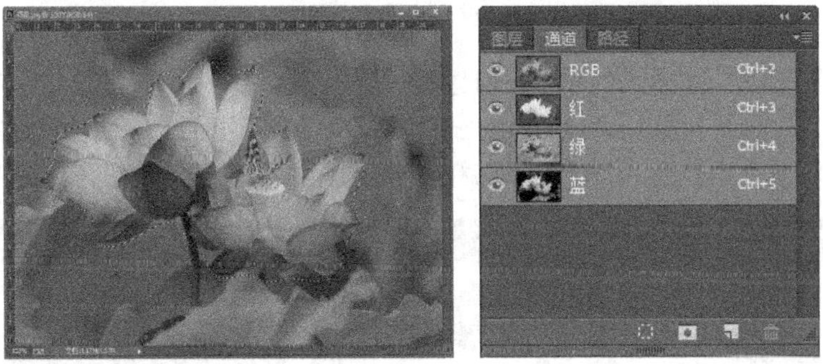

图 7-52　“荷花”选区

2. 剪贴蒙版

剪贴蒙版可以用一个图层图像控制处于其上层图像的显示范围。以“海景相框”为例，介绍剪贴蒙版的使用方法。

选择“文件→打开”菜单命令，选择并打开“相框.jpg”图片。选择工具箱的魔棒工具，对白色相框做选区。单击“新建图层”按钮，将新建图层重命名为“相框 1”，填充选区为白色。按快捷键 Ctrl+D 取消选区，如图 7-53 所示。

图 7-53　新建图层“相框 1”

选择“文件→打开”菜单命令，选择“海景 1.jpg”文件，单击“打开”按钮。将其移动到“相框”中，调整大小，并重命名为“海景 1”，如图 7-54 所示。

图 7-54　重命名图层“海景 1”

选择“海景 1”图层，通过“图层→创建剪贴蒙版”菜单命令，或者按快捷键 Alt+Ctrl+G，可以将“海景 1”和“相框 1”创建为一个剪贴蒙版组。这时，“海景 1”图层只显示“相框 1”图层的区域。可以使用移动工具调整“海景 1”的位置，如图 7-55 所示。

图 7-55　创建剪贴蒙版效果图

如需释放剪贴蒙版，选择“海景 1”图层，通过“图层→释放剪贴蒙版”菜单命令，或者按快捷键 Alt+Ctrl+G，即可释放剪贴蒙版。

3. 图层蒙版

图层蒙版是使用频率最高的工具之一，主要用来隐藏、合成图像等。图层蒙版相当于为当前图层覆盖了一层玻璃，玻璃有透明和不透明两种，透明的玻璃可以显示图像，不透明的玻璃则隐藏本图层的图像。在 Photoshop 中，图层蒙版有黑色、白色和灰色。其中，黑色区域显示图像，白色区域隐藏图像，而灰色区域会让图像呈现半隐半现的效果。

（1）创建图层蒙版

创建图层蒙版的方法有很多，可以通过图层面板创建，也可以从选区生成图层蒙版。

1）在图层面板创建图层蒙版。在图层面板中选取需要添加蒙版的图层，单击面板下方的“添加图层蒙版”按钮◘，可以为当前图层添加一个图层蒙版，填充渐变色后效果如图 7-56 所示。

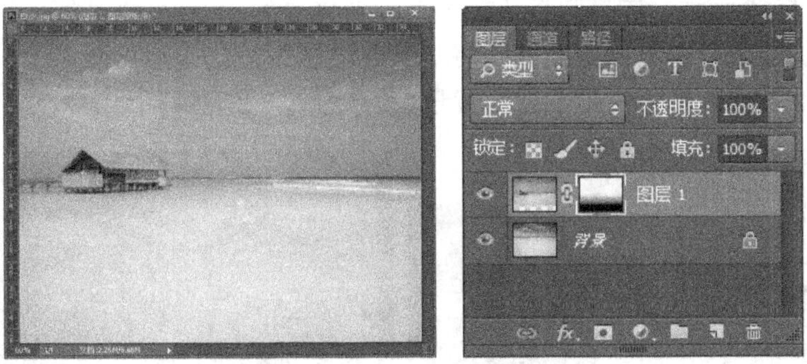

图 7-56　添加图层蒙版的效果

2）从选区生成蒙版。如当前图层存在选区，选择“图层→图层蒙版”菜单命令添加图层蒙版，创建图层蒙版后，选区外图像会被隐藏起来。以“独坐敬亭山”为例，效果如图 7-57 所示。

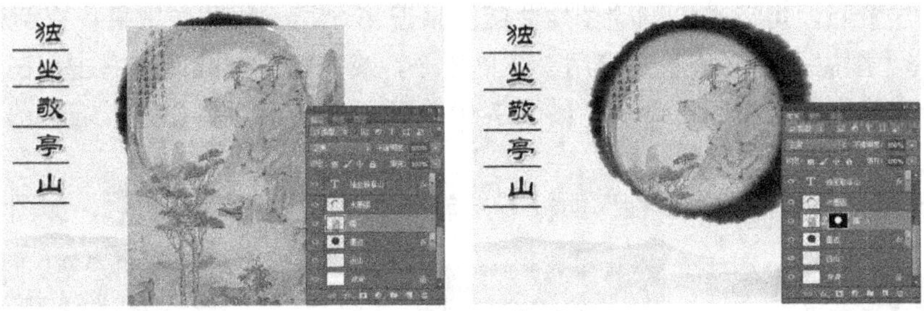

图 7-57　选区添加图层蒙版的效果

（2）编辑图层蒙版

创建图层蒙版以后，可以对图层蒙版进行编辑，可以利用渐变工具将两个图层的图像更好地融合，也可以应用柔化画笔在蒙版上绘制创造朦胧的图像效果。以“桂花树”为例，介绍运用渐变工具和画笔在蒙版上绘制的效果。

1）打开“落花.jpg”图片，选择移动工具，将其拖入“桂花雨”中，调整大小，不透明度调整为“30%”。单击面板下方的“添加图层蒙版”按钮，为该图层添加蒙版。在蒙版层中，选择渐变工具，设置为黑白线性渐变，填充渐变色，使图像相互融合，如图 7-58 所示。

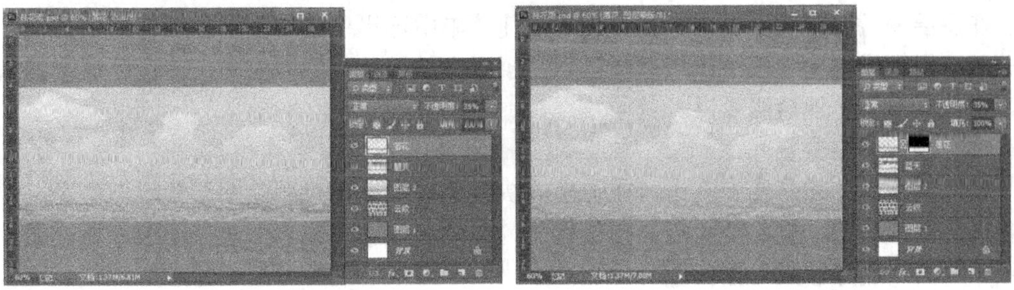

图 7-58　运用渐变工具编辑蒙版的效果

2）打开“桂树.jpg”，选择圆形选择工具，羽化值为 20px，将其拖入“桂花雨”中，调整大小。添加蒙版，选取画笔工具，将前景色设置为黑色，运用画笔工具在蒙版层进行涂抹，隐藏局部图像，使桂树隐于蓝天背景中。效果如图 7-59 所示。

图 7-59　运用画笔工具编辑蒙版的效果

（3）停用图层蒙版

停用图层蒙版，可以在不删除图层蒙版的情况下，显示原图像效果。有两种方法：

1）选择“图层→图层蒙版→停用”菜单命令，或在蒙版缩略图上右击，在弹出的快捷菜单中选择“停用图层蒙版”命令，如图 7-60 所示。停用后，将在蒙版缩略图中出现一个红色的交叉线×。

2）选择图层蒙版，在“属性”面板下方单击“停用/启用”按钮，如图 7-61 所示。

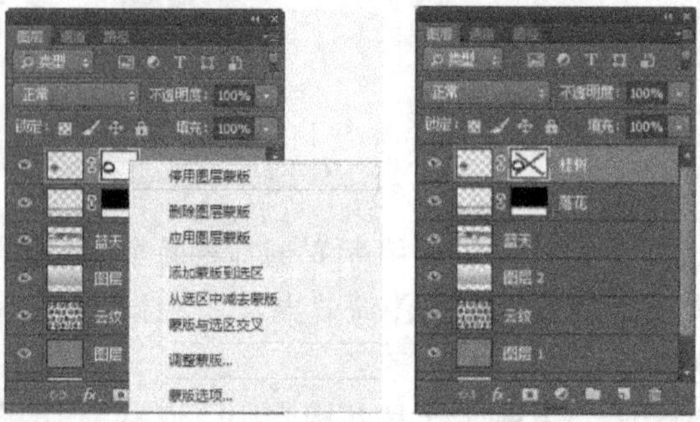

图 7-60　停用图层蒙版

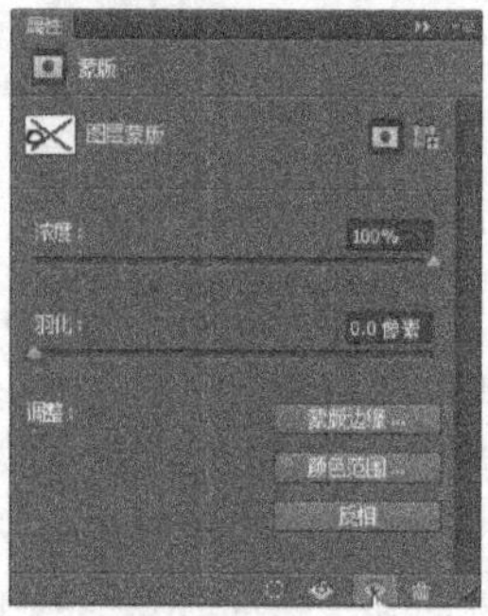

图 7-61　启用/停用图层蒙版

（4）应用图层蒙版

在图层蒙版缩略图上右击，在弹出的快捷菜单中选择“应用图层蒙版”命令，便可以将蒙版应用到图像中。应用图层蒙版以后，蒙版中的黑色区域被删除，白色区域会保留下来，灰色区域会呈现透明效果。

（5）删除图层蒙版

在图层蒙版的缩略图上右击，在弹出的快捷菜单中选择“删除图层蒙版”命令，便可以将图层蒙版删除，删除蒙版后，图像恢复为初始的状态；或者，选择蒙版，在“属性”面板中单击“删除蒙版”按钮。

7.2.5　颜色与色调的调整

1. 色彩的相关知识

人类获取的外部信息，80%以上是通过眼睛获取的，而通过眼睛获取的信息都带有色彩，所以色彩是视觉传达中最为重要的元素。

如果没有光，人的眼睛将看不到任何事物。所以，色彩是眼睛在光的作用下看到物体，再通过大脑的分析感知色彩。总之，没有光就没有色彩，色是因光而产生的物理现象。人的肉眼可以感知的光称为“可见光”。

光与色密不可分。1666 年，艾萨克·牛顿利用三棱镜发现了光颜色的秘密。白光通过三棱镜后，可以被分解为红、橙、黄、绿、蓝、靛、紫七种单色光。

日常生活中，颜色包括光源色和物体色两种。光源色包括太阳、荧光灯、白炽灯等发光体发出的光，光源色的三原色是红色、绿色和蓝色。物体色是光照射到物体后反射的光线，物体的二原色是洋红、黄色和青色。在计算机中，所有彩色都是通过三原色（红色、绿色和蓝色）相互混合而产生的。

客观世界的色彩千变万化，但每种颜色都具有“色相”、“明度”和“纯度”三个属性，也称为色彩的三要素。

色相：用于区分各种颜色的名称，如红、紫、蓝、绿、黄、橙等。

明度：表示色彩的明暗程度。明度差别既可以表示同色的深浅变化，也可以表示不同色彩的深浅差别。

纯度：表示颜色的鲜艳程度，又称为饱和度。色相中纯度最高的色彩称为“纯色”，某一纯色添加白色或黑色，会降低其纯度，使色彩变得更为柔和或沉重。

2. 快速调整颜色和色调的命令

（1）亮度/对比度

“亮度/对比度”命令可以对图像的色调范围进行简单的调整。选择“图像→调整→亮度/对比度”菜单命令，打开“亮度/对比度”对话框，向左移动亮度滑块，会增加阴影范围；向右移动亮度滑块，会扩展图像高光范围。调整对比度滑块可以扩展或收缩图像色调的总体范围。打开“大海”素材，调整亮度值，如图 7-62 所示。

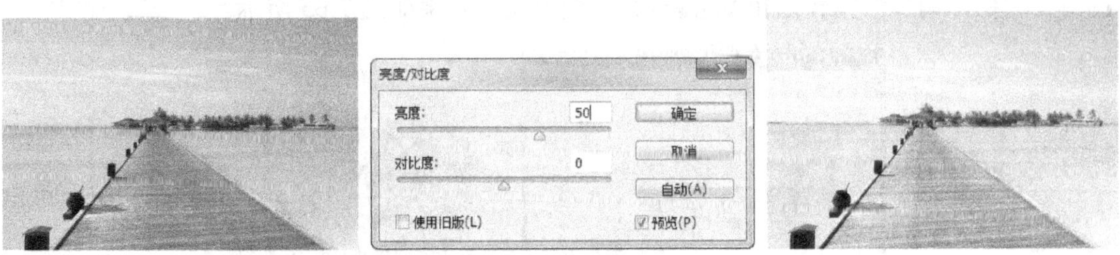

（a）调整前　　（b）“亮度/对比度”对话框　　（c）调整后

图 7-62　“亮度/对比度”对话框和调整前后的图像

（2）色彩平衡

“色彩平衡”命令可以改变图像总体颜色的混合效果。如果图像出现偏色的情况，可以使用色彩平衡命令进行调整。选择“图像→调整→色彩平衡”菜单命令，或者按快捷键Ctrl+B，打开“色彩平衡”对话框，如图7-63所示。

色彩平衡：通过输入数值或调整滑块，控制图像中主要色彩在图像中所占的比例。

色调平衡：选择需要调整的色彩范围，包括“阴影”、“中间调”和“高光”三个选项。

保持明度：勾选该复选框后，可以保持图像的亮度不随着颜色的改变而改变。

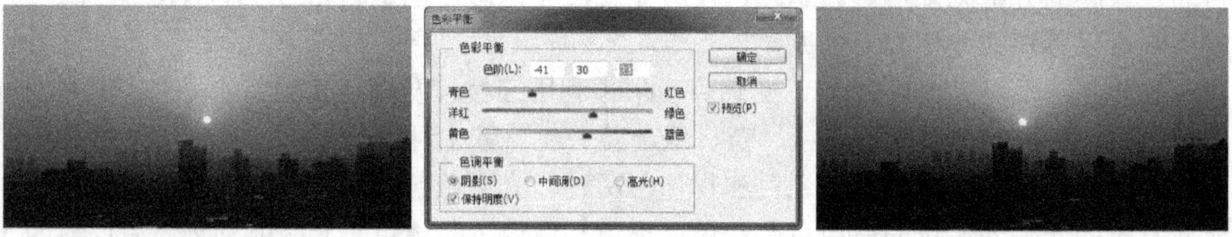

（a）调整前　（b）“色彩平衡”对话框　（c）调整后

图7-63　“色彩平衡”对话框和调整前后的图像

（3）去色

使用“去色”可以去掉图像中的颜色，使其变为黑白图像。下面以“变色花”为例，介绍“去色”的使用方法。打开素材，选择“图像→调整→去色”菜单命令，或按快捷键Shift+Ctrl+U，将图像调整为黑白，如图7-64所示。

（a）原图　（b）去色后

图7-64　“变色花”原图和去色后

选择“图像→调整→色相/饱和度”菜单命令，打开“色相/饱和度”对话框，勾选“着色”复选框，调整色相和饱和度滑块后，“变色花”效果如图7-65所示。

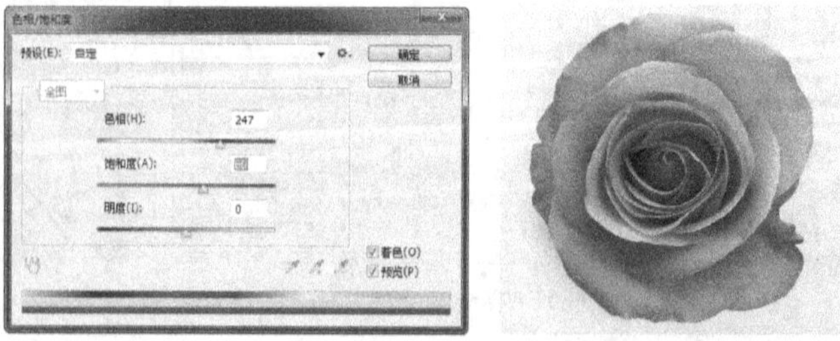

（a）“色相/饱和度”对话框　（b）“变色花”效果

图7-65　“色相/饱和度”对话框和“变色花”效果

3. 调整颜色与色调的命令

（1）色阶

色阶表示图像中颜色的明暗度，“色阶”可以调整图像的阴影、中间调和高光的强度。选择“图像→调整→色阶”菜单命令，打开“色阶”对话框，设置输入色阶、输出色阶、通道等，如图 7-66 所示。

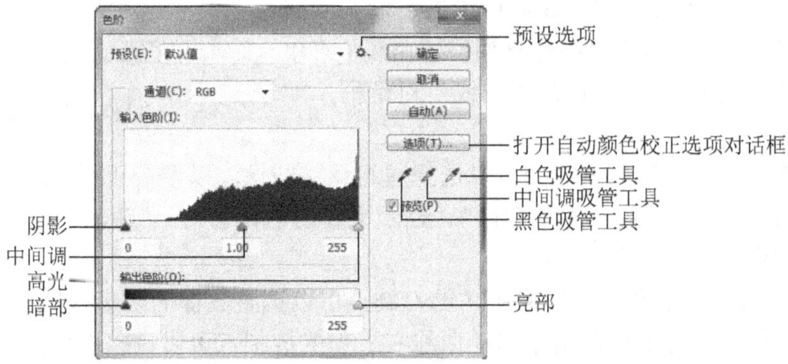

图 7-66 “色阶”对话框

通道：可以在下拉列表中选择通道，对图像进行调整，以便校正图像的颜色。

输入色阶：可以移动滑块调整图像的阴影、中间调和高光，也可以在输入框输入数值。向左移动滑块，图像会变亮；向右移动滑块，图像会变暗。以“骏马”为例，修改前后对比效果如图 7-67 所示。

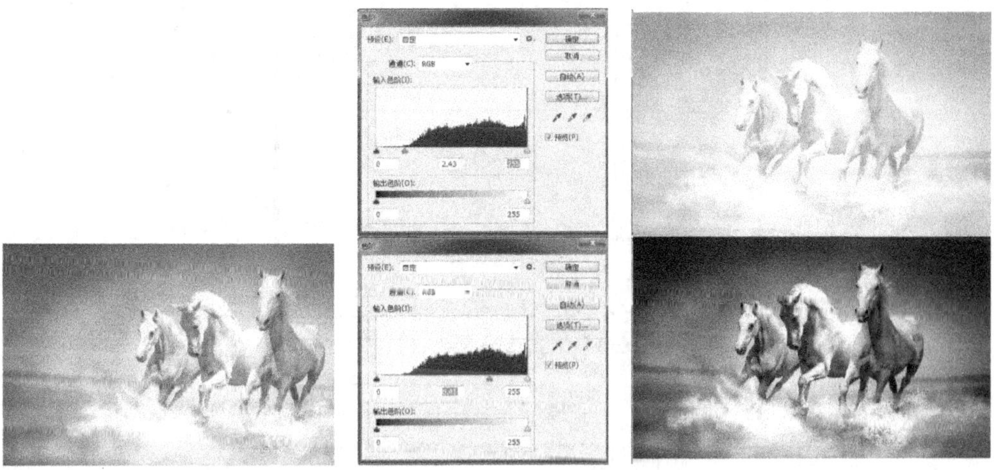

图 7-67 “骏马”色阶调整对比

输出色阶：可以设置图像的亮度范围，从而降低对比度。

“自动”按钮：单击该按钮，自动调整图像的色阶，从而使图像的亮度分布均匀。

“选项”按钮：单击该按钮，打开“自动颜色校正选项”对话框，设置 “算法”与“目标颜色和修剪”，如图 7-68 所示。

吸管工具组：包括三个吸管工具，分别是白色吸管工具、中间色调吸管工具和黑色吸管工具。在图像中单击取样，可以根据单击位置的像素进行调整。

（2）曲线

“曲线”是使用频率最高的调整命令之一，它兼具亮度/对比度、色阶等命令的功能，可以通过调整曲线形状调整图像的色调。选择“图像→调整→曲线”菜单命令，或按快捷键 Ctrl+M，打开“曲线”对话框，如图 7-69 所示。

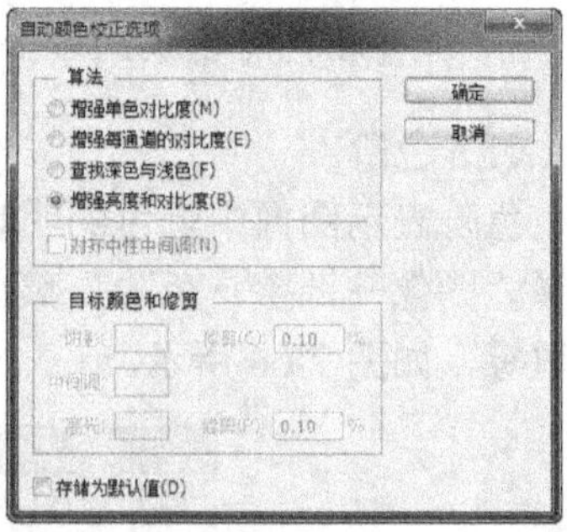

图 7-68　“自动颜色校正选项”对话框

通道：在“通道”下拉列表中可以选择通道调整图像，以便校正图像颜色。

输入/输出：“输入”即“输入色阶”，显示调整前的像素值；“输出”即“输出色阶”，显示调整后的像素值。

阴影/中间调/高光：移动曲线左下角的控制点可以调整图像的阴影区域；移动曲线中间的控制点可以调整图像的中间调；移动曲线右上角的控制点可以调整图像的高光区域。

“自动”按钮：单击该按钮，可对图像应用“自动色调”、“自动对比度”或“自动颜色”校正。

曲线显示选项：设置曲线显示的相关参数，可以设置显示数量和显示方式。

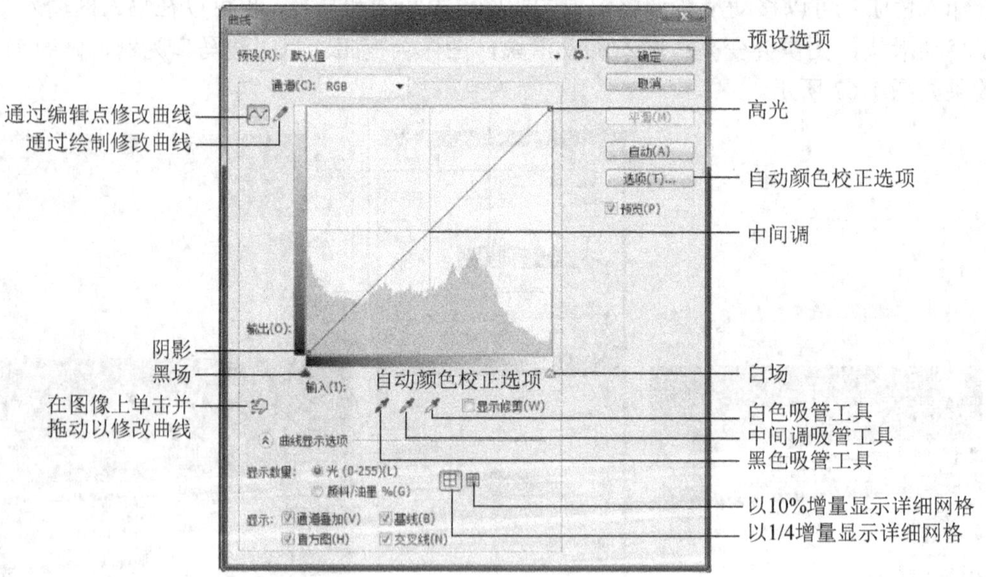

图 7-69　“曲线”对话框

（3）色相/饱和度

使用“色相/饱和度”命令可以调整图像或选区内图像的色相、饱和度和明度，可以选择单个通道调整图像。选择“图像→调整→色相/饱和度”菜单命令，或者按快捷键 Ctrl+U，打开“色相/饱和度”对话框，如图 7-70 所示。

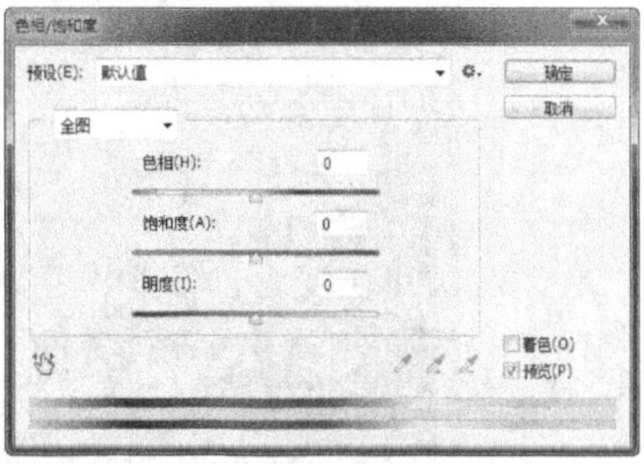

图 7-70　“色相/饱和度”对话框

通道：在通道下拉列表中，包括全图、红色、黄色、绿色、青色、蓝色和洋红选项。选好通道之后，调整色相、饱和度和明度。

色相：通过拖动滑块或输入色相值调整图像的色相。

饱和度：通过拖动滑块或输入饱和度值调整图像的饱和度。

明度：通过拖动滑块或输入明度值调整图像的明度。

着色：勾选此复选框，图像会偏向于灰色或单色，可以通过调整色相、饱和度和明度，以调整图像的色调。

7.2.6　滤镜

滤镜是 Photoshop 的重要功能之一，可以制作各种特殊效果。Photoshop CC 提供的滤镜多达 100 多种，包括“抽出”、“滤镜库”、“镜头校正”、“液化”等特殊滤镜，以及“风格化”、“模糊”、“扭曲”、“锐化”、“视频”、“像素化”、“渲染”等滤镜组。此外，如果安装了外挂滤镜，可以在“滤镜”菜单底部显示外挂滤镜。在 Photoshop CC 中，“滤镜”的子菜单包括多种滤镜组，每个滤镜组包括多种滤镜效果。

1. “滤镜库”对话框

为图像添加滤镜的方法非常简单。例如，将“江南水乡”素材修改为蜡笔绘制的效果，可以选择“滤镜→滤镜库”菜单命令，打开“滤镜库”对话框，在“艺术效果”下选择“粗糙蜡笔”，设置描边长度、描边细节等选项的参数后，单击“确定”按钮，即可应用“粗糙蜡笔”的滤镜效果，如图 7-71 所示。

图 7-71　“江南水乡”应用“粗糙蜡笔”的滤镜效果

“滤镜库”对话框内包括大部分常用滤镜，可以对图像应用多个滤镜，或者对同一图像多次应用同一种滤镜。下面以“粗糙蜡笔”滤镜对话框为例，简单介绍“滤镜库”对话框的选项，如图 7-72 所示。

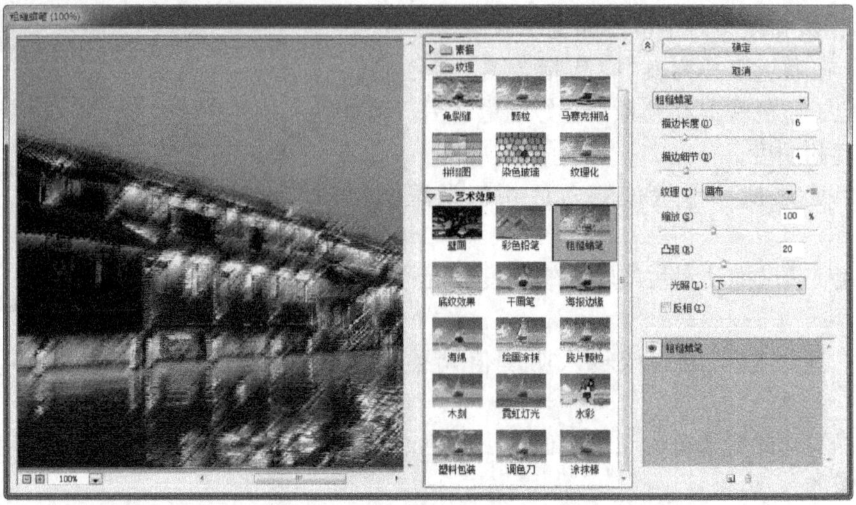

图 7-72 “滤镜库”对话框

效果预览窗口：预览图像应用滤镜后的效果。

显示/隐藏滤镜缩略图：单击该按钮，可以隐藏滤镜缩略图，增大预览窗口空间。

参数设置面板：选择滤镜后，参数设置面板中会显示所选滤镜的设置选项。

新建效果图层：用于新建效果图层，并为该图层应用滤镜。

删除效果图层：单击该按钮，删除选中的效果图层。

2. 滤镜应用实例

在“声音的秘密”实例中，“侧耳倾听”素材应用了底纹效果，通过这个实例，介绍底纹效果滤镜的使用方法和设置选项。部分操作步骤如下：

选择“侧耳倾听 2”图层，通过“滤镜→艺术效果→底纹效果”菜单命令设置图层混合模式“正片叠底”，透明度“50%”，“侧耳倾听 2”与“侧耳倾听 1”叠加后，使画面既有纹理效果，又有错位的动感。应用滤镜效果前后如图 7-73 所示。

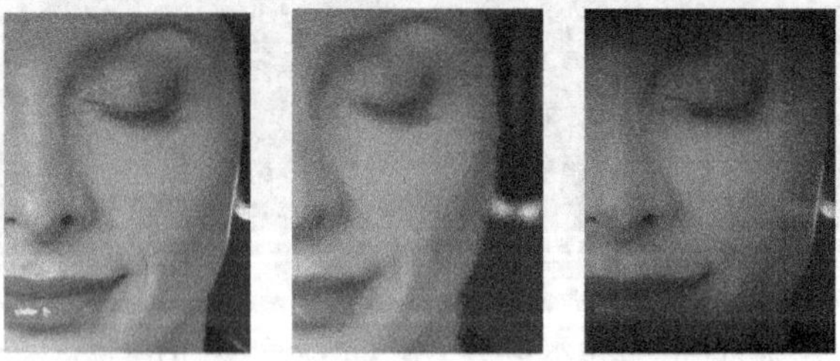

图 7-73 “侧耳倾听”原图及添加滤镜效果

每种滤镜都有相应的设置选项，通过调整参数可以制作不同的效果。“底纹效果”滤镜可以在不同纹理背景上绘制底纹图像。在此仅介绍“底纹效果”滤镜的设置面板，如图 7-74 所示。

画笔大小：设置底纹纹理的大小。

纹理覆盖：设置笔触的细腻程度。

纹理：设置纹理类型，选项包括“画布”、“粗麻布”、“砖形”和“砂岩”。

缩放：设置纹理的缩放程度。

凸现：设置纹理的凸起程度。

光照：设置光照的方向。

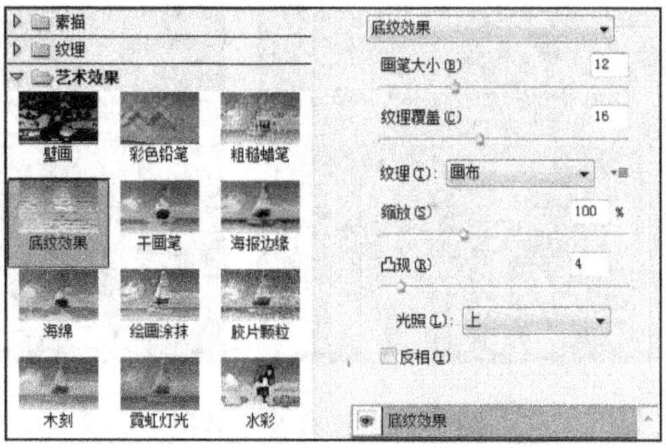

图 7-74　“底纹效果”滤镜设置选项

7.3　综 合 设 计

“桂花雨”是人教版小学语文五年级上册的一篇课文，在以“桂花雨”为主题的课件封面中，桂树和桂花是画面的主体，地面落花似雨更好地突出画面主题。画面以绿色为主色调，搭配桂花的黄，清新暗隐桂花飘香，云纹融于背景中，契合中秋团圆之意。

7.3.1　“桂花雨”课件封面设计

“桂花雨”课件封面最终效果如图 7-75 所示。制作步骤如下。

1. 新建文件

选择“文件→新建”菜单命令，打开“新建”对话框。设置参数如下：名称“桂花雨”，宽度“800 像素”，高度“600 像素”，分辨率“72 像素/英寸”，颜色模式“RGB 颜色”，背景内容“白色”，如图 7-76 所示。设置完成后单击“确定”按钮。

图 7-75　“桂花雨”课件封面最终效果

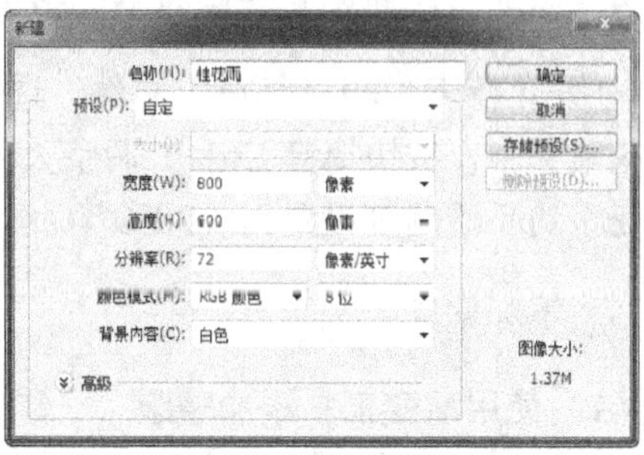

图 7-76　“新建”对话框

2. 设置背景

选择工具箱中的油漆桶工具，设置前景色为“#459133”，将背景图层填充为绿色。

打开“云纹”文件，选择移动工具，将其移动到“桂花雨”中，按快捷键 Ctrl+T 调整大小，将该图层的不透明度调整为 3%，效果如图 7-77 所示。

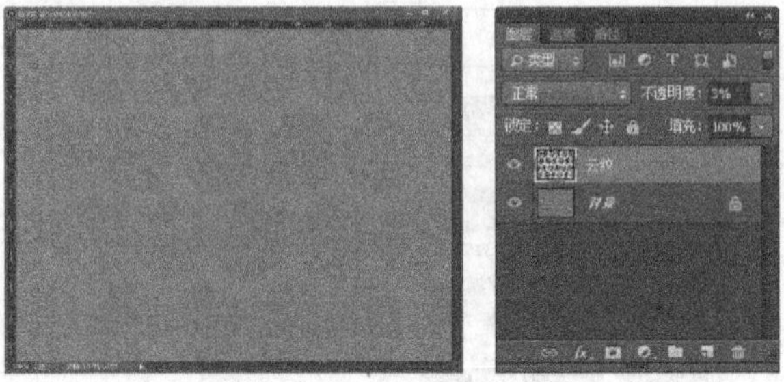

图 7-77　云纹背景效果

3. 渐变填充

创建新的图层，选择“矩形选框工具”创建矩形选区。选择工具箱中的渐变工具，设置渐变类型为“线性渐变”，打开“渐变编辑器”对话框，设置渐变色“#d7e89d－#74b72f”，将矩形选区填充为黄绿渐变，按快捷键 Ctrl+D 取消选区。填充效果如图 7-78 所示。

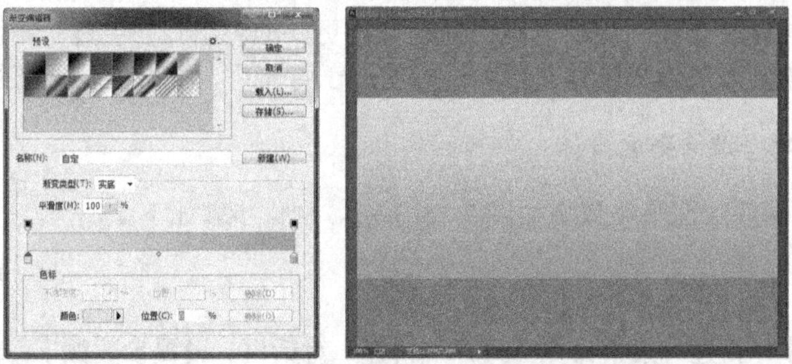

图 7-78　渐变编辑器和渐变填充效果

4. 添加图像并设置图像的不透明度

打开“蓝天”和“落花”文件，选择移动工具，将“蓝天”和“落花”移动并复制到“桂花雨”中，按快捷键 Ctrl+T 调整大小。将“蓝天”的图层混合模式设置为“柔光”。将“落花”的不透明度设置为“30%”。

5. 添加蒙版

（1）使用渐变工具添加蒙版

选择“落花”图层，单击“添加图层蒙版”按钮。选择渐变工具，选择渐变类型为“线性渐变”，选择预设的“黑，白渐变”。选取蒙版图层，填充线性渐变，使“落花”与“蓝天”相融合，如图 7-79 所示。

图 7-79 “渐变编辑器”设置和蒙版的渐变填充效果

（2）使用画笔工具添加蒙版

打开“桂树”文件，选择椭圆选框工具，羽化“20px”。选择移动工具，将“桂树”移动到“桂花雨”中并调整图像大小，单击“添加图层蒙版”按钮。选择画笔工具，前景色“黑色”，硬度“0%”。选择蒙版图层，沿桂树边缘勾勒轮廓，使边缘虚化，与背景巧妙融合。

同理，选择“桂花”文件，选择椭圆选框工具，羽化“25px”，将其拖动到“桂花雨”中，单击“添加图层蒙版”按钮，在蒙版图层，利用黑色柔化画笔工具涂抹边缘。

6. 添加图层样式

在图层面板中，单击“创建新图层”按钮添加图层。选择“矩形选框工具”绘制矩形选区。选择渐变工具，选择渐变类型为“线性渐变”，渐变颜色“#446432—#aac451—#446432#aac451—#446432”，对选区填充渐变色。取消选区，将图层重命名为“下边线”。

在图层面板中，单击“添加图层样式”按钮，在打开的“图层样式”对话框中勾选“投影”复选框并设置参数，投影颜色“深绿色”，不透明度“60%”，光源角度“120 度”，取消勾选“使用全局光”复选框，如图 7-80 所示。

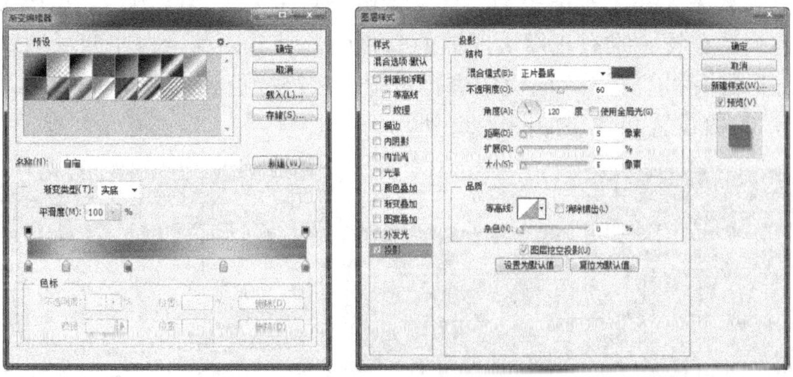

图 7-80 渐变编辑器及图层样式的设置

复制“下边线”图层，重命名为“上边线”，并调整图层顺序。设置图层样式 “投影”，光源角度为“-30 度”。

7. 标题文字

在图层面板，单击“创建新图层”按钮。选择文本工具，输入点文字“桂”。按快捷键Ctrl+T 调整文字的大小和位置，再将图层栅格化。依此步骤，输入文字“花”和“雨”。按住Shift键，选中所有文字图层，选择“图层→合并图层”菜单命令，重命名为“桂花雨”。

单击“添加图层样式”按钮，在图层样式面板中设置：“投影”，投影颜色“深绿色”；“渐变”，渐变类型“线性渐变”，渐变颜色“黄绿色”；“描边”，大小为“5 像素”，描边颜色“淡黄色”，如图 7-81 所示。

（a）图层样式的设置　　　　（b）效果图

图 7-81　图层样式的设置和效果图

8. 输入段落文字

创建新的图层，图层重命名为“桂花雨节选”，设置图层的不透明度为“15%”。输入段落文字如下：

“中秋节前后，就是故乡的桂花季节。

一提到桂花，那股子香味就仿佛闻到了。桂花有两种，月月开的称木樨，花朵较细小，呈淡黄色，台湾也有，曾在走过人家围墙外时闻到这股香味，一闻到就会引起乡愁。另一种称金桂，只有秋天才开，花朵较大，呈金黄色。我家的大宅院中，前后两大片广场，沿着围墙，种的全是金桂。唯有正屋大厅前的庭院中，种着两株木樨、两株绣球。”

在“字符”面板和“段落”面板中进行设置，字符行距 35 点，字符比例间距 18%，首行缩进 20 点，参数设置和效果如图 7-82 所示。

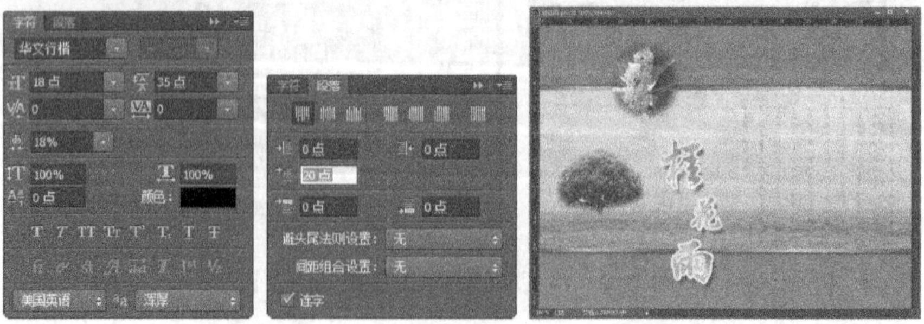

图 7-82　字符、段落参数设置和最终效果图

7.3.2 “桂花雨”课件背景设计

“桂花雨”课件背景的效果图如图 7-83 所示。

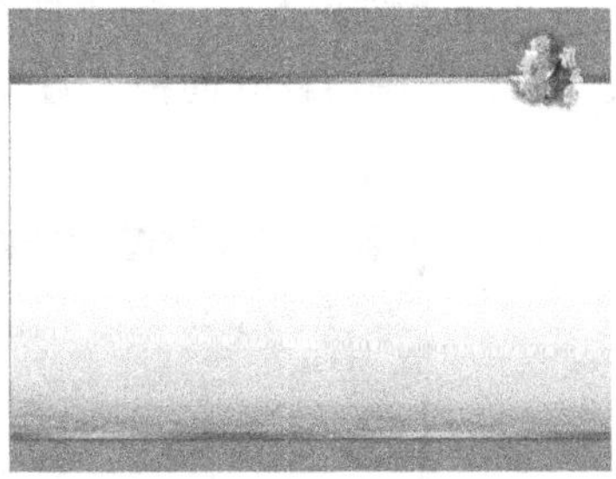

图 7-83 “桂花雨”课件背景效果图

课件背景与课件封面的主题元素保持统一，中心留白便于课件内容演示，点缀桂花和桂花雨标题文字突出主题。在制作过程中，可以借用课件封面部分图像，稍加修改即可。制作步骤如下。

1. 新建文件

选择“文件→新建”菜单命令，打开“新建”对话框。设置参数如下：名称“桂花雨 背景”，宽度“800 像素”，高度“600 像素”，分辨率“72 像素/英寸”，颜色模式“RGB 颜色”，背景内容“白色”。

2. 制作背景

选择工具箱中的油漆桶工具，设置前景色为“#459133”，将背景图层填充为绿色。

打开“桂花雨.psd”，选择“云纹”图层，再选择移动工具，将其移动到新建文件中。

3. 渐变填充

创建新图层，使用“矩形选框工具”创建选区。选择渐变工具，设置渐变类型为“线性渐变”，填充选区为白绿渐变，取消选区。填充后效果如图 7-84 所示。

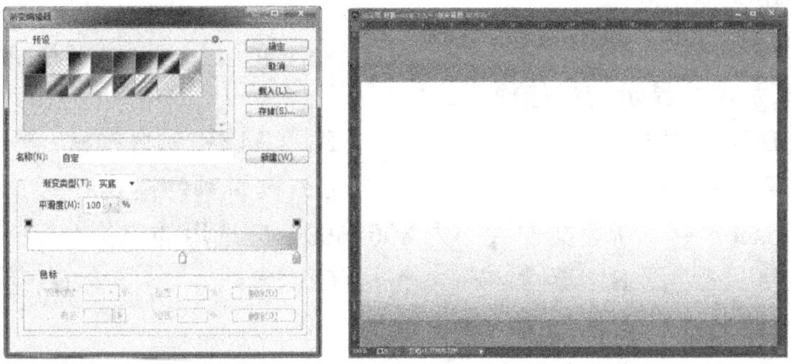

（a）渐变编辑器　　（b）填充效果图

图 7-84 渐变编辑器和填充效果图

4. 落花

选择“桂花雨”中的“落花”，再选择移动工具，将其复制到“桂花雨 背景”并调整位置，保持原图层设置不变，使其与渐变背景相融合。

5. 边线

选择“桂花雨”中的“上边线”与“下边线”，利用移动工具复制边线后调整位置。

6. 桂花

选择“桂花雨”中的“桂花”和“桂花雨”标题，复制并调整位置。选择“桂花雨”图层，打开图层样式面板，调整设置选项，“投影”，角度“60 度”；“描边”，大小“2 像素”，如图 7-85 所示。

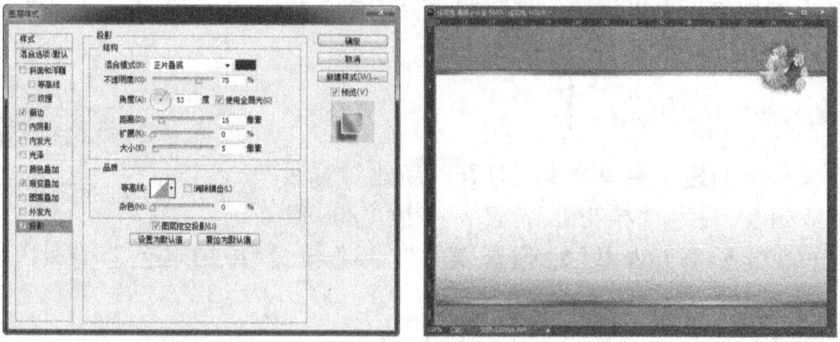

（a）图层样式设置　　（b）最终效果图

图 7-85　图层样式设置和最终效果图

思　考　题

1．选择题

（1）图像分辨率使用的单位是（　　）。

A．DPI　　B．PPI　　C．dp　　D．sp

（2）（　　）是屏幕显示的最佳模式。

A．RGB 颜色模式　　B．CMYK 颜色模式

C．灰度颜色模式　　D．索引颜色模式

（3）在 Photoshop 中，新建文件大小为 800×600，应选用的单位是（　　）。

A．厘米　　B．英寸　　C．派卡　　D．像素

（4）在 Photoshop 中，取消选区的快捷键是（　　）。

A．Ctrl+O　　B．Ctrl+T　　C．Ctrl+D　　D．Ctrl+S

（5）纯度表示颜色的鲜艳程度，又称为（　　）。

A．色相　　B．明度　　C．饱和度　　D．亮度

（6）在 Photoshop 中，以下选项不属于渐变类型的是（　　）。

A．线性渐变　　B．梯形渐变　　C．径向渐变　　D．菱形渐变

2．简答题

（1）简述在 Photoshop CC 中如何创建月牙形选区。

（2）简述在 Photoshop CC 中如何栅格化文字。

（3）简述在 Photoshop CC 中如何去掉图像的颜色并重新着色。

（4）简述在 Photoshop CC 中如何添加和删除图层蒙版。

第 8 章　动画编辑软件——Adobe Flash CC

学习目标

通过对本章的学习，学生应了解什么是 Flash 动画，熟悉 Adobe Flash CC 软件的操作界面和基本工具的使用，掌握 Flash 动画的制作方法，学会使用 Flash 制作教学应用课件。

8.1　Adobe Flash CC 软件操作

Adobe Flash CC 是由 Adobe 公司推出的动画编辑软件。Adobe Flash CC 界面清新简洁友好，可以实现多种动画特效，是由一帧帧的静态图片在短时间内连续播放而造成的视觉效果，表现为动态过程，能满足用户的制作需要。与其低版本 Adobe Flash CS 相比，Adobe Flash CC 增加同步设定、支持 64 位架构、增强及简化的 UI、Full HD 视讯和音效转存、全新的程序代码编辑器、透过 USB 进行行动测试、改进的 HTML 发布、实时绘图和实时色彩预览、时间轴增强功能、无限制的绘图板大小、自定义元数据。

8.1.1　Adobe Flash CC 的操作界面

1. 运行 Adobe Flash CC

Adobe Flash CC 支持 64 位架构，需安装在 Windows 7（64 位）或 Windows 8（64 位）操作系统下，不支持 Windows XP(32 位)操作系统。在相匹配的操作系统中安装 Adobe Flash CC 后，选择“开始→所有程序→Flash CC”命令，即可启动程序运行。Adobe Flash CC 软件启动后，弹出的“开始页”面板中包含“从模板创建”、“新建”、“打开最近的项目”等常用的操作任务。选择“开始页”面板中的选项，即可进入相应项目，如图 8-1 所示。

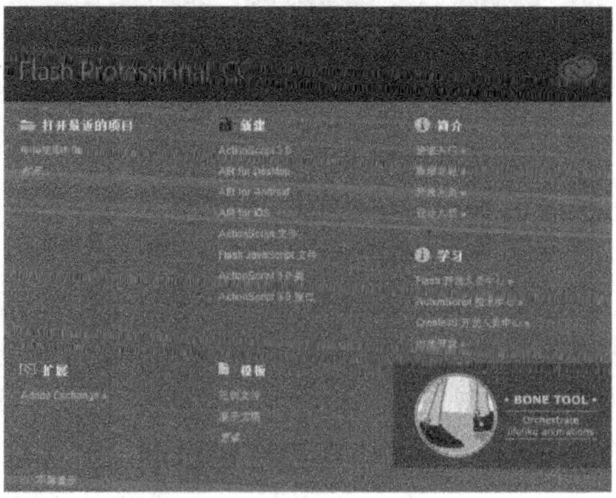

图 8-1　Flash CC 开始页

2. Adobe Flash CC 工作窗口简介

在“开始页”面板中，选择“新建→ActionScript 3.0”菜单命令，打开 Adobe Flash CC 工作窗口，创建一个新 Flash ActionScript 3.0 文档，打开 Flash CC 工作界面，如图 8-2 所示。默认情况下，工作窗口会显示菜单栏、工作区（舞台）、时间轴、工具栏、属性以及另外几个面板。

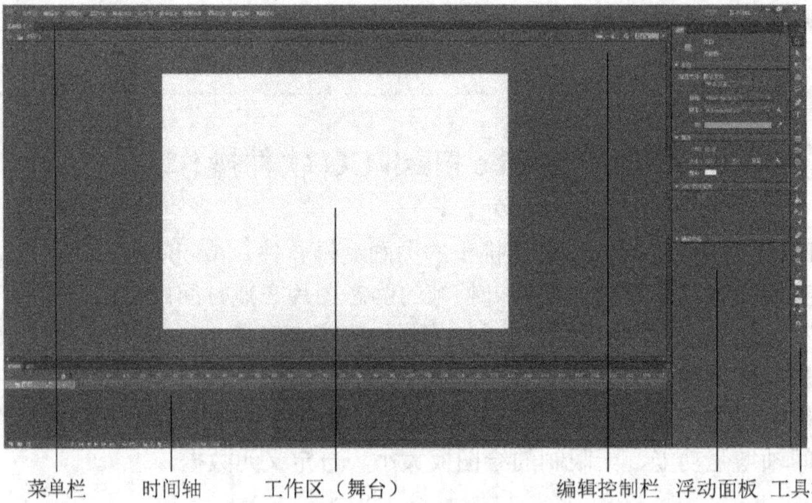

图 8-2　Flash CC 工作界面

（1）菜单栏

菜单栏（图 8-3）中的下拉菜单提供了 Adobe Flash CC 的命令项，通过执行它们可以进行 Flash 的基本程序操作。在 Flash 中工作时，可以打开、关闭、停放和取消停放面板，也可以在屏幕上四处移动面板。要返回默认的工作区，可选择“窗口→工作区→基本功能”菜单命令。

图 8-3　菜单栏

（2）舞台

屏幕中间的白色矩形称为“舞台”。与剧院的舞台一样，Flash 中的“舞台”是播放影片时观众查看的区域，它包含出现在屏幕上的文本、图像和视频。把元素移到“舞台”上或者移到“舞台”之外，将把它们移入或移出视野。默认情况下，用户将看到“舞台”外面的灰色区域，其中可以放置将不会被看到的元素（因为它们位于“舞台”之外），这个灰色区域称为“粘贴板”，如图 8-4 所示。

要缩放“舞台”，使之能够完全放在应用程序窗口中，可选择“视图→缩放比率→符合窗口大小”菜单命令，也可以从“舞台”上方的弹出式菜单中选择不同的缩放比率视图选项，如图 8-5 所示。

首先设置“舞台”的颜色和尺寸。“属性”检查器中提供了对这些选项的设置，它是位于“舞台”右边的一个垂直面板。在“属性”检查器底部，注意当前“舞台”的尺寸被设置为550像素×400像素。单击“编辑”按钮，将弹出“文档属性”对话框。在“宽”和“高”文本框中，输入新的像素尺寸，为“宽”输入400，为“高”输入250。单击“背景颜色”按钮，并为“舞台”选择一种新颜色。单击“确定”按钮，“舞台”现在将具有不同的尺寸和颜色。也可以在“属性”检查器中单击“舞台”按钮，更改“舞台”的颜色。用户可以随时更改“舞台”的属性，如图8-6所示。

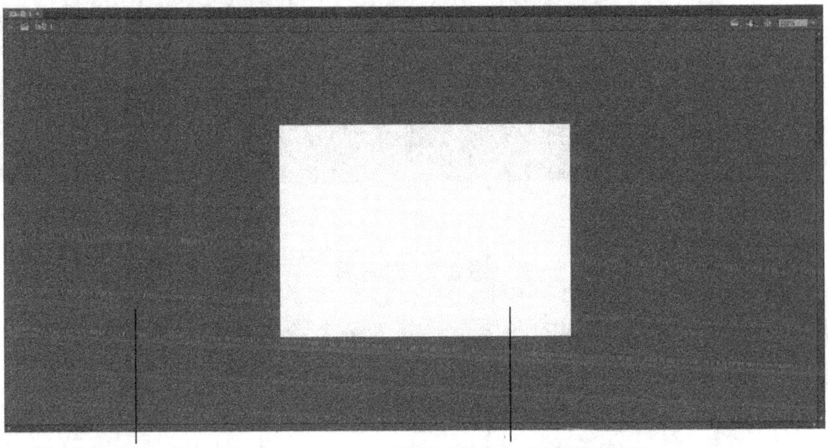

图8-4 舞台区域

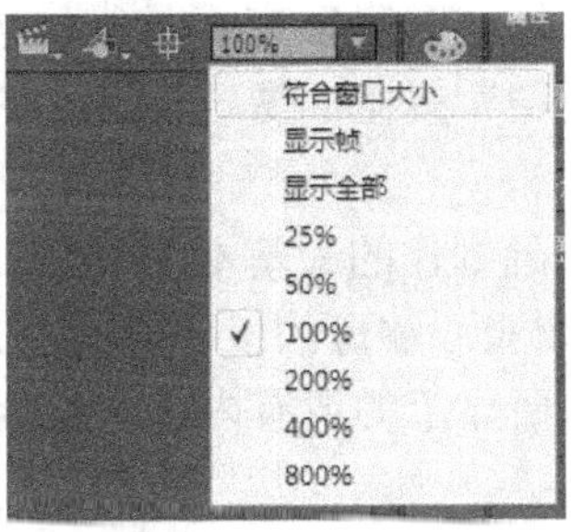

图8-5 缩放比率选项

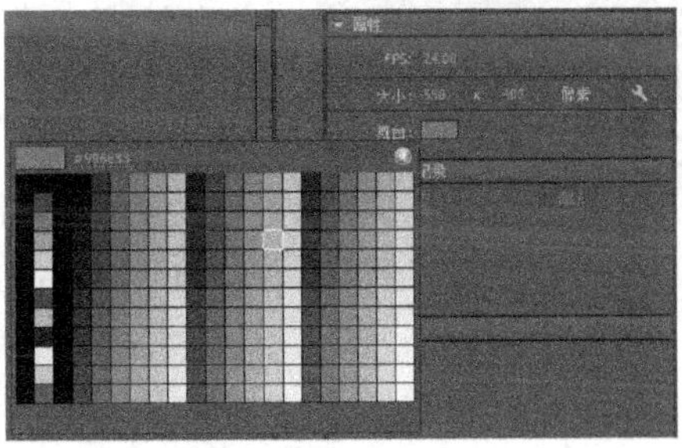

图8-6 舞台属性面板

（3）时间轴

“时间轴”位于“舞台”下面。像电影一样，Flash文档以帧为单位度量时间。在播放影片时，播放头（如红色垂直线所示）在“时间轴”中向后移动，从前到后依次经过各个帧。用户可以为不同的帧更改“舞台”上的内容。要在“舞台”上显示帧的内容，可以在“时间轴”中把播放头移到那个帧上。在“时间轴”的底部，Flash会指示所选的帧编号、当前帧速率（每秒钟播放多少帧），以及迄今为止在影片中所流逝的时间。

“时间轴”还包含图层（图8-7），它有助于在文档中组织作品。可以把图层看成是堆叠在彼此上面的多个幻灯片。每个图层都包含一幅出现在“舞台”上的不同图像，可以在一个图层上绘制和编辑对象，而不会影响另一个图层上的对象。图层按它们出现在“时间轴”中的顺序堆叠在一起，位于“时间轴”底部图层上的对象将出现在“舞台”上的一堆对象的底部。用户可以隐藏、显示、锁定或解锁图层。每个图层的帧都是独特的，但是可以把它们拖到相同图层上的一个新位置，或者把它们复制或移动到另一个图层上。

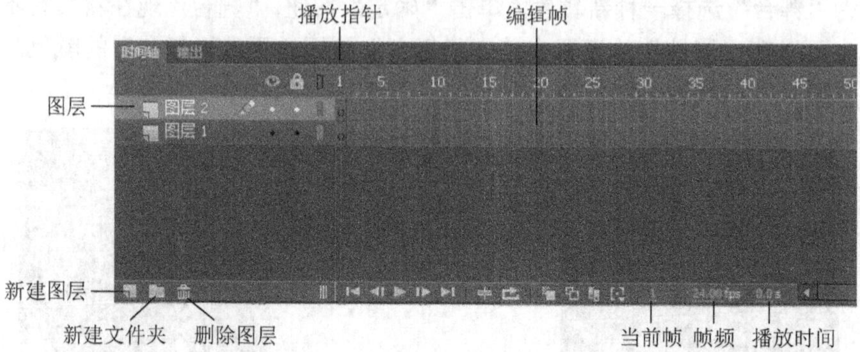

图 8-7　时间轴

1）图层。把内容分隔在不同的图层上，并为每个图层命名以指示其内容，以便以后可以轻松地查找所需的图层。

① 图层命名。在“时间轴”中选择现有的图层，双击图层的名称以重命名它，如图 8-8 所示。

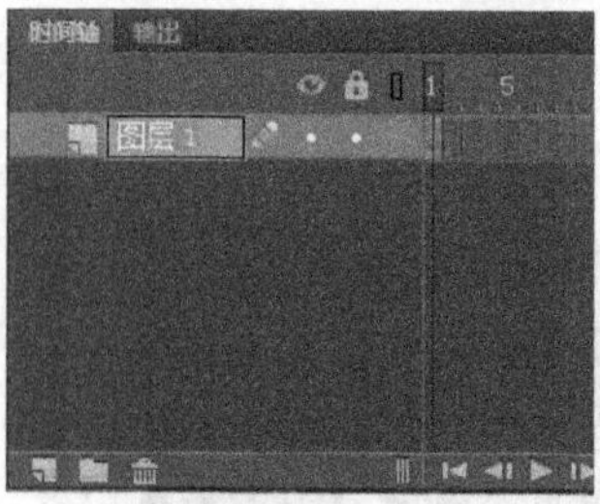

图 8-8　时间轴图层

② 添加图层。新的 Flash 文档只包含一个图层，但用户可以根据需要添加许多图层。顶部图层中的对象将覆盖底部图层中的对象。选择“插入→时间轴→图层”菜单命令，也可以单击“时间轴”下面的“新建图层”按钮，图层将出现在图层 1 上面。

2）帧。帧是进行 Flash 动画制作的最基本的单位，每一个精彩的 Flash 动画都是由很多个精心雕琢的帧构成的，在‘时间轴’上的每一帧都可以包含需要显示的所有内容，包括图形、声音、各种素材和其他多种对象。

普通帧在‘时间轴’上能显示实例对象，但在普通帧上不能对实例对象进行编辑操作。在“时间轴”上保持前方实例对象的时间延续必须添加普通帧，方法如下：

① 在选定图层上，选择需要添加帧的位置。

② 选择“插入→时间轴→帧”菜单命令，新的帧出现在该图层的指定位置上。

3）关键帧。关键帧是有实例对象的帧，用来定义动画变化、更改状态的帧，即编辑舞台上存在实例对象并可对其进行编辑的帧。添加关键帧的方法如下：

① 在选定图层上，选择需要添加关键帧的位置。

② 选择“插入→时间轴→关键帧”菜单命令，新的关键帧将出现在该图层的指定位置上。

4）空白关键帧。空白关键帧是没有包含舞台上的实例内容的关键帧。添加空白关键帧的方法如下：

① 在选定图层上，选择需要添加关键帧的位置。

② 选择“插入→时间轴→空白关键帧”菜单命令，新的关键帧将出现在该图层的指定位置上。

5）普通帧、关键帧和空白关键帧的区别。

① 关键帧在时间轴上显示为实心的圆点，空白关键帧在时间轴上显示为空心的圆点，普通帧在时间轴上显示为灰色填充的小方格。

② 同一层中，在前一个关键帧的后面任一帧处插入关键帧，是复制前一个关键帧上的对象，并可对其进行编辑操作；如果插入普通帧，是延续前一个关键帧上的内容，不可对其进行编辑操作；插入空白关键帧，可清除该帧后面的延续内容，可以在空白关键帧上添加新的实例对象。

③ 关键帧和空白关键帧上都可以添加帧动作脚本，普通帧上则不能。

④ 空白关键帧就是舞台什么东西都没有，在做物体出现消失的时候很有用，如果需要它在中间什么时候消失就可以在中间相对的时间轴上插入空白关键帧。

（4）工具栏

工具栏是工作区最右边的那个狭长的面板，包含选择工具、绘图和文字工具、着色和编辑工具、导航工具以及工具选项，如图 8-9 所示。

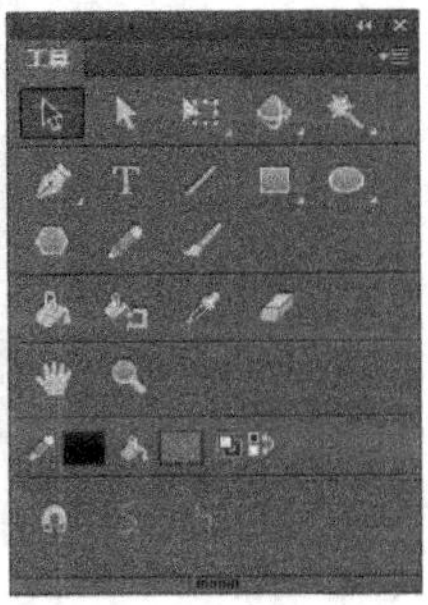

图 8-9　工具栏

用户将频繁使用“工具”面板，从“选择”工具切换到“文本”工具，再切换到绘图工具。当选择一种工具时，可以检查位于面板底部的选项区域，了解更多选项以及适合于任务的其他设置。

当选择一种工具时，“工具”面板底部可用的选项以及“属性”检查器将会发生变化。例如，当选择一种绘图工具时，将会出现“对象绘制”模式和“贴紧至对象”选项。当选择“缩放”工具时，将出现“放大”和“缩小”选项。

“工具”面板中包含太多的工具，以至于不能同时把它们都显示出来。有些工具在“工具”面板中被分成组，在一个组中只会显示上一次选择的工具。工具按钮右下角的小三角形指示在这个组中还有其他工具。单击并按住可见工具的图标，即可查看其他可用的工具，然后从弹出的菜单中选择一种工具。

（5）常用面板

1）“属性”面板。“属性”面板允许用户快速访问最有可能需要的属性。“属性”面板中显示的内容依赖于选取的内容。例如，如果没有选取任何内容，则“属性”面板中将包括用于常规 Flash 文档的选项，包括更改“舞台”的颜色和尺寸；如果选取“舞台”上的某个对象，“属性”检查器将显示它的 X 坐标和 Y 坐标，用户可使用“属性”检查器移动“舞台”上的照片。

2）“颜色”面板组。“颜色”面板组包括“颜色”面板和“样本”面板。

“颜色”面板可用来精确设置颜色，也可以通过“颜色”面板来改变所有具有笔触颜色或填充颜色属性工具的笔触颜色或填充颜色。在设置填充颜色时，可以设置线性和放射性渐变填充，来创建多色渐变。在这里，使用渐变可以达到多种效果，例如赋予二维对象以深度感。通常，选择“窗口→颜色”菜单命令，打开“颜色”面板，如图 8-10 所示。

① 笔触颜色：可以更改图形对象的笔触或边框的颜色。

② 填充颜色：可以更改填充颜色，即填充形状的颜色区域。

③ “类型”下拉列表：通过此列表，可以选择填充样式，主要包括四种填充样式。

无：选择该选项，将会删除填充。

纯色：选择该选项，可以指定一种单一的填充颜色。

线性：选择该选项，填充的颜色将产生一种沿线性轨道混合的渐变。

放射状：选择该选项，填充的颜色将产生一个从中心焦点出发沿放射状轨道向外混合的渐变。

④ Alpha 值：用来指定所选颜色的透明度，其范围在 0%～100%之间，0%为完全透明，100%为完全不透明。

3）“对齐/信息/变形”面板组。

①“对齐”面板：主要用于对舞台中选中的对象按照一定规律进行对齐、分布、相似度和留空的操作。选择“窗口→对齐”菜单命令，打开“对齐”面板，如图 8-11 所示。

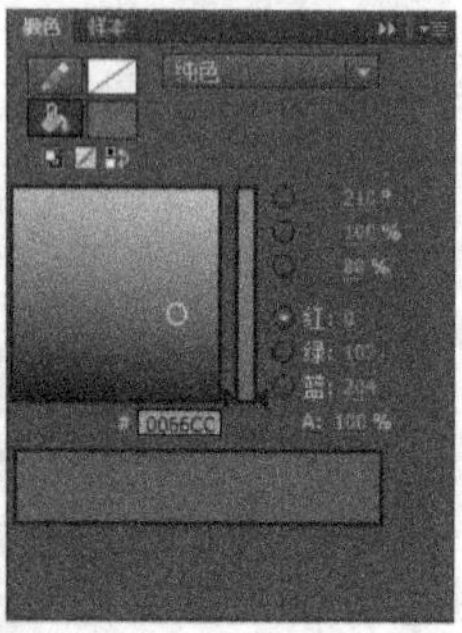

图 8-10 “颜色”面板

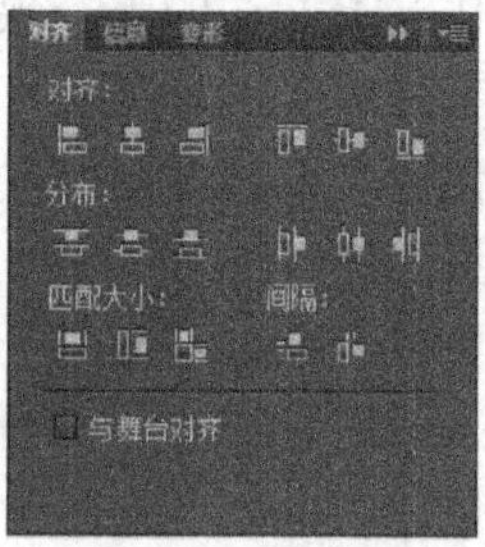

图 8-11 “对齐”面板

对齐区：用来调整选定对象的左对齐、水平居中对齐、右对齐、上对齐、垂直居中对齐和底边对齐。

分布区：用来调整选定对象的顶部分布、水平居中和底部分布，以及左侧分布、垂直居中和右侧分布。

匹配大小区：用来调整选中对象的匹配高度、匹配宽度或匹配宽和高。

间隔区：用来调整选定对象的水平间隔和垂直间隔。

与舞台对齐：所选定的对象将相对于舞台对齐分布，如果没有按下此按钮，则是两个以上对象之间的相互对齐和分布。

②“变形”面板：主要用于对选定对象执行缩放、旋转、倾斜操作，还可以对对象进行变形复制、创建变形后的副本操作。选择“窗口→变形”菜单命令，打开“变形”面板，如图 8-12 所示。

缩放区：在文本框中输入“水平”和“垂直”缩放的比例，便可以对选定对象进行缩放。如果选中约束选项，即可对所选中的对象按其原来的长宽比例进行缩放。

旋转和倾斜区：选中“旋转”项，在文本框中输入旋转角度，可使得选定对象旋转。

选中“倾斜”项，在文本框中输入“水平”和“垂直”角度，可使得选定对象倾斜相应角度。

3D 旋转区：对元件定义补间动画后，可调整对象的三维比例和中心点的变化。

复制并应用变形区：单击“复制并应用变形”按钮，可执行变形操作并复制对象的副本；单击“重置”按钮，可将当前操作对象恢复到变形前的状态。

4）“场景”面板。“场景”面板是用来显示当前动画的场景数量和播放动画的先后顺序的面板。选择“窗口→其他面板→场景”菜单命令，打开“场景”面板，如图 8-13 所示。

双击“场景”名称处，可以修改场景名称；拖动“场景”名称上下移动，可以调整各个场景的播放顺序；选中“场景”名称，单击“删除场景”按钮，可以删除场景。

5）“库”面板。“库”面板是用来存放 Flash 中元件和导入的外部位图、音频、视频素材的面板。选择“窗口→库”菜单命令，打开“库”面板，允许在多个动画文档中利用拖曳的方法，移动库中项目或文件夹到新建文档的“库”面板中，如图 8-14 所示。

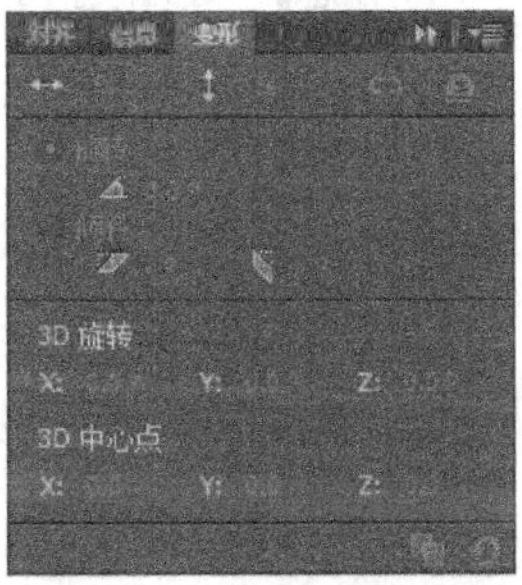

图 8-12　“变形”面板

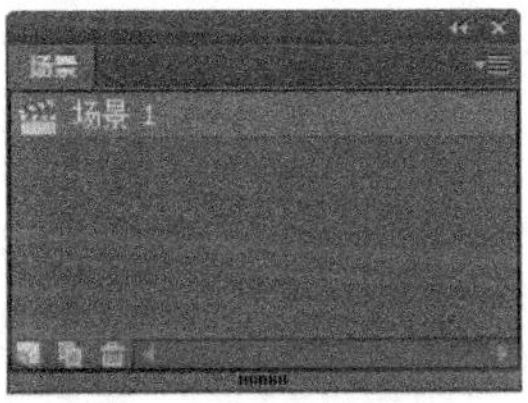

图 8-13　“场景”面板

图 8-14　“库”面板

8.1.2　Adobe Flash CC 工具的使用

1. 选择工具

选择工具主要用于在舞台上选择和移动对象。

（1）选择对象的方法

1）单击。将鼠标指针放在矢量图形的一部分或者其他对象（如边框或填充区域）上，单击选中对象。

2）双击。选中矢量图形的全部，如同时选中边框和填充区域，双击选中对象。当选中对象为组件或元件时，双击后进入组件或元件的编辑页面。

3）拖动鼠标框选。拖动鼠标，将要选择的对象全部框入选框进行选择。

选择填充区域或线条时，被选中部分上面布满亮点，亮点覆盖的地方就是选中区域；选择组件或元件时，被选中的组件或元件周围会出现蓝色边框；选择导入的位图时，被选中的位图周围会出现灰色锯齿形边框。

（2）移动对象的方法

1）使用选择工具移动对象。单击选择工具，将鼠标指针放在要移动的对象上，当出现带有十字方向箭头时，按下鼠标即可拖动对象。

2）使用键盘的方向键移动对象。选中要移动的对象，按动键盘上的方向键即可移动对象。

3）使用“信息”面板移动对象。选择“窗口→信息”菜单命令，在打开的“信息”面板中输入 X、Y 坐标值，可使对象移动到相应坐标位置，如图 8-15 所示。

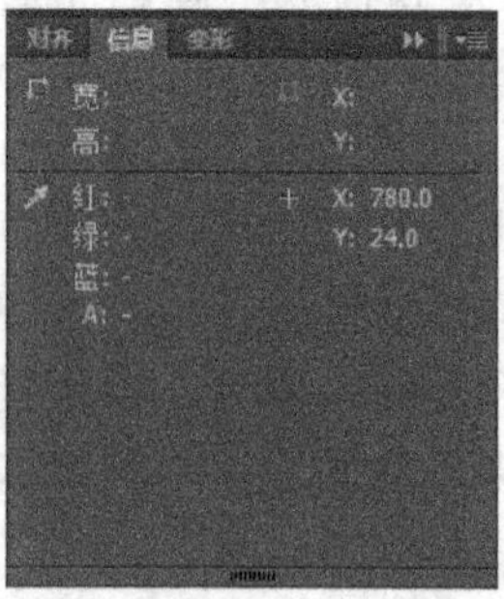

图 8-15 “信息”面板

（3）复制对象的方法

使用选择工具选中要移动的对象，然后选择“编辑→复制”命令（或按快捷键 Ctrl+C）将对象复制到剪切板上，再选择“编辑→粘贴”命令（或按快捷键 Ctrl+V），即可得到复制对象。

（4）使用选择工具改变图形形状的方法

当使用选择工具时，鼠标指针在线条或填充的图形上移动（非拖动）时，会因为位置不同而呈现出“移动”、“曲线调整”、“拐角拉伸”三种不同的形态，借助这三种不同的形态，可以完成对象的移动和变形。

（5）取消选择

选中对象后，在舞台上空白区域单击，即可取消对对象的选择。

2. 部分选择工具

部分选取工具又称“白箭头”工具。

（1）路径和节点

在 Flash 中，直线、曲线、折线、手绘线都可以称为路径。图形则是路径构成的轮廓再加上内部的颜色填充而成的。

节点是构成路径的基本单位。节点控制路径的方向、曲度和长短。

（2）节点的基本操作

选择部分选取工具，单击舞台中的图形对象的边框或拖动鼠标框选，选中图形对象，这样就可以选择图形对象轮廓路径。被选中的路径上显示多个空心节点，单击其中一个节点，该节点由空心变成实心，表明该节点已被选中。如果节点是路径上的曲点，则该点会出现切线控制柄；如果节点是折点，则不会出现切线控制柄。拖动选中的节点，可将它拖动到需要的位置，利用切线控制手柄调整路径的弯曲程度和变化方向。选中节点，按 Delete 键即可删除节点。

3. 线条工具

线条工具包括直线工具和铅笔工具。选择线条工具时，“属性”面板中显示线条工具的属性，有“笔触颜色”、“笔触样式”、“笔触高度”等属性，如图 8-16 所示。

（1）笔触颜色的设置

单击“笔触颜色”选框，打开“拾色器”面板，此时鼠标指针变成滴管状，使用滴管可直接拾取颜色，设置线条颜色。

（2）笔触样式的设置

单击“笔触样式”下拉按钮，在弹出的“笔触样式”下拉列表中选择笔触样式（图 8-17），设置线条样式。

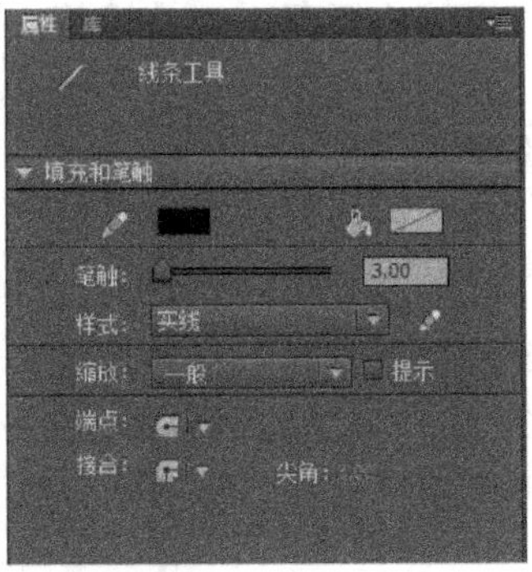

图 8-16　线条工具

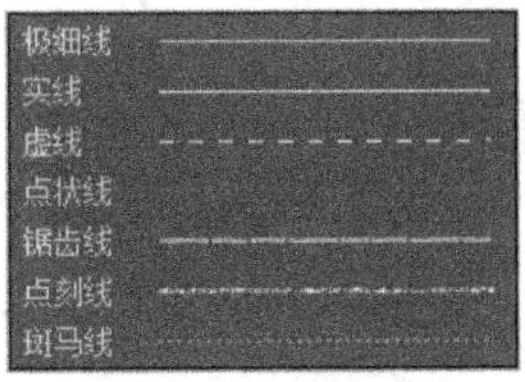

图 8-17　笔触样式

（3）笔触高度设置

在“笔触高度”文本框中直接输入要绘制线条的粗细值，或者拖动右侧滑块，调整线条的粗细值。

（4）笔触绘图模式设置

选择铅笔工具，单击选项绘图模式下拉按钮，弹出绘图模式下拉列表。为伸直，绘制出的线条尽可能地表现为直线；为平滑，绘制出的线条尽可能表现为平滑；为墨水，绘制出的线条将保持绘制自然的轨迹。

4. 椭圆工具、矩形工具和多角星形工具

椭圆工具用来绘制圆形或椭圆形；矩形工具用来绘制正方形、矩形、圆角矩形；多角星形工具用来绘制多边形或星形。使用这三种工具绘制出的图形是闭合图形，能够进行颜色填充和笔触设置。使用椭圆工具或矩形工具绘制时同时按住 Shift 键，即可绘制出正圆形、正方形。

在设置填充颜色时，如果在“拾色器”中选择无色按钮，则绘制的图形只有边线没有填充颜色；在设置笔触颜色时，如果在“拾色器”中选择无色按钮，则绘制的图形只有填充颜色没有边线。

5. 刷子工具

刷子工具绘制的图形是一个没有边线的填充区域，因此，刷子工具不但可以绘图，还可以对图形上色，制作一些特殊效果。

（1）刷子大小和形状设置

选中刷子工具，在选项区域选择刷子的样式和粗细，在“属性”面板中设置刷子的笔触颜色和平滑度。

（2）刷子模式设置

选中刷子工具，单击刷子模式按钮，在弹出的五种刷子模式中进行设置。

标准绘画：新画的线条覆盖同一层中的原有图形。

颜料填充：只能在空白或者原有的颜色填充区域内绘画，保留原有线条。

后面绘画：只能在空白区域内绘画，保留原有的颜色填充区域及线条。

颜料选择：只能在选定的图形区域内绘画。

内部绘画：只能在起始点所在的图形区域内绘画。

6. 钢笔工具

钢笔工具是非常重要的路径绘制工具。简单地移动鼠标指针并连续单击就可以绘制出一系列直线、折线、闭合图形或光滑曲线等图形。每一次单击的位置就是一个路径节点。绘制出路径后，选择部分选择工具进一步调整曲线弧度，直至路径绘制完成。

7. 橡皮擦工具

橡皮擦工具可以擦除绘制好的图形。

（1）擦除模式设置

选择橡皮擦工具，单击选项区域的橡皮擦模式，弹出五种擦除模式：

标准擦除：系统默认的擦除模式，选择该模式，会将图形中的笔触和填充内容一起擦除。

擦除填充色：只擦除填充区域颜色，不擦除边框笔触颜色。

擦除线条：只擦除边框笔触颜色，不擦除填充区域颜色。

擦除所选填充：只擦除选择工具选中的填充区域，不擦除边框和未被选中的填充区域。

内部擦除：只擦除连续的、不能分割的填充色块。

（2）水龙头模式

使用水龙头模式的橡皮擦工具，可以单击删除整个路径和填充区域。它被看作是油漆桶工具和墨水瓶工具的反作用工具，也就是将图形的填充色整体去除，或者将路径全部擦除。在使用时，只需在要擦除的填充色或路径上单击即可。

8. 墨水瓶工具

墨水瓶工具可以改变已存在的路径的粗细、颜色、样式等，并且可以给分离后的文本或图形添加路径轮廓。但墨水瓶工具本身是不能绘制图形的，使用时，选择墨水瓶工具在“属性”面板中进行相关设定后，在舞台上单击要改变的图形对象即可。

9. 颜料桶工具

颜料桶工具用于填充单色、渐变色或位图到封闭的区域或有一定缺口的区域，同时也可以更改已填充的区域颜色。使用颜料桶工具时，一定要注意选项区域中封闭空隙的选择。如果封闭空隙选择不正确，则填充不上颜色。颜料桶工具的封闭模式选项共有四种：

不封闭空隙：只有区域完全闭合时才能填充。

封闭小空隙：当区域存在较小的缺口时可以填充。

封闭中等空隙：当区域存在中等缺口时可以填充。

封闭大空隙：当区域存在较大缺口时可以填充。

当选择锁定填充按钮时，只能填充纯色，而不能填充渐变色。

（1）纯色填充

单击“颜色”按钮，从弹出的颜色列表中选择一种填充颜色。重复使用自定义颜色时，打开“颜色”面板，选择需要的颜色后，在“混色器”面板右上角的设置下拉菜单中选择添加颜色样本即可。

（2）渐变色填充

渐变色填充方法与纯色填充方法相同，只是在填充类型中选择线性渐变或放射状渐变，然后在渐变色编辑栏中设置不同色标的颜色。

（3）渐变色调整

使用渐变填充后，选择渐变调整工具，可以调整色块的渐变大小与方向。

（4）位图填充

在 Flash 中，允许导入图片，既可作为动画的素材，也可以作为一种填充色使用。操作方法如下：

1）选择“文件→导入”菜单命令，打开“导入”对话框，选择一个位图导入到场景中。

2）选择“修改→分离”菜单命令，或按快捷键 Ctrl+B，将导入的位图分离。

3）选择工具箱中的滴管工具，在分离的位图上单击，将位图图像提取到参数区的填充颜色按钮中。

4）选择颜料桶工具，单击需要填色的图形，这时该图形将以位图图像填充。

10. 文字工具

在 Flash 文本工具 T 中，文本有三种类型：静态文本、动态文本和输入文本。静态文本是指输入的文字在影片播放时不可做任何操作，动态文本是指输入的文字在影片播放时可以选取复制，输入文本是指在播放 Flash 文件时由使用者自行输入的文本。

创建静态文本方法：

1）选取工具箱中的文本工具。

2）打开“属性”面板，设置字体、大小、颜色、字间距、排版格式等文字属性。

3）修改文字。使用选择工具单击需要修改的文字，打开“属性”面板进行修改。

4）分离文字组件。选择“修改→分离”菜单命令，或按快捷键 Ctrl+B，将文字组件分离成单个文字组件。再次选择“修改→分离”菜单命令，或按快捷键 Ctrl+B，可将文字分离成图形。这时文字不再具有文字的属性，而成为一种图形。

11. 任意变形工具

任意变形工具可以实现缩放、旋转、倾斜、扭曲、封套等功能。选择任意变形工具，会有五个选项工具按钮，可以实现不同的变形功能。所有的改变都是以注册点为中心进行改变的，所以使用变形工具进行变换前，要确定注册中心点的位置。

（1）缩放

选择变形调节点，拖动鼠标做水平、垂直、水平和垂直比例缩放。缩放工具还可以对对象进行翻转操作，拖动方框中间的缩放点压缩图形，在合适位置松开鼠标即可。

（2）旋转与倾斜

旋转会使对象围绕其中心点进行旋转。一般中心点都在对象的物理中心，通过调整中心点的位置，可以得到不同的旋转效果。而倾斜的作用是使图形对象倾斜。

（3）扭曲

扭曲工具可以在任意方向上使图形对象变形。选择辅助工具按钮时，对象的四周会出现 8 个控制点，这 8 个控制点都可以用来扭曲变形对象。

（4）封套

封套是通过操纵边界框来改变对象的形状，其效果有点类似于印在橡皮上的图案，扯动橡皮则图案会随之变形。使用工具箱中的交互式封套工具可以方便快捷地创建对象的封套效果。

12. 套索工具

套索工具主要用来选择图像中任意形状的区域，选中后的区域可以作为单一对象进行编辑。套索工具也常常用于分割图像中的某一部分。单击工具箱中的套索工具，可以在工具箱的选项区中看到套索工具的附加功能，包含魔术棒工具和多边形套索工具。

（1）套索工具的使用

使用套索工具可以选择图形中任意不规则区域，具体操作步骤如下：

1）选择工具箱中的套索工具。

2）沿着对象区域的轮廓拖动鼠标绘制。

3）在起始位置的附近继续拖拽，形成一个封闭的环，被套索工具选中的图形将自动融合在一起。

（2）多边形套索工具的使用

使用多边形套索工具可以在图形中选择一个多边形区域，其每条边都是直线，具体操作步骤如下：

1）选择工具箱中的多边形套索工具。

2）在图形上依次单击，绘制一个封闭区域。

3）被套索工具选中的图形将自动融合在一起。

（3）魔术棒工具的使用

使用魔术棒工具可以在图形中选择一片颜色相同的区域，它与前两个工具不同之处在于，套索工具和多边形套索工具选择的是形状，而魔术棒工具选择的一片颜色相同的区域。具体操作步骤如下：

1）选择工具箱中的魔术棒工具。

2）单击“魔术棒属性”按钮，打开“魔术棒设置”对话框，如图 8-18 所示。

3）在“阈值”文本框中输入 0～200 之间的整数，可以设定相邻像素在所选区域内必须达到的颜色接近程度。数值越高，可以选择的范围越大。

4）在“平滑”下拉列表中设置所选区域边缘的平滑程度。

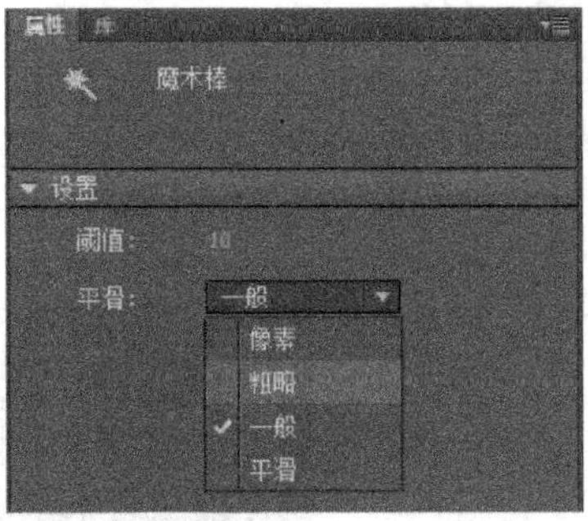

图 8-18 魔术棒工具

8.2 动画制作

动画是对象随着时间的推移而发生的运动或变化。动画可以像从一个帧到下一帧移动盒子经过“舞台”那样简单，也可以复杂得多。Flash 可以把单个对象的许多不同方面制作成动画，可以移动对象经过“舞台”，更改它们的颜色或透明度，更改它们的大小和旋转方式，甚至对前一课中看到的特殊滤镜制作动画。用户还可以控制它们的运动路径，甚至控制它们的缓动，它是对象加速或减速的方式。

8.2.1 关键帧动画

关键帧动画，也称为逐帧动画，是传统的动画制作方法。其制作过程就是在每帧中绘制出不同的图像内容，然后依次播放这些帧，从而得到动画。关键帧动画的制作过程是最烦琐的，但其得到的动画效果也是最灵活的，通常可以用关键帧动画编辑角色形态，表情等变化。关键帧动画分为两类：素材导入型关键帧动画和绘制型关键帧动画。

1. 素材导入型关键帧动画

在制作逐帧动画时，可以直接导入一组图片生成逐帧动画。下面结合实例进行介绍，操作步骤如下：

1）选择“文件→新建”菜单命令，将会创一个新的动画文件。

2）选择“文件→导入→导入到舞台”菜单命令，打开“导入”对话框，选中图片组中的第一张图片，如图 8-19 所示。

注意： 图片组中的图片要遵循一定的命名规范，即它们必须是以数字结尾的，并且组中的其他图片都位于相同的文件夹中。

3）单击“打开”按钮，打开提示框，询问用户是否导入所有图片，如图 8-20 所示。

4）如果单击“是”按钮，将导入图片组中的所有图片；如果单击“否”按钮，将只导入选中的图片；如果单击“取消”按钮，则取消导入操作。这里单击“是”按钮，导入图片组中的所有图片。

5）按快捷键 Ctrl+Enter 预览动画效果。

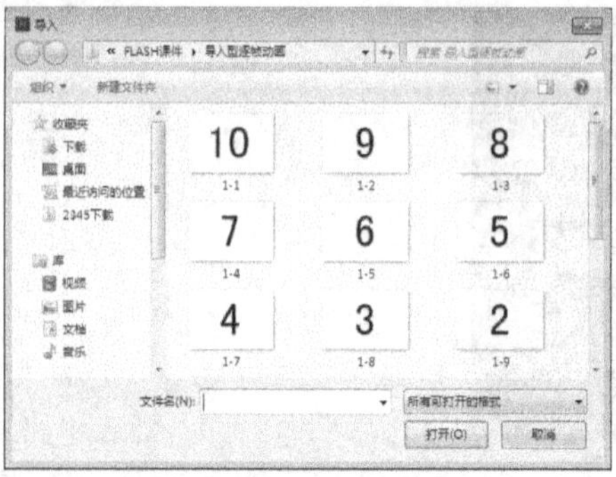

图 8-19　导入素材文件

图 8-20　文件导入提示框

2. 绘制型关键帧动画

以“霓虹灯文字”动画为例，在舞台上逐帧设置文字来学习如何利用逐帧动画表现对象的运动，操作步骤如下：

1）选择“文件→新建”菜单命令，将创建一个新的动画文件。

2）选择舞台“属性”面板，设定舞台属性，如图 8-21 所示。

3）选择工具箱中的文字工具，在“属性”面板中设置笔触颜色为“红色”，在舞台上绘制“霓”字。

4）选中第 5 帧、第 10 帧、第 15 帧、第 20 帧、第 25 帧、第 30 帧，按 F6 键插入关键帧，分别写入“虹”、“灯”、“效”、“果”、“文”、“字”，并使用墨水瓶工具调整颜色，在第 35 帧处按 F5 键插入帧，如图 8-22 所示。

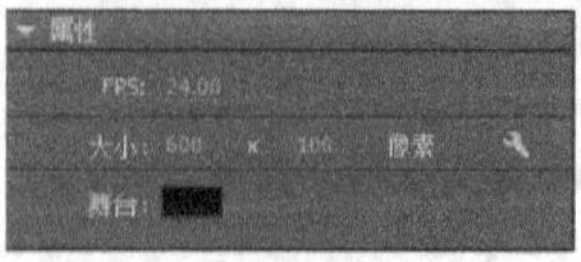

图 8-21　舞台“属性”面板

图 8-22　制作效果图

5）按快捷键 Ctrl+Enter 预览动画效果。

8.2.2　传统补间动画

在传统的动画制作过程中，动画设计的主创人员并不需要一帧一帧地绘制动画中的每个场景，那样工作量是非常巨大的。通常设计人员只需要绘制动画中的关键帧，而由计算机来自动生成关键帧之间的变化内容。这也就是我们在 Flash 动画中应用最多的一种动画模式——补间动画。我们首先介绍第一种补间动画——传统补间动画。

传统补间只能给元件的实例添加动画效果。使用传统补间，可以轻松地创建移动、旋转、改变属性等动画效果。下面以“小球滚动”动画为例，来学习有关创建传统补间动画的过程和方法。制作步骤如下：

1）选择“文件→新建”菜单命令，创建一个新的动画文件。

2）选择“文件→导入→导入到舞台”菜单命令，打开“导入”对话框，选中给定的素材图片，将其导入到舞台，如图 8-23 所示。

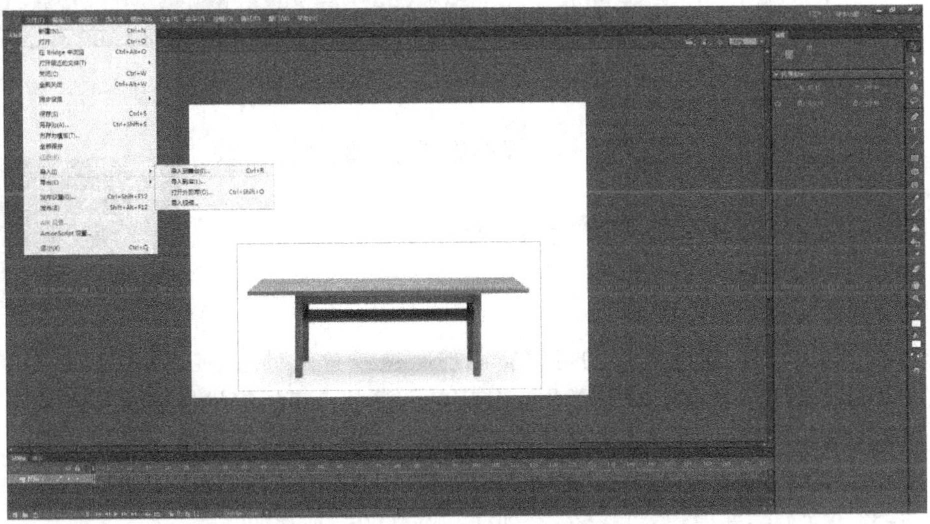

图 8-23　导入素材文件

3）选择任意变形工具和选择工具，调整图片大小并放置在合适的位置上。

4）单击时间轴面板的“插入图层”按钮，插入“图层 2”。

5）选中“图层 2”的第 1 帧，使用椭圆工具，设置笔触颜色为“无色”，在舞台左侧绘制一个正圆形。

6）选中小球，选择“窗口”下拉菜单中“颜色”选项卡，设置选项卡中“类型”选项中选择“放射状”，并将其颜色设置为“白→灰”渐变颜色。

7）在工具栏中选择渐变变形工具，调整小球反光点，如图 8-24 所示。

8）在舞台中选中小球，按快捷键 Ctrl+G，将其组合。

9）选择“图层 1”，选中第 40 帧处按 F5 键插入帧。

10）选择“图层 2”，选中第 40 帧处按 F6 键插入关键帧，并将小球位置调整到桌子的另一端。

11）选中“图层 2”，选中第 1～40 帧之间的任意一帧，右击，在弹出的快捷菜单中选择“创建传统补间”命令，创建运动补间动画，如图 8-25 所示。

图 8-24 调整反光点

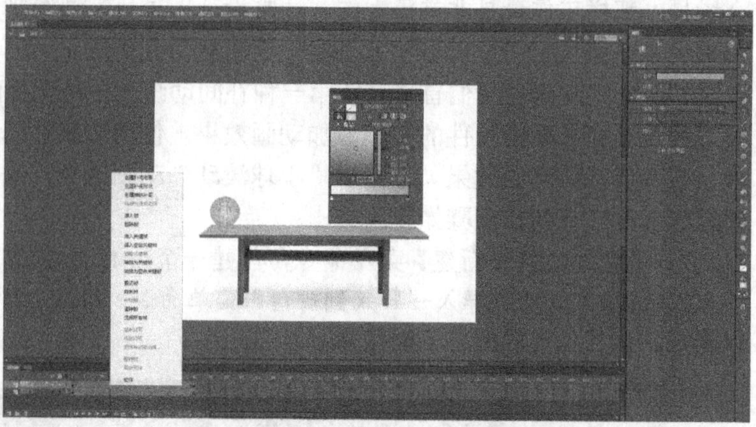

图 8-25 创建图层 2 的运动补间动画

12）在补间属性面板中将“旋转”属性设置为“顺时针”，如图 8-26 所示。

13）按快捷键 Ctrl+Enter，预览动画的效果。

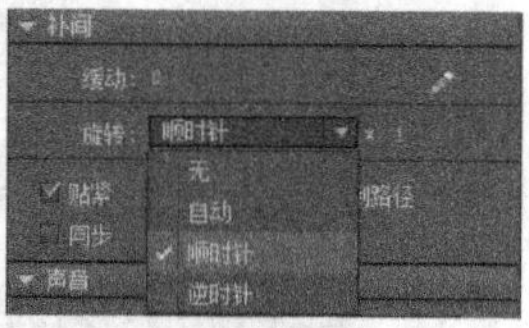

图 8-26 设置旋转属性

8.2.3 形状补间动画

形状补间动画只能给分离后的可编辑图形对象或者是对象绘制模式下生成的图形对象添加动画效果。使用补间形状，可以轻松地创建几何变形和变色改变的动画效果。下面以“字体变形”动画为例，来学习有关创建形状补间动画的过程和方法。制作步骤如下：

1）选择“文件→新建”菜单命令，创建一个新的动画文件。

2）选择舞台“属性”面板，设定舞台属性，如图 8-27 所示。

3）选择“文件→导入→导入到舞台”菜单命令，打开“导入”对话框，选中给定的素材图片，将其导入到舞台。

4）选择“窗口”下拉菜单中的“对齐”选项卡，设置选项卡中内容，调整四幅图片在舞台中的位置。

5）选中四幅图片，按快捷键 Ctrl+B，将其分离，如图 8-28 所示。

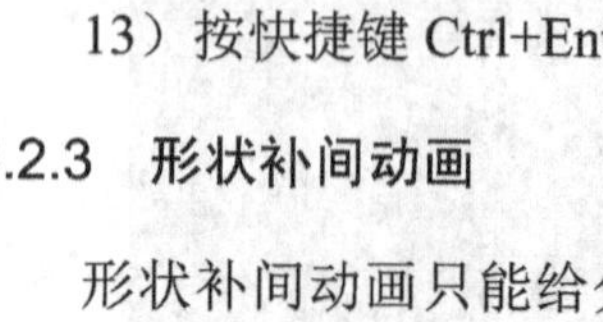

图 8-27 设置舞台属性

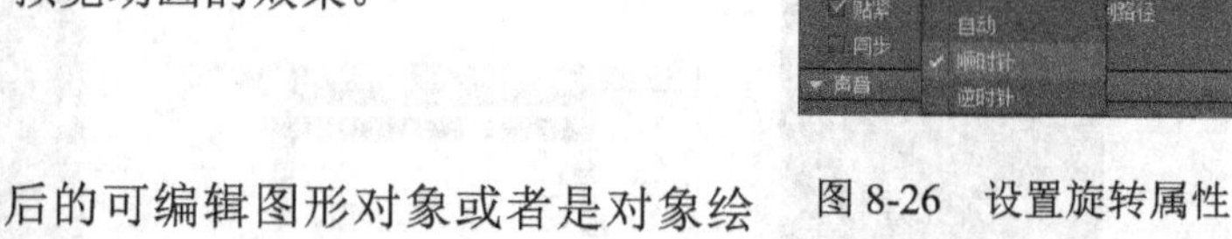

图 8-28 图片分离后的效果

6）选中第 40 帧，插入空白关键帧，在原来四幅图片位置处，使用文本工具分别写入“体”、“育”、“世”、“界”四个文字。

7）选中四个文字，按快捷键 Ctrl+B，将其分离。

8）选中第 1～40 帧之间的任意一帧，右击，在弹出的快捷菜单中选择“创建补间形状”

命令，创建形状补间动画，如图 8-29 所示。

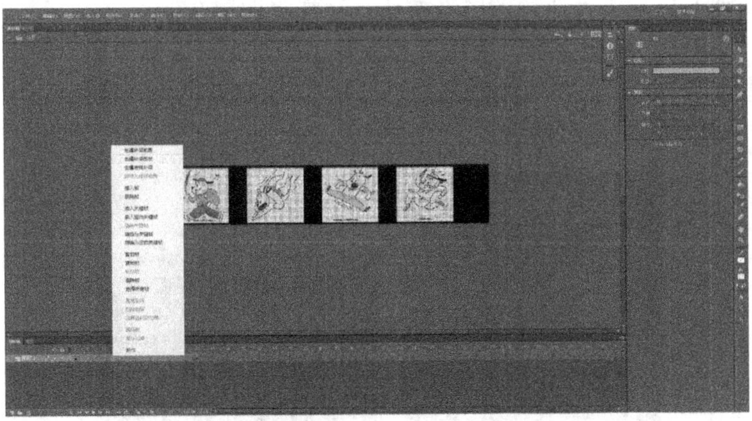

图 8-29　创建形状补间动画

9）按快捷键 Ctrl+Enter，预览动画的效果。

8.2.4　特效动画

特效动画是多种能够产生特殊动画效果的动画，主要有引导线动画、遮罩动画等。

1. 引导线动画

在一些动画制作中，要对一些对象的移动轨迹进行控制，虽然使用补间动画也可以制作对象按照某一路线移动的效果，但是如果需要对路径进行精确控制，就需要使用引导线动画来完成。下面以“移动的星星”为例，来学习有关创建引导线动画的过程和方法，制作步骤如下：

1）选择“文件→新建”菜单命令，创建一个新的动画文件。

2）选择“文件→导入→导入到舞台”菜单命令，打开“导入”对话框，选中给定的素材图片，将其导入到舞台，如图 8-30 所示。

图 8-30　导入素材文件

3）将素材调整好位置，选中第 40 帧按 F5 键插入帧。

4）在时间轴下方，按“新建图层”按钮，添加“图层 2”。

5）选中“图层 2”的第 1 帧，使用多角星形工具，在“工具设置”对话框中设定样式为“星形”，边数为“5”，设定笔触颜色为“无色”，填充颜色为“黄色”。设定完成后，在舞台中央绘制星星，如图 8-31 所示。

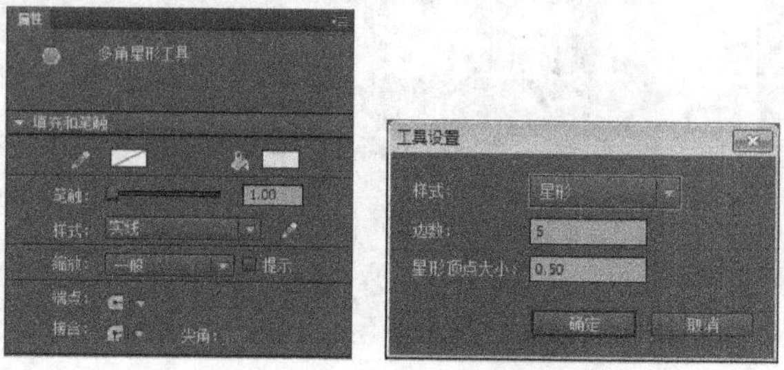

图 8-31　多角星形工具设置

6）选中舞台中的星星，按快捷键 Ctrl+G，将其组合。

7）选中第 40 帧，按 F6 键插入关键帧。

8）选中第 1～40 帧之间的任意一帧，右击，在弹出的快捷菜单中选择“创建传统补间”命令，创建传统补间动画。

9）单击“时间轴”面板中的“添加传统运动引导层”按钮，创建一个运动引导层。

10）选择工具箱中的铅笔工具，在选项栏中设置铅笔模式为“墨水”，在引导层中绘制一条曲线，作为星星运动时的路径，如图 8-32 所示。

图 8-32　星星运动路径绘制

11）选中“图层 2”的第 1 帧及第 40 帧，选择工具箱中的选择工具，调整该帧中星星的中心对齐路径的起点及终点，如图 8-33 所示。

12）按快捷键 Ctrl+Enter，预览动画的效果。

图 8-33 调整星星运动路径

2. 遮罩动画

遮罩是将某层作为遮罩层，遮罩层的下面一层是被遮罩层。只有遮罩层中填充色块下的内容可见，色块本身是不可见的，如图 8-34 所示。

（a）遮罩前　　（b）遮罩后

图 8-34 遮罩前后动画效果对比

遮罩效果的制作必须由两个层完成，上面的层称为遮罩层，下面的层称为被遮罩层。创建遮罩层的操作步骤如下：

1）将鼠标指针置于要作为遮罩层的层名区。

2）右击，在弹出的快捷菜单中选择“遮罩层”命令，则该层的图标将变为“遮罩”形状，其下方被遮罩层的图标将变为“被遮罩”形状，如图 8-35 所示。

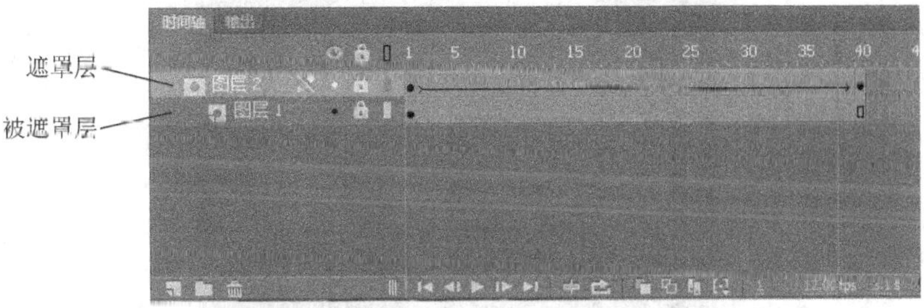

图 8-35 遮罩层与被遮罩层

下面以制作“探照灯”动画为例，来学习遮罩动画的制作方法，操作步骤如下：

1）选择“文件→新建”菜单命令，创建一新的动画文件。

2）选择“修改→文档”菜单命令，打开“文档属性”对话框，设置尺寸为“600px×

100px”，背景颜色为“黑色”，单击“确定”按钮，如图 8-36 所示。

3）选择工具箱中的文本工具，在“属性”面板中设置字体为“黑体”，字体大小为“70”，文本颜色为“黄色”，在舞台上输入文本“遮罩动画演示效果”。

4）单击“时间轴”面板上的“插入图层”按钮，插入“图层 2”。

5）选中“图层 2”第一帧，在舞台左侧使用椭圆工具绘制一个边框颜色为“无色”，内部填充颜色为“白色”的正圆形，圆形的大小应能将舞台中的文字遮盖住，如图 8-37 所示。

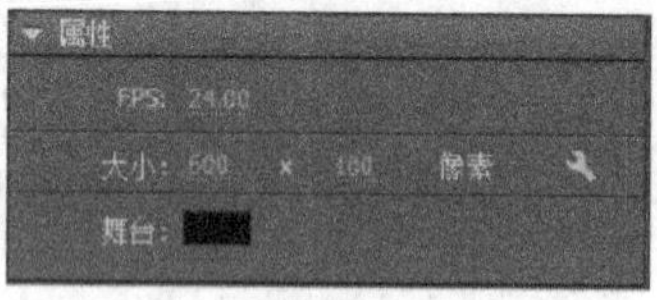

图 8-36　设置文档属性

图 8-37　绘制白色小球

6）选择“图层 1”，选中第 40 帧按 F5 键插入帧。

7）选择“图层 2”，在第 15 帧、第 25 帧、第 40 帧处按 F6 键插入关键帧，并调整白色小球的位置、大小，如图 8-38 所示。

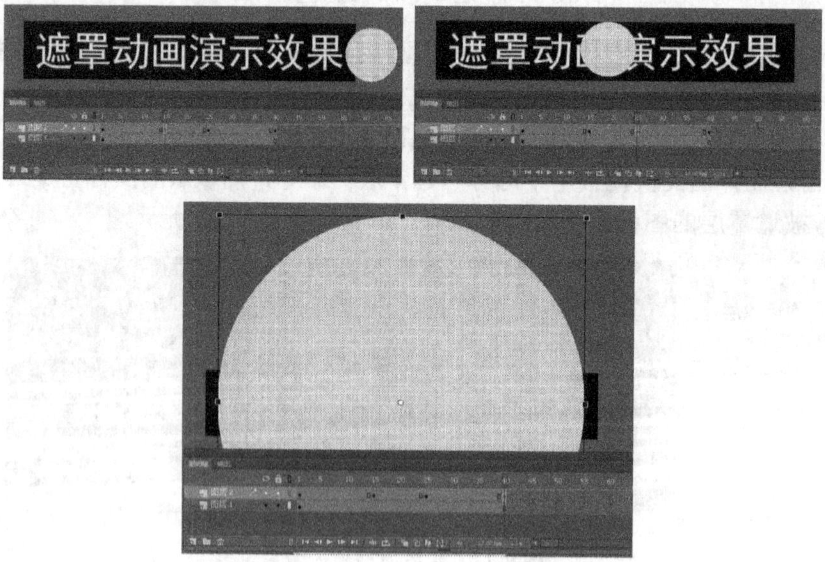

图 8-38　调整白色小球的位置及大小

8）分别选中第 1～15 帧之间、第 15～25 帧之间、第 25～40 帧之间的任意一帧，右击，在弹出的快捷菜单中选择“创建补间形状”命令，创建形状补间动画。

9）将鼠标指针置于“图层 2”的层名区，右击，在弹出的快捷菜单中选择“遮罩层”命令，为“图层 1”创建遮罩层。

10）按快捷键 Ctrl+Enter，预览动画的效果。

8.3　元件与实例

元件（Symbol）是可以用于特效、动画或交互性的可重用资源。因为它们可以重用，用户可以在项目中无限次地使用一个元件，但它只占用空间一次，这样便减小文件大小和缩短下载时间，元件存储在“库”面板中，当把元件拖到“舞台”上时，Flash 就会创建元件的一个实例（Instance），并把原始的元件保存在“库”中。实例是位于“舞台”上的元件的一个副本，可以把元件视作原始的摄影底片，而把“舞台”上的实例则视作底片的相片。只需利用单个底片即可创建多张相片。

Flash 中的三种元件都用于特定的目的。可以通过在“库”面板中查看元件旁边的图标，辨别它是图形、按钮，还是影片剪辑元件。

元件创建后通过“库”面板来管理。将元件从库面板中应用的舞台就成了实例（Instance）。修改元件时，所有实例会同时随之改变；修改实例的属性时，元件保持不变。

8.3.1　元件的种类

1. 影片剪辑元件

影片剪辑元件是最常见、最强大、最灵活的元件之一。在创建动画时，通常将使用影片剪辑元件。可以对影片剪辑实例应用滤镜、颜色设置和混合模式，以利用特效丰富其外观。影片剪辑元件可以包含它们自己独立的“时间轴”。在影片剪辑元件内可以具有一个动画，就像可以在主“时间轴”上具有动画一样容易，这使得用户可以制作非常复杂的动画。

2. 按钮元件

按钮元件用于制作交互性效果。它们包含四个独特的关键帧，用于描述当鼠标与它们交互时它们将怎样显示。

3. 图形元件

图形元件是基本类型的元件。用于制作静态图形、不具有交互性的动画以及与时间轴紧密联系的动画，不能用于交互控制和声音。

8.3.2　元件的操作

1. 创建新元件

在 Flash 中，可以用两种方式创建元件：

第一种方式是在“舞台”上不选取任何内容，然后选择“插入→新建元件”菜单命令，Flash 会跳转到元件编辑模式，可以在那里开始绘制或导入用于元件的图形。

第二种方式是选取“舞台”上现有的图形，然后选择“修改→转换为元件”菜单命令，选取的任何内容都会自动放在新元件内。当使用“转换为元件”命令时，实际上不会转换任何内容，而是把所选的内容放在元件内。

2. 创建影片剪辑元件

1）选择“文件→新建”菜单命令，创建一个新的动画文件。

2）选择“文件→导入→导入到舞台”菜单命令，打开“导入”对话框，选中给定的素材图片，将其导入到舞台，如图 8-39 所示。

3）选择“插入→新建元件”命令，打开“创建新元件”对话框，设置新建元件类型为“影片剪辑”，进入元件编辑界面，如图 8-40 所示。

图 8-39　导入素材文件

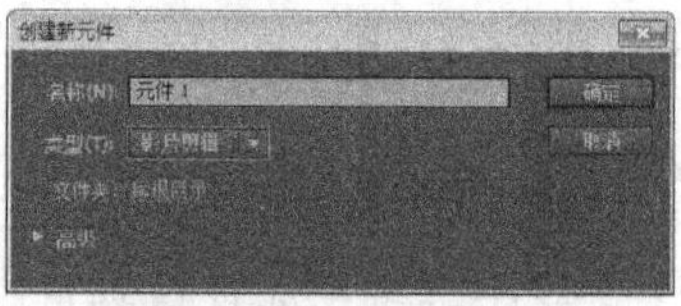

图 8-40　插入新元件

4）在元件编辑界面中，选择文字工具，设定字体为“黑体”，文字大小为“65 磅”，时间轴图层 1 的第 1 帧中输入文字“多”。

5）选中第 5 帧、第 10 帧、第 15 帧、第 20 帧、第 25 帧、第 30 帧，按 F6 键插入关键帧，分别写入“媒”、“体”、“课”、“件”、“题”、“目”，如图 8-41 所示。

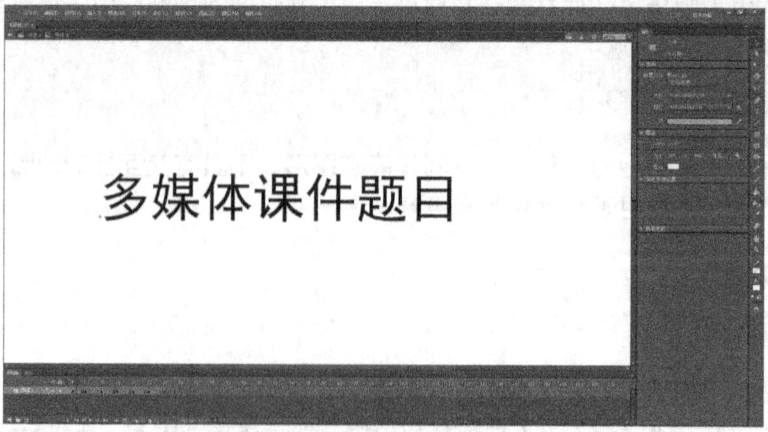

图 8-41　插入文字

6）选择第 50 帧按 F6 键插入关键帧，选择“修改→分离”菜单命令，将文字分离成图形。

7）选择第 80 帧按 F6 键插入关键帧，选择颜料桶工具将字体颜色修改为“白色”，如图 8-42 所示。

图 8-42　调整字体颜色

8）选中第 50～80 帧之间的任意一帧，右击，在弹出的快捷菜单中选择“创建补间形状”命令，创建形状补间动画，如图 8-43 所示。

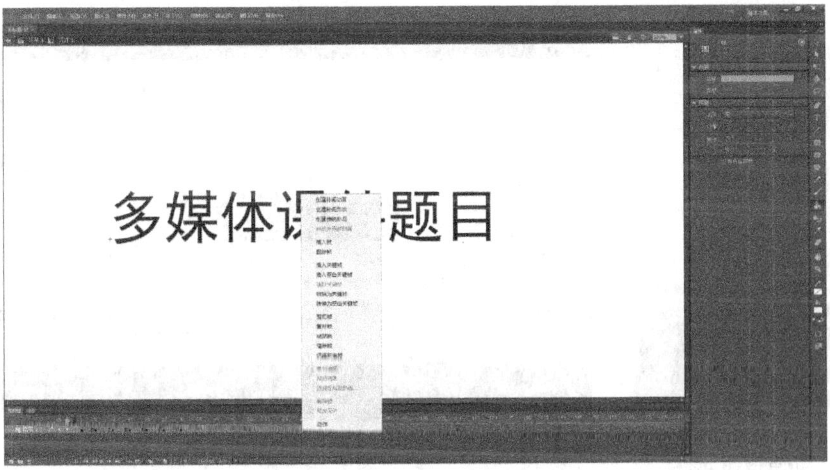

图 8-43　创建形状补间动画

9）返回场景 1，选择“窗口→库”菜单命令，打开“库”面板。在“库”面板中选中元件 1，将元件 1 拖曳到场景 1 中，并调整到合适位置，如图 8-44 所示。此时，影片剪辑元件 1 就可以在场景 1 中使用了。

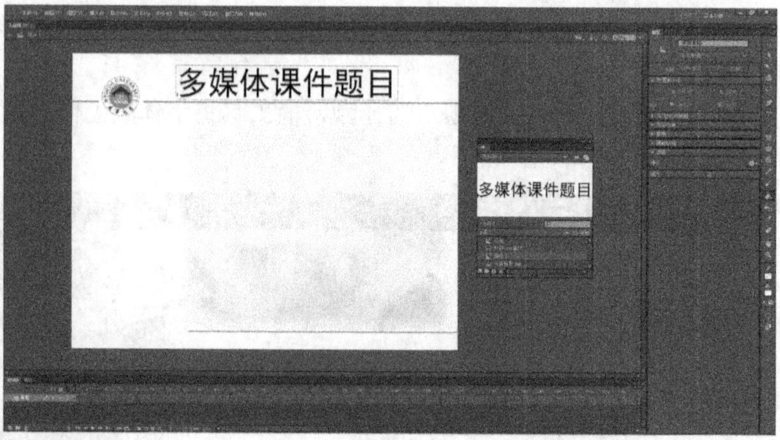

图 8-44　将“库”面板中的元件 1 拖曳到场景 1 中

3. 创建按钮元件

1）继续前一动画案例操作，选择“插入→新建元件”菜单命令，打开“创建新元件”对话框，设置新建元件类型为“按钮”，进入元件编辑界面，如图 8-45 所示。

2）在第 1 层“弹起”帧中，选择矩形工具，设置笔触颜色为“黑色”，内部填充颜色为“天蓝色”，笔触粗度为“2”，在舞台中绘制一个矩形。

3）选择文本工具，设置字体颜色为黑色，字体为宋体，字体大小为 40，在矩形中输入文字“返回首页”，如图 8-46 所示。

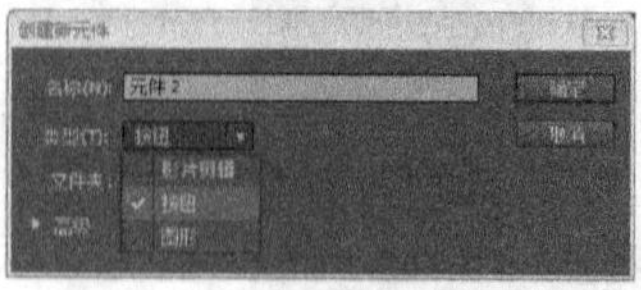

图 8-45　创建按钮元件

图 8-46　输入“返回首页”

4）选择“指针滑过”帧，按 F6 键插入关键帧，选择任意变形工具，将文字放大，并调整文字颜色为“白色”，如图 8-47 所示。

5）选择“按下”帧，按 F6 键插入关键帧，选择颜料桶工具，将矩形填充颜色修改为“黄色”，并调整文字颜色为“天蓝色”，如图 8-48 所示。

6）在“点击”帧处，按 F5 键插入帧，完成按钮元件 2 的制作。返回场景 1，选择“窗口→库”菜单命令，打开“库”面板。在“库”面板中选中元件 2，将元件 2 拖曳到场景 1

中，并调整到合适位置，如图 8-49 所示。此时，影片剪辑元件 2 就可以在场景 1 中使用了。

图 8-47　设置“指针滑过”帧

图 8-48　设置“按下”帧

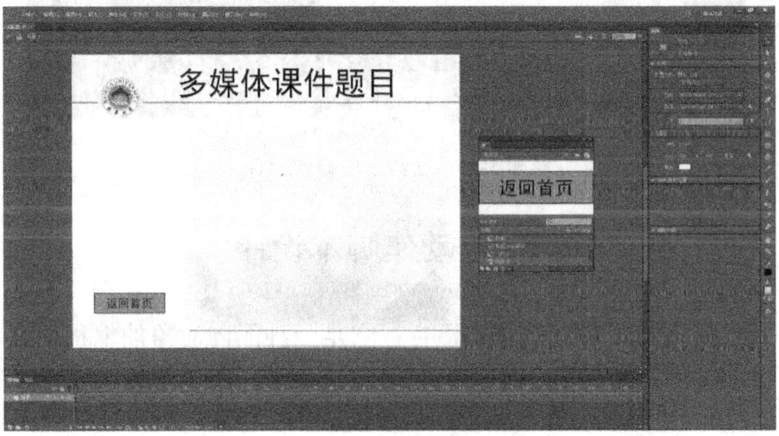

图 8-49　返回场景 1

4. 编辑元件

Flash 动画中，如果元件需要修改，一般有两种方法：

1）选择“窗口→库”菜单命令，打开“库”面板。双击“库”面板中需要修改的元件，进入元件编辑界面进行修改，如图 8-50 所示。

图 8-50 进入元件编辑界面修改元件

2）如果元件已经在舞台中，可直接双击舞台中的元件，此时可以舞台为背景，进行元件的修改编辑，如图 8-51 所示。

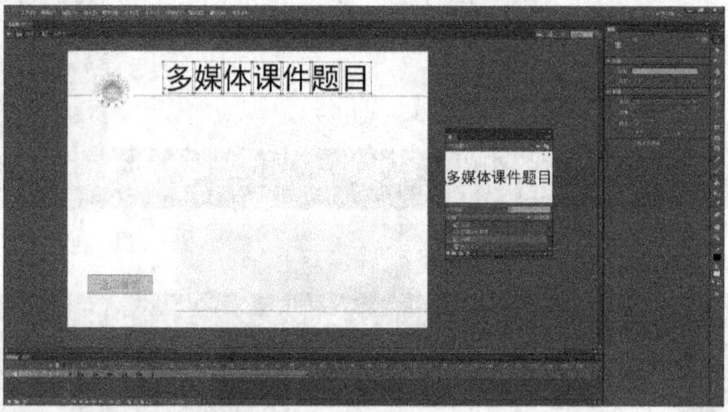

图 8-51 在舞台中修改元件

8.4 动作脚本设计

ActionScript 是 Flash CC 的脚本语言，它是一种面向对象的编程语言。Flash 使用 ActionScript 给动画添加交互性。在简单动画中，Flash 按顺序播放动画中的场景和帧，而在交互动画中，用户可以使用键盘或鼠标与动画交互。例如，可以使动画在某帧处停止；可以单击动画中的按钮，然后跳转到动画的不同部分继续播放；可以移动动画中的对象，等等。使用 ActionScript 可以控制 Flash 动画中的对象，创建导航元素和交互元素，扩展 Flash

创作交互动画和网络应用的能力。

8.4.1　动作面板

“动作”面板是设置实例对象动作的地方。要打开“动作”面板，可以选择“窗口→动作”菜单命令；或者在“时间轴”上选择一个关键帧，并单击“属性”检查器右上角的“ActionScript 面板”图标；也可以右击或按住 Ctrl 键并单击任意关键帧，然后从快捷菜单中选择“动作”命令打开“动作”面板。

“动作”面板允许用户快速访问 ActionScript 的核心元素，并且提供了一些不同的选项，用于帮助用户编写、调试、格式化、编辑和查找代码。

“动作”面板分为多个窗格。在左上角是“动作”工具箱，其中列出了多个类别，它组织了所有的 ActionScript 代码。在“动作”工具箱顶部是一个下拉菜单，它只显示用于所选 ActionScript 版本的代码。用户应该选择 ActionScript 3.0，即最新的版本。在“动作”工具箱类别的底部是一个黄色的“索引”类别，它按字母顺序列出了所有的语言元素。无须使用工具箱向脚本中添加代码，但它有助于确保用户正确地使用代码。

“动作”面板的右上方是“脚本”窗格——显示了所有代码的空白区域。可以在“脚本”窗格中输入 ActionScript 代码，就像在文本编辑应用程序中输入文本一样。

“动作”面板的左下方是“脚本”导航器，它有助于查找特定的代码段。ActionScript 代码存放在“时间轴”中的关键帧上，因此如果有许多代码分散在不同的“时间轴”上和不同的关键帧中，那么“脚本”导航器可能特别有用。

“动作”面板中的所有窗格都可以调整大小，以便适合不同的工作风格。它们甚至可以完全折叠起来，以最大化正在工作的窗格。要调整窗格的大小，可以单击并拖动水平或垂直分隔线。

8.4.2　动作脚本的编辑与调试

Flash CC 支持 ActionScript 3.0，不再支持 ActionScript 2.0。这样的改变使得动作语句赋值更加简便，用户可以直接通过“动作”面板从“代码片段”窗口中直接选择需要的动作语句添加到动画影片中，动作的添加更加直观明晰，如图 8-52 所示。

（a）“动作”面板　　　　（b）“代码片段”窗口

图 8-52　“动作”面板和“代码片段”窗口

1. 帧触发事件

帧触发事件就是给某个特定的关键帧指定一个动作，添加相应的代码。当影片播放到该关键帧的时候就会响应事件，并执行代码的指定动作。如使用动作面板添加语句，停止影片显示“时间轴”上的任何内容，直到用户单击某个按钮为止。具体操作步骤如下：

1）选择需要加载停止动作的关键帧，选择“窗口→动作”菜单命令，打开“动作”面板。

2）打开“动作”面板中的“代码片段”窗口，单击“时间轴导航”命令组，在弹出的下拉菜单中选择“在此帧处停止”命令后，单击“添加到当前帧”按钮，将跳转命令加载到所选按钮上，如图 8-53 所示。

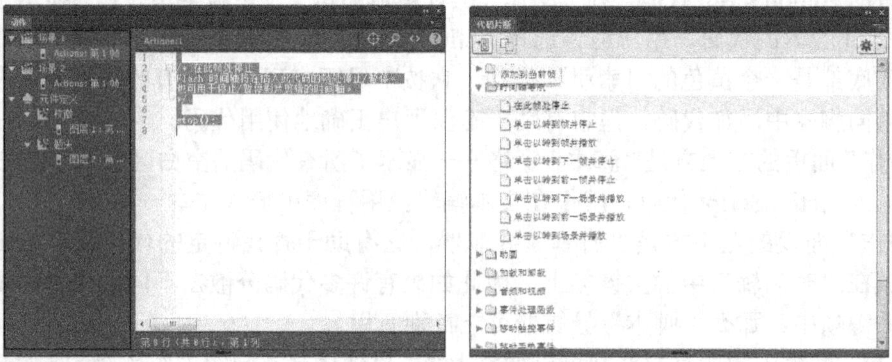

图 8-53 在“动作”面板中添加停止命令

3）这时时间轴上会在原图层上新出现一个“Actions”层，并且在图层 1 的第 1 个关键帧中出现了一个极小的小写字母“a”，指示它包含 ActionScript 语句，现在影片将在播放到这一帧时停止，如图 8-54 所示。

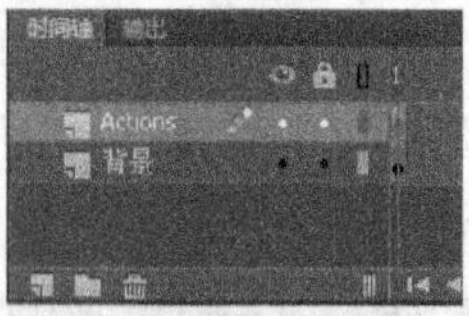

图 8-54 添加动作命令后时间轴的状态

2. 按钮触发事件

按钮触发事件就是当鼠标在按钮上按下、单击、滑过或按下键盘上的某个键时都会触发相应的事件。如使用动作面板添加语句，使用户按下按钮时，影片由当前场景跳转到第 2 场景第 1 帧并播放。具体操作步骤如下：

1）在舞台中选择要加载动作的按钮，选择“窗口→动作”菜单命令，打开“动作”面板。

2）打开“动作”面板中的“代码片段”窗口，单击“时间轴导航”命令组，在弹出的下拉菜单中选择“单击以转到下一场景并播放”命令后，单击“添加到当前帧”按钮，将跳转命令加载到所选按钮上，如图 8-55 所示。

3）这时时间轴上会在原图层上新出现一个“Actions”层，并且在图层 1 的第 1 个关键帧中出现了一个极小的小写字母“a”，指示它包含 ActionScript 语句，现在按下按钮影片会跳转到下一场景并继续播放，如图 8-56 所示。

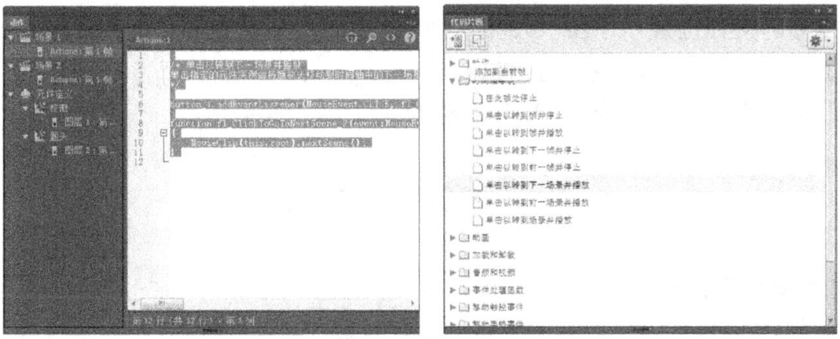

图 8-55　在“动作”面板中添加跳转命令

3. Flash 文档的测试与发布

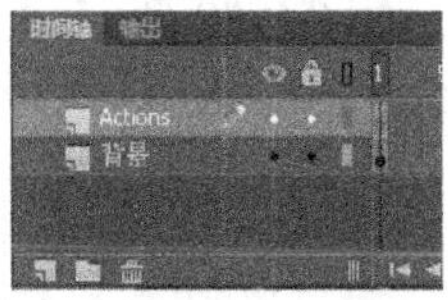

图 8-56　添加动作命令后时间轴的状态

查找错误是随着时间的推移而逐渐拥有的一项技能，但是如果在创建内容时频繁测试影片，则更容易确定问题的原因。如果在每执行一步操作之后就测试影片，就会知道所做的更改，从而得知出错的原因。

预览影片的一种快速方式是：选择“控制→测试影片”菜单命令（或者按快捷键 Ctrl+Enter）。这个命令将会在与 FLA 文件相同的位置创建一个 SWF 文件，以便用户可以播放并预览影片。

当准备与其他人共享影片时，可以在 Flash 中发布它。对于大多数项目，Flash 将创建一个 HTML 文件和一个 SWF 文件，其中 SWF 文件是最终的 Flash 影片，而 HTML 文件则指示 Web 浏览器将如何显示 SWF 文件。用户需要把这两个文件都上传到 Web 服务器上的同一个文件夹中。上传影片之后需要测试它，以确定它能正确地工作。

1）选择“文件→发布设置”菜单命令，打开“发布设置”对话框。

2）选择“格式”选项卡，勾选 Flash（.swf）和 HTML（.html）这两个复选框，如图 8-57 所示。

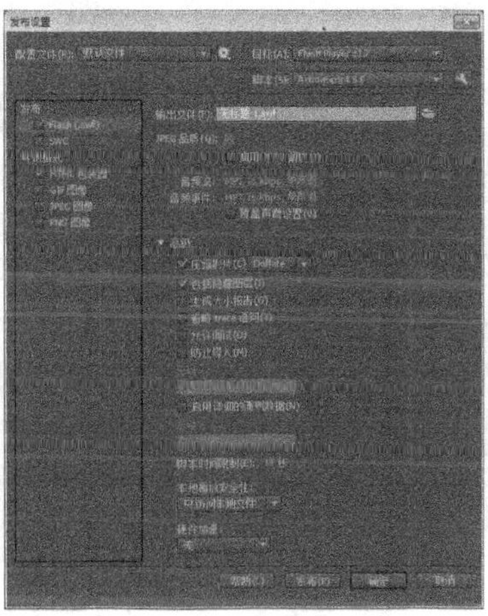

图 8-57　发布设置面板

3）选择输出文件位置，单击“发布”按钮。

4）单击“确定”按钮，关闭对话框。

5）导航到输出文件夹，查看 Flash 创建的文件。

8.5 综 合 设 计

8.5.1 微课片头动画的制作

1）启动 Flash CC 程序，新建 Flash 3.0 文件，创建一个新的动画文件。

2）选择舞台属性面板，设定舞台属性：大小为 800×600 像素，背景颜色为白色。

3）选择“文件→导入→导入到舞台”菜单命令，将图片“Flash 课件封面”图片导到舞台中，如图 8-58 所示。

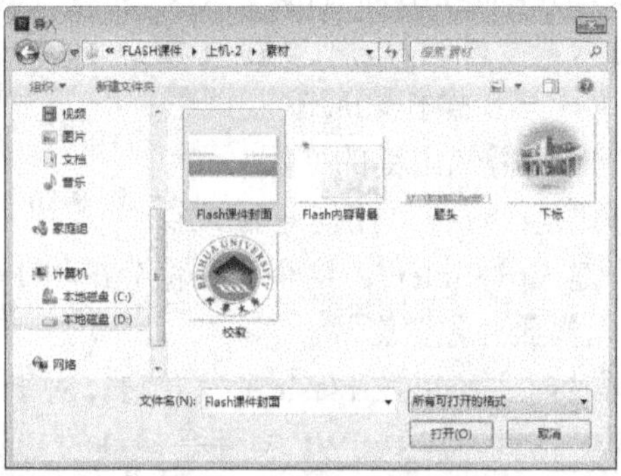

图 8-58　导入素材文件

4）选择任意变形工具，将图片调整到和舞台大小一致，在第 90 帧处按 F5 键插入帧。

5）新建图层 2，在图层 2 的第 1 帧中选择工具箱中的矩形工具，在“属性”面板中设置笔触颜色为无色，内部填充颜色为黑色，在舞台上绘制和舞台大小一致的矩形，如图 8-59 所示。

图 8-59　绘制与舞台大小一致的矩形

6）在图层 2 的第 25 帧处按 F6 键插入关键帧，并选择“窗口→颜色”菜单命令，打开“颜色”面板，设置 Alpha 值为“0”。选择 1～25 帧中的任意一帧，右击，在弹出的快捷菜单中选择“创建补间形状”命令，如图 8-60 所示。

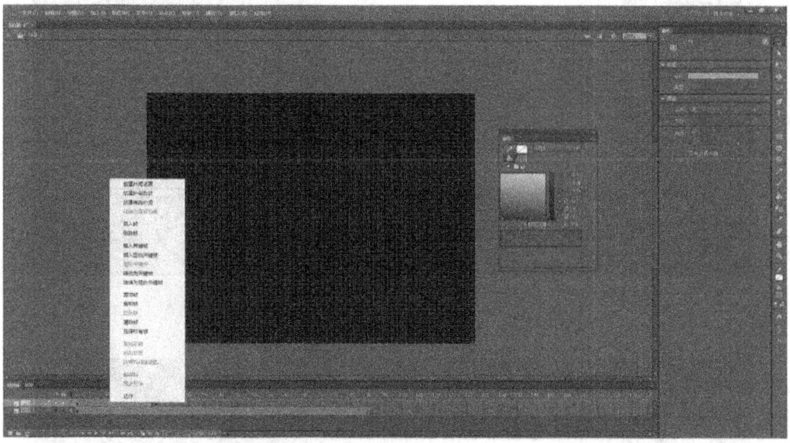

图 8-60 创建图层 2 的补间形状动画

7）新建图层 3，在图层 3 的第 15 帧中，按 F6 键插入关键帧。选择“文件→导入→导入到舞台”菜单命令，将“题头”图片导入到舞台中。选中图片，选择“修改→分离”菜单命令，将图片打散，如图 8-61 所示。

图 8-61 导入图片后分离

8）选择任意变形工具，放大题头图片。在图层 3 的第 30 帧处按 F6 键插入关键帧，选择任意变形工具，缩小题头图片，并调整位置。选择 15～30 帧中的任意一帧，右击，在弹出的快捷菜单中选择“创建补间形状”命令，如图 8-62 所示。

9）新建图层 4，在图层 4 的第 25 帧处按 F6 键插入关键帧。选择“文件→导入→导入到舞台”菜单命令，将“校徽”图片导入到舞台中。选择任意变形工具，调整校徽图片大小，并将其移动到舞台左端外侧，如图 8-63 所示。

图 8-62 创建图层 3 的补间形状动画

图 8-63 导入校徽图片

10）在图层 4 的第 52 帧处按 F6 键插入关键帧，并将校徽图片移动到舞台右端。选择 25～52 帧中的任意一帧，右击，在弹出的快捷菜单中选择“创建传统补间”命令，并设置属性面板中补间旋转为“顺时针”，如图 8-64 所示。

图 8-64 创建图层 4 的传统补间动画

11）新建图层 5，选中第 52 帧，使用文本工具设置文字字体为“微软雅黑”，大小为“100”，颜色为“白色”，在舞台中输入“课”字。选中“课”字，按快捷键 Ctrl+C 复制，再按快捷键 Ctrl+V 粘贴，改变字体颜色为“黑色”并调整位置，如图 8-65 所示。

图 8-65　输入“课”字

12）选中第 56 帧、第 60 帧和第 64 帧，按 F6 键插入关键帧，分别写入“件”、“题”、“目”，如图 8-66 所示。

图 8-66　输入“件”、“题”、“目”字

13）新建图层 6，在图层 6 的第 64 帧中，按 F6 键插入关键帧。使用线条工具，设置笔触颜色为“蓝色”，笔触粗度为“3”，线条样式为“实线”，在舞台右下端画一条蓝色短线，如图 8-67 所示。

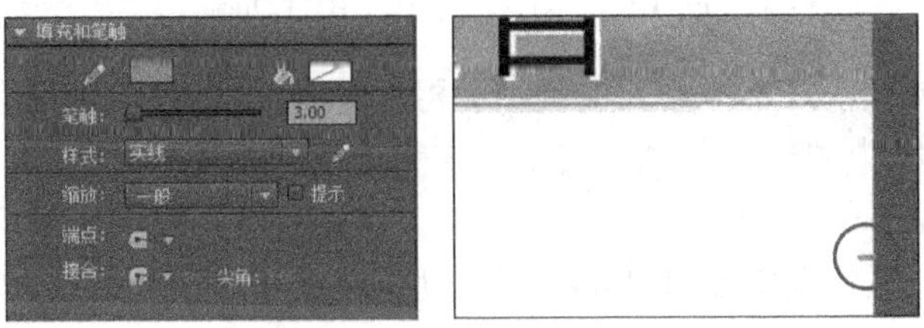

图 8-67　绘制蓝色短线

14）选中第 75 帧，按 F6 键插入关键帧，选择任意变形工具，将蓝色短线变长。选择64～75 帧中的任意一帧，右击，在弹出的快捷菜单中选择“创建补间形状”命令，如图 8-68 所示。

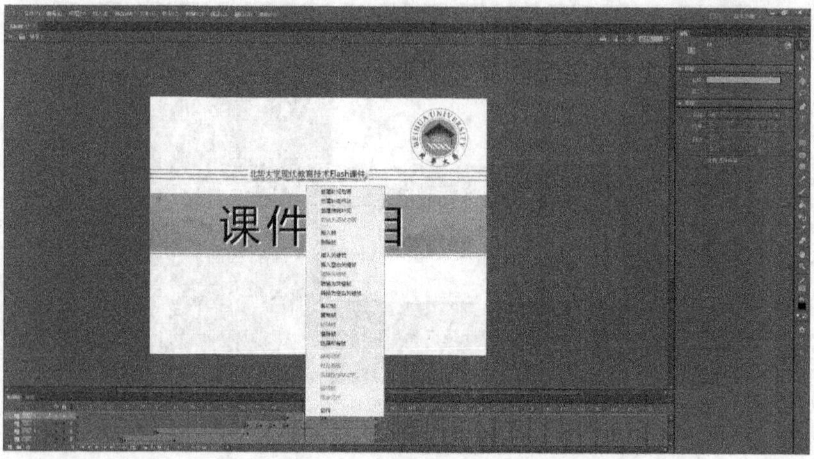

图 8-68　创建图层 6 的形状补间动画

15）新建图层 7，在图层 7 的第 75 帧中，按 F6 键插入关键帧。选择“文件→导入→导入到舞台”菜单命令，将“下标”图片导入到舞台中。选择任意变形工具调整图片大小。选中图片，选择“修改→分离”菜单命令将图片打散，如图 8-69 所示。

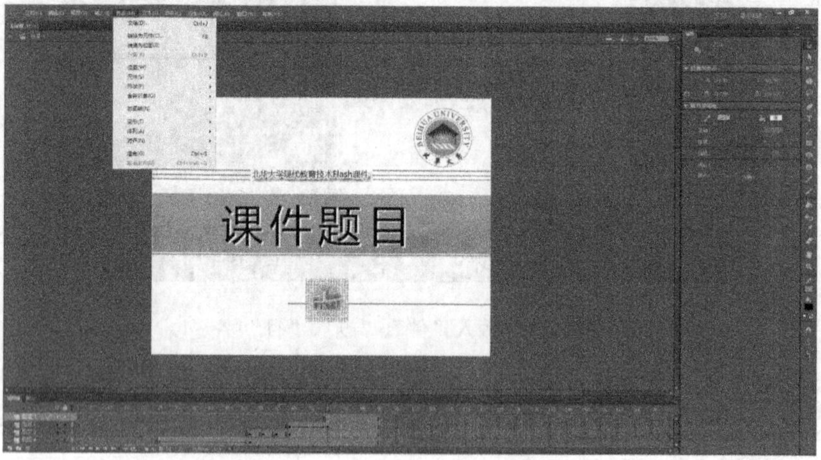

图 8-69　创建“下标”图片动画

16）选中第 80 帧，按 F6 键插入关键帧。再次选中第 75 帧，使用任意变形工具将图片缩小。选择 75～80 帧中的任意一帧，右击，在弹出的快捷菜单中选择“创建补间形状”命令，如图 8-70 所示。

17）保存文件，按快捷键 Ctrl+Enter 预览动画效果。

图 8-70　创建图层 7 的形状补间动画

8.5.2　微课片尾动画的制作

1）启动 Flash CC 程序，新建 Flash 3.0 文件，创建一个新的动画文件。

2）选择舞台属性对话框，设定舞台属性：大小为“800×600 像素”，背景颜色为白色，如图 8-71 所示。

3）选择“文件→导入→导入到舞台”菜单命令，将图片“Flash 课件背景”图片导入到舞台中，如图 8-72 所示。

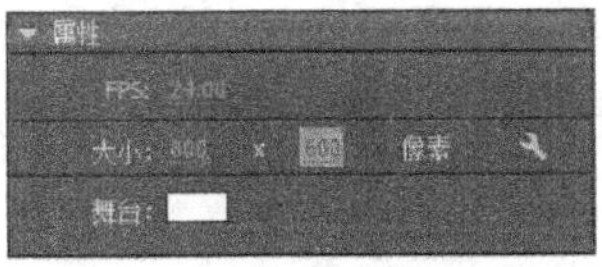

图 8-71　设置舞台属性

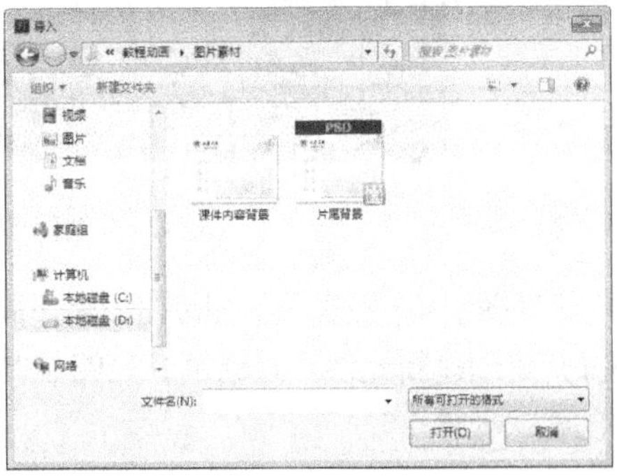

图 8-72　导入素材文件

4）选择任意变形工具，将图片调整到和舞台大小一致，在第 120 帧处按 F5 键插入帧。

5）新建图层 2，在图层 2 的第 1 帧中选择直线工具。在“属性”面板中设置笔触颜色为“灰色”，笔触粗度为“2”，笔触样式为“虚线”，在舞台上绘制三条大小一致的虚线，如图 8-73 所示。

6）新建图层 3，在图层 3 的第 1 帧中选择工具箱中的矩形工具，在“属性”面板中设置笔触颜色为无色、内部填充颜色为白色，在舞台上绘制和舞台大小一致的矩形。

7）在图层 3 的第 5 帧处按 F6 键插入关键帧，并选择“窗口→颜色”菜单命令，打开“颜色”面板，设置 Alpha 值为“0”。选择 1～5 帧中的任意一帧，右击，在弹出的快捷菜单中选择“创建补间形状”命令，如图 8-74 所示。

图 8-73　绘制三条虚线

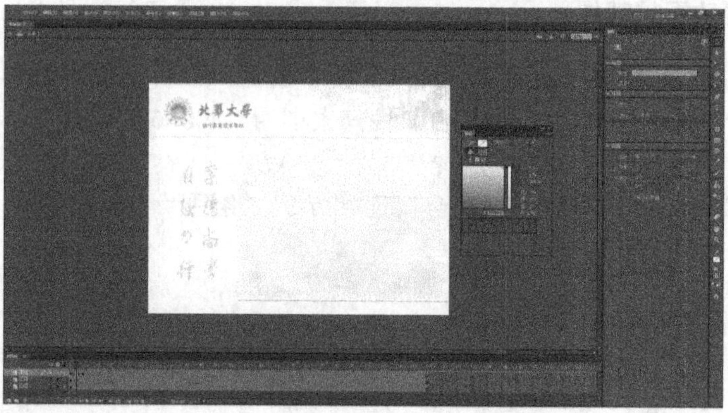

图 8-74　创建图层 3 的形状补间动画

8）新建图层 4，在图层 4 的第 10 帧处按 F6 键插入关键帧。选择“插入→新建元件”菜单命令，打开“创建新元件”对话框。如图 8-75 所示，设置元件类型为“影片剪辑”，单击“确定按钮”创建“元件 1”。

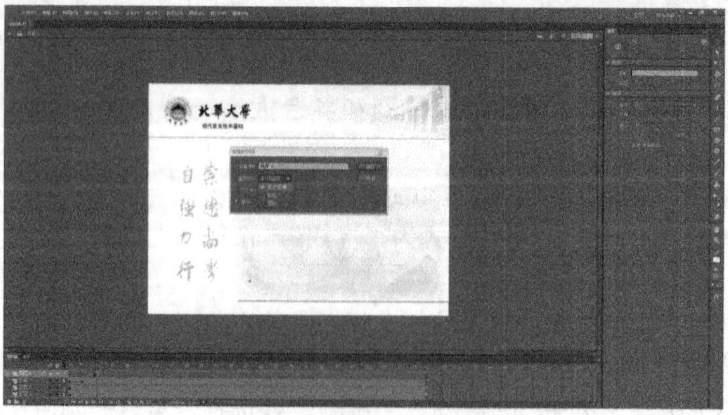

图 8-75　创建元件 1

9）在元件 1 编辑面板中的第 1 层第 1 帧处，使用文本工具，设置文字字体为“微软雅黑”，大小为“45”，颜色为“黑色”，在舞台中输入“脚”字，如图 8-76 所示。

图 8-76　输入“脚”字

10）选中第 5 帧、第 10 帧、第 15 帧和第 20 帧，按 F6 键插入关键帧，分别写入“本”、“设”、“计”、“：”，在第 40 帧处按 F5 键插入帧，如图 8-77 所示。

图 8-77　输入“本”、“设”、“计”、“：”字

11）新建图层 2，在图层 2 的第 25 帧处按 F6 键插入关键帧。使用文本工具，设置文字字体为“微软雅黑”，大小为“45”，颜色为“黑色”，在舞台中输入“×××”字代表工作人员姓名，如图 8-78 所示。

12）新建图层 3，在图层 3 的第 25 帧处按 F6 键插入关键帧。选择工具箱中的矩形工具，在“属性”面板中设置笔触颜色为无色，内部填充颜色为黑色，在“×××”字上方绘制一个和“×××”字同宽的矩形，如图 8-79 所示。

13）在图层 3 的第 40 帧处按 F6 键插入关键帧，使用任意变形工具调整黑色矩形的大小，使其能将“×××”字完全覆盖。选择 25～40 帧中的任意一帧，右击，在弹出的快捷菜单中选择“创建补间形状”命令，如图 8-80 所示。

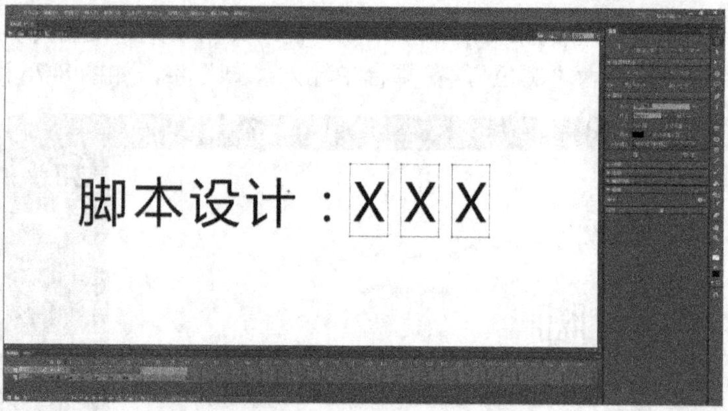

图 8-78　输入“×××”字

图 8-79　绘制矩形遮罩

图 8-80　创建图层 3 的形状补间动画

14）将鼠标指针置于图层 3 的层名区，右击，在弹出的快捷菜单中选择“遮罩层”命令，为图层 2 创建遮罩层，如图 8-81 所示。

15）元件 1 制作完成。以相同的方法制作元件 2：“动画设计：×××”，元件 3：“视频编辑：×××”，元件 4：“音效配音：×××”等内容。

图 8-81　设置遮罩层

16）返回场景 1。选择“窗口→库”菜单命令，打开“库”面板，选中元件 1，将其从库面板中拖拽到图层 4 的第 10 帧处并调整位置，如图 8-82 所示。

图 8-82　将元件 1 拖拽到场景 1 中

17）在图层 4 的第 60 帧处按 F6 键插入关键帧。在“库”面板中选择元件 2，将其从“库”面板中拖拽到图层 4 的第 60 帧处并调整位置，如图 8-83 所示。

图 8-83　将元件 2 拖拽到场景 1 中

18）新建图层 5，在图层 5 的第 115 帧处按 F6 键插入关键帧，选择工具箱中的矩形工具，在属性面板中设置笔触颜色为无色、内部填充颜色为白色，在舞台上绘制和舞台大小一致的矩形。选择“窗口→颜色”菜单命令，打开“颜色”面板，设置 Alpha 值为“0”，如图 8-84 所示。

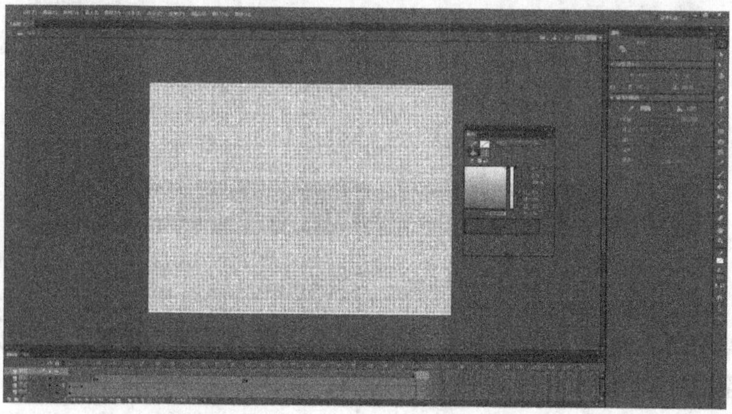

图 8-84　绘制与舞台大小一致的矩形

19）在图层 5 的第 120 帧处按 F6 键插入关键帧，调整“颜色”面板 Alpha 值为“100”。选择 1～5 帧中的任意一帧，右击，在弹出的快捷菜单中“创建补间形状”命令，如图 8-85 所示。

图 8-85　创建图层 5 的形状补间动画

20）场景 1 制作完成。选择“插入→场景”菜单命令，新建场景 2。以同样的步骤制作场景 2，并加载元件 3、元件 4 在场景 2 中，如图 8-86 所示。

21）选择“插入→新建元件”菜单命令，打开“创建新元件”对话框，设置元件类型为“影片剪辑”单击“确定”按钮，创建元件 5。在元件 5 编辑面板中的第 1 层第 1 帧处，使用文本工具，设置文字字体为“微软雅黑”、大小为“45”、颜色为“黑色”，在舞台中输入“谢谢欣赏”。在第 30 帧中，按 F5 键插入帧，如图 8-87 所示。

22）新建图层 2，在图层 2 的第 1 帧处，选择工具箱中的矩形工具，在“属性”面板中设置笔触颜色为无色、内部填充颜色为黑色，在“谢谢欣赏”上方绘制一个和“谢谢欣赏”同宽的矩形。

图 8-86　将元件 3、元件 4 拖拽到场景 2 中

图 8-87　创建元件 5

23）在图层 2 的第 30 帧处按 F6 键插入关键帧，使用任意变形工具调整黑色矩形的大小，使其能将“谢谢欣赏”完全覆盖。选择 25～40 帧中的任意一帧，右击，在弹出的快捷菜单中选择“创建补间形状”命令，如图 8-88 所示。

图 8-88　创建图层 2 的形状补间动画

24）将鼠标指针置于图层 2 的层名区，右击，在弹出的快捷菜单中选择“遮罩层”命令，为图层 1 创建遮罩层。元件 5 制作完成，如图 8-89 所示。

图 8-89　设置遮罩层

25）选择“插入→场景”菜单命令，新建场景 3，以与场景 1、场景 2 同样的步骤制作场景 3，并加载元件 5 在场景 3 中，如图 8-90 所示。

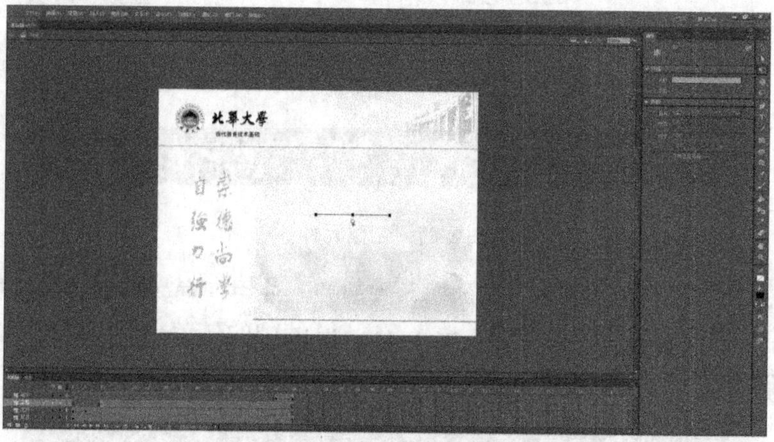

图 8-90　将元件 5 拖拽到场景 3 中

26）保存文件，按快捷键 Ctrl+Enter 预览动画效果。

思　考　题

1. 选择题

（1）（　　）是进行 Flash 动画制作的最基本的单位。

A. 帧　　B. 关键帧　　C. 空白关键帧　　D. 时间轴

（2）以下（　　）不是在舞台上移动对象的方法。

A．使用选择工具移动对象　　　　　　B．使用键盘的方向键移动对象

C．使用“信息”面板移动对象　　　　D．使用鼠标双击移动对象

（3）关键帧动画，也称为（　　），其制作过程就是在每帧中绘制出不同的图像内容，然后依次播放这些帧从而得到动画。

A．传统补间动画　　　　B．形状补间动画

C．逐帧动画　　　　　　D．特效动画

（4）在动画制作中对一些对象的移动轨迹进行控制，这种动画被称为（　　）。

A．传统补间动画　　　　B．形状补间动画

C．遮罩动画　　　　　　D．引导线动画

2．简答题

（1）简述在 Adobe Flash CC 中如何为按钮添加场景跳转命令。

（2）简述在 Adobe Flash CC 中如何为关键帧添加停止命令。

第四篇

教学资源开发篇

第 9 章　多媒体课件设计与制作

学习目标

通过对本章的学习，学生应了解多媒体课件的含义；熟悉课件制作的流程；能够根据选定的题目，编写课件脚本，并设计与制作 PPT 课件及 Flash 课件。

9.1　多媒体课件简介

课件是指具备一定教学功能的计算机辅助教学软件，一般称为 CAI。从广义上讲，凡具备一定教学功能的教学软件都可称为“课件”。

多媒体课件是指根据教学大纲的要求和教学的实际需要，经过严格的教学设计，以计算机为中心，交互地综合处理文字、图形、图像、动画、声音和视频等多种媒体信息的一种教学软件。我们通常所说的课件一般都是指多媒体课件。通过多媒体课件，可以将一些平时难以表述清楚的教学内容，如实验演示、情境创设、交互练习等，生动形象地展示给学生。学生通过视觉、听觉等多方面参与，更好地理解和掌握教学内容，培养学习兴趣，活跃课堂气氛，同时也拓宽了信息获取的渠道。因此，多媒体课件辅助教学，使教师和学生教与学的手段多样化，近年来被广泛应用于教学领域。

9.1.1　PPT 课件

Microsoft Office PowerPoint 是微软公司的演示文稿软件。用户可以在投影仪或者计算机上进行演示，也可以将演示文稿打印出来，制作成胶片，以便应用到更广泛的领域中。利用 Microsoft Office PowerPoint 不仅可以创建演示文稿，而且可以在互联网上召开面对面会议、远程会议或在网上给观众展示演示文稿。Microsoft Office PowerPoint 做出来的东西称为演示文稿，其扩展名为 PPT、PPTX，也可以保存为 PDF、图片格式等。Microsoft PowerPoint 2010 及以上版本中可保存为视频格式。演示文稿中的每一页就称为幻灯片，每张幻灯片都是演示文稿中既相互独立又相互联系的内容。一套完整的 PPT 文件一般包含：片头、动画、PPT 封面、前言、目录、过渡页、图表页、图片页、文字页、封底、片尾动画等；所采用的素材有：文字、图片、图表、动画、声音、影片等。目前，各级各类学校均开展多媒体课堂教学，由于 PPT 操作简便，因此应用范围较广。

9.1.2　Flash 课件

Flash 是一种动画创作与应用程序开发于一身的创作软件，是由 Macromedia 公司推出的交互式矢量图和 Web 动画的标准，由 Adobe 公司收购。到 2013 年 9 月 2 日为止，最新的零售版本为 Adobe Flash Professional CC（2013 年发布）。Adobe Flash Professional CC 为创建数字动画、交互式 Web 站点、桌面应用程序及手机应用程序开发提供了功能全面的创作和编辑环境。Flash在动画制作方面比其他多媒体开发软件略高一筹，常体现在简单的动画，如移动、出现、图像简单渐变转换等。Flash可以充分用动画、声音、交互、视频以及剪辑等基本元素，形象地表述内容，传递信息，以满足多种多样的要求。Flash自问世以来，以其强大的功能和良好的兼容性，以及适合于网络的流式播放技术，几乎成为网络动画的标准，所做的课件容量小，易携带，动画效果较好。

现代教育技术的发展，多媒体课堂教学正走入学生的课堂，日益起着很大的作用。一堂多媒体课是否上得好与教师自身有着密切的关系，其中课件的制作、使用也是很重要的。由于小学生思维以形象思维为主，用 Flash 制作的课件大多图文声像并茂，能激发学生的学习兴趣。同时，一些教师注重运用导航条，有着较好的交互环境，使学生能够积极参与。Flash mx能更好地导入视频，可运用组件功能，减轻教师做课件的难度。

9.1.3 网络课件

网络课件，也是课件的一种，但也是比较特别的一种课件，因为它是应用于网络环境的，并且往往是结合网络课程来开展网络教学。网络课件是指以网页形式存在、能在网上运行的，以解决专业课程的重点、难点为基本目的，并以多媒体超链接的结构制作、相对独立的教学软件。网络课件的教学设计体现着教师对教学模式和教学方法的研究和改革思想。网络课件的研制是以激发学生自主学习的兴趣为主要目的，同时，教师也可以利用网络课件开展多种形式的教学活动。

根据使用工具的不同，课件有两种主要形态：CBT和WBT，即Computer-Based Training（基于计算机的培训）和Web-Based Training（基于网络的培训）。前者就是常说的本地版或光盘版，而后者就是常说的网络版，即网络课件。网络课件是基于HTML设计制作的，加上 JavaScript、Flash 等各种流行的技术，对一个或几个知识点实施相对完整教学，具有一定的教学功能的教学软件。网络课件以生动、内容丰富、交互性强等优势逐渐得到学习者的认可。网络课件通常与专业课程相互结合，与文字教材的内容紧密衔接。同时，网络课件的教学内容除满足本科生教学需要外，还可考虑研究生、在职继续教育人员的使用。因此，网络课件的制作往往注意发挥其形式的灵活性和内容的前瞻性，充分利用多媒体的优越性，大量搜集和利用各种静态图像、实物录像、声音、动画等素材，采用超媒体结构，强化软件内容结构的交互功能。网络课件可以通过一些常用软件来制作，如Microsoft Office PowerPoint、Flash、Authorware 及 Director 软件。不管利用那种软件制作网络课件，只要能为教学服务即可。

9.2 课件制作流程

1. 选题

选择开发课件的课题是整个课件开发的第一步，确定一个好的课题是至关重要的。一个好的选题是成功的必要条件，选题一般要遵循以下原则：

1）价值性。课题应选择学科较为重要的内容或急需的内容，以及较为抽象的重点和难点。

2）主题单一性。课题内容尽量集中，涉及面不要太宽。

3）课题表现性。在选题上应选择用常规方法难以表现而又适合于计算机多媒体表现的课题。例如，一些微观、图片多、动画多、具有形象性的教材，适合于计算机模拟，直观性强，教学效果好，有利于开发和树立形象。

2. 编制原则

一个好的多媒体课件，要遵循以下编制原则：

1）教育性。课题内容必须符合教学大纲，其表现形式必须符合教育心理学。

2）科学性。课题中涉及的科学原理、定义、概念一定要准确无误，阐述的观点、论据和涉及的素材一定要真实、准确、标准化并符合科学的逻辑。

3）技术性。熟练掌握制作设备的各项功能，尽量使用较新的设备以表现出新的创意，各项技术指标不能低于标准。

4）艺术性。编制的课件应具有艺术感染力，从构图、色彩、美工设计、布光、组合等都应具有鲜明的主题，从视觉和听觉上具有一定冲击力，逻辑思维应能引人入胜。

3. 可行性分析

确定课题内容时，一定要根据现有的技术情况、设备情况、资金情况、编制人员素质情况来决定，没有把握完成的课题就尽量不要实施。选题确定后，必须经过专家的审议和有关领导的审定。开发这个课件的预算应在单位能够承受的财力之内，并且从这个课件上所获得的利益包括经济效益和社会效益，要大于对它的投入。

4. 开发计划

首先要确定整个课件有多少任务，将整个制作过程的进度排出计划，一般包含：

1）课件脚本编写；

2）程序设计开发；

3）界面美化美工；

4）教学实用性测试。

开发的具体内容和调度结果，最后要体现在开发表上。要制定一个开发计划表，严格按计划表实施。

5. 编写脚本

课题选定后，编写文字脚本。所谓文字脚本简单的理解就是将画面与解说词对应地写出来。即把程序要完成的事情，用文字表达出来，以表达出美工人员和系统分析员的意图，并帮助制作人员来了解这些意图。脚本细致地描述了每一个模块的实现过程，这是程序员开发程序的依据。脚本要清晰易懂，且要指明程序中的重点和要点。

6. 收集、制作、处理素材

制作多媒体课件的素材需要制作人员在课件制作之前搜集、整理完成。一部分素材在网上可以找到直接下载使用，但大部分素材需要根据课件制作意图而进行二次制作加工。制作人员可以利用图形图像处理软件、视音频编辑软件来进行加工制作。

7. 系统合成

素材制作处理完毕后，将做好的素材一一安装到已经调好的程序中。对整个程序的创意思维和具体的构图创意进行最后的完善。对整个程序从头至尾地、每一个界面、每一个功能进行全面“扫描”，以完成系统合成。

8. 软件测试

最后阶段是对已经完成的程序进行检测，找出其中的错误和各种不稳定因素，并通知程序员对其进行修改。对程序的检测完成、确定没有错误后，软件就可以生产了。测试可以从以下几个方面进行：①错误测试；②功能测试；③效果测试。

9. 打包发布

打包是指将制作出的课件输出成应用程序，可脱离制作平台而独立运行。程序在正式打包之前要进行优化。程序打包之前，要做好源程序的备份，并且做好其他的一切准备工作。在发行到光盘上时，要注意将所需要的外部文件都拷贝到光盘。刻制成原始光盘之后，还要再进行一次测试，防止因为发行到光盘后，发生了某些变化而使得程序不能够运行。或者是因为文件配置不合，而导致程序运行速度过慢。然后，要对光盘上的文件组织结构进行优化。如果文件结构非常松散就会导致程序运行速度变慢。最后是将打包后的内容刻录到光盘上去或网上发布，课件的制作工作就完成了。

10. 反馈修改

多媒体课件制作完成运用到教学实际过程中后，在运用过程中可能会出现一些使用反馈情况，如哪些部分软件运行不流畅，哪些部分教学难点、重点不够清晰等问题。作为课件的制作人员要注意搜集、整理这些教学反馈情况，并在反馈的基础上重新修改发布课件，以达到教学最优化效果。

9.3 PPT 课件设计与制作——以小学语文“春晓”课件为例

PPT 课件是最常用的一种课件形式，可以将文字、声音、图形、图像、动画等素材插入到课件中以及将影像等多媒体素材根据创作人员自己的创意融为一体，形成具有良好的交互性的多媒体计算机辅助课堂教学软件。我们以小学语文课程“春晓”为例，介绍制作以 PowerPoint 2007 为开发平台的多媒体教学课件的开发流程。

9.3.1 编写课件脚本

“春晓”课件脚本如表 9-1 所示。

表 9-1　小学语文课程“春晓”PPT 课件脚本样例

<table>
<tr><td>模块序号</td><td>1</td><td>页面内容
简要说明</td><td>课件封面</td></tr>
<tr><td>屏幕显示</td><td colspan="3">1．课件封面背景图片。
2．课程主标题：春晓。
右上角输入：长春版一年级下册</td></tr>
<tr><td>说明</td><td colspan="3">标题以艺术字形式插入，并设置动画效果</td></tr>
<tr><td>模块序号</td><td>2</td><td>页面内容
简要说明</td><td>导入视频</td></tr>
<tr><td>屏幕显示</td><td colspan="3">1．课件主体部分背景图片。
2．标题：视频赏析。
3．插入视频：贝瓦学唐诗《春晓》</td></tr>
<tr><td>说明</td><td colspan="3">视频播放窗口不可太小，视频播放方式选择“单击时播放”</td></tr>
<tr><td>模块序号</td><td>3</td><td>页面内容
简要说明</td><td>诗文赏析</td></tr>
<tr><td>屏幕显示</td><td colspan="3">1．标题：诗文赏析。
2．插入诗文《春晓》：
唐・孟浩然
春眠不觉晓，
处处闻啼鸟。
夜来风雨声，
花落知多少。
3．“眠”、“啼”两生字添加拼音</td></tr>
<tr><td>说明</td><td colspan="3">生字及拼音用特殊颜色标注，文字出现添加动画效果</td></tr>
<tr><td>模块序号</td><td>4</td><td>页面内容
简要说明</td><td>作者简介</td></tr>
<tr><td>屏幕显示</td><td colspan="3">1．标题：作者简介。
2．插入孟浩然图片。
3．输入作者介绍文字：
孟浩然（公元 689—740），字浩然，号孟山人。是唐代著名的田园隐逸派和山水行旅派诗人，与王维并称为“王孟”</td></tr>
<tr><td>说明</td><td colspan="3">图片及文字添加动画效果</td></tr>
<tr><td>模块序号</td><td>5</td><td>页面内容
简要说明</td><td>诗文概述</td></tr>
<tr><td>屏幕显示</td><td colspan="3">1．标题：诗文概述。
2．输入诗文《春晓》。
3．输入诗文概述内容：
《春晓》给我们展现的是一副雨后清晨的春景图。
它看似平淡，却韵味无穷，构思巧妙，写春景不写所见，却只写所闻所想。
诗文表现了诗人的那种悠闲的生活情趣，抒发了诗人热爱春天，珍惜春光的思想感情</td></tr>
<tr><td>说明</td><td colspan="3">文字添加动画效果</td></tr>
</table>

续表

模块序号	6	页面内容简要说明	生字学习
屏幕显示	1．标题：生字学习。 2．插入虚宫格，添加生字及拼音		
说明	生字须插入到虚宫格中，生字及文字添加动画效果		
模块序号	7	页面内容简要说明	生字练习
屏幕显示	1．标题：生字练习。 2．插入卡通图片，并添加标注“小朋友们，你认识这些字了吗？” 3．输入生字		
说明	标注及生字添加动画效果		
模块序号	8～9	页面内容简要说明	生字组词
屏幕显示	1．标题：生字组词。 2．输入生字及组词		
说明	组词以动画形式进入		
模块序号	10～13	页面内容简要说明	诗文释义
屏幕显示	1．标题：诗文释义。 2．每张幻灯片输入一句诗文，并对生僻字词添加释义。 3．每张幻灯片分别输入每句诗文的释义		
说明	分别用声音及动画效果阐释诗文内容		
模块序号	14	页面内容简要说明	跟我读
屏幕显示	1．标题：跟我读。 2．　　春晓 春眠/不觉晓， 处处/闻啼鸟。 夜来/风雨声， 花落/知多少		
说明	标注斜线标明朗读时需停顿的地方		
模块序号	15	页面内容简要说明	跟我唱
屏幕显示	1．标题：跟我唱。 2．视频文件《春晓》		
说明	视频选取欢快的儿童歌曲		
模块序号	16	页面内容简要说明	课堂练习
屏幕显示	1．标题：课堂练习 2．(1) 填空题 《春晓》的作者是（　　），他是（　　）代著名诗人。 (2) 组词练习 民（　　）眠（　　）觉（　　）尧（　　） 晓（　　）声（　　）矢（　　）知（　　）		
说明	文字呈现添加动画效果		

续表

模块序号	17	页面内容 简要说明	结束页面
屏幕显示	插入卡通图片及标注“小朋友们你们学会了吗？”		
说明	用提问式方法结束课件内容		

9.3.2　设计课件内容

1）创建新 PPT 模板，使用已有模板，或用 Photoshop 制作课件的封面及背景，如图 9-1 所示。

2）在课件封面上输入课件标题“春晓”，并在右上角添加“长春版一年级下册”。为文字添加“弹跳”进入效果，如图 9-2 所示。

图 9-1　创建模板

图 9-2　课件标题

3）添加新的幻灯片，添加页面标题“视频赏析”，选择“插入→影片→文件中的影片”菜单命令，将“贝瓦学唐诗”的视频插入。选择自动播放形式，如图 9-3 所示。

4）在新的幻灯片中添加页面标题“诗文赏析”，插入《春晓》诗歌文本，将生字用红色标示，并添加拼音。为文字添加“擦除”动画效果，如图 9-4 所示。

图 9-3　插入视频

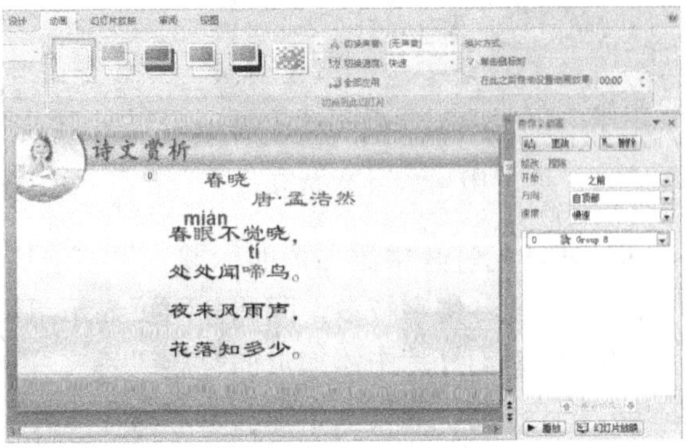

图 9-4　添加诗文

5）在新的幻灯片中添加页面标题“作者简介”，插入孟浩然的人物图片，并输入作者简介内容，重要文字用红色标示。为图片添加“飞入”进入效果，文字添加“擦除”动画效果，如图 9-5 所示。

6）在新幻灯片中添加页面标题“诗文概述”，页面左侧插入诗歌全文，右侧插入黄色圆角矩形并插入诗歌概述文字。为诗歌及概述文字分别添加“擦除”及“挥舞”进入效果，如图 9-6 所示。

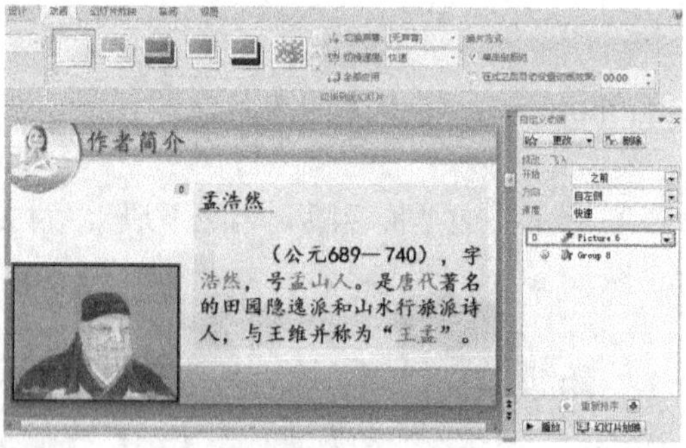

图 9-5　作者简介

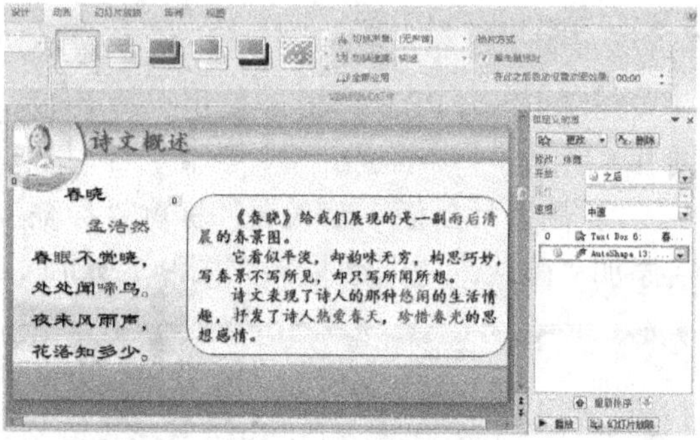

图 9-6　诗文概述

7）在新幻灯片中添加页面标题“生字学习”，绘制两排田字格，插入生字，并为生字添加拼音。将每排田字格、生字及拼音组合，分别添加“飞入”动画效果。如图 9-7 所示。

8）在新幻灯片中添加页面标题“生字练习”，页面右侧插入卡通图片，插入标注，并设置“螺旋飞入”动画效果。页面左侧添加生字，并分别添加“中心旋转”动画效果，如图 9-8 所示。

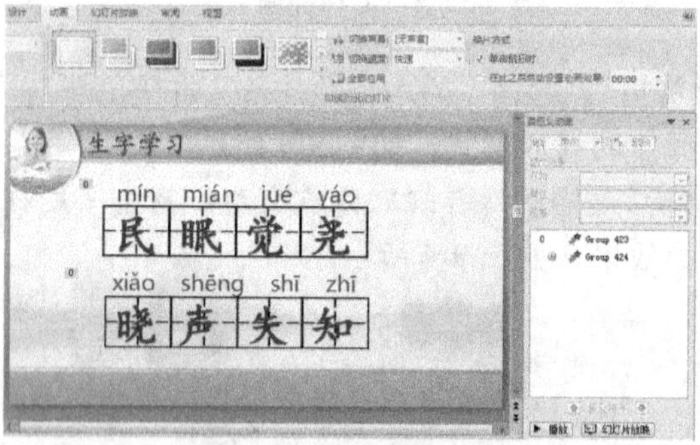

图 9-7　生字学习

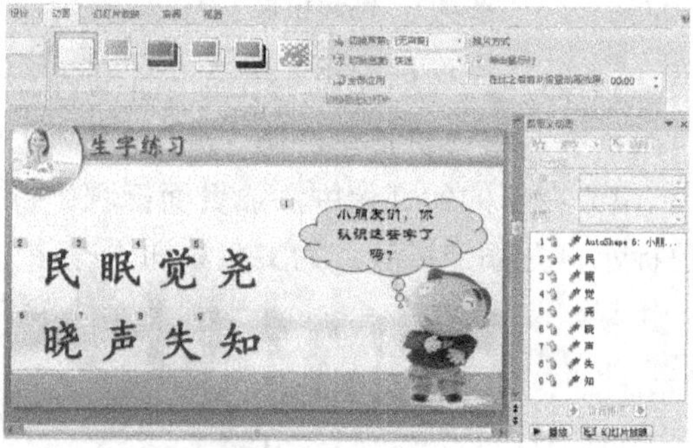

图 9-8　生字练习

9）在新幻灯片中添加页面标题“生字组词”，插入生字及所组词语，词语以“弹跳”动画形式呈现，生字较多，因此分两页显示组词内容，如图 9-9 所示。

10）在新幻灯片中添加页面标题“诗文释义”，插入第一句诗句“春眠不觉晓”，另单独插入“眠、觉、晓”三个字。为“眠”字添加“出现”的进入效果及“闪烁”的强调效果，插入标注对“眠”字进行解释。同理为“觉、晓”添加动画及标注效果。插入第一句诗句的释义，并添加“飞入”的进入效果，如图 9-10 所示。

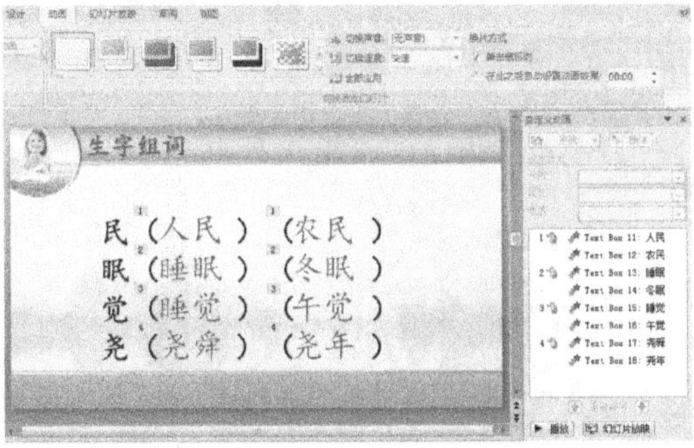

图 9-9 生字组词

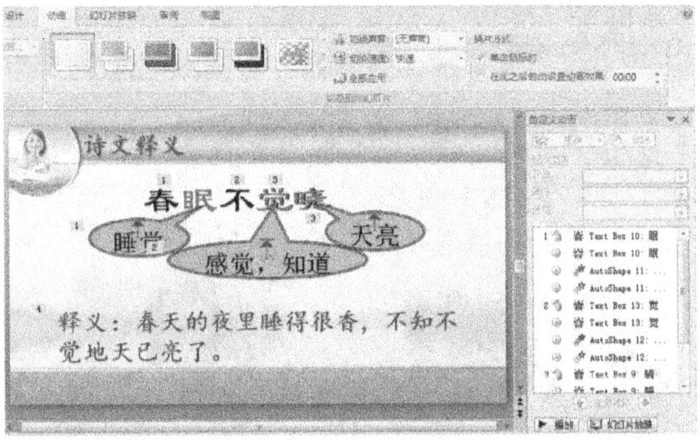

图 9-10 诗文释义

11）在新幻灯片中添加页面标题“诗文释义”，插入第二句诗句“处处闻啼鸟”，另单独插入“闻、啼”两个字。参照第 10 步，为两个字添加动画效果。插入小鸟图片，并添加“出现”的进入效果及自定义路径效果，对自定义路径动画添加鸟叫的声音。插入第二句诗句的释义，并添加“飞入”的进入效果，如图 9-11 所示。

12）在新幻灯片中添加页面标题“诗文释义”，插入第三句诗句“夜来风雨声”，插入下雨闪电的 GIF 动画图片，添加“淡出”进入效果，并添加雷雨交加的声音效果。插入第三句诗句的释义，并添加“飞入”的进入效果，如图 9-12 所示。

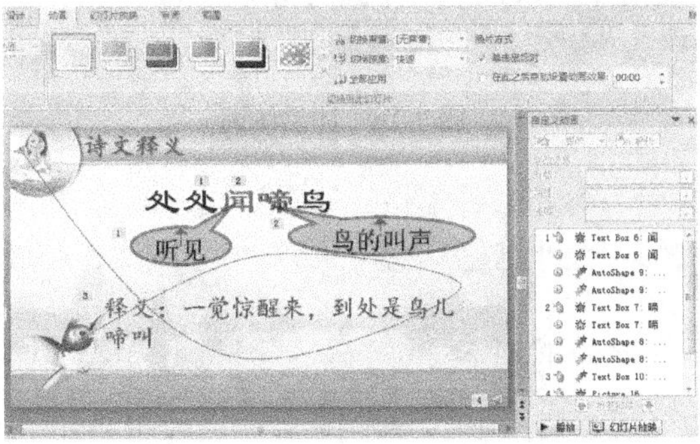

图 9-11 小鸟动画效果

图 9-12 风雨声动画效果

13）在新幻灯片中添加页面标题“诗文释义”，插入第四句诗句“花落知多少”，插入第四句诗句的释义。插入花瓣飘落的 GIF 动画图片及花朵图片，分别设置淡出效果，动画设置为同时出现，如图 9-13 所示。

14）在新幻灯片中添加页面标题“跟我读”，插入诗歌文本，并在朗读停顿处插入斜线。为文字添加“擦除”效果，如图 9-14 所示。

15）在新幻灯片中添加页面标题“跟我唱”，插入《春晓》歌曲的视频文件，设置为自动播放形式，如图 9-15 所示。

16）在新幻灯片中添加页面标题“课堂练习”，插入练习题文字，分别添加“擦除”动画效果，如图 9-16 所示。

17）添加新幻灯片，插入卡通图片，并插入标注，用问题结束课件内容，如图 9-17 所示。

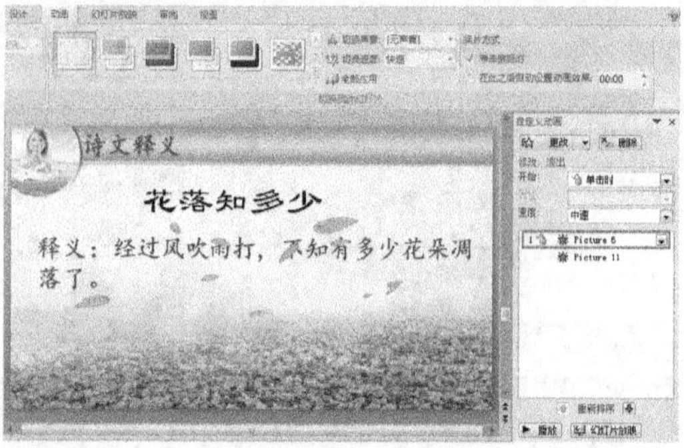

图 9-13　落花动画效果

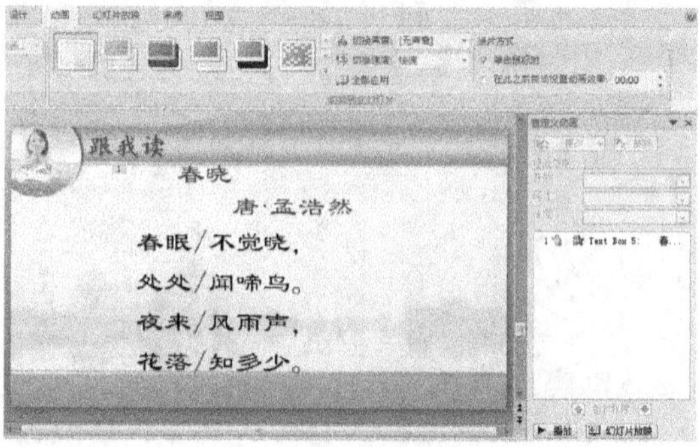

图 9-14　跟我读

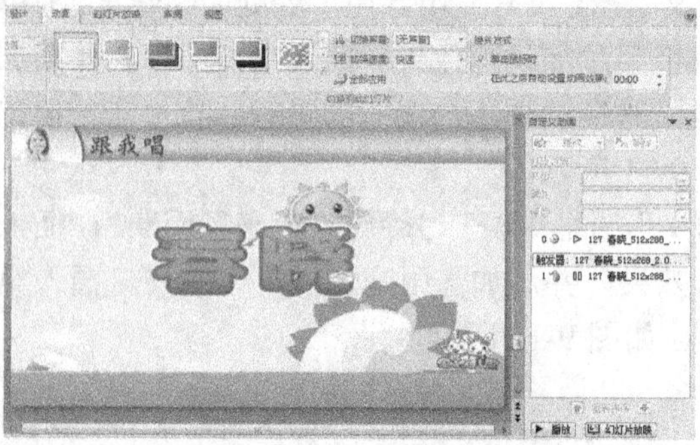

图 9-15　跟我唱

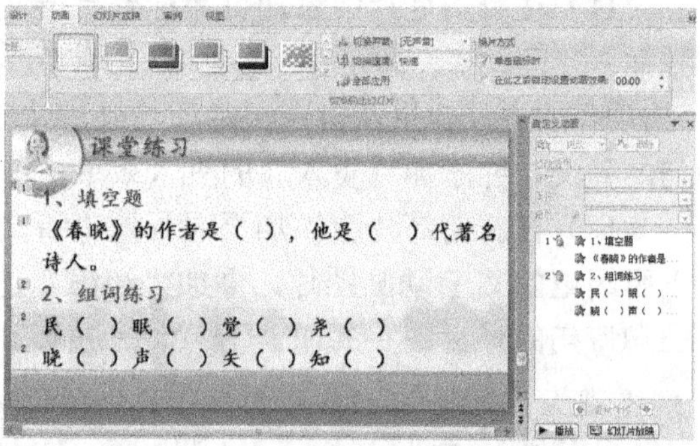

图 9-16　课堂练习

图 9-17　结束页面

9.3.3　课件打包与保存

课件完成后，选择“幻灯片放映→从头播放”菜单命令播放测试课件效果，修改播放中出现的各种问题。确认没有问题后，单击 office 按钮，选择“发布→CD 数据包”菜单命令，将课件打包存放即可。如果不以打包方式存储，可将所用素材及课件存放于同一文件夹内，便于移动播放。

9.4　Flash 课件设计与制作——以小学语文“长相思”课件为例

多媒体课件是各种多媒体技术的集成，利用性能卓越的硬件设备，通过科学合理的软件设计，将文字、声音、图形、图像、动画及影像等多媒体素材根据创作人员自己的创意融为一体，形成具有良好的交互性的多媒体计算机辅助课堂教学软件。我们以小学语文课程“长相思”为例，学习制作以 Flash CC 为开发平台的多媒体教学课件的开发流程。

9.4.1　编写课件脚本

“长相思”课件脚本如表 9-2 所示。

表 9-2　小学语文课程“长相思”Flash 课件脚本样例

模块序号	1	页面内容 简要说明	课件片头
屏幕显示	1．课件片头背景图片。 2．课程主标题：人民教育出版社《语文 五年级（上册）》 《长相思》　【清】 纳兰性德 3．课件片头开始按钮		
说明	1．课件片头动画采用形状补间动画由小及大方式进入。 2．加载片头音乐。 3．片头动画播放完毕后停止，单击按钮后进入课件主体内容部分		
模块序号	2	页面内容 简要说明	课件主体
屏幕显示	1．课件主体部分背景图片。 2．课程题目：《长相思》——【清】纳兰性德。 3．课件使用说明：欢迎使用本课件，请单击下列菜单选择项目。 4．课程导航按钮：【诗人简介】、【诗歌原文】、【背景链接】、【译文赏析】、【生字生词】、【课后练习】。 5．页脚题注：《小学语文 第五册上》——第五课《古诗词三首》——《长相思》		
说明	此场景为课件主体部分，6 个导航按钮上加载跳转语句，单击按钮课件右侧舞台区域显示相应教学内容		
模块序号	2-1	页面内容 简要说明	课件主体-诗人简介
屏幕显示	在课件主体右侧舞台区域内显示： 【诗人简介】 纳兰性德（1655—1685）：为武英殿大学士明珠长子，原名成德，字荣若，号楞伽山人，清初著名词人。 纳兰性德少聪颖，读书过目即能成诵，继承满人习武传统，精于骑射。在书法、绘画、音乐等方面均有一定的造诣。纳兰性德死时，年仅三十一岁，“文人祚薄，哀动天地”。 他一生著作颇丰：《通志堂集》二十卷、《渌水亭杂识》四卷、《词林正略》；辑卷《大易集义粹言》八十卷，《陈氏礼记说补正》三十八卷；编选《近词初集》《名家绝句钞》《全唐诗选》等书，笔力惊人。 王国维有评：“北宋以来，一人而已。” 《纳兰词》传至国外，朝鲜人谓“谁料晓风残月后，而今重见柳屯田		
说明	文字出现采用遮罩动画模式，文字自上而下显示		

续表

<table>
<tr><td>模块序号</td><td>2-2</td><td>页面内容
简要说明</td><td>课件主体-诗歌原文</td></tr>
<tr><td>屏幕显示</td><td colspan="3">在课件主体右侧舞台区域内显示：
【诗歌原文】
山一程，水一程，身向榆关那畔行，夜深千帐灯。
风一更，雪一更，聒碎乡心梦不成，故园无此声</td></tr>
<tr><td>说明</td><td colspan="3">文字出现采用遮罩动画模式，文字自左向右显示</td></tr>
<tr><td>模块序号</td><td>2-3</td><td>页面内容
简要说明</td><td>课件主体-背景链接</td></tr>
<tr><td>屏幕显示</td><td colspan="3">在课件主体右侧舞台区域内显示：
【背景链接】
纳兰性德在随扈东巡、去往山海关途中，写下了这首思乡之曲，成就千古名篇。
词人为侍卫之职，一生多鞍马劳役，而更多的是怀家思乡之情，疾风飞雪的出塞路上，最忆的还是家中的温暖。所以纳兰性德的乡梦不成，帐外的风雪声勾起的是对“故园”的无尽的思念</td></tr>
<tr><td>说明</td><td colspan="3">文字出现采用遮罩动画模式，文字自上而下显示</td></tr>
<tr><td>模块序号</td><td>2-4</td><td>页面内容
简要说明</td><td>课件主体-译文赏析</td></tr>
<tr><td>屏幕显示</td><td colspan="3">在课件主体右侧舞台区域内显示：
原文：
山一程，水一程，身向榆关那畔行，夜深千帐灯。
风一更，雪一更，聒碎乡心梦不成，故园无此声。
译文：
一路上登山涉水，山山水水，行行重行行，向榆关那边进登。夜深宿营，只见无数座行帐中都亮着灯火。
挨过了一更又一更，只听得风雪一阵又一阵，吵得我乡心碎乱，乡梦难圆，在我的故园，几曾有过这样聒耳的风雪声？</td></tr>
<tr><td>说明</td><td colspan="3">文字出现采用遮罩动画模式，文字自左向右显示</td></tr>
<tr><td>模块序号</td><td>2-5</td><td>页面内容
简要说明</td><td>课件主体-生字生词</td></tr>
<tr><td>屏幕显示</td><td colspan="3">在课件主体右侧舞台区域内显示：
注释（请单击变色字体）：
山一程，水一程，身向榆关①那畔②行，夜深千帐灯。
风一更，雪一更，聒③碎乡心梦不成，故园无此声。
生字（请大声朗读）
榆（yú）畔（pàn）帐（zhàng）聒（guō）</td></tr>
<tr><td>说明</td><td colspan="3">1．文字出现采用遮罩动画模式，文字自上而下显示。
2．注释中红色词语为按钮交互，鼠标划过时出现词语注解</td></tr>
<tr><td>模块序号</td><td>2-6</td><td>页面内容
简要说明</td><td>课件主体-课后练习</td></tr>
<tr><td>屏幕显示</td><td colspan="3">在课件主体右侧舞台区域内显示：
【课后练习】
1．有感情地朗读课文。
2．说说下面这句诗的意思，体会诗句表达的思想感情。
风一更，雪一更，聒碎乡心梦不成。
3．搜集表达思想情感的诗词或歌曲，读一读或者唱一唱。
●结束按钮</td></tr>
<tr><td>说明</td><td colspan="3">1．文字出现采用遮罩动画模式，文字自左向右显示。
2．主体课程内容播放完毕后停止，单击按钮后进入课件片尾部分</td></tr>
</table>

续表

模块序号	3	页面内容 简要说明	课件片尾
屏幕显示	1．课件片尾背景图片。 2．感谢语：谢谢欣赏		
说　明	感谢语以淡入方式进入，课件播放完毕后停止		

9.4.2　设计课件内容

1）启动 Flash CC 程序，新建 Flash 3.0 文件，创建一个新的动画文件。

2）选择舞台属性对话框，设定舞台属性：大小为“800×600 像素”，背景颜色为黑色，如图 9-18 所示。

3）选择“文件→导入→导入到舞台”菜单命令，将课件背景图片导到舞台中，并使用文本工具书写课件标题，如图 9-19 所示。

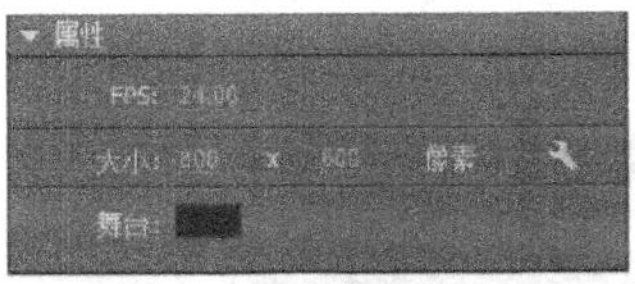

图 9-18　舞台属性设置

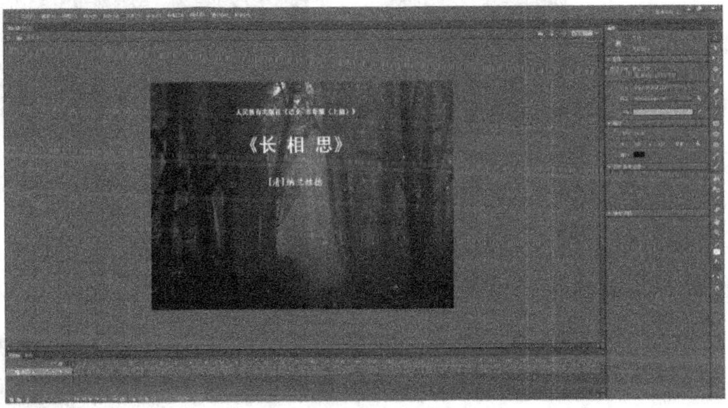

图 9-19　导入背景图片

4）选择图层 1 的第 1 帧，将背景图片和文字全部选中，选择“修改→组合”菜单命令，将图片和文字组合为一个新图片。选择“修改→分离”菜单命令，将组合后的图片分离为图形。然后，选择任意变形工具将图形缩小，如图 9-20 所示。

图 9-20　分离背景图片并缩小

注意：背景图片和题目文字一定要先进行组合后分离，这样分离后的图形在进行形状补间动画由小变大时，题目文字部分不会出现变形失真。

5）选择图层 1，选中第 80 帧处按 F6 键插入关键帧，使用任意变形工具将图形调整到和舞台大小一致，选中第 1～80 帧之间的任意一帧，右击，在弹出的快捷菜单中选择“创建补间形状”命令，创建运动补间动画，如图 9-21 所示。

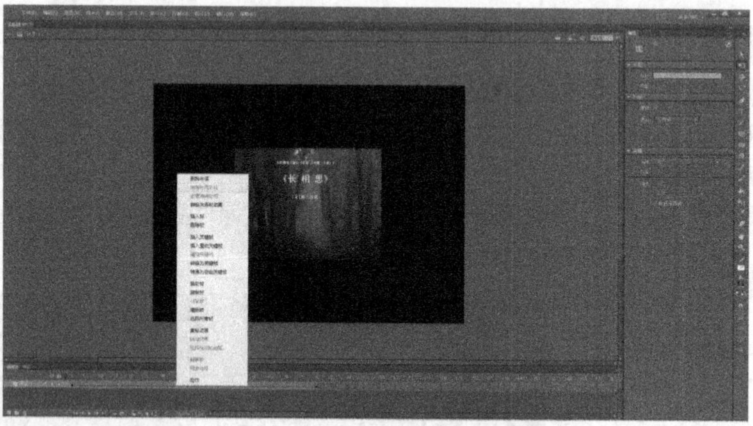

图 9-21　创建运动补间动画

6）单击时间轴面板的“插入图层”按钮，插入“图层 2”。选择“文件→导入→导入到库”菜单命令，将背景音乐导入“库”面板中，如图 9-22 所示。

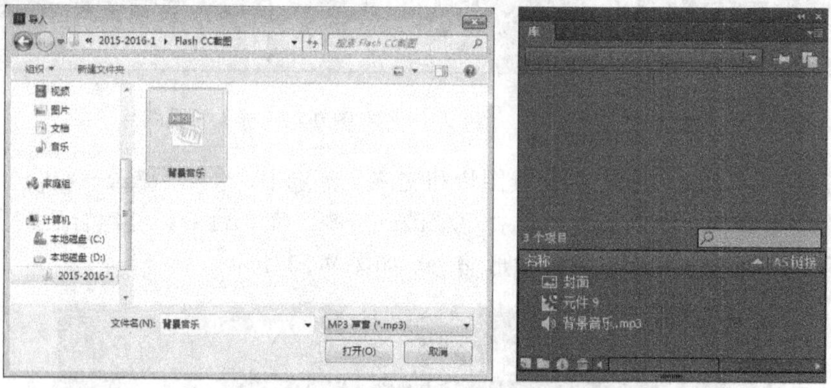

图 9-22　将“背景音乐”导入到库面板中

7）选中图层 2，将“库”面板中的“背影音乐”素材拖拽到舞台中。这时，“背景音乐”自动添加到图层 2 中，如图 9-23 所示。

8）选择“插入→新建元件”菜单命令，打开“创建新元件”对话框。设置新建类型为“按钮”，进入元件编辑界面，如图 9-24 所示。

9）在第 1 层“弹起”帧中，选择椭圆工具，设置笔触颜色为“无色”，内部填充颜色为“深灰色”，按住 Shift 键在舞台中绘制一个正圆形；选择矩形工具，设置笔触颜色为“无色”，内部填充颜色为“白色”，按住 Shift 键在舞台中绘制一个正方形，使用选择工具将正方形调整为三角形，使用任意变形工具调整三角形大小，并将三角形调整到圆形中间；选择文本工具，设置笔触颜色为“白色”，在圆形旁键入文字“play”，如图 9-25 所示。

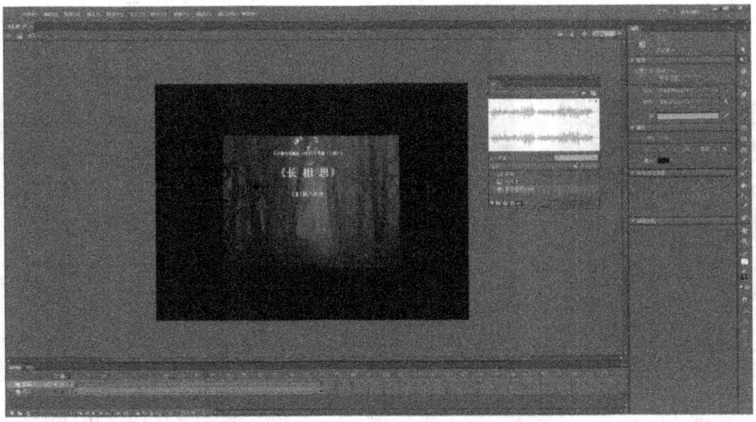

图 9-23　添加“背景音乐”到图层

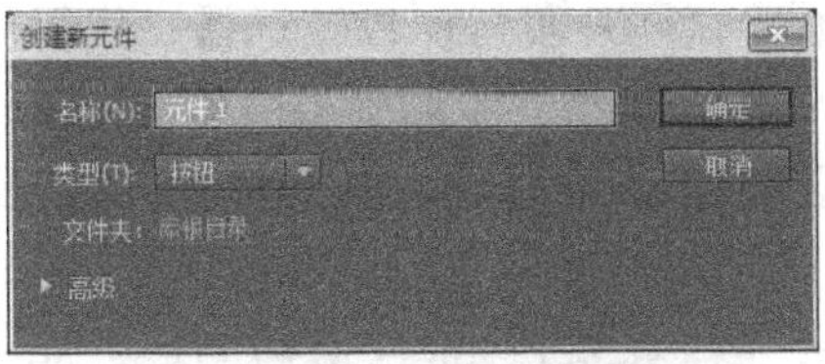

图 9-24　创建元件 1

图 9-25　绘制播放按钮

10）选择“指针滑过”帧，按 F6 键插入关键帧，选择任意变形工具，将图形和文字放大，并调整文字颜色为“红色”，如图 9-26 所示。

11）选择“按下”帧，按 F6 键插入关键帧，选择任意变形工具，将图形和文字大小还原，并调整文字颜色为“淡红色”，选择“点击”帧处，按 F5 键插入帧，完成元件 1 播放按钮的制作，如图 9-27 所示。

图 9-26　设置“指针滑过”帧

图 9-27　设置“按下”帧和“点击”帧

12）以同样的方法，新建按钮元件 2，完成返回按钮的制作，如图 9-28 所示。

13）返回场景 1，单击“时间轴”面板上的“插入图层”按钮，插入“图层 3”，在图层 3 第 80 帧处按 F6 键插入关键帧。选中图层 3 的第 80 帧，打开“库”面板，将元件 1 播放按钮拖拽到舞台中，如图 9-29 所示。

图 9-28　创建元件 2

图 9-29　将元件 1 播放按钮拖拽到舞台中

14）选择图层 3 第 80 帧，选择“窗口→动作”菜单命令，打开“动作”面板。单击“动作”面板右上角的“代码片段”按钮，打开“代码片段”面板。选择“代码片段”面板→“时间轴导航”文件夹→“在此帧处停止”命令，单击“添加到当前帧”按钮，将停止命令添加到此帧处。这时，“动作”面板中出现相应的命令代码，时间轴上自动加载“Actions”层，如图 9-30 所示。

图 9-30　在场景 1 中添加停止命令

15）在舞台中选择播放按钮元件 1，选择“代码片段”面板→“时间轴导航”文件夹→“单击以转到下一场景并播放”命令，单击“添加到当前帧”按钮，将跳转命令添加到元件 1 中，“动作”面板中出现相应的命令代码，如图 9-31 所示。

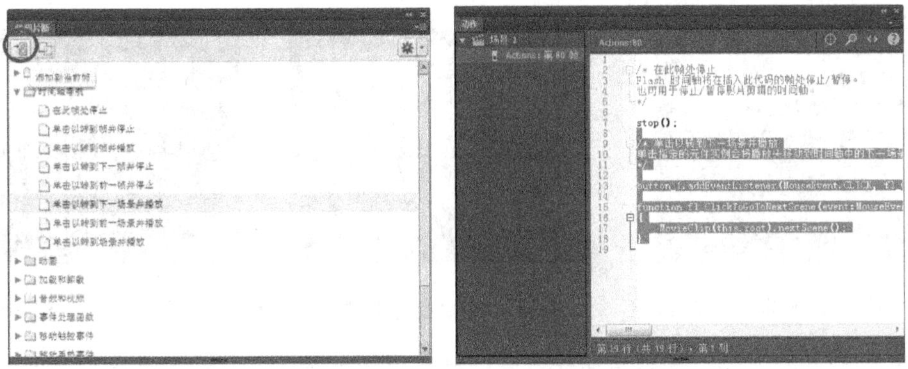

图 9-31　为按钮添加跳转命令

16）选择“插入→场景”菜单命令，新建场景 2。选择“文件→导入→导入到舞台”菜单命令，将主体背景图片导到舞台中，并使用文本工具书写课件标题，如图 9-32 所示。

图 9-32　新建场景 2

17）选择“插入→新建元件”菜单命令，打开“创建新元件”对话框。设置新建类型为“按钮”，进入元件编辑界面，制作课件导航按钮“诗人简介”。

18）在第 1 层“弹起”帧中，选择矩形工具，设置笔触颜色为“无色”，内部填充颜色为“深蓝色”，在舞台中绘制一个深蓝色矩形；选择“窗口→颜色”菜单命令，打开“颜色”面板，设置填充类型为“线性渐变”，颜色为“蓝色”到“白色”的渐变，在舞台中绘制一个渐变色矩形；选择椭圆工具，设置笔触颜色为“无色”，内部填充颜色为“蓝色”到“白色”的渐变，按住 Shift 键在舞台中绘制一个渐变色正圆形；选择文本工具，设置笔触颜色为“深灰色”，输入文字“诗人简介”，调整文字和三个图形的大小及位置，如图 9-33 所示。

19）选择“指针滑过”帧，按 F6 键插入关键帧，选择任意变形工具，将图形和文字放大，并调整文字颜色为“红色”，如图 9-34 所示。

20）选择“按下”帧，按 F6 键插入关键帧，选择任意变形工具，将图形和文字大小还原，并调整文字颜色为“淡红色”，选择“点击”帧处，按 F5 键插入帧，完成“诗人简介”导航按钮的制作，如图 9-35 所示。

图 9-33　创建“诗人简介”按钮元件　图 9-34　设置“指针滑过”帧　图 9-35　设置“按下”帧和“点击”帧

21）以同样的方法，新建按钮元件 2，完成“诗歌原文”、“背景链接”、“译文赏析”、“生字生词”、“课后练习”5 个导航按钮的制作，如图 9-36 所示。

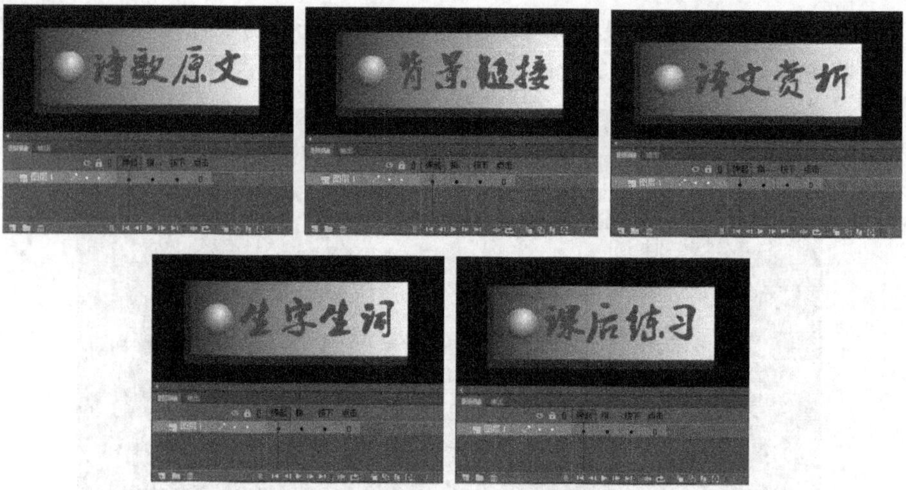

图 9-36　设置其他 5 个导航按钮

22）返回场景 2，新建图层 2。选择图层 2 的第 1 帧，打开“库”面板，将 6 个导航按钮拖拽到舞台中并调整位置，选择图层 2 第 71 帧处按 F5 键插入帧。选择图层 1 第 71 帧处按 F6 键插入关键帧，如图 9-37 所示。

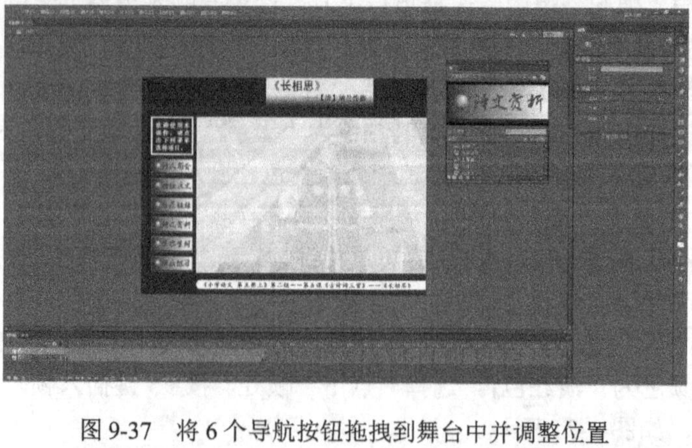

图 9-37　将 6 个导航按钮拖拽到舞台中并调整位置

23）新建图层 3，在图层 3 的第 1 帧中选择工具箱中的矩形工具，在“属性”面板中设置笔触颜色为“无色”、内部填充颜色为“黑色”，在舞台上绘制和舞台大小一致的矩形，在图层 3 的第 10 帧中，按 F6 键插入关键帧，并打开“窗口”下拉菜单→“颜色”面板，设置 Alpha 值为“0”。选择 1～10 帧中的任意一帧，右击，在弹出的快捷菜单中选择“创建补间形状”命令，删除 10 帧以后的帧，如图 9-38 所示。

图 9-38 新建并设置图层 3

24）新建图层 4，命名为“诗人简介”，选择第 11 帧，按 F6 键插入关键帧，在舞台右侧显示区域输入“诗人简介”内容，删除 20 帧以后的帧。

25）新建图层 5，命名为“遮罩”，选择第 11 帧，按 F6 键插入关键帧，使用矩形工具，设置笔触颜色为“无色”，内部填充颜色为“红色”，在“诗人简介”文字上方绘制一个和文字内容等宽的矩形；选择第 20 帧，使用任意变形工具将矩形拉长将文字内容完全覆盖；选择 11～20 帧中的任意一帧，右击，在弹出的快捷菜单中选择“创建补间形状”命令，删除 20 帧以后的帧，如图 9-39 所示。

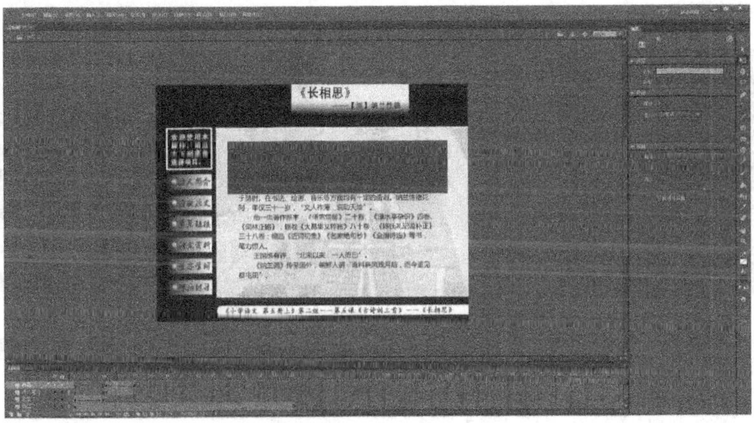

图 9-39 新建并设置图层 5

26）将鼠标指针置于图层 5 的层名区，右击，在弹出的快捷菜单中选择“遮罩层”命令，为“诗人简介”层创建遮罩层，如图 9-40 所示。

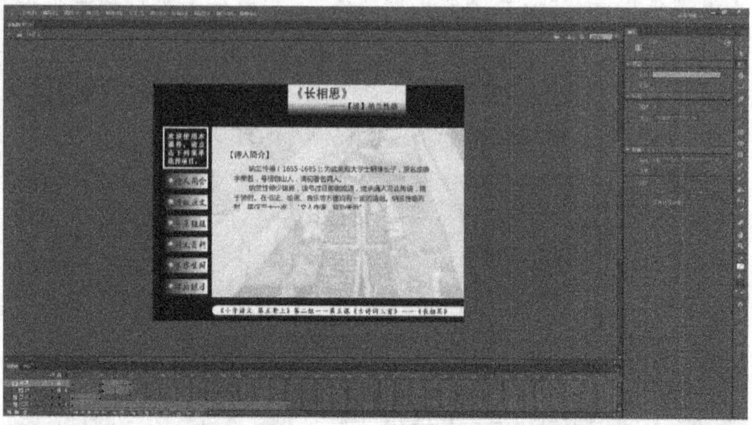

图 9-40　为“诗人简介”层创建遮罩层

27）以同样的方法，在第 21～30 帧、第 31～40 帧、第 41～50 帧、第 51～60 帧、第 61～70 帧中加载相应导航按钮的文字内容，并设置遮罩。

28）在“生字生词”部分，需要制作三个按钮元件来体现“榆关”、“那畔”、“聒”三个词语的鼠标滑过出现词语解释的热交互方式。选择“插入→新建元件”菜单命令，打开“创建新元件”对话框。设置新建类型为“按钮”，进入元件编辑界面。

29）在第 1 层“弹起”帧中，选择文本工具，设置笔触颜色为“红色”，键入文字“榆关”，如图 9-41 所示。

30）选择“指针滑过”帧，按 F6 键插入关键帧，选择笔触颜色为“黑色”，笔触粗度为“2”，填充颜色为“白色”，在“榆关”旁绘制一个矩形；选择文本工具，在矩形框内输入词语解释“榆关：山海关”。

31）选择“点击”帧处，按 F5 键插入帧，完成“榆关”热交互按钮的制作，如图 9-42 所示。

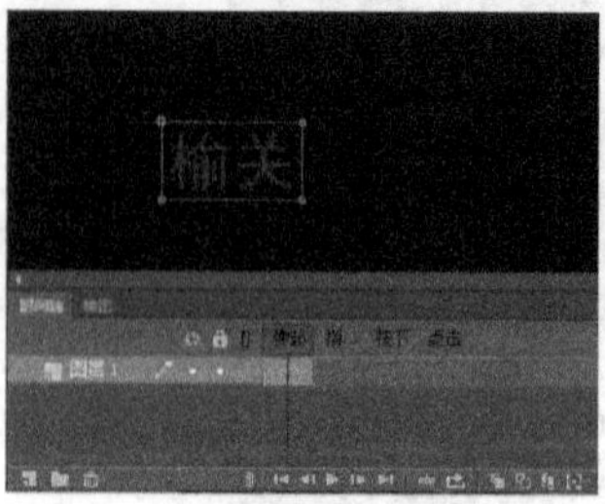

图 9-41　创建“榆关”按钮元件

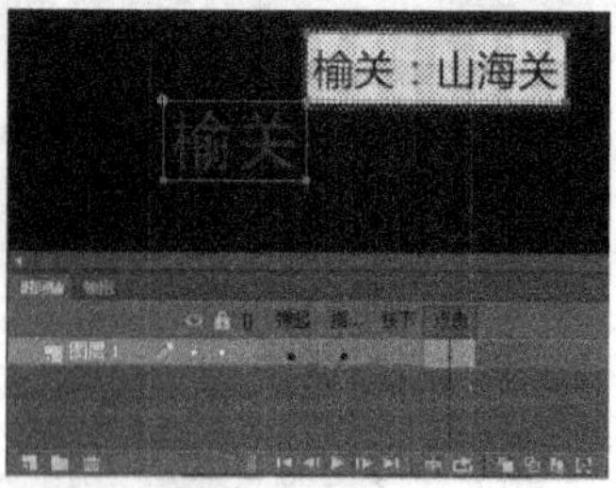

图 9-42　设置“指针滑过”帧、“按下”帧和“点击”帧

32）以同样的方法，完成 “那畔”、“聒”二个热交互按钮的制作，并将三个热交互按钮放置在“生字生词”文字部分，当鼠标滑过字体时，就会出现该词语的解释。

33）新建图层，命名为“课程结束”，打开“库”面板，将元件 1 播放按钮拖拽到舞台中，如图 9-43 所示。

图 9-43 新建并设置“课程结束”图层

34）选择“诗人简介”图层遮罩层的第 20 帧，选择“窗口→动作”菜单命令，打开“动作”面板。单击“动作”面板右上角的“代码片段”按钮，打开“代码片段”面板。选择“代码片段”面板→“时间轴导航”文件夹→“在此帧处停止”命令，单击“添加到当前帧”按钮，将停止命令添加到此帧处。

35）以同样的方法，在“诗歌原文”图层的遮罩层的第 30 帧、在“背景链接”图层的遮罩层的第 40 帧、在“译文赏析”图层的遮罩层的第 50 帧、在“生字生词”图层的遮罩层的第 60 帧、在“课后练习”图层的遮罩层的第 70 帧中加载停止命令。这时，“动作”面板中出现相应的命令代码，时间轴上自动加载“Actions”层，如图 9-44 所示。

图 9-44 在场景 2 中添加停止命令

36）选择图层 1 第 71 帧，右击，在弹出的快捷菜单中选择“转换为关键帧”命令，并添加停止命令。

37）选择图层 3 第 10 帧，添加停止命令。

38）在舞台中单击“诗人简介”按钮，选择“代码片段”面板→“时间轴导航”文件夹→“单击以转到帧并播放”命令，单击“添加到当前帧”按钮，在“动作”面板中修改跳转到第 11 帧，将跳转命令添加到“诗人简介”中，“动作”面板中出现相应的命令代码，如图 9-45 所示。

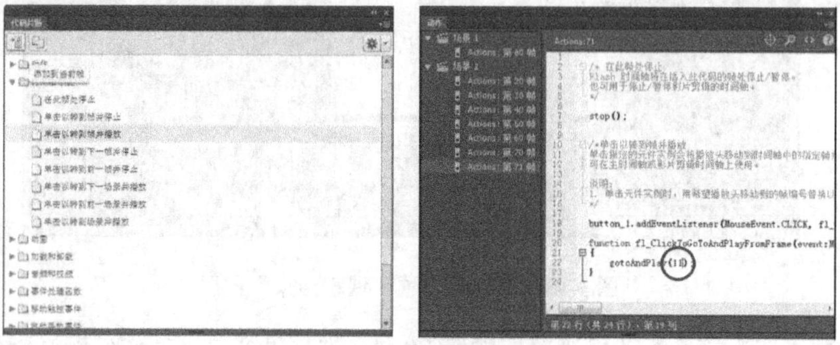

图 9-45　为按钮添加跳转命令

39）以同样的方式设置按下“诗歌原文”按钮跳转到第 21 帧，按下“背景链接” 按钮跳转到第 31 帧，按下“译文赏析” 按钮跳转到第 41 帧，按下“生字生词” 按钮跳转到第 51 帧，按下“课后练习” 按钮跳转到第 61 帧。

40）调整“课程结束”图层到第 3 层下，在舞台上选择按钮元件 1，添加“单击以转到下一场景并播放”命令。

41）选择“插入”→“场景”菜单命令，新建场景 3。选择“文件→导入→导入到舞台”命令，将片尾背景图片导到舞台中，并使用文本工具书写“谢谢欣赏”，打开库面板，将元件 2 播放按钮拖拽到舞台中，如图 9-46 所示。

图 9-46　新建场景 3

42）选择图层 1 第 1 帧，选择“窗口→动作”菜单命令，打开“动作”面板。单击“动作”面板右上角的“代码片段”按钮，打开“代码片段”面板。选择“代码片段”面板→“时间轴导航”文件夹→“在此帧处停止”命令，单击“添加到当前帧”按钮，将停止命令添加到此帧处。

43）在舞台中选中文字“谢谢欣赏”，单击动作面板右上角的“代码片段”按钮，打开“代码片段”面板。选择“代码片段”面板→“动画”文件夹→“淡入影片剪辑”命令，按下“添加到当前帧”按钮，将淡入命令添加到文本中，如图 9-47 所示。

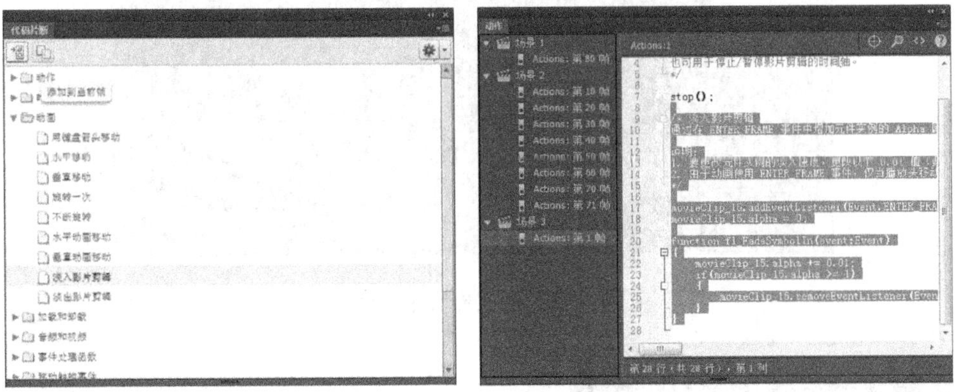

图 9-47　在场景 3 中添加停止命令

44）在舞台中选择播放按钮元件 2，选择“代码片段”面板→“时间轴导航”文件夹→“单击以转到场景并播放”命令，单击“添加到当前帧”按钮，在“动作”面板中修改跳转到场景 1 的第 1 帧，将跳转命令添加到元件 1 中，“动作”面板中出现相应的命令代码，如图 9-48 所示。

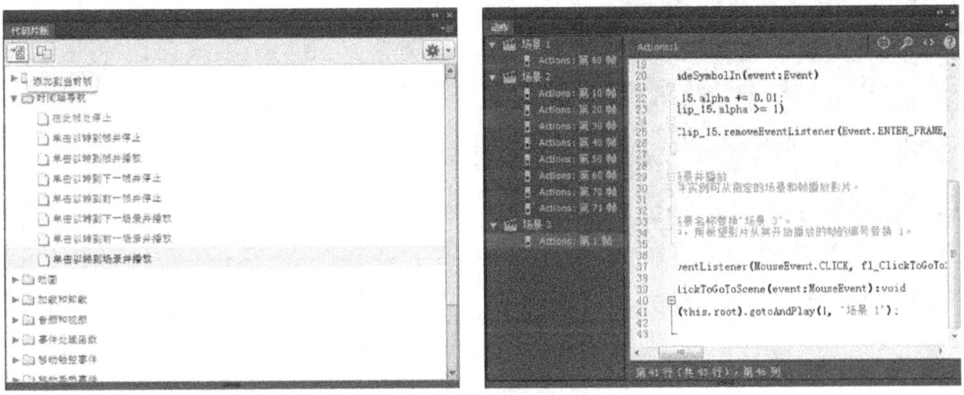

图 9-48　为按钮添加跳转命令

45）保存文件，按快捷键 Ctrl+Enter 预览动画效果。

9.4.3　课件调试与发布

1）选择“文件→发布设置”菜单命令，如图 9-49 所示。

2）打开“发布设置”面板，设置影片发布格式为“.swf”和“html”，确定发布选项后单击“发布”按钮，发布影片，如图 9-50 所示。

3）发布完成，在 Flash 文件存储的文件夹中会显示发布的动画作品，如图 9-51 所示。

图 9-49 “发布设置”命令

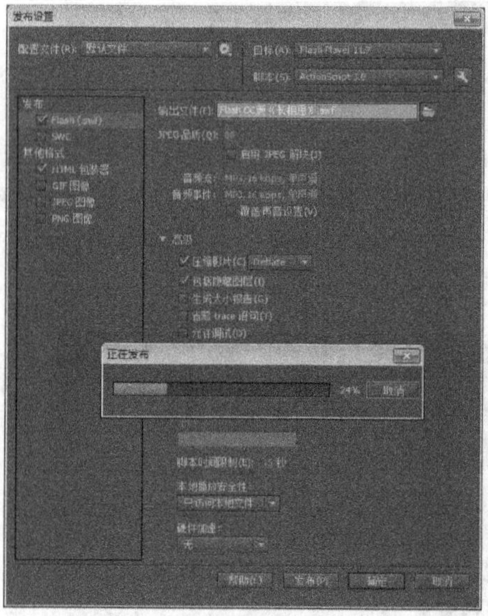

图 9-50 “发布设置”面板

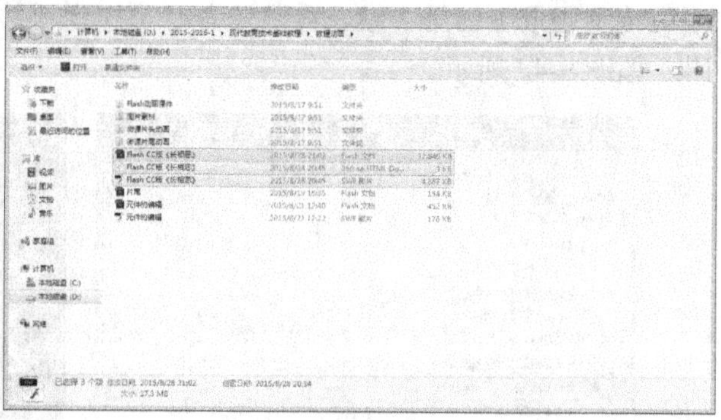

图 9-51 发布完成

思 考 题

（1）选择适当内容，编写课件脚本，设计并制作 PPT 课件。

（2）选择适当内容，编写课件脚本，设计并制作 Flash 课件。

第 10 章 微课设计与制作

学习目标

通过对本章的学习，学生应了解有关微课的发展、定义、特点、评价标准等基础知识，并重点掌握制作微课的步骤和方法。

10.1 微课概述

10.1.1 微课定义

2007 年，美国科罗拉多州 WoodlandPark 学校的化学老师 Jonathan Bergmann 和 Aaron Sams 为那些耽误上课的学生录制在线视频课程，创造了“翻转课堂模式”（Flipped Class Model）。

2008 年秋，美国新墨西哥州圣胡安学院的“一分钟教授”戴维·彭罗斯因首创了影响广泛的“一分钟的微视频”的“微课程”而声名远播。美国的基金公司分析员 Salman Khan 通过自己应用涂鸦工具制作的视频课件为表亲补课获得巨大成功，创办了“可汗学院”。2011 年开始在全球大热，引起全球教育界的关注与争论。目前美国每天有数十万学生晚上在家观看 Khan 学院的数学教学视频，第二天则跟同学一齐在教室做作业，遇到问题有老师和同学可以请教。这跟传统的“老师白天在教室上课，学生晚上回家做作业”的方式正好相反，被称为“翻转课堂”。

近年来随着微时代的到来，随着翻转课堂和可汗学院的传播，“微课”或者称为“微课程”应运而生，开始在国内流行，并成为教育界关注的热点话题。在国内，广东省佛山市教育局教育信息网络中心的胡铁生老师率先提出了微课的概念。胡铁生认为，微课以微型教学视频为主要载体，教师针对某个学科知识点（如重点、难点、疑点、考点等）或教学环节（如学习活动、主题、实验、任务等）而设计开发的一种情景化、支持多种学习方式的新型在线网络视频课程。微课既不同于传统单一的课件、教案、课例、试题等资源类型，又是在传统教学资源基础上继续和发展的一种新的资源类型和应用方式。

而作为一个新生概念，很多国内的其他专家学者也都给出了自己理解的定义。

黎加厚认为，“微课”是指时间在 10 分钟以内，有明确的教学目标，内容短小，集中说明一个问题的小课程。张一春认为，“微课”是指为使学习者自主学习获得最佳效果，经过精心的信息化教学设计，以流媒体形式展示的围绕某个知识点或教学环节开展的简短、完整的教学活动。焦建利认为，微课是以阐释某个知识点为目标，以短小精悍的在线视频为表现形式，以学习或教学为应用目的的在线教学视频。高校微课大赛文件给出的微课定义为：“使学习者自主学习获得最佳效果，经过精心的信息化教学设计，以流媒体形式展示的围绕某个知识点或教学环节开展的简短、完整的教学活动。”

从以上定义中可以看到，微课本质上是微小的课程，它以视频为主要表现形式，时间有限制，不超过 10 分钟；微课的目的是围绕一个或多个知识点进行教学，有完整的教学过程和教学设计。微不仅在于时间上短小，更在于其内容上的微观和简明。在教育教学中，微课所讲授的内容呈点状、碎片化，这些知识点，可以是教材解读、题型精讲、考点归纳；也可以是方法传授、教学经验等技能方面的知识讲解和展示。从课程内容来分主要有课前复习类、新课导入类、知识理解类、练习巩固类、小结拓展类。从课程性质来分主要有说课类、班会课、实践课、活动课类等几大类。

微课从最初作为一种新兴教学资源类型，随着我国实践与研究的不断深入，已经逐步运用到中小学和高校“翻转课堂”、“慕课”、“电子书包”、“混合学习”、“移动学习”等教学改革项目中，将具有十分广阔的教育应用前景。对教师而言，微课将革新传统的教学与教研方式，突破教师传统的听评课模式，教师的电子备课、课堂教学和课后反思的资源应用将更具有针对性和实效性，基于“微课”资源库的校本研修、区域网络教研将大有作为，并成为教师专业成长的重要途径之一。对于学生而言，微课能更好地满足学生对不同学科知识点的个性化学习、按需选择学习，既可查缺补漏又能强化巩固知识，是传统课堂学习的一种重要补充和拓展资源。特别是随着手持移动数码产品和无线网络的普及，基于微课的个性化学习、移动学习、远程学习、在线学习、泛在学习将会越来越普及，微课必将成为一种新型的教学模式和学习方式。

10.1.2 微课的主要特点

微课只讲授一两个知识点，没有复杂的课程体系，也没有众多的教学目标与教学对象，看似没有系统性和全面性，许多人称之为“碎片化”。但是微课是针对特定的目标人群、传递特定的知识内容的，一个微课自身仍然需要系统性，一组微课所表达的知识仍然需要全面性。微课主要有以下特点：

1. 教学时间较短

教学视频是微课的核心组成内容。根据国外可汗课程的统计和脑科学的研究，一般，人的注意力集中的有效时间在 10 分钟左右。其实，微课程的时间一般在 3～5 分钟为佳，超过 6 分钟，人们观看视频就感觉有些冗长。

2. 教学内容较少

相对于较宽泛的传统课堂，“微课”的问题聚集，主题突出，更适合教师的需要：“微课”主要是为了突出课堂教学中某个学科知识点（如教学中重点、难点、疑点内容）的教学，或是反映课堂中某个教学环节、教学主题的教与学活动，相对于传统一节课要完成的复杂众多的教学内容，“微课”的内容更加精简，因此又可以称为“微课堂”。

3. 资源容量较小

从大小上来说，“微课”视频及配套辅助资源的总容量一般在几十兆左右，视频格式须是支持网络在线播放的流媒体格式（如 rm、wmv、flv 等），师生可流畅地在线观摩课例，查看教案、课件等辅助资源；也可灵活方便地将其下载保存到终端设备（如笔记本计算机、手机、MP4 等）上实现移动学习、“泛在学习”，非常适合于教师的观摩、评课、反思和研究。

4. 资源组成“情景化”

资源使用方便，“微课”选取的教学内容一般要求主题突出、指向明确、相对完整。它以教学视频片段为主线“统整”教学设计（包括教案或学案）、课堂教学时使用到的多媒体素材和课件、教师课后的教学反思、学生的反馈意见及学科专家的文字点评等相关教学资源，构成了一个主题鲜明、类型多样、结构紧凑的“主题单元资源包”，营造了一个真实的“微教学资源环境”。这使得“微课”资源具有视频教学案例的特征。广大教师和学生在这种真实的、具体的、典型案例化的教与学情景中可易于实现“隐性知识”、“默会知识”等高阶思维能力的学习并实现教学观念、技能、风格的模仿、迁移和提升，从而迅速提升教师的课堂教学水平、促进教师的专业成长，提高学生学业水平。就学校教育而言，微课不仅成为教师和学生的重要教育资源，而且也构成了学校教育教学模式改革的基础。

5. 主题突出、内容具体

一个课程就一个主题，或者说一个课程一个事；研究的问题来源于教育教学具体实践中的具体问题，或是生活思考，或是教学反思，或是难点突破，或是重点强调，或是学习策略、教学方法、教育教学观点等等具体的、真实的、自己或与同伴可以解决的问题。

6. 草根研究、趣味创作

正因为课程内容的微小，所以，人人都可以成为课程的研发者。正因为课程的使用对象是教师和学生，课程研发的目的是将教学内容、教学目标、教学手段紧密地联系起来，是“为了教学、在教学中、通过教学”，而不是去验证理论、推演理论，所以，决定了研发内容一定是教师自己熟悉的、感兴趣的、有能力解决的问题。

7. 成果简化、多样传播

因为内容具体、主题突出，所以，研究内容容易表达、研究成果容易转化，因为课程容量微小、用时简短，所以，传播形式多样（网上视频、手机传播、微博讨论）。

8. 反馈及时、针对性强

由于在较短的时间内集中开展“无生上课”活动，参加者能及时听到他人对自己教学行为的评价，获得反馈信息。较之常态的听课、评课活动，“现炒现卖”，具有即时性。由于是课前的组内“预演”，人人参与，互相学习，互相帮助，共同提高，在一定程度上减轻了教师的心理压力，不会担心教学的“失败”，不会顾虑评价的“得罪人”，较之常态的评课就会更加客观。

10.1.3 微课的评价标准

目前，国内教育界还没有统一的关于微课的评价标准，一般由组织微课推广或者比赛的教育主管部门设计评价标准。中国微课大赛评审标准如表 10-1 所示。中国微课大赛是由教育部指导，教育部教育管理信息中心主办以全国中小学教师为主同时希望广大中小学生、高校师生、教育机构、家长等对“微课”感兴趣的以微型视频（微课）为主要参赛主体的一项比赛。该项比赛为全称为“全国中小学教学中的互联网应用优秀教学案例评选活动”，2012 年 9 月开始的第四届评选活动中，微课程被列入竞赛赛项。

表 10-1 “中国微课大赛”评审标准

一级指标	二级指标	指标说明
选题设计（10 分）	选题简明（5）	主要针对知识点、例题/习题、实验活动等环节进行讲授、演算、分析、推理、答疑等教学选题。尽量“小（微）而精”，建议围绕某个具体的点，而不是抽象、宽泛的面
	设计合理（5）	应围绕教学或学习中的常见、典型、有代表的问题或内容进行针对性设计，要能够有效解决教与学过程中的重点、难点、疑点、考点等问题
教学内容（20 分）	科学正确（10）	教学内容严谨，不出现任何科学性错误
	逻辑清晰（10）	教学内容的组织与编排，要符合学生的认知逻辑规律，过程主线清晰、重点突出，逻辑性强，明了易懂
作品规范（15 分）	结构完整（5）	具有一定的独立性和完整性，作品必须包含微课视频，还应该包括在微课录制过程中使用到的辅助扩展资料（可选）：微教案、微习题、微课件、微反思等，以便于其他用户借鉴与使用
	技术规范（5）	微课视频时长一般不超过 10 分钟，视频画质清晰、图像稳定、声音清楚（无杂音）、声音与画面同步； 微教案要围绕所选主题进行设计，要突出重点，注重实效； 微习题设计要有针对性与层次性，设计合理难度等级的主观、客观习题； 微课件设计要形象直观、层次分明；简单明了，教学辅助效果好； 微反思应在微课拍摄制作完毕后进行观摩和分析、力求客观真实、有理有据、富有启发性
	语言规范（5）	语言标注，声音洪亮、有节奏感，语言富有感染力
教学效果（40 分）	形式新颖（10）	构思新颖，教学方法富有创意，不拘泥于传统的课堂教学模式，类型包括但不限于：教授类、解题类、答疑类、实验类、活动类、其他类；录制方法与工具可以自由组合，如用手写板、电子白板、黑板、白纸、ppt、Pad、录屏软件、手机、DV 摄像机、数码照相机等制作
	趣味性强（10）	教学过程深入浅出，形象生动，精彩有趣，启发引导性强，有利于提升学生学习积极主动性
	目标达成（20）	完成设定的教学目标，有效解决实际教学问题，促进学生思维的提升、能力的提高
网络评价（15 分）	网上评审（15）	参赛作品发布后受到欢迎，点击率高、人气旺，用户评价好，作者能积极与用户互动。根据线上的点击量、投票数量、收藏数量、分享数量、讨论热度等综合评价
总计（100 分）		

10.2　微课制作——以古诗《春晓》微课为例

10.2.1　微课脚本的编制

制作微课的第一个步骤是选择一个适合制作微课的主题，初步设计微课，并编制微课脚本。

良好的选题是微课成功的前提和基础。微课选题主要针对知识点或技能点，尽量“小（微）而精”，如果牵扯到其他知识点，则另设微课。一般来说，选取教学中的重点、难点用来制作微课，是一个较好的选择，较为符合微课制作的初衷：教学资源分享，为学生（教师）解惑，启发教学。可依据“三点一线”原则，即以课本为主线，尽量选取重点、难点、易错点。学生能够自己通过阅读教材理解的内容，不需要教师制作微课程。

教学的成败，很大程度上取决于教学设计。微课虽然只有短短的数分钟，但是也需要进行精心的教学设计，要保证在限定的短时间内将教学内容讲清讲透。微课的设计不仅要遵循教学设计的一般步骤和原则，从教学目标制定、学习者分析、内容需求分析、教学媒体选择等方面进行设计，更要求对某个知识点或教学环节进行精准、细致的划分，简明扼要地概述知识点，点拨难点，突出注意点，循序渐进帮助学生完成对知识点的学习。恰当运用各种教学方法，合理安排每个环节的教学时间，最后形成一个“脚本式”的结构化的教学设计。

下面以古诗《春晓》为例，给出其微课教学设计脚本，如表 10-2 所示。

表 10-2　《春晓》微课教学设计脚本

本微课名称	学习古诗——《春晓》		
知识点来源	学科：语文　年级：小学一年级 教材：按照课程标准设计，适合各版本教材		
教学目标	1．学会本课 5 个生字。认识“晓、眠、啼”3 个字。 2．正确、流利地朗读古诗。 3．体会诗人的诗意，感受到春天的美好，懂得爱惜春光		
教学类型	讲授型		
设计理念与特色	中国是一个诗的国度，几千年来，我们的祖先留下了无数辉煌的诗篇，这是中华民族的艺术瑰宝，也是培育民族精神的沃土。根据小学生的认知特点采用多种教学媒体，图文并茂、音画结合的表现方式，让孩子们主动愉快的完成唐诗《春晓》的学习，体会诗意，感受春天的美好		
教学过程			
	内容	画面	时间
片头 （5～10 秒）	展示微课主题，制作人、主讲人信息等，提供舒缓的背景音乐，营造轻松愉快的学习氛围	第 1 张 PPT	5～10 秒
导入 （1 分钟）	古诗欣赏，播放《春晓》的视频、动画或诗朗诵，吸引孩子的注意力，激趣导入	第 2 张 PPT	1 分钟
古诗讲解 （7 分钟）	第一部分：诗文展示，作者介绍（文字加图片）	第 3～4 张 PPT	1 分钟
	第二部分：生字学习，讲解字的读写及组词	第 5～6 张 PPT	2 分钟
	第三部分：诗文释义，讲解重点词及各句含义	第 7～10 张 PPT	2 分钟
	第四部分：诵读指导及练习	第 11 张 PPT	2 分钟

续表

	内容	画面	时间
小结及课后练习（1 分钟）	总结重点、给出练习题	第 12 张 PPT	1 分钟
片尾（5～10 秒）	感谢，微课在愉快的音乐中结束	第 13 张 PPT	5～10 秒

10.2.2 微课素材的编辑

微课要尽量使用多媒体技术，展示课程内容。如使用动画、图表、音视频等方式表达教学内容。根据教学设计方案，搜集、整理或制作效果好、表现力强的素材是制作微课的第二步。以古诗《春晓》微课为例，其中需要展示的图片和在导入、诵读部分需要使用的相关视频、动画或音乐，可以在网上搜集、下载，并按教学设计要求进行必要的编辑和修改，也可自己录制或开发。图 10-1 为《春晓》微课中使用的视频界面。

多媒体教学课件是制作微课的核心素材，所以最终我们要灵活使用准备好的各种素材制作微课所使用的多媒体课件。制作教学课件，现在比较流行的制作软件是 PowerPoint、Flash、Authorware 等，虽然 PowerPoint 似乎是已经落后了，但在实际教学过程中，大多数教师还是比较喜欢用 PowerPoint 来制作课件，这是因为 PowerPoint 作为 Microsoft Office 办公自动化软件的自带组件，无须特别安装，几乎所有计算机里都有；更重要的是，PowerPoint 简单易学，方便实用，而且的确效果不错。古诗《春晓》微课使用 PPT 课件进行教学，其第三张幻灯片如图 10-2 所示。

图 10-1　《春晓》微课使用的视频素材界面

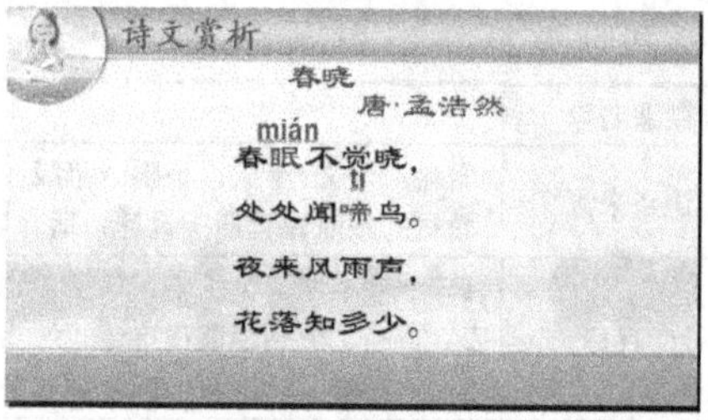

图 10-2　《春晓》PPT 课件第三张幻灯片

10.2.3 授课视频的录制

录制授课视频及音频是制作微课的第三个步骤。录制方法主要有以下三种：

1. 使用视频设备

利用黑板、粉笔、白板或 PPT 多媒体课件等展开教学过程，实体操作讲解，用外部视频设备，如摄像机、平板计算机、手机等进行拍摄，完成微课的录制。尤其是手机，由于其具有携带方便、操作简单、功能齐全的特点，现经常被用来拍摄微课。通常，在使用手机录制微课时，需要注意以下几个问题：

1）选好拍摄角度。一个手机一般拍正面。两个手机一正一侧。三个手机一全景一正面一侧面。

2）使用手机支架。手机不能手持，需要架好支架。

3）调整灯光照明。如果是晚上，可用两盏台灯，一左一右打灯，注意脸部光线均匀。

4）声音单独录制。尽量用录音笔单独录制声音，这样有问题可以单独处理。

2. 使用录屏软件

利用屏幕录制软件，配合使用声音输入设备，演示教学 PPT 课件，进行讲解的同步录制，是目前国内外优秀微课的录制普遍采用的方法。常用的视频录像软件有：屏幕录制专家、Camtasia Studio、KK 录像机、超级捕快、PowerPoint 2010 及以上版本等。好的录屏软件既可录屏又可录音，有的还可以编辑，如屏幕录像专家。

（1）使用 PowerPoint 2010 以上版本录制微课

除了使用专业的录屏软件录制之外，PowerPoint 2010 及以上版本也提供了录屏工具，从而轻松地录制微课。下面给出使用 PowerPoint 2010 录制古诗《春晓》微课的具体操作过程。

1）启动 PowerPoint 2010，打开微课的 PPT 课件，如图 10-3 所示。戴好耳机，准备好话筒。

图 10-3　使用 PowerPoint 2010 打开《春晓》PPT 课件

2）选择“幻灯片放映”选项卡，如图 10-4 所示。

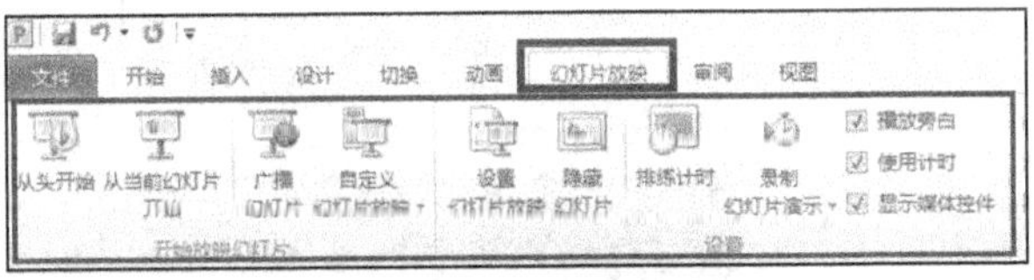

图 10-4　“幻灯片放映”选项卡

3）在“设置”组中选择“录制幻灯片演示→从头开始录制”命令，如图 10-5 所示。

4）在打开的对话框内勾选“幻灯片和动画计时”、“旁白和激光笔”复选框，然后单击“开始录制”按钮，如图10-6所示。

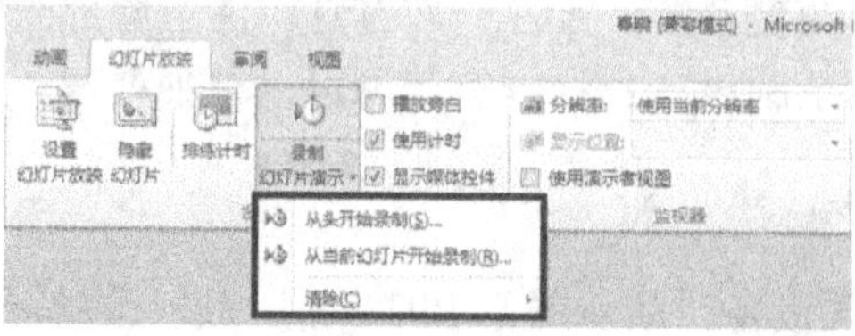

图10-5　选择录制起点

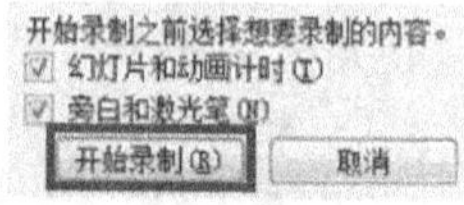

图10-6　选择录制起点

5）打开如图10-7所示的操作界面，左上角的对话框可实现对录制过程的控制，如幻灯片跳转、录制的暂停/开始、重新录制、录制时间等。

图10-7　录制界面

6）讲解结束后，可按Esc键或直接单击图10-7所示“录制”对话框右上角的“关闭”按钮即可。录制完成，选择目标文件夹进行保存。

（2）使用屏幕录像专家软件进行录制

屏幕录像专家软件是微课制作的核心工具，它能将计算机上的所有操作清晰地录制下来，包括鼠标的移动路径，而且支持多种格式。当然，它还能同步录制麦克风的声音。软件的具体使用方法在第8章有讲解。下面以古诗《春晓》微课为例，给出录制微课视频的具体操作步骤。

1）启动“屏幕录像专家”软件，进入制作窗口，如图10-8所示。

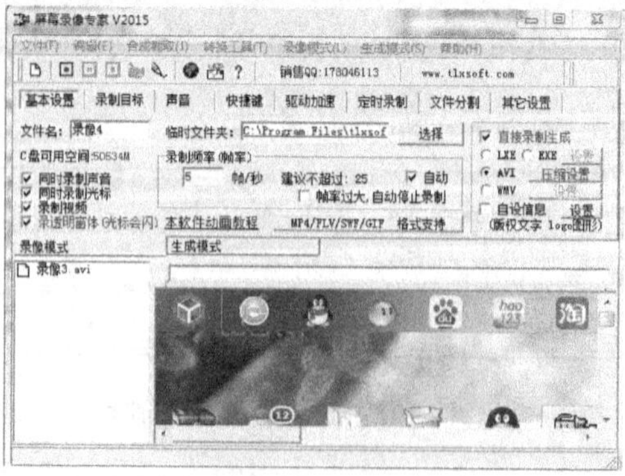

图10-8　“屏幕录像专家”制作窗口

2）如图 10-9 所示，单击圈中的“选择”按钮，可以修改录像的保存位置，默认是“屏幕录像专家”文件夹中的“ls”文件夹里。红色方框里可以选择录像的格式，默认是 AVI 格式。

3）单击图 10-10 中工具栏上方框内的“录制”按钮，开始录制，也可以在放映 PPT 之后，按快捷键 Alt+F2 开始录制。

图 10-9　设置视频文件的路径和格式

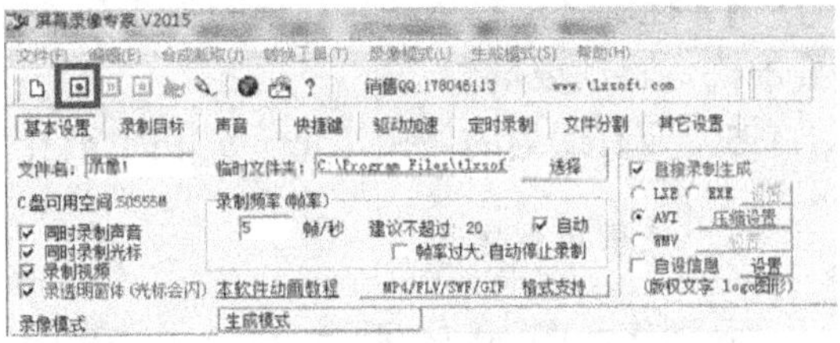

图 10-10　录制按钮

4）打开准备好的《春晓》PPT 课件，选择“幻灯片放映”选项卡中的相关命令或按 F5 键，如图 10-11 所示。

5）开始演示 PPT，进入全屏模式，如图 10-12 所示。对着话筒，开始讲课。

图 10-11　打开《春晓》PPT 课件

图 10-12　录制界面

6）讲课结束后，按快捷键 Alt+F2 或单击图 10-13 中方框内的停止录制按钮，结束录像，微课教学视频录制完毕。

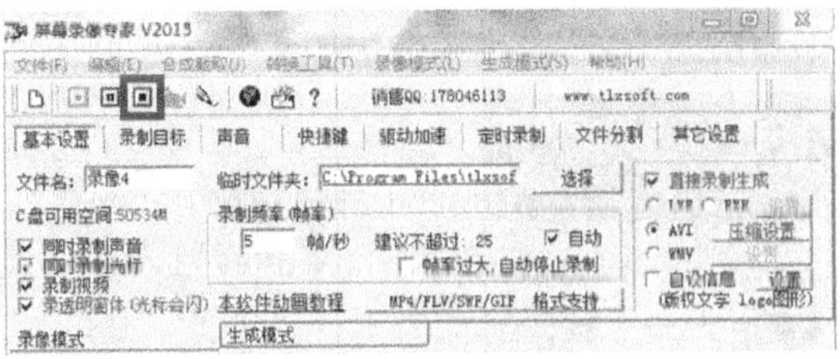

图 10-13　停止录制

不管是使用哪种屏幕录制软件，演示 PPT 录屏制作微课时通常都需要注意以下几点：

1）设计合适的模板。模板不要太花，中间文字区域要尽量大一些，无关的内容尽量少。

2）放大文字与内容。由于在视频播放，画面一般比较小，因此 PPT 中的文字与内容要尽量放大一些。

3）掌握好播放节奏。播放时不要有快有慢，更不能来回翻转。

4）控制好鼠标运动。观众的视线是紧跟着鼠标的，所以千万不要无意义地乱晃。指示要准确，移动要均匀。

5）要有适当的停顿。每一页 PPT 要让大家看清楚，要有适当的停留时间。

3. 使用录课笔

录课笔如图 10-14 所示，结合了特有的二维定位及追踪技术，透过一支特殊的数码笔（传统的电子笔芯）及接收单元，当使用者在写字及画图的同时，接收单元会获取数码笔移动所产生的相对位置，并储存记录。边写、边画、边讲，即可把书写的原始轨迹和声音同步录制好，以视频方式（默认是 MP4 格式）保存到计算机或其他设备。

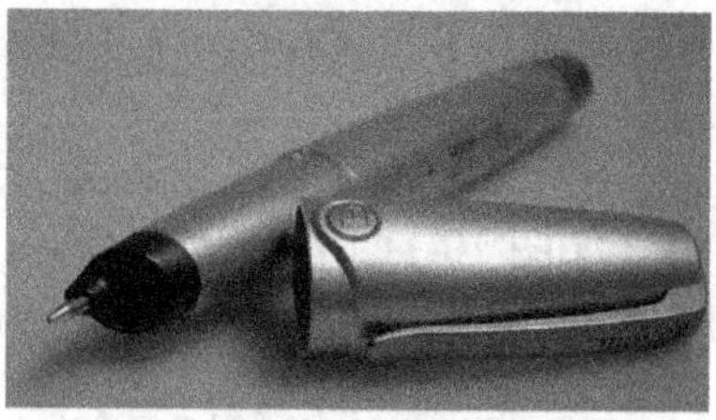

图 10-14 录课笔

当然还有好多种制作方法，现在有好多网站提供微课制作的专门软件，大家可以上网查找学习。

10.2.4 微课程视频的合成

教学视频录制完成表示微课已经初步制作完成，为了增强感官效果，有必要对视频进行修饰和完善，可以为视频配上精美的片头、片尾、背景音乐或必要的字幕等，最后形成精美的微课视频，这是制作微课的最后一步。

这里将本教材 8.5 节中制作的微课片头和片尾动画稍加修改，作为古诗《春晓》微课的片头和片尾动画，视频截图分别如图 10-15～图 10-17 所示。

另外，为了与录制的教学视频 AVI 文件进行合并，需首先使用合适的 Flash 格式转换软件将 SWF 格式的片头和片尾动画转换成 AVI 格式的视频文件。这类软件很多，读者可自行到网络搜索和下载，并且操作都非常简单，所以在此省略格式转换的处理过程。

图 10-15 《春晓》微课片头视频截图

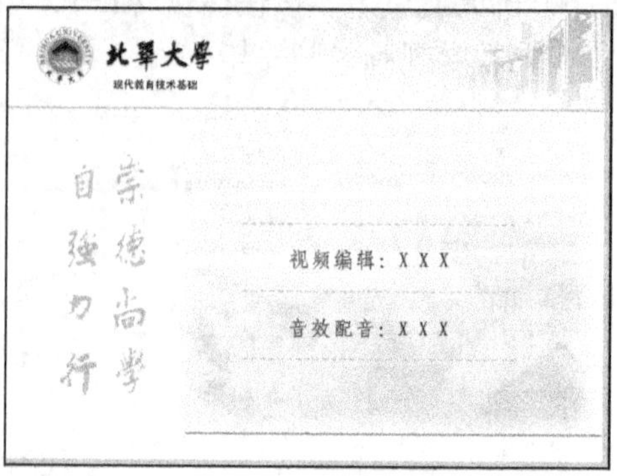

图 10-16 《春晓》微课片尾视频截图一

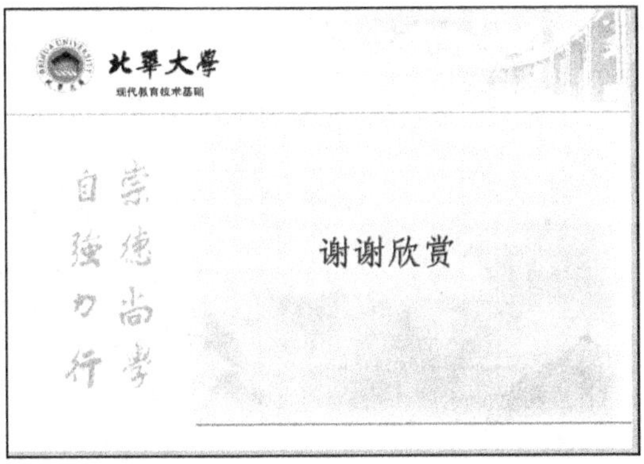

图 10-17　《春晓》微课片尾视频截图二

合并片头视频、授课视频和片尾视频，需再次启动“屏幕录制专家”软件，它不仅能完成视频合成，也可以将已有视频进行截取，删掉视频中的空白或多余的部分。下面以《春晓》微课为例，给出视频合成的具体操作方法。

1）启动“屏幕录制专家”软件，选择“合成截取→AVI 合成”菜单命令，如图 10-18 所示。

2）打开“AVI 合成”对话框，如图 10-19 所示。

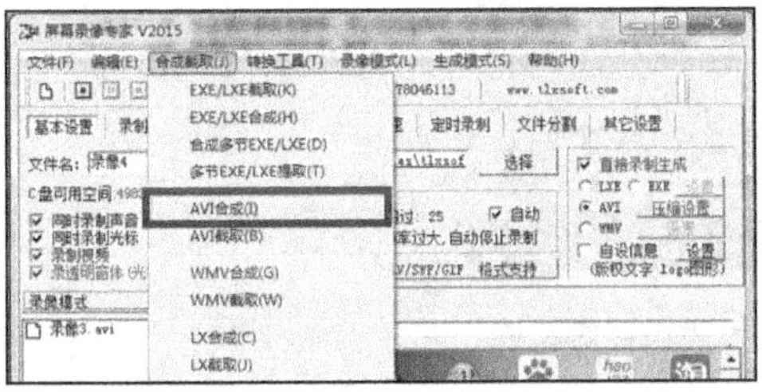

图 10-18　选择“AVI 合成”命令

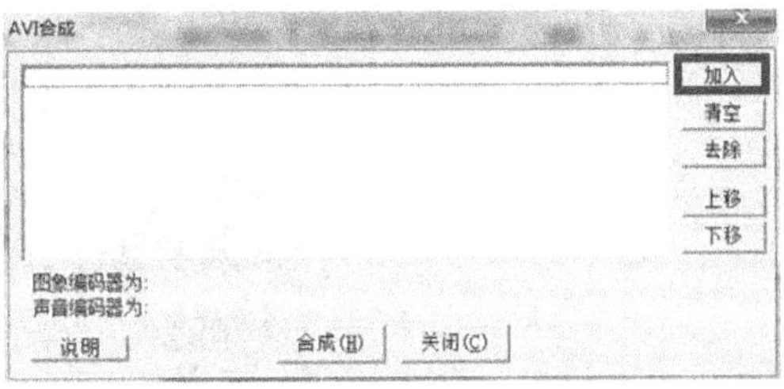

图 10-19　“AVI 合成”对话框

3）单击“加入”按钮，打开“打开”对话框，如图 10-20 所示，依次将准备好的视频片段加入到对话框中。

4）单击“AVI 合成”对话框中的“合成”按钮，进行合成，如图 10-21 所示。

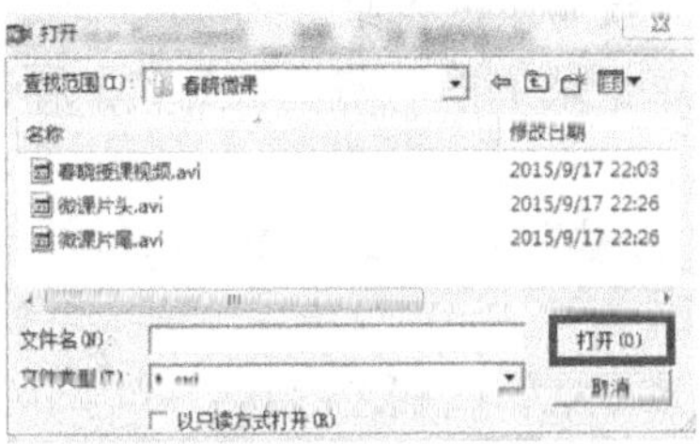

图 10-20　“打开”对话框

图 10-21　开始合成

5）保存。在打开的“另存为”对话框中设置微课视频存放的路径和名称，单击“保存”按钮，如图 10-22 所示。

6）合成过程会以进度条的方式显示，“合成成功”时，单击 OK 按钮即可，如图 10-23 所示。

图 10-22　设置合成后视频的路径和名称

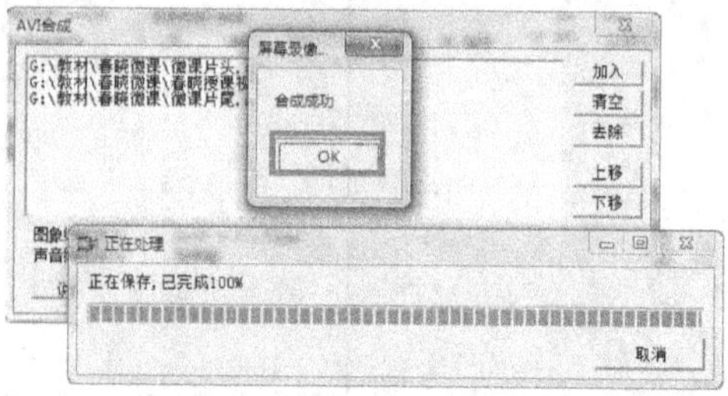

图 10-23　合成界面

至此，古诗《春晓》的微课基本制作完成，视频截图如图 10-24 所示，后期在应用中还将不断地修改和完善。微课的应用和发布才是制作微课的最终目的，任何微课都终将接受实践的检验。

图 10-24　《春晓》微课合成后视频截图

思　考　题

1．选择题

（1）以下不属于微课主要特点的是（　　）。

A．适合于移动学习和碎片化学习　　B．是一段简短的视频陈述

C．具备完整的教学设计　　D．聚焦于某个单一的、重要的主题

（2）以下属于“微课”范畴的是（　　）。

A．TED　　B．网易公开课　　C．“开讲啦”　　D．TED-ED

（3）真正做得好的微视频要达到（　　）。

A．知识与技能之获得　　B．情感态度价值观之共鸣

C．过程与方法之掌握　　D．以上三者的结合

2．简答题

（1）简述微课的概念和特点。

（2）简述制作微课的一般流程及需注意的问题。

附　录

附录 A　中小学教师教育技术能力标准（试行）

为提高中小学教师教育技术能力水平，促进教师专业能力发展，根据《中华人民共和国教师法》和《中小学教师继续教育规定》有关精神，特制定《中小学教师教育技术能力标准（试行）》。

本标准适用于中小学教学人员、中小学管理人员、中小学技术支持人员教育技术能力的培训与考核。

第一部分　教学人员教育技术能力标准

一、意识与态度

（一）重要性的认识

1. 能够认识到教育技术的有效应用对于推进教育信息化、促进教育改革和实施国家课程标准的重要作用。

2. 能够认识到教育技术能力是教师专业素质的必要组成部分。

3. 能够认识到教育技术的有效应用对于优化教学过程、培养创新型人才的重要作用。

（二）应用意识

1. 具有在教学中应用教育技术的意识。

2. 具有在教学中开展信息技术与课程整合、进行教学改革研究的意识。

3. 具有运用教育技术不断丰富学习资源的意识。

4. 具有关注新技术发展并尝试将新技术应用于教学的意识。

（三）评价与反思

1. 具有对教学资源的利用进行评价与反思的意识。

2. 具有对教学过程进行评价与反思的意识。

3. 具有对教学效果与效率进行评价与反思的意识。

（四）终身学习

1. 具有不断学习新知识和新技术以完善自身素质结构的意识与态度。

2. 具有利用教育技术进行终身学习以实现专业发展与个人发展的意识与态度。

二、知识与技能

（一）基本知识

1. 了解教育技术基本概念。

2. 理解教育技术的主要理论基础。

3. 掌握教育技术理论的基本内容。

4．了解基本的教育技术研究方法。

（二）基本技能

1．掌握信息检索、加工与利用的方法。

2．掌握常见教学媒体选择与开发的方法。

3．掌握教学系统设计的一般方法。

4．掌握教学资源管理、教学过程管理和项目管理的方法。

5．掌握教学媒体、教学资源、教学过程与教学效果的评价方法。

三、应用与创新

（一）教学设计与实施

1．能够正确地描述教学目标、分析教学内容，并能根据学生特点和教学条件设计有效的教学活动。

2．积极开展信息技术与课程的整合，探索信息技术与课程整合的有效途径。

3．能为学生提供各种运用技术进行实践的机会，并进行有针对性的指导。

4．能应用技术开展对学生的评价和对教学过程的评价。

（二）教学支持与管理

1．能够收集、甄别、整合、应用与学科相关的教学资源以优化教学环境。

2．能在教学中对教学资源进行有效管理。

3．能在教学中对学习活动进行有效管理。

4．能在教学中对教学过程进行有效管理。

（三）科研与发展

1．能结合学科教学进行教育技术应用的研究。

2．能针对学科教学中教育技术应用的效果进行研究。

3．能充分利用信息技术学习业务知识，发展自身的业务能力。

（四）合作与交流

1．能利用技术与学生就学习进行交流。

2．能利用技术与家长就学生情况进行交流。

3．能利用技术与同事在教学和科研方面广泛开展合作与交流。

4．能利用技术与教育管理人员就教育管理工作进行沟通。

5．能利用技术与技术人员在教学资源的设计、选择与开发等方面进行合作与交流。

6．能利用技术与学科专家、教育技术专家就教育技术的应用进行交流与合作。

四、社会责任

（一）公平利用

努力使不同性别、不同经济状况的学生在学习资源的利用上享有均等的机会。

（二）有效应用

努力使不同背景、不同性格和能力的学生均能利用学习资源得到良好发展。

（三）健康使用

促进学生正确地使用学习资源，以营造良好的学习环境。

（四）规范行为

能向学生示范并传授与技术利用有关的法律法规知识和伦理道德观念。

第二部分　管理人员教育技术能力标准

一、意识与态度

（一）重要性的认识

1. 能够认识到教育技术的有效应用对于推进教育信息化、促进教育改革和实施国家课程标准的重要作用。

2. 能够认识到教育技术能力是教师专业素质的必要组成部分。

3. 能够认识到教育技术的有效应用对于优化教学过程、培养创新型人才的重要作用。

（二）应用意识

1. 具有推动在管理中应用教育技术的意识。

2. 具有推动在教学中开展信息技术与课程整合、促进教育教学改革研究的意识。

3. 具有支持教师运用教育技术不断丰富学习资源的意识。

4. 具有密切关注新技术的价值并不断挖掘其教育应用潜力的意识。

（三）评价与反思

1. 具有促进对教学资源的利用进行评价与反思的意识。

2. 具有促进对教学过程进行评价与反思的意识。

3. 具有促进对教学效果与效率进行评价与反思的意识。

4. 具有对教学管理的效果进行评价与反思的意识。

（四）终身学习

1. 具有不断学习新知识和新技术以提高自身管理水平的意识与态度。

2. 具有利用教育技术进行终身学习以实现管理能力与个人素质不断提高的意识与态度。

3. 具有利用教育技术为教师创造终身学习环境的意识与态度。

二、知识与技能

（一）基本知识

1. 了解教育思想、观念和教育技术的发展趋势。

2. 了解教育技术的基本概念和应用范畴。

3. 了解教育技术的基本理论。

4. 掌握绩效技术、知识管理和课程开发的基本知识。

（二）基本技能

1．掌握信息检索、加工与利用的方法。

2．掌握资源管理、过程管理和项目管理的方法。

3．掌握教学媒体、教学资源、教学过程与教学效果的评价方法。

4．掌握课程规划、设计、开发、实施与评价的方法。

三、应用与创新

（一）决策与规划

1．制定并实施教育技术应用计划以及应用技术来促进教育教学改革的条例与法规。

2．能够根据地区特点和实际教育状况，宏观调配学习资源，规划和设计教育系统。

3．能够有效应用信息技术和统计数据辅助决策过程。

（二）组织与运用

1．能组织与协调各种资源，保证教育技术应用计划的贯彻和执行。

2．能组织与协调各种资源，促进信息化学习环境的创建。

3．能组织与协调各种资源，支持信息化的教学活动。

4．能运用技术辅助教学组织和教学实施。

（三）评估与发展

1．能使用多种方法对教师和管理人员的教育技术应用效果进行评价。

2．能运用技术辅助对管理体制和运行机制进行评价。

3．能采取多种措施推动技术体系的不断改进，支持技术的周期性更新。

4．能充分利用技术手段为教师、学生和管理者的发展提供更多机会。

5．能充分运用技术改善教育教学条件，并为教师提供教育技术培训的机会。

（四）合作与交流

1．能利用技术与教学人员就教学工作进行交流。

2．能利用技术与技术人员就学习支持与服务进行交流。

3．能利用技术与家长及学生就学生发展与成长进行交流。

4．能利用技术与同事就管理工作进行合作与交流。

四、社会责任

（一）公平利用

能够在管理制度上保障所有的教师和学生均能利用学习资源得到良好发展。

（二）有效应用

1．能够促进学习资源的应用潜能得到最大化的发挥。

2．能够促进技术应用达到预期效果。

（三）安全使用

1．能确保技术环境的安全性。

2．能提高技术应用的安全性。

（四）规范行为

1．努力加强信息道德的宣传与教育。

2．努力规范技术应用的行为与言论。

3．具有技术环境下知识产权保护的意识，并能够以实际行动维护这种知识产权。

第三部分 技术人员教育技术能力标准

一、意识与态度

（一）重要性的认识

1．能够认识到教育技术的有效应用对于推进教育信息化、促进教育改革和实施国家课程标准的重要作用。

2．能够认识到教育技术应用能力是教师专业素质的重要组成部分。

3．能够认识到教育技术的有效应用对于优化教学过程、培养创新型人才的重要作用。

（二）应用意识

1．具有研究与推进信息技术与课程整合的意识。

2．具有利用技术不断优化学习资源和学习环境的意识。

3．具有积极辅助与支持教学人员和管理人员应用教育技术的意识。

4．具有不断尝试应用新技术并探索其应用潜力的意识。

（三）评价与反思

1．具有对技术及应用方案进行选择和评价的意识。

2．具有对技术开发进行评价与反思的意识。

3．具有对技术支持进行评价与反思的意识。

4．具有对教学资源管理进行评价与反思的意识。

（四）终身学习

1．具有积极学习新知识与新技术以提高业务水平的意识。

2．具有利用教育技术进行终身学习以不断提高个人素质的意识。

二、知识与技能

（一）基本知识

1．了解教育思想、观念和技术的发展趋势。

2．了解教育技术的基本概念和应用范畴。

3．掌握现代教学媒体特别是计算机与网络通信的原理与应用。

（二）基本技能

1．掌握信息检索、加工与利用的方法。

2．了解教学系统设计与开发的方法。

3．掌握教学媒体的设计与开发的技术。

4．掌握教学媒体的维护与管理的方法。

5．掌握学习资源维护与管理的方法。

6．掌握对教学媒体、学习资源的评价方法。

三、应用与创新

（一）设计与开发

1．参与本单位教育信息化建设方案的整体规划与设计。

2．能够设计与开发本单位的信息化学习环境。

3．能够收集、整理已有学习资源并设计与开发符合教学需要的学习资源。

（二）应用与管理

1．能够为教学人员的教学和科研工作提供技术支持与服务。

2．能够为管理人员的管理和评估工作提供技术支持与服务。

3．能够对学习资源与学习环境的使用进行有效的管理与维护。

（三）评估与发展

1．能够对学习资源和学习环境的开发与应用效果进行评估，并提出发展建议。

2．能够对自身的技术服务和管理工作进行评估，并反省自身的技术服务和业务水平。

3．能够参与本校教师教育技术应用效果的评估工作，并提出发展建议。

4．能够参与制定本校教师教育技术培训方案并实施。

（四）合作与交流

1．能利用技术与教师就教育技术在教学中的应用效果进行交流。

2．能利用技术与管理人员进行交流。

3．能利用技术与学生及家长进行交流。

4．能利用技术与同行及技术专家进行交流。

四、社会责任

（一）公平利用

能够通过有效的统筹安排保障所有的教师和学生均能利用学习资源得到良好发展。

（二）有效应用

1．能不断加强信息资源的管理。

2．能不断提高教育技术应用的有效性。

（三）安全使用

1．努力提高技术应用环境的信息安全。

2．能为教师和学生提供安全、可靠的技术服务。

（四）规范行为

1．努力加强技术环境下信息资源的规范管理。

2．努力规范技术应用的行为方式。

附录B　术语与定义

教育技术（Educational Technology）：指运用各种理论及技术，通过对教与学过程及相关资源的设计、开发、利用、管理和评价，实现教育教学优化的理论与实践。

教学系统（Instructional System）：教育系统的子系统，是指为了实现某种教学目的、由各教学要素有机结合而成的具有一定教学功能的整体。

教学设计（Instructional Design）：又称为教学系统设计（Instructional System Design），是指主要依据教学理论、学习理论和传播理论，运用系统科学的方法，对教学目标、教学内容、教学媒体、教学策略、教学评价等教学要素和教学环节进行分析、计划并作出具体安排的过程。

信息（Information）：人、生物和自动机等控制系统所接收和加工的事物属性或运动状态。在教育教学领域有表示教学内容的信息、描述师生特征的信息、反映教学动态过程的信息等。

信息资源（Information Resources）：指以文字、图形、图像、声音、动画和视像等形式储存在一定的载体上并可供利用的信息。

信息技术（Information Technology）：指能够支持信息的获取、传递、加工、存储和呈现的一类技术。其中，应用在教育领域中的信息技术主要包括电子音像技术、卫星电视广播技术、多媒体计算机技术、人工智能技术、网络通信技术、仿真技术和虚拟现实技术等。

教育信息化（Educational Informationization）：指在教育教学的各个领域中，积极开发并充分应用信息技术和信息资源，促进教育现代化，以培养满足社会需求人才的过程。

信息道德（Information Morality）：指在信息领域中用以规范人们相互关系的思想观念与行为准则。

信息安全（Information Security）：指个人、组织和国家在信息领域的利益保护状态。它涉及到信息的保密性、完整性、可用性和可控性。

信息技术与课程整合（Integrating Information Technology into Curriculum）：指在学科教学过程中把信息技术、信息资源和课程有机结合，建构有效的教学方式，促进教学的最优化。

学习资源（Learning Resources）：指在学习过程中可被学习者利用的一切人力与非人力资源，主要包括信息、资料、设备、人员、场所等。在课堂教学中所利用的学习资源也称教学资源。

教师专业化（Teacher Professionalization）：指教师在整个职业生涯中，通过专门训练和终身学习，逐步习得教育专业的知识与技能并在教育专业实践中不断提高自身的从教素质，从而成为一名合格的专业教育工作者的过程。

终身学习（Lifelong Learning）：指社会每个成员为适应社会发展和实现个体发展的需要，贯穿于人的一生的，持续的学习过程。

教学媒体（Instructional Media）：媒体是指承载、加工和传递信息的介质或工具。当某一媒体被用于教学目的时，则被称为教学媒体。

教学资源管理（Instructional Resources Management）：指通过对教学资源的计划、组织、协调和评价，以实现既定教学目标的活动过程。教学资源管理包括硬件资源的管理和软件资源的管理。

项目管理（Project Management）：项目是指致力于完成具有独特性的产品或服务的一次性工作。学校教育中的项目管理，是指对学校特定教育教学项目的计划、组织、监督与调控。项目管理在学校教育中主要应用于教学系统设计、教学资源开发、教育技术应用和教育改革实验等开发项目与研究课题中。

教学过程管理（Process Management）：教学过程是教学活动展开的过程。教学过程管理就是对这一过程所涉及的各种要素及活动的管理。

学习环境（Learning Environment）：指直接或间接影响个体及群体学习的全部外在因素。在学校教育中，学习环境主要包括校园、教室、图书馆、实验室和教学软件平台、学习工具、各种学习资源等硬软件物质条件，以及校风、学风、校园文化等精神因素。此外，家庭和社区通常被认为是学生的校外学习环境。

绩效技术（Performance Technology）：绩效是指人们在工作场所中通过一定的活动完成任务所形成的业绩或成果。绩效技术是指应用系统方法，通过对目标和行为的分析、设计、开发、实施、管理和评价，以达到工作业绩最大化的技术。

知识管理（Knowledge Management）：指利用适当的技术、方法和机制来促进知识的有效生成、传播和利用的过程。

课程开发（Curriculum Development）：指通过需求分析确定课程目标，再根据这一目标选择某一个学科（或多个学科）的教学内容和相关教学活动进行计划、组织、实施、评价、修订，以最终达到课程目标的整个工作过程。

参考文献

陈琳．2008．现代教育技术[M]．北京：高等教育出版社．

冯建平，邓居英．2012．交互式电子白板与多媒体 CAI 课件制作教程[M]．2 版．北京：人民邮电出版社．

郭邵青，田富鹏．2010．局域网构建技术[M]．北京：高等教育出版社．

何克抗，林君芬，张文兰．2011．教学系统设计[M]．北京：高等教育出版社．

黄宇星．2013．中小学信息技术微格教学教程[M]．厦门：厦门大学出版社．

霍志华．2010．多媒体教学设备与系统[M]．武汉：华中科技大学出版社．

刘邦奇，孙曙辉．2014．数字化校园理念、设计与实现[M]．合肥：中国科学技术大学出版社．

皮连生．2009．教学设计[M]．2 版．北京：高等教育出版社．

任奕奕．2012．中学数字化校园的建设与应用[M]．北京：北京师范大学出版社．

王洪录．2011．现代教育技术[M]．北京：高等教育出版社．

王继成．2010．数字化校园建设与实践[M]．沈阳：东北大学出版社．

王知非，贾宗福．2006．现代教育技术基础[M]．2 版．北京：高等教育出版社．

王志军．2009．多媒体教学软件设计与开发[M]．北京：高等教育出版社．

张剑平．2008．现代教育技术——理论与应用[M]．2 版．北京：高等教育出版社．

张剑平．2013．现代教育技术[M]．3 版．北京：高等教育出版社．

张松．2010．现代教育技术[M]．2 版．北京：高等教育出版社．

赵国栋．2000．论现代教学技术的应用与高等教育现代化[J]．电化教育研究，(8):3-7.

周桂珍，丛文．2013．现代教育技术基础[M]．长春：吉林科学技术出版社．

祝智庭．2002．现代教育技术——走向信息化教育[M]．北京：教育科学出版社．

左金平．2007．浅谈多媒体教学在思想政治理论课中的应用[J]．经济师，(12):137-138.